지역사회 연계와 연결을 만드는

자산접근과 대인사회서비스

이론과 실천

김용득

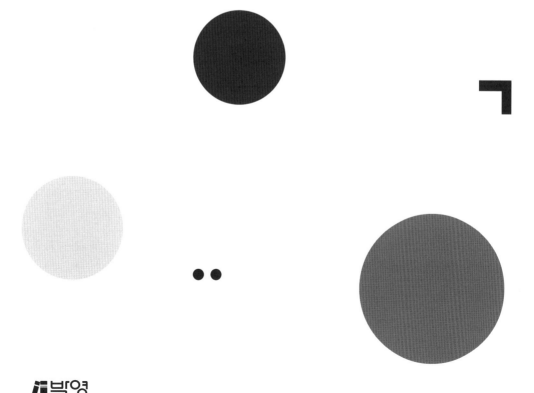

박영story

이 저서는 2020년 대한민국 교육부와 한국연구재단의 저술출판지원사업의 지원을 받아 수행된 연구임 (NRF-2020S1A6A4043144)

머리말

최근 우리나라에서 1인 가구, 고립, 고독, 우울에 대한 관심이 높아지면서, 고독사예방및관리에관한법률 제정, 보건복지부의 고독사 예방 및 관리 시범사업, 보건복지부의 고독사 실태조사, 여성가족부의 가족센터를 통한 1인 가구 사회적 관계망 형성 지원, 문화체육관광부의 연결사회 지역거점 프로그램 개발·운영, 서울시의 사회적고립가구지원센터 운영 등이 이어지고 있다. 한편, 공공과 민간의 대인사회서비스 현장에서는 그 전부터 복지 사각지대를 찾아가고, 주민 참여를 통하여 지역사회 문제를 해결하려는 실천적인 노력이 강조되었으며, 최근에는 더 확산하는 상황이다.

이 책은 이와 관련하여 사회복지서비스를 포함하는 대인사회서비스 또는 휴먼서비스 영역의 서비스 전달이 단순히 서비스 제공자와 이용자와의 계약관계에 그치지 않고 서비스 활동을 매개로 주변 사람과 인근 공간과의 관계가 확장되어 결과적으로 지역사회에서 더 많은 연계(linkage), 더 많은 연결(connectedness)이 일어나도록 하는 방안을 제시하는 목적으로 집필되었다. 이를 위하여 문제와 약점이 아닌 당사자와 지역사회의 강점에 초점을 맞추는 자산접근(asset-based approach)에 대하여 살펴보고, 이를 우리나라 대인사회서비스 현장에서 활용할 수 있는 방안을 다루었다. 자산접근과 대인사회서비스에 대한 이론적 논의와 함께 해외와 국내의 다양한 현장 사례와 실천적인 선행연구를 분석하였고, 이를 토대로 우리나라 대인사회서비스 분야에 시도될 수 있는 자산접근 실행모형과 실천에 필요한 기술을 제안하였다. 지역의 공공과 민간에서 일하는 사회복지사와 지역사회를 기반으로 운영되는 비정부단체, 사회적기업, 협동조합 등을 배경으로 일하는 지역사회 활동가들이 지역사회에서 공동체적 관점을 가지고 혁신적으로 일하는 데 활용될 수 있을 것이다.

세계적으로 지역사회복지, 커뮤니티케어, 돌봄서비스 등의 영역에서 공통적으로 공동체 접근, 이용자 강점, 지역사회 참여, 상호의존, 공동생산 등이 강조되는 추세에 있고, 많은 국가에서 이런 방향으로 구체적인 이론적, 실천적 모색을 하면서 개인과 지역사회가 보유한 자산과 강점에 관한 관심이 높아지고 있음을 확인할 수 있다. 우리나라에서 읍면동 주민센터의 찾아가는 보건복지서비스를 비롯하여 사회복지관, 노인복지관, 장애인복지관 등 지역사회를 기반으로 하는 민간 사회복지 현장과 공익 목적으로 대인사회서비스를 제공하는 사회적 기업, 사회적 협동조합 등 사회적 경제 영역에서도 이용자 주도, 지역사회 중심, 공동체 지향, 민관 협력, 지역사회 통합 등을 추구하고 있다.

지금까지 대인 서비스 대상자에 대한 평가(사정)는 일반적으로 건강과 장애로 인한 사람들의 욕구를 측정하고 이러한 욕구를 충족시키기 위해 공적 자원을 할당하는 방식으로 수행되었고, 할당된 자원을 통한 서비스 제공 방식도 공급자가 이용자의 결핍을 보충해 주는 일방향적인 접근이 주를 이루었다. 그러나 고령인구의 증가로 인한 사회적 부담, 복지재정 압박과 한계, 이용자의 참여와 주도성 요구, 지역사회 통합에 대한 강조 등은 대인사회서비스 실천에 새로운 변화를 요구하게 되었다. 기존의 공적 자원의 할당에만 의존하는 것이 아니라 이용자의 강점과 능력, 지역사회 인력과 자원을 활용하여 지역사회에서 대인사회서비스의 욕구 발생을 사전에 예방하거나 감소시키고, 발생한 욕구에 대해서도 지역사회의 자발적인 참여를 통해서 대응하는 강점과 공동체 관점의 자산기반 접근이 강조되고 있다.

이 책에서는 다섯 가지의 질문을 다루었다. 첫째, (제1부에서) 지역사회 개발 방법으로서의 자산접근이 무엇이며, 대인사회서비스 영역에서는 어떻게 활용될 수 있으며, 이 접근의 한계로 지적되는 내용과 이를 고려한 대안적인 활용 방안은 무엇인가? 둘째, (제2부에서) 최근 대인사회서비스 영역의 동향과 변화추세로 볼 때 어떤 맥락에서 자산접근의 활용이 필요한가? 셋째, (제3부에서) 대인사회서비스에서 자산접근을 활용하고 있는 세계적인 사례에는 어떤 것이 있는가? 넷째, (제4부에서) 우리나라 정부와 민간의 대인사회서비스 영역에서 수행된 자산접근 사례에는 어떤 것이 있는가? 다섯째, (제5부에서) 우리나라 대인사회서비스 현장에서 자산접근 실천을 위해서 어떤 수행 기술이 필요하고, 실천 모형은 어떻게 구성될 수 있을까?

우리나라에서 대인사회서비스에 관여하는 대표적인 기관인 읍면동주민센터, 사회복지기관, 사회적 경제 주체 등은 주민과 이용자 주도, 지역사회 중심, 공동체 지향, 민관 협력, 지역사회 통합 등을 공통적으로 추구하고 있다. 이 책은 이런 활동들의 이론적 기반을 제공함과 동시에 실제 실행에 사용할 수 있는 모형과 기술을 제공함으로써 대인사회서비스에서 개별화를 향한 사람중심 접근과 공동체를 지향하는 지역사회 중심 접근이 결합되어 실행되는 혁신적 실천을 촉진하는 데 기여할 수 있을 것이다.

대인사회서비스에서 공동체 지향이 강조되고 있는 시점에서, 이 지향을 표방하는 자산접근의 이론적 논의를 제시함으로써 이 분야에서의 상상력의 기반을 더 풍부하게 할 수 있을 것이다. 서비스 정책분야에서 장기적인 관점을 가지고 기존 서비스와 자산접근이 조화를 이루는 정책 개발에 활용될 수 있을 것이다.

서비스 실천에서도 지역사회 기관들의 지역사회 연계와 사회통합을 위한 활동의 구조와 전략을 공고히 하는 데 기여할 수 있을 것이다. 또한 사회복지 교육에서도 지역사회복지 분야에 대한 새로운 자극과 지식을 제공하게 될 것이다. 이 책이 지역사회에서 대인사회서비스 기관들의 연계가 더 튼튼하게 조직되고, 주민들 간의 소소한 연결이 좀 더 풍성해지는 데 보탬이 되기를 기대한다.

이 책은 2020년부터 한국연구재단(저술출판지원사업)의 3년 동안의 지원과 평가과정이 있었기에 집필을 마무리할 수 있었다. 그리고 이 책에서 다루고 있는 주제들을 깊이 있는 통찰로 이끌어 가고 있는 사회서비스 분야의 연구자들과 실제적이고 마음을 움직이는 이야기로 엮어가고 있는 현장 실천가들이 만들어 놓은 선행 성과가 있었기에 집필이 가능할 수 있었다. 특히, 이 책에 소개된 사례를 보고서, 문서, 육성으로 제공해 준 실천 현장에 깊이 감사드린다. 그리고 사회복지실천 현장에 대한 애정으로 이 책의 출판을 결정해 주신 박영스토리에 감사드린다.

대인사회서비스의 실천 현장과 실천가를 양성하는 교육 현장에서 (부족함이 많지만) 의미 있게 활용되기를 바라면서, 앞으로 실천 현장의 경험을 배우면서 자산접근이 더 적합할 수 있도록 다듬어 나갈 것을 약속드린다.

2023년 10월
저자 김용득 드림

PART 01

자산접근의 이해

CHAPTER 01
자산접근의 기원과 개념

CONTENTS
차 례

PART 02

대인사회서비스 변화와 자산접근 조응

CHAPTER 04
대인사회서비스의 개념과 동향

CHAPTER 05
대인사회서비스의 변화

PART 03
대인사회서비스 자산접근 해외사례

CHAPTER 07
북미의 사례

PART 04

대인사회서비스 자산접근 국내사례

CHAPTER 10
정부 영역의 지역복지 접근

CHAPTER 11
민간 복지기관의 지역사회조직 활동

CHAPTER 12
사회적경제 조직의 활동

PART 05
자산접근 수행 기술과 실천 모형

CHAPTER 13
사람 중심 접근과 지원 기술

CHAPTER 15
자산접근 실천 모형

지역사회 연계와 연결을 만드는

자산접근과 대인사회서비스

이론과 실천

PART
01

자산접근의 이해

● ● ●

자산접근은 무엇이고, 대인사회서비스 영역에서 어떻게 활용되는가? 그리고 자산접근의 한계는 무엇이고, 이를 고려할 때 실천 방향을 어떻게 잡아야 하는가? 이런 질문과 관련하여 제1부는 자산접근이 무엇이며, 어떤 지향점을 가지는지, 그리고 대인사회서비스와 어떻게 결합하는지를 제시하는 내용으로 구성하였다.

제1장에서는 자산기반 지역사회개발(Asset-Based Community Development, ABCD)에 기원을 두고 있는 자산접근은 어떤 문제의식에서 출발한 것이며, 지역사회 문제해결을 위한 다양한 접근과 비교해서 ABCD 접근은 어떤 특징을 가지는지, 그리고 어떤 과정을 통해서 수행되는지 살펴보았다.

제2장에서는 자산접근을 통해서 대인사회서비스가 어떤 방향으로 재구성될 수 있는지 제시하였다. 그리고 대인사회서비스의 가치와 윤리, 지식과 협력, 이론과 방법, 경험, 기술이라는 틀에 자산접근이 융합된 모습을 제시하였다. 또한, 대인사회서비스에 자산접근을 활용한 모형과 함께, 대인사회서비스에서 자산접근이 활용되는 세계적인 동향을 아동·청소년 분야, 장애인 분야, 노인 분야 등으로 구분하여 설명하였다.

제3장에서는 자산접근에 대한 비판들도 살펴보았다. 개인의 자유를 침해한다는 비판, 국가책임의 약화를 초대한다는 비판, 검증되지 않은 가정에 기초하고 있다는 비판 등의 내용을 살펴보고, 이런 비판을 고려했을 때 우리나라 대인사회서비스에서의 자산접근 활용은 국가 역할의 확장과 지역사회 주도성 강화가 동시에 모색되어야 함을 설명하였다.

01 자산접근의 기원과 개념

section 01 ABCD 접근과 자산접근

자산접근(asset approach) 또는 자산기반접근(asset based approach)은 자산기반 지역사회개발(Asset-Based Community Development, ABCD)에 기원을 두고 있다. ABCD는 1990년대 초반 미국에서 시작된 활동으로서 지역의 지속 가능한 발전을 위하여 지역 내에 존재하는 다양한 인적·물적 자산을 최대한 밝혀내고 활용하여 지역공동체의 역량을 발전시키는 방식이다(김용득 외, 2021). 이 접근은 지역사회가 보유한 강점을 기반으로 문제를 예방, 해결함으로써 지속가능성을 확보하자는 전략을 제안한다. ABCD 접근은 미국에서 발간된 Kretzmann과 McKnight의 1993년 저서 'Building communities from the inside out: a path toward finding and mobilizing a community's assets'를 통해서 제안되었다. 이 책은 미국에서 자산접근을 중심으로 지역사회 개발에 성공한 미국 전역의 지역 사례를 분석하여 자산기반 지역사회 발전을 위하여 지역사회가 할 수 있는 시도를 설명하면서, 빈곤, 질병, 범죄 등 사회문제가 있는 지역의 문제에 대한 해법을 외부에서 시혜적으로 제공하는 접근에서 탈피하여 지역 스스로 지역공동체의 자산을 재발견하고 이를 기반으로 지역발전을 도모할 것을 제안하였다(김종수 외, 2012).

ABCD 접근에서 자산의 개념은 사전적인 의미에서 경제적 가치가 있는 재화를 뜻하며, 회계학에서는 소비되어 이용할 수는 없지만 아직은 수익으로 전환되지 않은 상태에서 비용으로 유보되어있는 것으로 정의된다(김대욱 외, 2019). 자산 개념은 축적 가능하다는 의미와 향후 수익으로 전환 가능하다는 점을 내포하고 있다는 특징이 있다. 이 개념에는 공동체 구성원들의 실질적인 기술, 역량, 지식 등과 그들에게 변화에 대한 에너지를 주는 열정과 흥미들도 포함한다. 그리고 이러한 개개인의 자산과 함께 상호 연결해주는 사회적 연결망, 자발적인 지역조직, 지역사회를 지원할 수 있는 민·관의 자원뿐만 아니라 제3섹터의 역량도 포함된다. 그리고 삶의 질을 높이기 위한 공간 기반의 물리적, 경제적 자원들도 공동체 자산이다(Improvement and Development Agency, 2010).

지역 내부의 역량개발에 초점을 맞추는 이 방식은 1960년대 미국에서 빈곤 극복을 위한 지역공동체 활성화 운동 차원에서 처음으로 전개되었으며 1970년대까지는 지역조직화운동으로 확산되었고, 1980년대 이후 그동안의 문제 중심 접근이 유발하는 한계에 주목하면서 대안적인 지역공동체 발전전략으로 주목을 받았다(McKnight, 1995). 이러한 전략을 취할 때 얻을 수 있는 가장 큰 강점은 그동안 소외되고 활용되지 않았던 자산을 활용할 수 있다는 점이다. 장애인이나 노인, 저소득층 등은 지금까지 지역의 문제로 인식되면서 지역의 문제를 해결할 수 있는 주체로 여겨지지 못했다. 그러나 자산기반접근은 이들의 역량을 적극적으로 파악하여 문제해결에 참여할 수 있도록 독려할 것을 강조한다(한상일·김경희, 2013). ABCD 접근은 지역사회에서 발견되는 자산을 기반으로 하며, 개인, 단체, 기관이 함께 힘을 합쳐 자신의 강점을 실현하고 발전시킬 수 있도록 돕는다.[1] 따라서 욕구(needs)를 파악하고 서비스하는 데 중점을 두는 약점기반(deficit-based) 접근과 다르다.

ABCD 접근은 시작 단계부터 지역사회를 구성하는 개인, 단체, 기관의 자산을 식별하는 데 집중한다. 개인으로부터 확인된 자산은 그러한 강점에 관심이 있거나 필요한 사람들 또는 그룹과 연결한다. 중요한 점은 이미 지역사회에 있

---

1) Nurture Development에서는 홈페이지 https://www.nurturedevelopment.org(2023년 6월 30일 인출)에서 ABCD에 대한 다양한 내용과 형태의 자료를 제공하고 있다.

표 1-1 욕구기반과 자산기반의 비교

구분	욕구 기반 (need/deficit based)	자산 기반 (asset based)
목적	서비스 확대를 통해 지역사회를 채움	시민참여를 통해 지역사회를 채움
방법	프로그램에 대한 참여	독립적, 주도적 삶의 경험
책임성	전문가인 직원에 의해 이끌어짐, (기관 이해관계자의 책임성)	시민들의 실행과 참여로 이끌어짐, (지역사회의 책임성)
자원	돈이 핵심 자원, 돈이 없으면 무너짐	관계가 핵심 자원, 돈에 집중하면 무너짐
운영과제	어떤 방법으로 시민(이용자)을 참여하게 할 것인가?	모든 시민이 참여할 수 있는 지역사회 채널을 어떻게 만들 것인가?
체계의 역동	시간이 흐를수록 약해짐	시간이 흐를수록 눈덩이처럼 불어남
평가	서비스 결과가 성과이고, 기관 이해관계자에 의해 평가됨	역량이 성과이고, 관계성으로 측정됨

출처: McNeish et al, 2016.

는 것을 사용하기 시작하는 것이며, 진행 과정에서 관련된 모든 주체의 확인된 자산을 기반으로 함께 일한다. ABCD 접근법의 가장 중요한 방법은 모든 지역 사회와 장소에서 발견될 수 있는 자산 범주를 인지하는 것에서 자산 개발이 시작된다는 것이다. ABCD 원칙을 적용할 때, 지역사회가 욕구와 문제의 복잡한 덩어리가 아니라, 오히려 다양하고 능력 있는 재능과 자산의 거미줄로 받아들여지는 것이다. 각 지역사회에는 지역사회개발을 위해 연결할 수 있는 독특한 기술과 역량이 존재함을 인식하는 것이 중요하다. 지역사회의 모든 사람은 자산과 재능을 가졌으며, 지역사회 모임에서 서로의 재능을 통해서 도움을 받을 수 있으며, 지역사회 공공 및 전문기관은 문제 해결에 요긴한 자원이며, 지역사회의 공간은 활동과 연결의 중심이 될 수 있으며, 사람 간의 재능과 자산의 공유는 연결을 만든다는 점을 강조한다.

　　Kretzmann과 McKnight(1993)는 지역사회 자산을 크게 개인, 기관, 물리적 자산으로 구분한다. 개인 자산은 지역사회 구성원들이 가진 개인적 재능, 교육적 배경, 예술적 능력, 의료서비스와 관련된 능력, 노동시장에서 활용되는 광범위한 기술 등이 포함된다. 기관 측면의 자산은 지역사회에 존재하는 지방자치단체, 학교, 경찰, 도서관, 박물관, 종교단체 등 공공기관이나 비영리단체의 조직 상호간 연계 및 지역사회 참여 활동 등이 포함된다. 물리적 자산에는 공터, 주거지역, 공원, 도로, 학교 건물, 공공건물 등 공간이나 사회간접자본, 자연 자원 등이 포함된다. 자산기반 접근은 사람들이 함께 일하는 방식을 말하는 것으로 개인, 이웃, 단체, 조직 등을 포괄하여 다양한 방식으로 결합할 수 있다. ABCD 접근은 개인의 재능과 협력적인 삶을 기반으로 하는 공동체 강화에 관심을 가지며, 공동체는 사람들의 손상보다는 재능에 초점을 맞추는 데서 출발하며, 좋은 공동체를 만들려면 그들의 자산, 자원, 재능을 연구해야 한다고 본다. ABCD 의 관심은 공동체 문제를 해결하려는 시민들 사이의 신뢰에 있으며, 공동체의 지속가능한 개선들은 그들 스스로 문제를 해결을 할 수 있다는 능력을 발견할 때 가능하다고 본다(김종수 외, 2012).

이후 ABCD 접근은 미국뿐만 아니라 캐나다, 유럽, 호주 등 세계 여러 나라로 전파되면서 그 적용 영역도 크게 확대되어 지역사회의 주거, 보건의료, 대인사회서비스 등의 영역까지를 포괄하면서 자산접근 또는 강점접근으로 표현되고 있다.

section 02 지역사회와 ABCD 접근

자산접근은 장소와 사람들의 집단을 의미하는 지역사회를 기반으로 한다 (McKnight, 1995). 지역사회는 물리적인 실체일 뿐만 아니라 사회·경제·정치·심리·문화적 실체로 일상생활에서 마주하게 되는 사람, 장소, 제도 등의 모든 사회적 상호관계를 포함하는 개념으로 정의된다(박해육·김대욱, 2014). 이처럼 지역사회의 개념은 모호하고, 바로 이 애매함 때문에 모든 것을 포괄하는 이념으로 통용될 수 있는 강점이 부여되었다(Symonds and Kelly, 1998).

실제로, 서비스의 전달 장소로서의 지역사회는 존재하지 않는다. 이것이 문제이면서 동시에 지역사회의 힘이다. 서비스가 주어지는 장소로서의 지역사회의 개념은 일상의 서비스 실천의 영역에도, 삶의 현실을 포함하는 이념의 세계에도 존재하지 않는다. 지역사회에 제공되어야 하는 서비스에 대하여 생각해 보면, 가장 먼저 생각할 수 있는 간단한 질문은 '어디서?'이다. 이에 대한 대답은 병원, 가정집, 대형시설, 클리닉, 지역사회 센터 등과 같이 특정한 장소가 거명된다. '지역사회'는 실체가 없고, 존재하지 않는 장소로 드러나게 된다. 마찬가지로 서비스를 받는 장소로서의 지역사회는 사람들의 의식에도 존재하지 않는다. 사람들은 서비스를 받을 수 있는 장소를 가장 쉽게 특정해서 생각하면 '집'이 된다. 사람들은 '집에서 죽고', '집에서 출산하고', '가족을 집에서 돌보고 가족이 집에서 죽고', '자신의 집에서 계속 살고' 싶다고 말하지 '지역사회에서' 살고 싶다고 말하지 않는다. 서비스 전달 장소로서의 지역사회는 실재하지 않는다.

하지만, 대인사회서비스 정책의 지향으로서의 지역사회는 존재한다. 예를 들어, 영국 대인사회서비스 정책에서는 '지역사회 공간에서, 지역사회의 힘으로(care in and by the community)'가 지향점으로 제시되었다(Symonds and Kelly, 1998). 이러한 지향으로서의 지역사회는 대인사회서비스 정책의 실행자인 서비스 제공기관뿐만 아니라 서비스를 받는 사람들에게도 현실이 된다. 서비스 정책과 지향으로서의 지역사회 개념은 두 가지 측면의 병렬적인 실제를 포함한다(Symonds and Kelly, 1998). 첫째는 사람들이 일하고, 사는 '사회적 삶의 실제'이다. 이 의미에서 지역은 일탈적인 면과 순응적인 면을 식별할 수 있는 가치나 문화, 특정한 공간과 시간에 일상적인 삶을 지배하는 일련의 행동의 규칙을 공유하고 있다. 여기서 우리는 지역에는 갈등이 존재하며, 이웃이나 사회적 관계는 항상 우호적인 것은 아니라는 점을 인식한다. 두 번째는 '꿈'으로 표현되는 지역사회 생활이 세계이다. 꿈으로서의 지역사회는 실제 지역사회와는 매우 다르다. 마음속에 존재하는 이 지역사회는 항상 따뜻하고, 지지적이고, 안전하다. 이런 의미의 지역사회는 문화, 개성, 역사, 언어를 공유하고 있는 공동체를 생각하게 하는 작은 지역사회이다.

Hillery(1955)는 지역사회를 연구주제로 한 95편의 논문에 대한 메타분석을 통하여 지리적 영역, 사회적 상호작용, 공통적 연계를 공통요소로 발견하였고,

그림 1-1 지역사회 자원 연구에 대한 접근방법

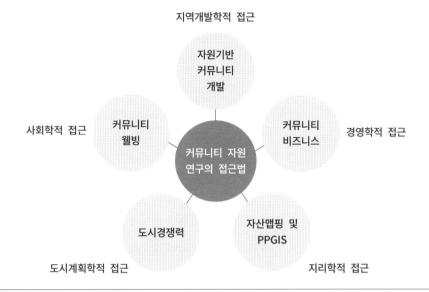

출처: 박해육·김대욱, 2014

MacQueen 등(2001)은 인터뷰자료를 클러스터 분석하여 사회적 유대, 공통된 시 각, 지리적 공간에서의 공동행동 참여 등의 공통요소를 발견하였다(박해육·김대 욱, 2014). Green과 Haines(2012)는 지역사회 자원의 구성요소를 첫째, 지역사회 구성원의 역량과 능력, 둘째, 학교, 병원, 교회, 도서관, 휴양 시설, 사교클럽 등 물리적 구조 또는 장소, 셋째, 지역경제에 일자리와 지원을 제공하는 비즈니스, 넷째, 시민들의 모임, 다섯째, 지역의 민간, 공공, 그리고 비영리조직 등으로 제 시하였다(박해육·김대욱, 2014). 이렇게 정의되고 구성되는 지역사회와 지역사회 자원에 대하여 다양한 학문 분야에서 서로 다른 접근법을 취하고 있는데, 〈그림 1-1〉과 같이 다섯 가지 접근법으로 구분될 수 있다.[2]

---

2) 여기서 제시하는 다섯 가지 접근법의 내용은 박해육과 김대욱의 연구보고서(2014)의 내용 을 발췌하여 요약한 것이다.

1. 지역개발학 접근

지역사회 자원에 대한 지역개발학 접근은 ABCD 접근을 말하는 것으로 지역사회 강점으로서의 자원을 발굴하는 데 주된 관심을 둔다. 이 모형은 지역사회의 자원형성 역할에 주목하고 있는데, 도시지역 및 농촌지역에서 지역사회에 의한(community-driven) 개발로서 주목받고 있다. ABCD 모형은 그동안 지배적 패러다임이었던 욕구 기반(needs-based) 접근방식에 기초하여 정부 조직이나 정부의 위임을 받는 민간조직을 중심으로 하는 서비스 전달에 한계를 느껴왔던 이들에게 특별히 환영받았다.

ABCD 접근은 미국 노스웨스턴대학 정책연구소의 McKnight 교수 연구팀에 의해 처음 주장되었는데, 지역사회의 문제 중심, 부정적 요소 제거 중심의 접근은 오히려 지역발전과 지역사회 역량개발에 방해가 된다는 점을 강조하였다. 욕구 기반 접근에서는 지역사회 구성원들이 스스로 지역사회에 기여할 수 있는 적극적인 존재로서가 아니라 수동적인 존재로서 정체성을 가지게 된다는 것이다. 욕구 기반 접근에서는 지역사회 문제해결에 있어 정부 등 외부 기관의 역할에 지나치게 의존하게 되어, 지역사회 개발은 전문가들의 몫이라는 인식이 구성원 사이에 만연하게 되어 이웃 간의 결속을 약화한다는 것이다. 욕구 기반 접근에 대한 반성으로 등장한 ABCD 접근에 대해서 다양한 요소들이 제시되고 있는데, 공통적으로는 지역사회 성공사례를 수집하고 성공 원인 분석, 지역사회 자산의 지도화, 핵심 추진집단 형성, 상호호혜적인 방식의 문제해결을 위한 관계 형성 등이 중요하다(Mathie and Cunningham, 2003).

2. 지리학 접근

지역사회 자원에 대한 지리학적 접근은 자산맵핑과 참여형 지리정보시스템 활용에 중점을 둔다. 이 접근은 자원을 발굴하고 활용하는 방법에서 참여적이고 상향적이라는 점에서 ABCD 접근의 연장선에서 이해할 수 있다. 그러나 자산맵핑 방법은 자산기반 지역사회개발에서만 사용되는 것이 아니라 지역의 자원을 지도화하는 방법으로 다양한 모형에서 활용되고 있어서 독립적인 접근으로 다루어진다. 자산맵핑 기법은 지역사회 주민들이 스스로 지역자원을 발굴하고, 파악하여 지역사회 지도를 작성하는 방식을 말하는데, 주민들이 주도적으로 지역의 자원에 대한 지도를 작성하는 과정에서 지역에 대한 지리적인 이해도가 증가될 수 있고, 이 과정을 통해서 지역사회 내 다양한 개인 집단들과 상호작용 및 의사소통이 촉진될 수 있다는 측면에서 자산기반 지역사회개발 접근의 방법론으로 환영받고 있다.

지역사회 자산맵핑 과정을 통해서 얻을 수 있는 효용은 크게 세 가지이다(최현선, 2012). 첫째, 기존의 사회통계적 조사를 통해서는 표현할 수 없는 지리적 공간 안에서 지역사회 자원을 맵핑해 볼 수 있다는 점이다. 둘째, 장소를 기반으로 하는 개발전략을 수립함에 있어 사회, 문화, 경제 분야의 자원을 지리적 자원과 연계하는 접근이 가능하다는 점이다. 셋째, 지역사회 구성원의 시각에서 지역문제를 파악하고 지역이 강점 및 가능성을 분석할 수 있다는 점이다.

3. 경영학 접근

지역사회 자원에 대한 경영학적 접근은 지역사회 비즈니스 접근으로 부르기도 한다. ABCD 모형에서는 주로 지역사회 자원을 어떻게 발굴할 것인지에 초점을 두지만, 지역사회 비즈니스 모형은 지역사회 문제해결을 위한 대안적 접근으로서 비즈니스 방식을 제안하고 이 비즈니스의 성공을 위한 조건으로 지역사회 자원을 바라본다. 지역사회 비즈니스는 그 성격상 사회적기업과 유사하다고 할 수 있지만, 지역사회 비즈니스는 일반주민에 의한 지역공동체의 활성화에 초점을 두지만, 사회적기업은 취약계층에 대한 서비스 제공이나 일자리 제공을 강조한다는 점에서 다르다.

지역사회 비즈니스 모형을 지역사회 자원 개념과의 관계에서 본다면, 지역사회 비즈니스는 수익 창출을 위한 기반으로 지역사회 자원을 바라보고 있으며,

지역사회 자원은 주어진 것으로 간주하는 경향이 있다. 활용되지 않는 지역사회 자원을 활용하여 수익으로 전환하는 방향을 탐색하고 있지만, ABCD 모형처럼 구체적인 논리와 방법을 제시하지는 않는다. 지역사회 비즈니스 모형에서 사실상 주된 관심은 문제해결에 있는 것으로, 자원을 활용하여 문제해결을 하자는 것이며, 그 방식으로 비즈니스 모형을 활용하자는 것이다. 이런 맥락에서 본다면 지역사회 기반 기업 자체도 넓은 의미에서 지역사회 자원에 속한다고 볼 수 있으며, 이러한 자원을 활용하여 지역사회 문제해결을 도모하자는 것이다.

4. 사회학 접근

지역사회 자원에 대한 사회학적 접근은 지역사회 웰빙 모형이라고 하는데, 이 모형에서는 지역사회 자원이라는 용어를 직접 사용하지는 않지만, 지역사회 웰빙을 달성하기 위한 조건으로서의 지역사회 자원의 개념을 이해한다. 지역사회 웰빙 개념은 원래 이론적인 측면보다는 지역사회 내의 건강 상태나 역량 등을 측정하기 위한 방법론으로 발달되기 시작했다. 지역사회가 웰빙의 분석단위 및 설명 단위로서 중요한 의미를 가진다는 것이 지역사히 웰빙 접근 방식의 전제라고 할 수 있다(서재호, 2012). 웰빙의 충족 상태는 개별적인 수준, 지역사회 수준, 국가 수준 등으로 다양할 수 있는데 지역사회 웰빙 모형은 개별적인 수준과는 별개로 집합적인 수준에서 웰빙이 정의될 수 있고, 지역사회 웰빙은 국가 차원과 개인차원의 중간영역에 존재하는 것으로 받아들인다. 이런 맥락에서 지역사회 웰빙은 공동체 구성원들의 욕구를 충족시켜 줄 수 있는 공동체 영역 내 외부조건의 합으로 정의할 수 있다.

5. 도시계획 접근

도시계획학적 접근은 도시경쟁력 접근으로 불리기도 하는데, 도시를 하나의 지역사회라고 했을 때, 이 도시 지역사회의 상태를 평가하자는 것에서 출발하여 다른 도시와의 상대적인 측면에서의 수준에 초점을 맞춘다. 이 모형은 자원이라는 용어를 비교적 명시적으로 사용하고 있고, 도시의 다양한 자원을 활용하여 경쟁력을 확보하는 것에 강조점을 둔다. 도시경쟁력은 도시의 경제 여건을 개선하고 주민의 삶의 질을 지속해서 향상하게 시키며, 인간개발로 연계될 수 있는 능력이 비교우위에 있는 정도로 개념 정의되고 있다. 도시경쟁력 모형은 삶의 질 관련 논의와 경쟁력 관련 논의가 도시 수준에서 결합한 성격이라고 할 수 있는데, 원래는 도시의 삶의 질 측면에 초점을 맞추어 시작되었는데 이후 산업적 측면이 강조되었다. 도시경쟁력 모형은 그 시작이 살기 좋은 곳, 즉 장소로서의 측면이 강조되어 시작된 것이기 때문에 상대적으로 지리 공간의 중요성을 전제하고 있고, 지역사회 사람들의 상호작용이라는 측면에 대해서는 언급이 없거나 강조가 약한 것으로 볼 수 있다.

이들 접근법은 지역사회 속성에서 '장소(place)'를 강조하는지, 아니면 사회적 관계를 중심으로 하는 '사람들(people)'을 강조하는지, 그리고 지역사회의 '욕구(needs)'를 중심으로 접근하는지, 아니면 지역사회의 '강점(strength)'을 중심으로 보는지 등에 대하여 약간씩 다른 입장을 가지는데, 이를 표로 제시하면 〈표 1-2〉와 같다.

지역사회 비즈니스의 경영학적 접근은 지역사회에 대해 장소로 접근하고, 자원에 대해서는 지역사회 욕구의 충족 관점을 강조한다. 지역사회 웰빙의 사회학적 접근은 지역사회를 사람들의 관계라는 측면에서 접근하고 자원에 대해서는 욕구 충족이라는 측면으로 접근한다. 자산맵핑을 중심으로 하는 지리학적 접근과 도시경쟁력을 강조하는 도시계획적 접근은 지역사회를 장소로 접근하고,

표 1-2 지역사회와 자원에 대한 접근법의 유형화

구분	지역사회를 장소(place)로 접근	지역사회를 사람들(people)로 접근
자원을 욕구(needs) 충족으로 접근	경영학적 접근 (지역사회 비즈니스)	사회학적 접근 (지역사회 웰빙)
자원을 강점(strengths) 발굴로 접근	지리학적 접근(자산맵핑) 도시계획 접근(도시경쟁력)	지역사회개발학 접근 (자산기반 지역사회개발)

자원을 지역사회 강점의 발굴이라는 측면에서 접근한다. 자산기반 지역사회개발은 지역사회를 사람들의 관계를 중심으로 접근하고, 자원을 지역사회 강점을 발굴하는 측면에서 접근한다.

section 03 ABCD 수행 모형

Kreztmann과 McKnight(1993)는 지역사회가 황폐해지는 상황은 정부의 반복적인 정책 개입의 실패, 외부로부터의 투자와 관심의 철회, 문제(약점) 중심의 전문가 개입 등에서 비롯된다고 보았다. 따라서 ABCD 접근의 목표는 소외된 지역주민의 삶의 질을 향상시키는 것이며, 이를 위하여 자산 발견(identify assets), 관계 구축(build relationships), 자산 동원(mobilise assets), 지역 모임 만들기(build local associations), 변화를 위한 비전 개발(develop a community vision for change), 지역사회가 확인한 문제해결을 지원하기 위한 전문가 활용(invite in professionals to assist in those areas identified by local community) 등이 이루어진다(Ward, 2019). 이와 관련하여 McKnight와 Russell(2018)에 의해 제안된 구체적인 ABCD 수행 모형과 우리나라 적용 경험을 토대로 장주연 등(2015)에 의해 제안된 모형을 살펴보면 다음과 같다.

1. McKnight와 Russell의 ABCD 과정 모형

ABCD 접근의 실행은 자원(resources), 방법(methods), 기능(functions), 평가(evaluation) 등의 네 가지 핵심 요소의 결합 과정을 통해서 수행된다(McKnight and Russell, 2018).

그림 1-2 대인사회서비스 자산접근 실행 모형

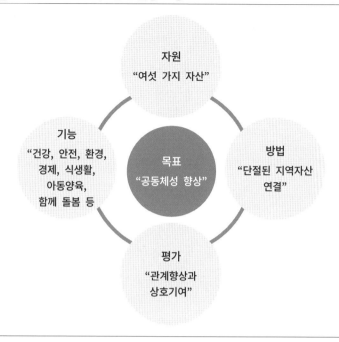

1) 자원

자산 기반 지역사회개발을 통하여 추구하는 공동체성 향상을 위해서 시민들은 무엇을 활용할 수 있을까? 지역사회 자원을 활용할 수 있는데, 효과적으로 공유되면 소진되지 않고 모든 사람에게 활용할 수 있을 만큼 충분한 양이 유지될 수 있다. 자원의 종류에는 여섯 가지가 있다.

(1) 주민의 기여(contributions of residents)

주민의 재능, 기술, 열정, 지식 등은 지역사회의 행복에 기여할 수 있다. 재능은 모든 사람이 태어나면서부터 가지는 능력이다. 기술은 사람들이 활용하고, 배우고, 가르치고, 다른 사람과 공유할 수 있는 것이다. 열정은 어떤 일을 실행에 옮길 수 있을 정도로 충분한 관심이 있는 상태이다. 재능, 기술, 열정, 지식 등을 통해서 이웃에 기여하게 된다면 시민으로서의 활동을 수행함을 의미한다.

(2) 단체(associations)

시민들이 어떤 원하는 이상이나 결과를 만들기 위하여 시민들이 보수를 받지 않고 함께 활동하는 클럽, 집단, 네트워크 등을 말한다. 지역상공회의소와 같은 공식적인 유형도 있고, 독서클럽과 같은 비공식 유형도 있다. 단체는 시민의 집합을 의미하는 단어이다. 시민들의 재능, 기술, 열정, 지식이 합쳐지면 그 영향력이 크게 높아진다.

(3) 지역 기관(local institutions)

영리조직이든 비영리조직이든, 비정부조직이든 정부조직이든 지역에 존재하는 기관들은 지역사회의 웰빙을 위한 지지적 자원으로 작동하면서 시민들이 지역사회 웰빙에 기여할 수 있도록 지원하는 역할을 한다.

(4) 지역 장소(local places)

이웃, 마을, 타운 등은 주민의 기여, 단체, 지역 기관 등이 서로 연결되는 공간이 된다. 이 공간은 재능이 교환되고, 친절함이 표현되고, 여유가 드러나게 해 줄 뿐만 아니라 지역사회 생활에 필요한 모든 실제적인 자원이 존재하는 곳이다.

(5) 교환(exchange)

지역사회 관계를 강화시키는 비금전적인 교환이 일어나는 형식은 재능이나 관심 등의 보이지 않는 교환, 물건이나 가축 등의 보이는 대상물의 교환, 기여한 시간을 표시하는 타임 뱅크(time bank)와 같은 대체 통화를 통한 교환 등이다. 금전적인 교환은 지역사회 생활에 필수적인 교환의 형식이지만 제한적이고 경쟁적인 성격을 가지기 때문에 지역사회 전체의 행복을 높이는 기능은 약하다. 그러나 신용협동조합, 노동자협동조합 등을 통한 내적 거래는 지역사회 행복을 높이는 중요한 자원이 될 수 있으며, 정부로부터 서비스 대신 현금을 받는 개인예산도 취약한 상황에서 행복을 증진시키는 자원이 된다.

(6) 이야기(stories)

지역에는 이야기를 통해서 전승되고 유지되는 지역문화가 있다. 이 이야기를 통해서 희망과 발전이 공유될 수 있게 되며, 젊은 세대와 나이 든 세대의 관계를 포함하여 지역사회 구성원들을 연결될 수 있도록 해 준다.

2) 방법

지역사회의 행복을 위하여 무엇을 활용할 것이냐의 질문에 이어서 이 자원들을 어떤 방법으로 활용할 것인가도 함께 고려되어야 한다. 그 방법은 단절된 지역사회 자원을 확인하고, 이들을 생산적으로 연결하는 것이다. 구체적으로 보면 그 방법은 세 가지이다. 첫째, 외부의 도움 없이 시민들의 모임을 통해서 주민들이 스스로 할 수 있는 것들을 시작하는 것이다. 둘째, 외부의 자그마한 도움을 통해서 주민들이 할 수 있는 것을 찾는 것이다. 셋째, 지역사회의 내적 자원들이 충분히 연결된 경우에 외부 기관에게 자신들이 원하는 바에 대해서 함께 요청하는 것이다. 순서가 매우 중요한데, 세 번째를 먼저하면 주민의 역량이 성장할 기회는 적어진다. 방법은 다양할 수 있는데, 가장 중요하게 고려해야 할 것은 단절되었던 자원들을 함께 연결하는 것이다. 지역사회가 자신의 자원들을 연결하는 방법은 매우 다양하다. ABCD 접근은 여러 가지 방법의 연속적이며 반복적인 과정을 통해서 수행되는데, 다음의 방법들을 잘 활용하면 도움이 된다.

(1) 발견(discover)

지역사회에서 이웃, 단체를 자연스럽게 연결할 수 있는 주민을 찾는 것이 중요하다. 지역의 다양한 사람들을 대표할 수 있는 연결자들이 한자리에 모이게 하는 것은 지역사회 조직에 매우 효과적이다.

(2) 환영(welcome)

소외된 상황에 내몰린 이웃들을 환영하고 경청하는 것이 중요하다. 대화와 경청을 통해서 이웃과 무엇을 같이 해 나갈 수 있을지를 알아가게 된다. 이 과정을 잘 수행할 수 있는 지역사회조직가를 고용하여 활용할 수 있는데, 이 경우에도 실무자는 돕는 역할에 제한되고 전 과정은 주민에 의해 주도되는 것이 중요하다.

(3) 묘사(portray)

사람들이 함께 실행할 일이 무엇인지 발견하고 나면, 활용할 수 있는 지역자원을 잘 묘사하는 것이 중요하다. 여러 사람이 참여하여 자원의 소재를 공유하고, 이를 자산 맵(asset map)을 통해서 표현하는 것도 필요하다.

(4) 공유(share)

식사를 함께하거나 텃밭을 함께 가꾸는 등 의도적으로 함께하는 과정을 통해서 친밀해지는 것이 중요하다. 함께 하는 시간을 통해서 주민들의 재능과 기술의 교환이 이루어지면 지역사회 소속감이 더 높아진다.

(5) 축하(celebrate)

음식, 노래, 춤 등을 통해서 이전의 성과를 함께 축하하고 새로운 가능성을 꿈꾸는 것도 중요하다.

(6) 비전(vision)

실행해야 할 일의 우선순위를 설정하고, 미래 가능성을 보여주는 집합적인 비전을 만들어내는 것이 지역사회를 만들어나가는 데 중요하다.

3) 기능

세 번째 질문은 자원과 방법을 통해서 어떤 영역의 기능을 함께 수행함으로써 지역사회의 행복에 기여할 것인가이다. 자원과 방법을 활용하여 지역사회에서 수행될 수 있는 기능은 건강증진, 안전 확보, 환경 개선, 지역경제 활성화, 식생활 향상, 아동 양육, 함께 돌봄 등 일곱 가지이다. 이런 일곱 가지 기능들은 자연스러운 지역사회에서 공통적으로 중요한 요소이며, 우리와 이웃들이 함께 수행해야 하는 책임이다. 이러한 일들을 사람들이 잘 수행하지 못하면 지역사회 기관이나 정부가 이를 대신하기 어렵다.

사람들이 일곱 가지 기능을 수행할 수 있도록 하는 힘의 원천은 세 가지이다. 첫째, 재능 기부(giving of gifts)이다. 이웃해서 사는 공간에서 사람들의 재능은 무궁한 것이며, 이 재능들을 서로 교환하면서 돕도록 하는 것이 중요하다. 둘째, 단합의 힘(power of association)이다. 우리의 재능을 함께 모으면 그 힘이 확장되고, 생산적으로 되며, 축복의 대상이 된다. 셋째, 환대(hospitality)이다. 우리는 낯선 사람들의 재능을 긍정적으로 평가하고, 이를 우리가 가진 재능과 함께 하려고 다른 사람을 환영한다. 이 세 가지 힘이 합쳐진 것이 지역사회의 문화이다. 문화는 오랜 시간에 걸쳐서 사람들이 생존하고 번영하기 위해서 집단적으로 학습한 삶의 방식이다. 이런 집단적인 문화를 통해서 건강증진, 안전 확보, 환경 개선, 지역경제 활성화, 식생활 향상, 아동 양육, 함께 돌봄 등의 활동이 이루어진다.

4) 평가

네 번째 질문은 ABCD를 어떻게 평가할 것인가에 관한 것이다. 평가는 어떤 요소들이 어떻게 활용되어 어떤 기능이 개선되었는지를 알아보는 과정이다. ABCD에서 평가과정은 검증이나 청문의 과정이 아니라 배움의 과정이며 중간 수정의 과정이다. 그래서 평가의 과정은 전통적 하향식 과정이 아니라 형성적(formative) 과정으로, 이에 관련된 원칙은 네 가지이다. 첫째, 재능 교환의 극대화를 확인하는 데 초점을 둔다. 둘째, 서로 교제하고 어울리는 삶이 극대화되고 깊어지는 것을 발견한다. 셋째, 평가과정에서 주민들의 협동 생산을 강조하고, 소외되었던 사람들의 참여를 중요하게 여긴다. 넷째, ABCD 프로젝트의 후원자들은 평가과정이 세 가지 원칙과 일치될 수 있도록 보장하는 것이다.

2. ABCD 기반 한국 농산촌 발전 프로세스 모형

Kretzman과 MaKnight(1993)가 제시한 ABCD 접근법은 외부의 도움보다는 지역사회가 가지고 있는 자산에 근거한 개발이 우선시 되어야 함을 강조한다. 지역자산을 발굴하고, 활용하는 과정에서 커뮤니티도 형성되고, 지역발전도 도모할 수 있다는 것이다. ABCD는 외부의 자원을 투입하여 지역을 개발하는 방식이 아닌, 지역사회가 자신들이 가진 자원이 무엇인지 파악하고, 그 자원을 중심으로 커뮤니티를 활성화하면서 부족한 것들을 스스로 채우는 방식을 기본으로 하고 있다.

장주연 등(2015)은 ABCD 접근법을 기반으로 충북 괴산군 지역에서 지역자산 분석, 공감대 마련과 조직 형성, 전략적 계획 수립, 계획 실행의 지원 등의 4단계 과정 모형을 설정하였는데, 마지막 단계(계획실행의 지원)는 연구시점에서 실행되지 않아서 내용에 포함되지 않았다.

1) 지역 자산 분석

괴산군의 자연적 자산을 보면 백두대간과 인접한 지형적 특성으로 인해 산과 구곡이 발달하였으며, 전형적인 내륙 산악지역의 특색을 가지고 있다. 이러한 자연자산을 활용하여 산막이 옛길, 충청도 양반길 등과 같이 숲길을 특화시켜 지역고유의 특성을 살리고 있다.

구조적 자산은 지역개발정책에서 소외되어왔지만, 중부내륙 고속도로 등의 발달로 전국에서 이동 거리가 2시간 이내로 가까워졌고, 충주, 청주 등 대도시 시장 및 상권으로의 접근성이 좋다는 점이다. 산이나 계곡 등 수려한 경관자원이 분포하고 있어 생계 수단으로 농사를 짓기 위한 이주 목적보다는 전원생활이나 은퇴 후 여가생활을 누리고, 도시의 혼잡에서 벗어나고 싶은 욕구를 가진 이주민들이 많다.

문화적 자산은 화양구곡, 선유구곡, 용추폭포, 고산구경, 괴강 등의 하천 자원과 산막이 옛길, 충청도 양반길, 박달산, 희양산, 군자산, 보개산 등의 산림자원을 중심으로 관광명소와 관광시설이 분포되어 있으며, 이들 관광명소를 중심으로 관광객들이 모인다.

사회적 자산을 보면 부녀회, 청년회, 노인회, 마을회(대동계), 작목반 등 비제도적 조직이 존재한다. 하지만 마을이 점차 고령화됨에 따라, 청년회의 규모는 점점 축소되고 있고, 노인회의 규모는 점점 확대되고 있다. 청년회가 존재하고 있는 마을의 경우에도 구성원의 평균 연령이 60대로 과거의 청년회가 가진 의미와는 차이가 있다. 일부 마을에서는 최근 귀농 귀촌인이 증가하면서 청년회 활동이 부활하여 마을발전을 위한 핵심적인 역할을 하고 있는 사례도 있다.

경제적 자산을 보면 1970년대 이전까지만 해도, 괴산군은 전통적으로 농업이 중심이 되는 경제적 구조였다. 하지만 1970년대 이후에는 산업화 기반이 태동하면서 광산자원을 기반으로 한 광업이 활성화되었다가 1980년대 중반에 접어들면서 광업은 급속히 쇠퇴하였다. 2000년대 들어서 발효식품, 유기식품 등 농업생산물을 활용한 제조업종의 산업단지가 조성되었다.

2) 공감대 및 조직형성

1단계의 자산 조사를 통해 도출된 괴산의 특징을 바탕으로, 이에 맞는 지역 공감대와 조직을 형성하고자 하였다. 실제 지역주민의 참여를 끌어내고, 프로그램을 적용하는 단계로 우선 대표 지역 자산으로 도출된 '산림자원'의 잠재적 활용가능성을 사전에 조사하였으며, 괴산군 전체 지역을 대상으로 주민아이디어 공모전을 실시하여 실제 산림자원의 활용에 관심 있는 주민들의 인식 환기와 참여를 끌어내고 조직을 형성하였다. 주민 조직의 형성에는 귀농귀촌인과 원주민들의 결합을 원칙으로 하였다.

3) 전략적 계획 수립

3단계는 전략적 계획 수립 단계로, 공감대 및 조직형성을 통해 발굴된 아이디어를 구체화시키고, 실제 사업을 실행하는 데 필요한 계획을 수립하기 위해 주민 역량 교육을 실시하였다. 지역자산을 활용한 고유의 비즈니스를 만들어 내기 위한 사업계획서 작성을 최종목표로 총 5회의 워크숍을 통한 교육을 진행하였다. 주민들이 스스로 낸 아이디어를 사업화하기 위해 논의하고 토론하는 시간을 가지면서 최종적으로 4팀의 괴산군 산림 커뮤니티비즈니스 계획안을 수립하였다. 이 과정에서 연구자들이 직접 현장에 투입되어 아이디어를 구체화시키고 사업화 계획 수립을 조언하였다.

📖 참고문헌

김대욱·조원혁·박해육. 2019. "커뮤니티 자산접근 모형의 행정학적 유용성: 접근모형들의 비교분석 및 지방정부의 역할." 한국행정연구, 28(3): 85−119.

김용득·성명진·황인매. 2021. "장애인복지관의 자산접근 실천 가능성 탐색: 포커스그룹 인터뷰의 단계적 적용." 한국장애인복지학, 51: 299−333.

김종수·전은호·홍성효. 2012. "공동체자산기반 접근을 활용한 사회적기업 육성 정책 방향 모색." 도시행정학보, 25(2): 71−91.

서재호. 2012. "국내 공동체(커뮤니티) 연구에 대한 종합적 메타분석과 행정학에 대한 함의: 연구분야, 방법, 목적, 및 주체를 중심으로." 한국사회와 행정연구, 22(4): 155−182.

박해육·김대욱. 2014. 지방자치단체의 커뮤니티 자원에 관한 연구. 한국지방행정연구원.

장주연·김재현·박정윤·최현선. 2015. "지역자원과 커뮤니티 개발을 기반으로 한 농산촌 발전 프로세스 도입 방안 연구: 충청북도 괴산군 사례를 중심으로." 한국지역개발학회지, 27(1): 225−252.

최현선. 2012. "커뮤니티 개발과정에서의 자산지도화 기법 활용 사례 연구." 국토연구, 75: 53−67.

한상일·김경희. 2013. "한국 사회적 기업의 지역자산 활용 : 자산기반지역공동체 발전 관점에서의 사회적 기업 활성화 방안 모색." 지방행정연구, 27(3): 153−180.

Green, G. P. and Haines, A. 2012. *Asset building & community development*. Sage Publication.

Hillery, G. A. 1955. "Definition of community: areas of agreement." *Rural Sociology, 20*: 111−123.

Improvement and Development Agency(I&DeA). 2010. *A glass half−full: how and asset approach can improve community health and well−being*. London: Local Government Association.

Kretzmann, J. P. and McKnight, J. 1993. *Building communities from the inside out:*

a path toward finding and mobilizing a community's assets. Chicago: ACTA Publications.

MacQueen, K. M., McLellan, E., Metzger, D. S., Kegeles, S., Strauss, R. P., Scotti, R., Blanchard, L. and Trotter, R. T. 2001. "What is community? and evidence−based definition for participatory public health." *American Journal of Public Health, 91(12)*: 1929−1938.

Mathie, A. and Cunningham, G. 2003. *From clients to citizens: asset based community development as strategy for community−driven development.* The Coady International Institute.

McKnight, J. 1995. *The careless society: community and its counterfeits.* New York: Basic Books.

McKnight, J. and Russell, C. 2018. *The four essential elements of and asset−based community development process.* Asset−Based Community Development Institute at DePaul University.

McNeish, D., Scott, C. and Williams, J. 2016. *Building bridge to a good life: a review of asset based, person centred approaches and people with learning disabilities in Scotland.* Scottish Commission for Learning Disability.

Symonds, A. and Kelly, A. (ed). 1998. *The social construction of community care.* London: Macmillan.

Ward, S. 2019. *How can Asset−Based Community Development(ABCD) contribute to community health and wellbeing?* Ph. D. thesis, University of Glasgow.

02 자산접근의 대인사회서비스 영역으로의 확산

section 01 대인사회서비스와 자산접근 의미

지역사회개발 관점의 자산기반 접근은 욕구 중심 접근과 대비된다. 욕구 중심의 접근은 문제를 중심에 놓고 더 나빠지지 않거나 더 부정적인 영향을 미치지 않도록 하는 방식으로, 대인사회서비스를 운영해 온 주류적 방식이다. 반면에 자산과 강점기반 접근은 문제에도 불구하고, 다른 사람과 함께 스스로 대처해 가도록 어떻게 도울 것인가를 고민하는 방식이다. 자산기반 접근은 사람들이 그들의 기술과 자원으로 무엇을 할 수 있는지, 그리고 주변 사람들이 지역사회에서 무엇을 할 수 있는지를 먼저 살피도록 한다(SCIE, 2015).

약점 또는 욕구 중심 관점에서 자산 또는 강점 중심으로의 관점 변화는 대인사회서비스의 패러다임 변화와 관련된다. 전통적인 서비스는 대상자의 기능을 의학적 기준으로 평가하고, 점수로 표시되는 평가결과에 따라 급여자격과 급여량을 결정하였다. 반면에 자산접근의 서비스는 도움을 찾는 사람들이 원하는 것이 무엇이고, 원하는 바가 어떤 도움을 통해서 달성될 수 있는지를 보는 사회적 접근이 주도되며, 이를 위하여 서비스 담당자의 재량적 판단이 중요하게 작용한다. 이런 면에서 자산접근은 민주적, 시민적 접근방식으로 평가된다. 약점 관점에서 자산관점으로의 변화를 그림으로 표현하면 다음과 같다.

그림 2-1 약점관점에서 자산관점으로 변화의 의미

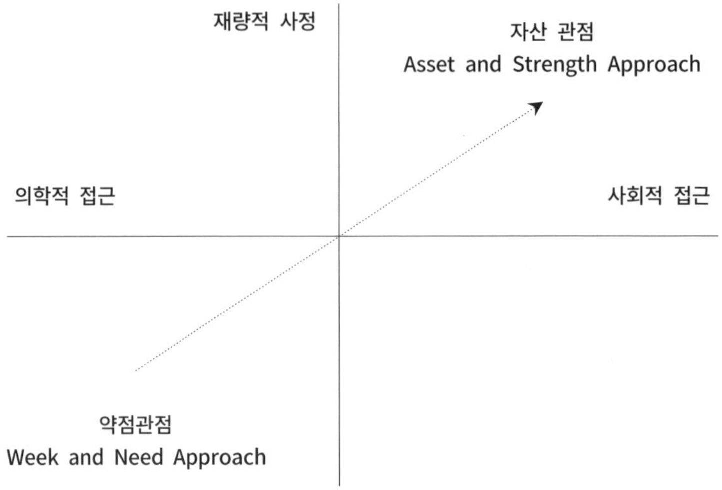

```
         재량적 사정                        자산 관점
                                    Asset and Strength Approach


                                              ↗


의학적 접근                          │                          사회적 접근
────────────────────────────────────┼────────────────────────────────────
                                    │



                     약점관점
              Week and Need Approach
```

　　자산을 현재의 역량, 미래의 잠재력, 가능성 등을 합한 의미로 보았을 때 긍정적인 성과를 가져올 수 있는 여러 잠재력, 지역자원들을 자산으로 볼 수 있다. 자산기반 접근은 면대면 커뮤니티 네트워크와 시민참여를 장려하며, 사회적 자본의 개념과 중첩되기도 한다(Improvement and Development Agency, 2010; Knapp et al, 2013). 자산접근은 공식서비스에서 개인과 지역사회의 강점을 적극적으로 활용함으로써 비공식 네트워크를 강화하고 사람들의 강점을 개발하도록 돕는 방법으로, 개인의 손상이 더 나빠지기를 기다렸다가 자격 기준을 충족하면 서비스를 제공하는 전통적 방식에서 사람들이 스스로 건강과 행복을 유지할 수 있도록 강점을 강화하는 시스템으로의 전환을 추구한다(김용득, 2019).

　　자산기반접근은 많은 나라에서 대인사회서비스의 보조적 수단으로 사용되었는데, 정부가 시행하는 서비스의 주요 방침으로 공식적으로 채택된 경우는 영국으로, Care Act 2014에서 자산기반접근, 강점기반접근의 적극적 활용을 명시하면서 다양한 시도들이 이루어지고 있다. 영국 돌봄서비스에서 자산접근이 주목을 받게 된 배경은 다음과 같이 설명된다(Klee, et al., 2014).

- 현재의 경제 환경에서는 국가가 전적으로 책임지고 서비스를 제공한다는 사회적 합의가 계속 유지되기 어렵다.
- 사람들은 더 오래 살고 있고, 노인의 비율은 향후 10년과 그 이후에도 크게 높아질 것이다.
- 사람들은 자신, 가족, 지역사회에 중요한 결정을 국가가 내려주는 것보다는 스스로 결정하기를 원한다.
- 고독과 고립이 웰빙의 위험으로 인식되고 있으며 이를 해결할 필요가 있다.
- 지역사회 기반 대응이 사람들이 나이가 들어도 집 근처에서 살 수 있도록 하는 데 중요하다는 인식이 증가하고 있다.

자산기반접근은 강점에 기반한 적극적인 지원을 통하여 사람의 일상에서의 변화를 추구하는데(NHS Health Scotland, 2011), 개인과 지역의 상황에 따라 다양하게 실행되고, 그 성과는 참여와 관계 구축으로 표현되기 때문에, 표준화된 실천방식을 제안하기는 어렵다(김용득 외, 2021a). 자산기반접근은 사람들과 지역사회의 자산을 최대한 활용하여 서로 잘 연결하면 개개인의 자신감과 자존감이 성장하여 공동체의 결속력으로 나타난다는 믿음에 기초하여 사람들의 취약성과 욕구에 주목하는 전통적 관점을 거부하고 사람들이 보유한 자산과 재능을 강조한다.

〈표 2-1〉은 대인사회서비스의 전통적 접근과 자산접근을 비교한 것이다. 전통적 접근은 이용자와 지역사회의 취약성에 관심을 가지며, 이용자는 클라이언트로 불리며, 서비스를 받는 수혜자로 묘사된다. 취약한 이용자의 욕구 충족을 위하여 표준적인 서비스 체계나 프로그램을 통해서 대응하며, 사람들이 보유한 강점에 대해서는 지원을 하지 않는 근거로 평가함으로써 최종적으로 이용자와 지역사회의 권한약화를 초래한다. 반면에 자산기반 접근은 이용자와 지역사회의 자산과 재능에 관심을 가지며, 이용자의 역할을 참여와 기여로 본다. 사람들의 참여를 자연스럽게 이끌어내기 위하여 유연한 대화를 통해서 관계를 확장

표 2-1 대인사회서비스 전통적 접근과 자산기반 접근의 비교[2]

구분	전통적 접근	자산기반 접근
이용자와 지역사회에 대한 관심	-취약성(deficit)과 욕구(need)	-자산(asset)과 재능(gift)
이용자의 지위	-클라이언트(client) -의존적인 존재(dependency)	-시민(citizen) -상호 돕는 존재(interdependency)
이용자의 서비스에서의 역할	-배제(exclusion) -받기(receiving)	-참여(engagement) -기여(contribution)
서비스 집행 원리	-서비스 체계(system) -프로그램(program) -표준화(standardization)	-대화(conversation) -운동(movement), 관계(relation) -유연화(personalization)
서비스 집행 주체와 지향	-기관(institution) -제도화(institutionalization)	-결합체(association) -공동체 회복(re-communalization)
강점(자산)에 대한 평가	-불이익 처분(punish)[3]	-존중(respect)
자원을 보는 관점	-좁음(기관이 서비스를 제공하는 데 필요한 자원)	-넓음(이용자와 지역사회가 경험할 수 있는 공감, 시간, 기회 등)
서비스 이용의 결과	-권한약화(dis-empowerment)	-자력화(empowerment)

출처: Russell, 2014.

하는 관계 지향적, 운동적 접근을 강조하며, 공동체의 회복을 모색한다. 사람의 강점을 존중하고, 지역사회 자원을 폭넓게 정의하여 적극적으로 활용하여 이용자와 지역사회의 자력화(empowerment)[1]를 도모한다.

자산접근은 세 가지 요소를 중요하게 다룬다(Think Local Act Personal, 2016). 첫째, 제도적 지원에서 개인의 적응성을 인정하고 존중하는 것이다. 개인의 적응성을 높이기 위해서 개인의 지식과 기술의 개발, 자연 네트워크의 적극적 활용, 지역사회 자원 활용 등을 통해 정부의 지원서비스가 이들 강점들과 분리되

---

1) 사회복지 분야에서는 empowerment를 역량강화, 권한강화 등으로 표현하고 있는데, 조효제(2016)는 이를 자력화라고 번역하였다. 스스로의 힘이 생긴 상태를 강조하고 있는 점에서 자력화가 좀 더 자연스럽고 적합한 표현이라 생각되어 조효제의 번역용어에 따른다.

2) 이 표는 Cormac Russell이 2014년에 스코틀랜드 애버딘에서 개최된 ONE Community Conference에서 Asset Based Community Development(ABCD)에 대한 57분 강연 영상을 표로 요약한 것이다(https://www.youtube.com/watch?v=w5wK8455pwo에서 2023년 6월 30일 인출).

3) 사람들이 강점(자산)을 가진 경우 이를 이유로 서비스를 제공하지 않는다는 의미이다.

지 않도록 하면서 서로의 상호작용을 증가시키는 것이 중요하다. 둘째, 사람들의 적응성을 높이거나 만들어내는 데 기여할 수 있도록 설계된 예방적 활동을 강화하는 것으로, 예방적 활동의 내용은 전통적 서비스에 국한되지 않으며, 개인의 적응성을 높일 수 있는 실제적인 영역을 유연하게 포괄하는 것이 중요하다. 셋째, 강점을 강조하는 사정과 지원이다. 사정에는 개인의 강점, 참여하고 있거나 참여할 수 있는 지원망 등이 포함되며, 지원서비스는 이런 강점 중심의 사정에 근거해서 제공되어야 한다.

자산접근이 되기 위해서는 개인이 얼마나 취약한가에서 출발하는 것이 아니라 무엇이 중요한가에서 시작해야 한다. 이러한 접근방식은 정책과 서비스의 수혜 대상으로 인식되었던 개인이 공동체의 구성원이자 지역의 문제를 해결하는 주체가 된다는 점에서, 그리고 구성원들의 참여와 상호작용을 통해 창출되는 공동체적 가치를 중시한다는 점에서 과거의 방식과 구분된다. 예를 들어 장애인 서비스 영역에서 자산접근 실천은 장애인은 지역사회에 수동적으로 손 벌리는 사람, 지역사회는 동정을 베푸는 시혜자 관계에서 벗어나 장애인과 지역사회가 자연스럽게 포용되면서 개인과 지역사회가 모두 성장하는 경험을 거치는 과정을 만들어 내려고 노력한다. 이 과정이 잘 수행되기 위해서는 장애인이 원하는 바를 잘 알아내고, 지역사회 자산과 잘 결합시키는 과정이 필요하고, 이를 위해서는 지원하는 조직의 역량과 문화도 달라져야 한다.

대인사회서비스 실천에서 지역사회 개발(community development)은 다양한 전략이 가능하지만, 크게 보면 두 가지 접근으로 구분된다(Nel, 2018). 첫째는 지역사회에 존재하는 욕구와 문제를 발굴하여 이를 지역사회 접근을 통해서 해결하는 전통적인 접근방법으로 과학적 방법을 통하여 문제를 찾아내고, 이를 분석하고, 해결하는 과정에 지역사회 관련된 사람들이 참여한다. 이 접근법에서는 정부가 문제에 대한 지역사회의 요청을 반영하여 비용을 투입하고, 정부 비용을 통해서 서비스를 제공한다. 정부가 제공하는 서비스를 통하여 이용자는 개별적으로 자력화 되지만 사람들의 상호의존(interdependence)과 지역사회 자체의 역량은 향상되지 않는다. 둘째는 지역사회가 가진 강점, 자산, 역량에 초점을 두는 접근법으로 지역사회의 모든 구성원은 각자 자기의 고유한 역량을 가지고 있고, 이들이 변화의 주체가 되어야 하며, 이를 통한 의미 있고 지속가능한 지역사회의 변화를 강조한다.

지역사회 개발을 향한 두 가지 접근법은 개념상에서는 서로 구분되고 대립하는 것처럼 보이지만, 실제에서 이 두 접근은 동시에 조화롭게 적용되는 것이 중요하다. 문제 중심의 지역사회 접근은 문제 해결을 위한 정부의 자금 조달을 요구하고, 정부는 문제 해결을 위한 서비스 전달 인프라를 만들게 된다. 이와 같은 문제 중심의 접근 과정에서 문제 해결 과정이 지역사회 자체의 역량 향상으로 연결되기 위해서는 몇 가지 중요한 점들이 함께 고려되어야 한다(Nel, 2018). 첫째, 서비스 체계가 지역사회에 만들어지는 과정에서 이용자들은 클라이언트나 수혜자의 지위에 머무는 것이 아니라 적극적 참여자, 서비스 생산자, 미래의 주체로 설정되도록 하는 비전을 공유해야 한다. 둘째, 지역사회의 기본적 욕구를 해결하기 위하여 정부나 기업이 재정을 투입하더라도 해결되어야 할 문제의 정의나 문제 해결 방법 등에 대한 아젠다 설정은 지역사회 관련 주체들에 의해서 결정되어야 한다. 셋째, 서비스 제공에 필요한 재원을 조달하는 정부나 기업뿐만 아니라 실제로 서비스 전달 과정에 참여하는 다양한 서비스 제공기관들도 '지역사회 구성원들의 적극적인 참여를 통한 서비스 전달'이라는 원칙에 충실함으로써 지속적인 발전의 가능성을 확보하여야 한다. 넷째, 서비스 체계를 만드는 과정에서 지역사회 이용자나 시민이 보유한 강점과 역량을 적극적으로 활용함으로써 서비스 체계가 다양한 지역사회 주체가 참여하도록 해야 한다. 다음의 우리나라 장애인복지관의 지원사례는 이를 잘 보여준다.

어떤 시골 마을에 40대 후반의 발달장애인이 혼자 살고 있다. 농사를 하는 마을이다 보니 일손이 부족한 농번기가 되면 일할 수 있는 발달장애인은 자연스럽게 노동착취를 당할 수 있다. 노동 착취의 정도가 심한 경우에는 제3자가 장애인복지관에 이를 알려주기도 한다.

이런 일을 접하면 장애인복지관 사회복지사는 대개 장애인의 학대 사건을 담당하는 장애인권익옹호기관에 정식으로 사건 신고를 한다. 장애인 권익옹호기관에 사건이 접수되어 학대가 의심되는 경우에 현장조사를 실시한다. 현장조사를 토대로 학대 상황에서 회복될 수 있도록 필요에 따라 상담, 교육, 서비스 연계 등이 이루어진다. 이 시골 마을의 노동착취와 같은 사건에 대해서는 대체로 피해자 상담, 가해자 교육을 통해서 착취가 재발하지 않도록 하는 조치를 취한다. 그러고 나면 노동착취는 일정 시간 동안 재발하지 않는다. 그러나, 더 심각한 문제가 생긴다. 성인발달장애인은 마을 사람들의 기피 대상이 되어버린다. 마을 사람들이 발달장애인에게 뭔가를 부탁하면 조사를 받아야 한다고 인지하게 되어 이 발달장애인은 마을에서 외톨이로 남게 된다. 노동착취라는 문제는 해결하였지만, 더 근본적인 문제를 남긴다.

이런 경험을 한 사회복지사는 이와 유사한 상황이 다른 마을에서 발생했을 때 다른 방법으로 접근하는 것이 필요하다고 느꼈다. 발달장애인이 외톨이가 되지 않으면서 노동착취가 일어나지 않도록 하는 방법이 무엇일까? 먼저, 마을 이장을 만났다. 노동착취로 신고된 상황을 설명하고, 이를 잘 다루기 위해 마을 경로당 앞에서 하루 동안의 행사를 제안하여 동의를 얻었다. 약속한 날에 경로당 입구에 아담한 행사 천막이 설치되었다. 그리고 '빈 화분 가져오시면 장애인복지관에서 꽃을 심어 드립니다.'라는 현수막도 함께 걸렸다. 꽃들은 인근 화원에 행사의 취지를 잘 설명하여 아주 낮은 가격에 구매하였다. 이날 빈 화분에 꽃을 심어주는 일은 복지관 직원 두 사람과 노동착취를 당했던 이 마을의 발달장애인 등 세 사람이 함께했다. 발달장애인에게는 일당을 먼저 지불하였다. 화분에 꽃을 심는 시간에 마을 노인들과 이야기를 나눈다. '이 분(성인발달장애인)이 꽃을 참 잘 심으신다.' '복지관 형편이 넉넉지 않아서 일당은 많이 드리지 못해 죄송하다.' '이분은 일을 잘 하시지만, 그 대가를 달라고 하시지는 않는 것 같다.' '비용을 지불하지 않고 일을 부탁하면 장애인에게 학대가 된다.' 등의 이야기를 자연스럽게 나눈다. 이 하루 행사를 통해서 노동착취 문제가 더 이상 발생하지 않았다. 그리고 이 발달장애인이 마을에서 외톨이가 되는 일도 발생하지 않았다. 마을에는 자연스럽게 발달장애인에 대한 민감성이 생겼다.

공적인 대인사회서비스에서 우리는 지금까지 문제 중심 접근, 욕구 중심 접근으로 일했다. 이 방법으로는 단편적인 문제 해결은 가능하지만, 총체적이거나 긍정적인 변화는 이루어지지 않는다. 자산중심의 접근 방법은 발달장애인의 자산, 마을 사람들의 관계 자산, 화원의 자산 등을 결합시켜 총체적이면서 긍정적인 방식으로 문제를 해결한다. 대인사회서비스의 다양한 영역에서 이와 같은 자산접근의 확산이 필요하다.

section 02 대인사회서비스 자산접근 실천 구성과 모형

1. 자산접근 실천 구성

사회적으로 고립된 개인은 강한 사회적 유대를 가진 사람들보다 조기에 사망할 확률이 2~5배 더 높다는 연구결과가 있다(Marmot et al., 2010). 대인사회서비스에서 자산기반접근은 사회적 고립을 줄이고 개인의 더 나은 삶을 지속가능하게 할 수 있는 효과적인 접근법 중 하나로 활용되고 있다. 이용자들이 자신의 강점과 역량을 이해하고 지역사회의 네트워크와 서비스를 통해 지원을 받을 수 있도록 도움을 준다. 따라서 자산기반 접근은 사람들이 무엇을 가지고 있고 무엇을 할 수 있는지에 집중하여 생각하고 실천하는 방식이다(김용득 외, 2021b). 자산기반접근은 지역의 자산과 강점을 기반으로 지역주민들의 참여를 유도할 수 있다는 점에서 지역중심적이다. 자산기반접근은 지역의 서비스 공급자원 외에도 지역주민, 비영리단체, 사회적기업 등이 보완적 역할을 할 수 있다는 점에서 비용 효율적이다. 자산기반 접근은 기존의 방식을 거부하고 새로운 방식으로의 도전을 장려한다는 점에서 혁신적이다. 자산기반접근을 자산기반지역사회개발(Asset Based Community Development, ABCD)과 구분해서 이해할 필요가 있다. ABCD는 Kretzmann과 Mcknight(1993)가 개발한 장소기반 접근 방식으로 초기에 미국에서 지역사회개발 분야에서 시작되었으며, 낙후된 지역사회 재생을 위한 방식으로 활용되었다. 따라서 대인사회서비스 분야 등에서 광범위하게 적용할 수 있는 자산기반 접근과 구분할 필요가 있다(McNeish et al., 2016).

자산접근은 그들에게 무엇이 있는가부터 접근한다. 즉 실제로 존재하는 것, 즉 '있는 것'에 관심을 둔다(김용득 외, 2021b). 개인이나 지역사회가 이미 가지고 있는 것을 파악하여 문제를 해결하려는 것이다. 따라서 무엇을 가지고 있는지, 가지고 있는 것을 어떤 것과 연결할 수 있는지, 어느 곳에 기여할 수 있는지에 대해 집중한다. 예를 들어 전통적 접근에서 장애를 가진 사람들은 교통약자로서 이동권과 접근권에서 많은 제약이 있고, 이들은 이동 시 도움이 필요한 사람으로 인식되었다. 그러나 자산기반접근방식을 적용하면 장애를 가진 사람들은 교통약자로서 겪은 다양한 경험들은 이들에게 자산이 된다. 이들은 지역사회 내 이동권이나 접근권을 향상하기 위해 어떤 부분을 보완해야 하는지에 대해 실제적인 아이디어를 생산해 낼 수 있는 강점이 있다. 이들의 경험과 지식을 지역사회 문제 해결을 위해 활용할 수 있다는 것이다. 결과적으로 욕구 기반 중심의 접근은 욕구 해결을 위해 프로그램으로 대응하는 소비자로 당사자의 존재를 인지한다면 자산기반접근은 시민으로 보는 차이가 있다.

자산기반접근의 원칙과 목표는 개인과 지역사회가 제공해야 하는 가치를 발견하고 공유하는 것이다. 먼저 자산을 식별하고 동원하기 위해 개인, 단체, 지역사회에서 사용할 수 있는 많은 기술과 방법론이 있다. 자산을 식별하는 방식은 그동안 개발되지 않은 상태 또는 아직 사용되지 않은 것들을 드러내어 보여주고 사람들이 중요하게 생각하는 것을 공유하고 확인하는 과정이다. 대인사회서비스에서 자산접근을 실행함에 있어 '가치와 윤리', '지식과 협력', '이론과 방법', '경험', '기술' 등이 결합된 실천구조를 통합적으로 이해하는 것이 필요하다 (Departmet of Health and Social Care, 2019; 김용득 외, 2021b).

그림 2-2 자산접근 실천의 구성

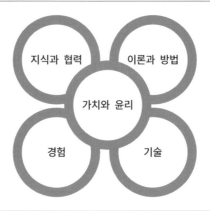

출처: Department of Health and Social Care, 2019.

먼저, '가치와 윤리'는 개인의 삶을 소중히 여기면서 개인이 지역사회에 기여할 수 있는 부분과 지역사회가 개인에게 할 수 있는 기여를 중요하게 생각한다. 개인은 지역사회의 귀중한 구성원으로 살 수 있도록 존중받고 존엄성을 가진다는 점에 집중한다. 대인사회서비스의 목표는 개인의 행복을 증진하는 것이며, 구체적으로는 인권, 옹호, 학대로부터의 보호, 사회에 대한 개인의 기여, 일상생활에 대한 스스로의 통제 등이 포함된다.

'지식과 협력'은 대인사회서비스 이용자에 대해 알고, 이를 기반으로 협력한다는 의미이다. 지식면에서 당사자의 삶 전체를 바라보고 개인의 문제 그 이면을 파악하는 능력이 필요하다. 개인으로서 당사자는 누구인지, 어떤 감정을 느끼고 있는지, 당사자에게 중요한 것은 무엇인지, 지역사회에 무엇이 있는지 등에 대한 것들이 지식에 포함된다. 자산접근에서는 당사자에 대한 이런 지식을 기반으로 이용자와 공동생산, 공동설계의 과정을 통해 협력하는 활동으로 수행된다.

'이론과 방법'에서는 자산접근 실천을 위하여 생태학적, 체계론적, 사회학적, 심리학적 등의 기초적인 실천 이론과 함께 의사소통, 자산과 강점기반, 인간발달 등에 관한 이론적 지식도 필요함을 의미한다. 이와 함께 이론들에 기반하여 실제에 활용할 수 있는 조사, 분석, 기획 등의 방법에 대한 이해도 포함한다.

'경험'은 반복되는 실천을 통해 다양한 경험이 쌓일 수 있도록 지속적인 노력이 필요함을 의미한다. 이전 경험에 대한 성찰에서 얻은 학습이 쌓이면 지원에 대한 전문적 역량은 계속 향상될 수 있다. 때로는 개인별지원, 개별맞춤에 대한 지원이 개인에게만 국한되어 사람들 간 관계를 맺거나 지역사회나 공동체와 연관 짓는 활동을 포함하지 않는 경우가 많이 발생한다. 이런 경험에 대한 반성적 성찰을 통해서 다양한 사람들과 관계를 고려하고, 실제로 관계를 확장하는 방법을 축적해 갈 수 있을 것이다.

'기술'은 자산접근 실천을 위해 필수적인 대인관계기술, 옹호기술, 의사소통 기술 등의 중요성과 관련이 있다. 자산접근 실천에서 다른 사람을 대신하여 옹호하는 기술, 이를 위해 다른 사람들의 생각이나 희망사항을 적절하게 표현하는 기술, 다른 사람이 원하는 바에 맞게 지역사회에서 필요한 서비스를 찾아내는 기술 등이 필요하다. 관찰기술, 조언하는 기술, 정보를 제공하는 능력, 청취와 공감 능력, 개방형으로 질문하거나 반구조화된 인터뷰 기술 등이 중요하다.

지금까지의 서비스제공중심 접근법은 사람들의 삶의 풍부함과 복잡성을 인식하지 못하고 사람 중심의 치료를 지원하거나 증진하지 못한다는 비판이 있다. 자산기반의 사고방식은 개별화 및 공동생산에 광범위하게 영향을 미치며 파트너십을 통해 협력이 이루어진다. 따라서 선택, 통제, 시민권, 연계성은 자산기반 활동의 토대가 되는 공통 주제들이다. 대인사회서비스에서의 자산접근은 서비스를 지원하는 사람과 서비스를 제공 받는 사람 간의 협동과정으로 사람의 강점과 자산을 끌어내기 위한 파트너십을 기본으로 한다. 협력적인 방식으로 일한다는 것은 개인이 그 서비스의 소비자가 아닌 돌봄서비스와 지원의 공동생산자가 되는 기회를 추구한다. 따라서 서로 간의 관계의 질 또한 중요한 부분이다 (SCIE, 2014).

2. 자산접근 실천 모형

1) 함께 돌보는 지역사회(Communities That Care, CTC) 모형

Communities That Care는 미국 정부의 약물남용과 정신건강서비스부 (Substance Abuse and Mental Health Services Administration, SAMHSA) 산하 약물남용예방센터(Center for Substance Abuse Prevention, CSAP)에서 운영하는 청소년 폭력과 약물남용 예방을 위한 프로그램으로, 지역사회 구성원들의 참여를 통해서 지역사회의 예방적 요소들을 강화하는 지역개발을 핵심 전략으로 채택하고 있다.

이 프로그램은 다양한 주체의 협력(collaborative), 선제적 예방(proactive), 여러 학문 분야가 참여하는 과학적 기반(science based), 데이터 기반(data driven), 지역사회 주체들에 대한 구조화된 훈련과 도구(structure and tools) 등을 핵심 구성요소로 포함하면서 다음 그림과 같은 다섯 단계를 통해서 수행된다.

그림 2-3 함께 돌보는 지역사회 모형

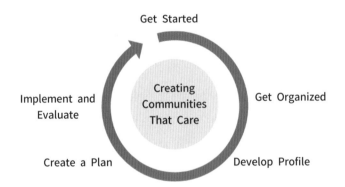

출처: Wikipedia, 2023.

(1) 착수단계(Get Started)

착수단계에서는 CTC 트레이너가 제공하는 기술 지원을 통해 지역사회 촉진자(catalyst)와 자문 그룹은 협력적 예방 노력을 수행할 지역사회의 준비 상태를 평가하고 참여가 필요한 사람들을 정한다. 이 단계의 주요 활동을 이끌어 갈 지도자를 모집하고, 위험에 대한 조사를 수행할 수 있도록 교육청의 동의를 얻고, CTC 활동을 관리할 코디네이터를 고용하는 것이다.

(2) 조직화 단계(Get Organized)

조직화 단계에서는 다양한 사람들을 대표하는 예방을 위한 연합모임이 만들어진다. 이 단계의 구체적인 작업에는 1단계에서 확인된 이해관계자 참여 및 교육, 지역사회 아동의 미래에 대한 비전 개발, 지역사회가 비전을 향해 나아갈 수 있도록 지원하는 조직 구조 구축이 포함된다. 주요 지도자에 대한 오리엔테이션 교육, 지역사회 위원회 교육이 이 단계에서 이루어진다. 이러한 교육은 지역사회 이해관계자에게 예방의 방법을 소개하고 예방 활동을 수행할 지역사회 위원회의 적절한 구조를 만들 수 있도록 하는 데 초점을 둔다.

(3) 프로파일 개발 단계(Develop a Profile)

프로파일 개발 단계는 청소년의 행동 및 예방 서비스에 대한 포괄적인 지역사회 차원의 사정을 포함한 데이터 수집 단계이다. 이 단계에서는 일반적으로 청소년 조사에 대한 관리가 필요하다. 실무 작업 구성원들은 지역사회 사정 훈련에 참여하는데, 이 훈련에서는 학생 설문조사에서 위험 및 보호 요인에 대한 핵심 데이터 소스에 대한 이해와 데이터 분석 방법을 배운다. 이 교육은 작업 그룹이 설문 결과를 해석하고, 높아진 위험 요소, 위축된 보호 요인, 만연한 문제 행동을 확인하는 데 도움이 되도록 설계되어 있다. 분석을 통해 작업 그룹은 CTC 위원회가 관심을 가져야 할 우선적인 위험 및 보호 요인을 제안한다.

프로파일 개발 단계의 두 번째 요소는 중요한 위험 및 보호 요인을 다루는 현재 지역사회 프로그램, 정책, 관련 자원을 평가하는 것이다. 평가 실무 그룹은 사전에 관련 평가에 대한 교육을 받고, 중요한 우선순위와 현재 프로그램과 정책과의 간격을 평가하여 새로운 프로그램이나 정책을 제안한다.

(4) 계획 만들기 단계(Create a Plan)

CTC의 네 번째 단계에서는 사정 결과가 전체 위원회에서 검토되고 지역사회 실행 계획이 개발된다. 이 단계에서는 지역사회 계획 훈련이 위원회에 제공된다. 이 교육 동안 위원회 구성원들은 현재 예방 서비스의 문제를 해결하기 위해 우선순위가 높은 위험 요소에 맞춘 예방 정책과 프로그램을 선택한다. 일단 프로그램을 선택하면 위원회는 측정 가능한 목표 설정을 포함한 실행 계획과 평가 계획을 개발하는 교육을 받는다.

(5) 실행과 평가 단계(Implement and Evaluate)

이 단계에서 CTC 위원회는 선택한 전략을 실행하고 진행 상황을 평가한다. 위원회 구성원들과 실무 그룹은 이와 관련하여 CTC 교육 최종 워크숍에 참여한다. CTC는 지속적으로 수행되는데, 위험요인, 보호요인, 청소년의 행동 등에 대한 지역사회 수주준의 변화를 모니터링하는 과정은 2년 단위로 이루어진다. CTC 위원회는 이 데이터를 바탕으로 실행 계획을 수정한다.

CTC의 운영에서 지역사회의 자기결정이 강조된다(Haggerty and Shapiro, 2013). 지역사회는 실천 전반에 걸쳐 지역사회 주민과 공간이 가지고 있는 강점과 자원, 욕구와 제한성을 고려하여 자신의 지역사회에 적합한 결정을 내린다. CTC를 운영하는 지역사회 위원회에 누가 참여할지도 지역에서 결정한다. 위원회와 실무진의 구성은 지역사회를 가장 잘 대표할 수 있는 사람과 그룹에 의해 결정된다. 각 지역사회는 지역 데이터를 기반으로 실행의 우선순위를 결정한다. 이 과정은 지역사회가 운영하며 문제와 강점이 무엇인지도 지역사회가 결정한다.

2) 지역사회 중심 지원 혁신
(Innovations in community-centred support) 모형

영국의 TLAP(Think Local Act Personal)에서 성인 돌봄서비스의 혁신적 운영을 위하여 2019년에 제안한 모형으로 서비스 이용자와의 협동생산(co-production), 자산 또는 강점기반 접근(asset or strength approach), 지역사회 역량(community capacity) 지원, 불평등의 해소, 관련 법령과의 조화, 성과 관리 등을 핵심 요소로 하고 있다(SCIE, 2023). 이 모형은 사람들의 건강과 웰빙을 개선하는 혁신적인 지원체계를 구성한 것으로, 사람 중심(person-centred)으로 사람들의 강점(people's strengths)과 함께하면서 사람들이 서비스를 받는 것이 아니라 삶을 가지도록 (have a life and not a service) 돕는 활동을 지향한다.

다음 그림과 같이 자립의 회복(regaining independence), 주거와 함께 하는 돌봄의 새로운 모델(new models of care and support with accommodation), 집에서 잘 지내기(living well at home), 기여하면서 즐겁게 살도록 돕기(supporting people to contribute and do things they enjoy), 다른 사람과 연결되어 회복력을 가지면서 잘 지내기(staying well, connected to others and resilient) 등 다섯 가지 영역으로 구분하여 관련 시행 사례를 제시하고 있다(Think Local Act Personal, 2023).

이 모형은 사람 중심, 강점기반 접근을 강조하면서 서비스를 제공하는 목

그림 2-4 지역사회 중심 지원 혁신 모형

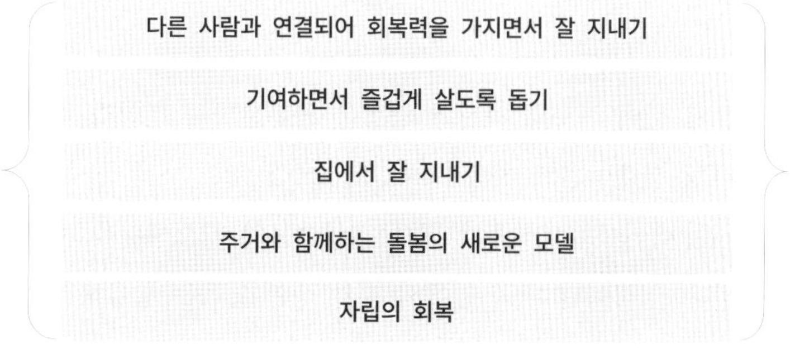

다른 사람과 연결되어 회복력을 가지면서 잘 지내기

기여하면서 즐겁게 살도록 돕기

집에서 잘 지내기

주거와 함께하는 돌봄의 새로운 모델

자립의 회복

출처: Think Local Act Personal, 2023

적이 아니라 사람들이 주류 사회에서 벗어나지 않는 일상의 삶을 살도록 지원을 제공하는 데 초점을 둔다. 이 모형의 혁신성은 사람들의 연결을 만들어 내는 것이며, 가족, 친구, 지역사회에 끊어진 연결을 회복하도록 돕는 데 있다.

section 03 대인사회서비스에서의 자산접근 동향

영국의 경우를 보면 대인사회서비스의 확장기에는 자산접근이 그리 주목받지 못했다. 반면에 2010년 이후 재정삭감이 심각하게 진행되면서 정부는 지속가능의 차원에서 자산접근을 적극적으로 수용하였다. 영국에서 자산기반 접근, 강점기반 접근의 강조를 명시한 Care Act 2014에 근거하여 다양한 시도들이 이루어지는 상황이다. 자산기반접근은 강점에 기반한 적극적인 지원을 통하여 사람의 일상에서의 변화를 추구한다. 대인사회서비스 분야에서 자산접근은 사람 중심 가치에 근거하여 개인과 지역사회가 기존에 가지고 있는 자산, 능력, 자원을 적극적으로 동원하여 연결하고 참여를 통해 자신의 삶과 상황을 더 잘 통제하도록 하는 것이다(NHS Health Scotland, 2011).

미국, 캐나다, 영국, 호주 등 많은 국가에서 시행하고 있는 지역사회 동료지원(peer support)의 활용은 자산접근의 대표적인 예인데, 유사한 어려움을 먼저 경험한 사람이 어려움을 함께 나누면서 회복을 위해서 실질적으로 필요한 일들을 직면할 수 있도록 돕는 방법으로, 지역조정자(local area coordinator)가 사람들을 연결하고, 지역사회에 존재하는 필요한 자원을 찾아서 사용하도록 돕는다(Local Government Association and NHS England, 2017). 이런 과정은 서비스 이용자, 시민, 전문가 등이 서로의 자산과 경험을 공유하면서 책임과 역할을 공유해가는 공동생산의 실행이기도 하다(Durose et al., 2017).

자산접근은 대인사회서비스가 필요한 사람들의 거주생활을 지원하는 영역에서도 활용된다. 영국이나 미국 등에서 재가 생활을 돕는 공유생활(shared lives) 제도는 정부에 등록된 공유생활 돌봄 인력이 도움이 필요한 노인, 신체장애인,

발달장애인, 정신장애인 등과 매칭 되어 낮 시간 또는 밤 시간을 함께 보내는 제도로, 상황에 따라 이용자의 집이나 제공자의 집에서 함께 거주한다(Shared Lives Plus, 2016). 대학생이 노인 집에 들어가서 사는 가정공유(home share) 제도는 작은 도움이 필요한 노인의 집에 대학생이 저비용 또는 무료로 입주해서 살고, 정부가 임대료를 일부 보전해 주는 방식으로 운영된다(김용득, 2018). 영국이나 호주 등에서는 지역사회 거주에 어려움이 있는 장애인 가구와 도움을 줄 수 있는 이웃을 하나의 단위로 조직하는 지원생활네트워크(supported living network)가 운영되고 있다(김미옥·정민아, 2017).

영국의 Care Bank는 도움을 크레딧(credit)으로 전환하여 사용할 수 있도록 하는 제도로 주변 이웃을 돕고, 이 활동에 대한 크레딧으로 멀리 사는 부모가 다른 사람으로부터 도움을 받을 수 있도록 하거나 지역사회가 운영하는 카페, 예술센터, 도서관 등을 이용할 수 있도록 한다(Fox, 2013). 이용자, 가족, 친구, 이웃, 자원봉사자 등으로 구성되는 자발적인 모임으로 운영되는 영국의 커뮤니티 써클(community circle)[4]도 있다. 미국과 영국에서 '스몰 스파크(small spark)'라는 제도가 있었는데, 50만원 내외의 소액 보조금으로 지역사회를 혁신하도록 소모임을 지원하는 활동이다(김용득, 2018). 미국, 캐나다 등에서 일반시민들이 발달장애인들과 일대일 매칭으로 돕는 시민옹호(citizen advocacy) 활동도 예라고 할 수 있다.

아시아 국가들에서도 자산접근 시도가 확장되고 있는 것으로 보인다. 일본의 Furei Kippu는 영국의 Care Bank와 유사한 제도로 크레딧을 사용하여 돌봄활동의 교환이 가능하게 한다(김용득, 2018). 장애인과 비장애인이 구분 없이 장애인은 당사자 주체로서 활동하고, 지역주민은 자발적으로 장애를 가진 사람들을 지지하며, 사회복지기관들이 연계와 협동을 이루는 모델로 40여 년 동안 운영되어 온 일본 니시노미야시의 공생마을 사례도 있다(전지혜, 2017). 싱가포르는 국민들이 필요로 하는 복지와 사회적 욕구를 충족하기 위해 다양한 영역과 파

---

4) www.community-circle.co.uk 참조

트너십을 활용하는 방법으로 '여러 돕는 손길(many helping hands)'이라는 용어를 만들어 내었고, 이를 통해 정부역할은 직접서비스 공급자에서 민간단체에 자금을 지원하는 것으로 변화하였다(황인매, 2016).

국내에서도 유사한 사례들이 다양하게 시도되고 있다. 서울시에서 2012년부터 추진하고 있는 마을 만들기가 대표적인데, 서울시에 공동체를 선발하여 활동비, 시설비, 운영비 등을 지원하여 공동체를 회복하는 활동을 돕는다. 또한 서울시에서는 가정공유제도(home share scheme)와 유사한 '공유주거'프로그램도 시행하고 있다. 대구에서 '직접 이용하는 사람이 운영하자'라는 슬로건으로 20여 개의 협동조합과 주민단체가 참여하여 발달장애인 등의 사회적 약자들과 함께 하는 '안심마을'사례도 여기에 해당한다. 부산에서 시민이 주주로 참여하여 복지법인을 만들어 기존 사회복지법인의 한계를 극복하자는 취지로 설립된 '시민 주복지법인'도 좋은 사례이다. 그리고 전국의 사회복지관에서 다양한 형태로 시도되고 있는 마을만들기, 지역사회조직 활동 등이 있고, 장애인복지관에서는 지역사회의 일반 시민들이 자발적으로 참여하는 시민옹호도 운영되고 있다.

국내에서 지역사회 강점과 자산을 강조하는 학술논문들이 많아지고 있는데, 크게 세 가지 흐름으로 구분될 수 있다. 첫째, 돌봄 등 대인사회서비스 영역에서 공동체 접근과 공동생산(co-production) 접근의 도입이나 공동체 주도 민관협력의 강화를 주장하는 연구들이다(강현철·최조순, 2019; 김도희, 2010; 김용득, 2019; 김은정, 2015; 김학실, 2017; 주현정·김용득, 2018; 최지민 외, 2015). 둘째, 사회복지 실천 영역에서 지역사회조직 활동을 통해서 주민 공동체를 만들고, 이를 통해서 어려움에 처한 사람들이 지역사회에 통합되고 지역주민들과 상호성장을 경험할 수 있도록 하는 방법에 대한 연구들이다(김아래미 외, 2019; 김진아. 2014; 박해긍 외, 2017; 신주혜, 2014; 이찬희·문영주, 2013; 최재송·허성욱. 2016; 최지선·민소영. 2018). 셋째, 시민사회나 민간영역의 자원을 사회문제 해결에 동원한다는 측면에서 사회적기업이나 협동조합 등 사회적경제 주체를 지원하여 대인사회서비스에서 공동체성을 강화하자는 논의도 확장되고 있다(김종수 외, 2012; 신창환, 2019; 안윤숙·김흥주, 2019; 오단이 외, 2017; 이인재, 2017; 장지은 외, 2018; 정연경·김태영, 2018; 정지웅·이준우, 2016).

노인, 장애인, 아동 등을 돕는 대인사회서비스는 친밀한 관계가 중요하기 때문에 국가와 지역에 따라 다양한 형태의 자산접근이 시도되고 있는 것으로 보인다. 자산접근에 대한 학문적 관심의 증가는 구글 학술검색(google scholar) 결과를 통해서도 알 수 있다. 2000년을 기준으로 5년 단위로 'community asset' 이라는 용어를 포함하는 학술문헌을 검색한 결과, 2000~2004년에는 955건, 2005~2009년에는 1,600건, 2010~2014년에는 2,260건, 그리고 2015~2019년에는 2,660건의 문헌이 검색되고 있는데, 학술문헌 전체 모집단의 양적인 증가를 고려하더라도 지역사회 자산 개념을 포함하는 학술문헌의 양은 큰 폭으로 증가하고 있는 추세라고 할 수 있다(김대욱 외, 2019). 이들 연구들의 몇 가지 사례들을 보면 다음과 같다.

1. 아동·청소년 분야 대인사회서비스 자산접근

아동과 청소년에 대한 지원은 전통적으로 의료모델, 취약모델에 기반하여 이루어졌다. 약점보다는 강점을 강조하는 시도는 서구에서 2000년을 전후하여 집중적으로 이루어졌다(Rose, 2006). 이들 연구들에서 공통적으로 강조되고 있는 점은 아동과 청소년의 성장을 위해서는 그들의 강점에 초점을 맞추어야 하고, 이들의 강점은 가족과 지역사회의 긍정적 환경과 지원을 통해서 강화된다는 것이다. 이와 관련된 대표적인 연구는 Benson 등의 연구(1998)로 156개 문항으로 이루어진 40개의 긍정적 자산을 구성하고, 미국의 2,000여 개 지역에서 100만명 이상을 대상으로 응답을 수집하였다. 연구 결과를 보면 6~12학년의 평균 긍정 자산은 40개 중 18개로 나타났으며, 여학생이 남학생보다 긍정 자산을 더 많이 보유한 것으로 나타났다. 그리고 6학년에는 평균 21개 자산이었던 것이 12학년에는 17개 자산으로 감소하였다. 40개의 자산은 외적 자산과 내적 자산으로 구성되었다. 20개의 외적 자산은 가족의 지원, 자신감을 가질 수 있도록 해 주는 안전한 보호, 다른 단위(가족, 학교, 이웃 등)에서 오는 기대, 각각의 활동 공간(가정, 학교, 교회 등)에서 보내는 창의적인 시간 사용 등으로 구성되었다. 20개의 내적 자산은 존중받으면서 생기는 학습 의욕, 정의감에서 오는 긍정적 가치, 친구를 사귀고 갈등을 해결할 수 있는 사회적 역량, 자아존중감에서 오는 긍정적 정체성 등이었다.

미국에서 위탁보호를 받고 있는 아동을 대상으로 하는 연 4회의 One Sky Camp(회당 3~4일) 프로그램 참여 아동의 자산 변화를 분석한 연구를 보면 참여 아동들은 스텝들이 자신들의 장점과 자산에 초점을 맞추었다고 인식하는 경우에 자산이 증가하는 것으로 나타났으며, 특히 내적자산이 외적자산에 비해 더 많이 증가하는 것으로 나타났다(Howse et al., 2010).

2. 장애인 분야 대인사회서비스 자산접근

장애인 분야의 자산접근에 대한 연구는 장애 경험은 개별적 특성과 환경적 맥락과의 다원적인 상호작용의 결과이며, 많은 경우 지역사회의 다양한 자산에 접근하는 데 제한을 받는다는 점을 강조한다(Toro-Hernandez et al., 2020). 지역사회 자산은 장소, 서비스, 비즈니스, 사람들 등을 포함하여 지역사회에서 삶의 질을 높이는 데 기여할 수 있는 모든 것들을 말하며, 지역사회 자산 활용을 통해서 장애인의 사회참여가 증진된다. 장애인의 지역사회 자산 활용을 지원하기 위해서는 가족, 학교, 지역사회 등의 미시적 사회맥락뿐만 아니라 사회적 편견, 차별, 정책 등의 거시적 맥락까지 동시에 고려해야 한다.

장애인 분야에서 자산접근은 지역사회 대화(community conversation)를 통해서 장애인에 대한 편견과 불평등을 해소하는 시도들이 이루어져 왔다. 2012년에 미국 캘리포니아주에서는 연방정부에서 일곱 번째로 청년 발달장애인의 지역사회 통합고용을 위한 지역사회 대화 프로젝트를 일곱 개 지역에서 실시하였다. 각 지역에서는 다음과 같은 절차를 통해서 지역사회 대화가 이루어졌다(Raynor et al., 2018).

기업가, 종교지도자, 교육자, 공무원, 민간기관 지도자와 직원, 장애인

서비스 기관의 지도자와 직원, 장애인 단체 활동가, 발달장애인 당사자, 가족 등 다양한 지역사회 사람들 50~100명이 모임에 초대된다. 모임에서 발달장애인 통합고용을 위해 장애인을 고용한 기업가, 취업해서 일하고 있는 장애인 당사자, 장애인 고용을 돕는 기관의 책임자 등이 짧은 기조연설을 통해서 모임의 분위기를 만든다. 기조연설이 끝나면 7~10명 단위로 미리 준비된 테이블에 무작위로 앉아서 발달장애인 고용을 위한 아이디어를 자유롭게 나눈다. 각 테이블에는 미리 지정된 호스트가 있어 자연스럽게 대화를 진행하고, 호스트를 도와서 큰 종이에 대화를 기록하는 사람도 배치된다. 그리고 자유롭게 테이블을 옮겨 가면서 토론을 이어나간다. 충분히 토론이 이루어지고 나면 모두가 함께하는 정리 모임을 한다. 정리 모임에서는 참여자들이 나눈 이야기 중에 좋은 아이디어를 서로 발표하면서 공유한다. 이어서 각 테이블에서 기록된 내용을 함께 나눈다. 모임이 끝나면 발표된 내용과 기록들을 종합하여 상세한 실행계획으로 반영한다.

Carter와 Bumble(2018)은 지역사회 대화를 통해서 성공적인 성과를 거두기 위해서는 지역사회 다양한 주체의 참여, 자연스러운 반복적인 논의, 지역 기반 아이디어, 해결중심 접근, 자산기반의 강조, 인식의 공유, 목표에 대한 동의, 실행 가능성의 고려 등이 중요하다고 하였다.

3. 노인 분야 대인사회서비스 자산접근

노인분야에서는 지역사회에서 성공적인 노화를 위한 다양한 프로젝트와 연구들이 수행됐다. Kobayashi 등(2020)은 캐나다 지역 보건당국의 요청으로 서부 지역의 한 농촌지역을 대상으로 건강한 노화를 위하여 지역사회 자산을 발굴하는 질적연구를 수행하였는데, 여기서 네트워킹과 협력, 지역사회 조정자의 필요, 보건과 돌봄서비스 기관의 적극성, 교통수단의 지원, 다양한 형태의 주거공간 등이 제안되었다.

Wildman 등(2019)은 영국 더햄카운티의 낙후된 지역에서 실시된 CET(come eat together) 프로젝트에 관련된 이용자, 직원, 자원봉사자 등을 대상으로 지역사회 자산접근이 성공적으로 수행되기 위해서 필요한 것들이 무엇인지 인터뷰를 통해서 연구하였는데, 지역사회 비즈니스의 모색, 잘 알려지지 않은 자원 활용하기, 주민들이 원하는 활동 개발하기 등이 중요한 대안으로 제안되었다.

Robetson(2013)은 독일, 프랑스, 네덜란드, 영국 등 유럽 전역을 대상으로 '활기찬 노화(active ageing)'를 위하여 노인 자원봉사 프로젝트들을 분석하여, 노인의 자원봉사 활동은 활기찬 노화에 긍정적이며, 자산접근의 강화를 위하여 취약모델에서 기여 모델로 전환할 것을 주장하였다.

📖 참고문헌

강현철·최조순. 2019. "지역자산을 활용한 커뮤니티케어 운영에 관한 탐색적 연구." 한국지적정보학회지, 21(1): 39-54.

김도희. 2010. "지방정부 복지행정서비스 효율적 공급을 위한 거버넌스적 접근방식의 정책적 함의: 울산시 중구행복공동체 거버넌스적 복지행정서비스 공급사례를 중심으로." 사회과학연구, 26(2): 297-317.

김대욱·조원혁·박해육. 2019. "커뮤니티 자산접근 모형의 행정학적 유용성: 접근모형들의 비교분석 및 지방정부의 역할." 한국행정연구, 28(3): 85-119.

김미옥·정민아. 2017. "지원생활모델(supported living model)을 적용한 발달장애인의 자립." 한국사회복지학, 69(1): 255-281.

김아래미·송아영·홍영준. 2019. "사회복지관 지역조직화 기능 재정립 및 실천모델 개발: 지역사회기반참여연구 접근." 사회과학연구, 26(3): 161-188.

김용득. 2018. "탈시설과 지역사회중심 복지서비스 구축, 어떻게 할 것인가?: 자립과 상호의존을 융합하는 커뮤니티 케어." 보건사회연구, 38(3): 492-520.

김용득. 2019. "지역사회 기반 복지관의 공동체주의 지향성 강화 필요성과 과제: 공공성 담론의 확장과 사회서비스 운영 원리 변화를 중심으로." 한국사회복지행정학, 21(2): 203-232.

김용득·성명진·황인매. 2021a. "장애인복지관의 자산접근 실천 가능성 탐색: 포커스그룹 인터뷰의 단계적 적용." 한국장애인복지학, 51: 299-333.

김용득·황인매·성명진. 2021b. 장애인복지관의 자산접근 실천방법. 서울: EM.

김은정. 2015. "사회적 돌봄체계 구축에서 공동체적 접근에 관한 연구." 사회복지연구, 46(2): 153-176.

김종수·전은호·홍성효. 2012. "공동체자산기반 접근을 활용한 사회적기업 육성 정책방향 모색." 도시행정학보, 25(2): 71-91.

김진아. 2014. "마을만들기에 대한 공동체주의 이론적 해석: 델파이 방법을 통한 적용가능성 탐색." 국토연구, 83: 113-127.

김학실. 2017. "공동체 기반 서비스 공동생산(co-production)에 관한 연구: 충북의

'9988 행복 '지키미'사업'을 중심으로." 한국정책학회보, 26(2): 79−106.

박해긍·김주희·조보경·최정임. 2017. "지역조직가의 역할에 관한 사례연구: 지역조직화사업, 마을만들기 활동을 중심으로." 한국지역사회복지학, (63): 97−131. 사회적경제와 정책연구, 7(3): 1−26.

신주혜. 2014. "마을만들기 형성 과정에 관한 연구: 용인시 행복한 우리마을 만들기 사례를 중심으로." 인문사회과학연구, 15(3): 57−81.

신창환. 2019. "돌봄서비스 제공 사회적기업의 비즈니스 모델구축을 위한 사례 연구." 사회적경제와 정책연구, 9(4): 85−118.

안윤숙·김흥주. 2019. "지역사회복지 활성화를 위한 사회적경제의 역할과 과제." 지역사회연구, 27(4): 177−198.

오단이·원도연·전예지. 2017. "지역 사회적경제 생태계 실상과 고찰 : 동작구를 중심으로." 사회적경제와 정책연구, 7(3): 1−26.

이인재. 2017. "사회적경제 발전과 사회서비스실천 변화." 사회과학논총, 20(1): 25−48.

이찬희·문영주. 2013. "부산지역 사회복지현장 실무자의 지역조직화사업 수행 경험에 관한 연구." 한국지역사회복지학, 45:1−32.

장지은·김연복·오민석. 2018. "지역 사회적경제공동체의 활성화를 위한 지원모델에 관한 연구: 경기도 따복공동체를 중심으로." 지역연구, 34(3): 13−28.

전지혜. 2017. "장애인의 ordinary life를 위한 장애학적, 사회복지학적 고찰: 지역사회 공생사회 환경과 관계 만들기를 통한 배움." 2017한국장애인복지학회 추계학술대회 자료집: 66−85.

정연경·김태영. 2018. "마을공동체와 사회적경제통합지원센터 운영과정의 쟁점과 과제: 성북구마을사회적경제센터 사례를 중심으로." 도시행정학보, 31(3): 127−152.

정지웅·이준우. 2016. "사회서비스 공급 기관의 사회적경제 형태로의 전환 방안." 사회복지정책, 43(3): 213−242.

조효제. 2016. 인권의 지평: 새로운 인권을 위한 밑그림. 서울: 후마니타스.

주현정·김용득. 2018. "공공성 담론으로 보는 돌봄서비스: 상호의존의 조직화와 공동생산 제안을 중심으로." 한국사회복지행정학, 20(2): 233−262.

최재송·허성욱. 2016. "공공서비스 공급을 위한 공동체 주도 민관협력의 의의." GRI연구논총, 18(3): 45−75.

최지민·이민홍·김상원·김화환·김순은. 2015. "지속가능한 고령자 복지 패러다임의 가능성: 고령자의 돌봄서비스 공동생산(co-production) 동기에 관한 연구." 정책분석평가학회보, 25(1): 245-278.

최지선·민소영. 2018. "사례관리실천 속 지역사회조직화 경험에 관한 탐색." 한국지역사회복지학, 65: 137-167.

황인매. 2016. "싱가포르 노인 재가돌봄서비스의 동향과 특성." 사회서비스연구, 6(1): 49-83.

Benson, P. L., Leffert, N., Scales, P. C. and Blyth, D. A. 1998. "Beyond the 'village' rhetoric.: creating healthy communities for children and adolescents." *Applied Developmental Science, 2*: 138-159.

Carter, E. W. and Bumble, J. L. 2018. "The promise and possibilities of community conversations: expanding opportunities for people with disabilities." *Journal of Disability Policy Studies, 28(4)*: 195-202.

Department of Health and Social Care. 2019. *Strengths-based approach: Practice Framework and Practice Handbook.* London: Department of Health & Social Care.

Durose, C., Needham, C., Mangan, C. and Rees, J. 2017. "Generating 'good enough' evidence for co-production." *Evidence & Policy, 13(1)*: 135-151.

Fox, A. 2013. *The new social care: strength based approach.* UK: Shared Lives Plus.

Haggerty, K. P. and Shapiro, V. B. 2013. "Science-based prevention through Communities That Care: a model of social work practice for public health." *Social Work Public Health. 28(0)*, 349-365.

Howse, R. B., Diehl, D. C. and Trivette, C. M. 2010. "An asset-based approach to facilitating positive youth development and adoption." *Child Welfare. 89(4)*: 101-117.

Improvement and Development Agency(I&DeA). 2010. *A glass half-full: how and asset approach can improve community health and well-being.* London: Local Government Association.

Klee, D., Mordey, M., Phuare, S. and Russell, C. 2014. "Asset-based community development: enriching the lives of older people." *Working With Older People,*

18 (3): 111−119.

Kobayashi, K., Cloutier, S. C., Kahn, M. and Fitzgerald, K. 2020. "Asset based community development to promote healthy aging in a rural context in Western Canada: notes from the field." *Journal of community Practice, 28(1):* 66−76.

Knapp, M., Bauer, A., Perkins, M. and Snell, T. 2013. "Building community capital in social care: is there an economic case?" *Community Development Journal, 48(2):* 313−31.

Kretzmann, J. P. and McKnight, J. 1993. *Building communities from the inside out: a path toward finding and mobilizing a community's assets.* Chicago: ACTA Publications.

Local Government Association and NHS England. 2017. *Community capacity and peer support.* London: Local Government Association and NHS England.

Marmot, M., Allen, J., Goldblatt, P., Boyce, T., McNeish, D., Grady, M. and Geddes, I. 2010. *Fair Society, healthy lives: strategic review of health inequalities in England post−2010.* London: The Marmot Review.

McNeish, D., Scott, S. and Williams, J. 2016. *Building bridges to good life: a review of asset based, person centered approaches and people with learning disabilities in Scotland.* Scottish Commission for Learning Disability.

Nel, H. 2018. "A comparison between the asset−oriented and needs−based community development approaches in terms of system changes." *Practice: Social Work In Action, 30(1):* 33−52.

NHS Health Scotland. 2011. *Asset−based approach to health improvement.* NHS Health Scotland.

Raynor, O., Hayward, K., Semenza, G. and Stoffmacher, B. 2018. "Community conversation to increase employment opportunities for young adults with developmental disabilities in California." *Journal of Disability Policy Studies, 28(4):* 203−215.

Robertson, G. 2013. "The contribution of volunteering and a wider asset based approach to active ageing and inter−generational solidarity in Europe." *Working With Older People, 17(1):* 7−18.

Rose, H. A.. 2006. "Asset—based development for child and youth care." *Reclaiming Children and Youth, 14(4)*: 236—240.

Russell, C. 2014. "Cormac Russell talks asset based community development(ABCD)." Aberdeen: ONE Community Conference 2014. https://www.youtube.com/watch?v=w5wK8455pwo 2023년 6월 30일 인출

SCIE. 2014. *Strength—based approaches for assessment and eligibility under the Care Act 2014*. London: Social Care Institute for Excellence.

SCIE. 2015. *Eligibility determination for the Care Act 2014*. London: Social Care Institute for Excellence.

SCIE. 2023. "Social care innovation network." https://www.scie.org.uk/transforming—care/innovation/network. 2023년 6월 30일 인출.

Shared Lives Plus. 2016. *The state of shared lives in England*.

Think Local Act Personal. 2016. *Developing a well being and strengths—based approach to social work practice: change culture*. London: Think Local Act Personal.

Think Local Act Personal. 2023. "Innovations in community—centred support." https://www.thinklocalactpersonal.org.uk/innovations—in—community—centred—support. (2023년 6월 30일 인출).

Toro—Hernandez, M. L., Villa—Torres, L., Mondragon—Barrera, M. A. and Camelo—Castillo, W. 2020. "Factors that influence the use of community assets by people with physical disabilities: results of participatory mapping in Envigado, Colombia." *BMC Public Health, 20(181)*: 1—11.

Wildman, J. M., Valtorta, N., Moffatt, S. and Hanratty, B. 2019. "'What works here doesn't work there': the significance of local context for a sustainable and replicable asset—based community intervention aimed at promoting social interaction in later life." *Health and Social Care in the Community, 27*: 1102—1110.

Wikipedia. 2023. "Communities That Care." https://en.wikipedia.org/wiki/Communities_That_Care. (2023년 6월 30일 인출).

03 자산접근 비판과 대인사회서비스 적용 대안

section 01 자산접근에 대한 비판

공동체주의에 기반하고 있는 자산접근을 대인사회서비스 분야에 적용함으로써 기대되는 긍정적인 측면에도 불구하고, 비판적인 견해도 상당하다. 자산접근이 기반하고 있는 공동체주의가 개인의 자유를 침해한다는 자산접근 자체에 대한 근본적인 비판에서부터, 공동체 기반의 자산접근을 대인사회서비스 분야에 적용하는 경우 국가책임을 약화시키는 결과를 초래한다는 우려, 자산접근의 효과는 대인사회서비스 분야에서는 아직 충분히 검증되지 않았다는 실증적 근거의 부족과 관련된 비판까지 존재한다.

1. 개인의 자유를 침해한다는 비판

첫 번째 비판은 공동체주의를 기반으로 하는 자산접근은 개인과 지역사회의 자유와 자유로운 선택권을 침해할 수 있다는 자유주의로부터의 비판이다. 이는 자산접근 자체에 대한 비판이라기보다는 자산접근의 기반을 이루는 공동체주의에 대한 비판이다. 공동체의 존립 위기에 대한 우려에서 촉발된 공동체주의 지향은 현실적 시의성과 규범적 타당성을 갖추었지만, 개별 구성원들의 순응과 복종을 중시함으로써 '유사 전체주의' 사회를 옹호해 버리는 보수적 속성을 내장하고 있다(김동노, 2014; 선우현, 2015). 공동체 지향은 현대사회라는 조건을 출발점으로 삼지 않는 전통적이고 이상적인 공동체 관념이 초대할 수 있는 위험성이 있기 때문에 사회 전반에 적용되어서는 안 되고, 돌봄 분야 등에 국한해서 실천되어야 한다는 주장이 있다(정성훈, 2016). 이 주장에서 돌봄 분야는 예외적으로 공동체 접근이 강조될 필요가 있다고 하였는데, 그 이유는 돌봄은 서비스 제공자와 서비스 수혜자가 무차별적인 관계일 때보다는 상호신뢰하는 관계일 때 훨씬 효과적이며 왜곡될 소지도 적기 때문이라고 하였다.

이 비판은 자유주의는 인간의 개체적 본능을, 공동체주의는 인간의 사회적 본능을 강조하는 차이에서 비롯되는 것으로 보인다. 자유주의는 자유와 자율을 근원적 가치로 중시하고, 공동체주의는 인간이 본질적으로 자족적인 존재가 아니라는 사실을 주목한다(황경식, 1999).

그러나 OECD 10개국을 대상으로 하는 실증 분석에서 한 나라의 공동체 수준은 자유주의적 인권이나 자유의 수준과 정비례하는 것으로 나타났는데, 이는 현대적 공동체성은 '개인의 발견'을 전제로 가능하다는 사실과 함께, 공동체성의 수준은 자유주의화 수준과 일치함을 보여주는 것이다(이종수, 2019). 공동체는 국가와 개인 사이에 존재하는 것으로, 국가주의 폐해를 완화하는 동시에 개인주의 한계를 보완할 수 있는 효과를 제공하는데, 구체적으로 보면 민주적 자치를 성숙시키고, 공공서비스의 효율성을 증대시키며, 주민들의 친밀성을 증가시켜 행복을 증진시키는 것으로 평가되고 있다(이종수, 2019). 공동체는 공동의 필요와 목적 또는 공동 가치 추구를 위해 공유된 문화와 생활을 바탕으로 의사소통하는 집합적 활동주체로 정의할 수 있고, 이 관점에 따라 지역 공동체 구성원들은 참여할 때 공동체의 일을 돌보게 되고, 그 과정에서 소속감, 공동체 의식 등의 의미를 발견하게 된다. 공동체 의식을 확산함으로써 일정한 지역에 근거한 안정감과 정체성을 가질 수 있다는 점에서 지역은 지속가능성을 인식하면서 구성원들이 협력과 역할분담을 통해 자치 공동체로 기능할 수 있다(송창용·성양경, 2009; 한상일, 2019).

2. 국가의 책임을 약화한다는 비판

두 번째 비판은 자산접근은 어려움에 놓인 사람들에 대한 국가책임을 약화시킨다는 비판이다. 미국에서 시작된 ABCD 접근은 당시 레이건 정부가 채택한 신자유주의 이념에 기초한 복지 모델에 순응하고 적용한 결과라고 평가한다. ABCD 모델의 핵심 주장은 공공복지는 도움이 필요한 사람들의 부족함을 강조하여 '클라이언트'라는 무력한 존재로 만들지만, 자산접근은 개인과 지역사회의 역량을 활용하여 권한강화된 시민으로 살게 한다는 것이다. 여기에는 국가 역할에 대한 회의론과 불신이 강하게 내포되어 있으며, 결과적으로 사회문제에 대한 국가책임을 개인과 지역사회로 전환하게 하는 중대한 문제가 지적된다(Macleod and Emejulu, 2014).

영국의 최근 경험을 통해서도 이런 맥락이 읽힌다. 영국에서는 NHSCCA 1990, Care Act 2014 등 법령에 의하여 지방정부는 서비스 이용자격 제도(eligibility policy)에 따라 사람들의 욕구를 측정하고, 기준 이하에 있는 사람들에 대해서 서비스를 제공해야 하는 의무가 있다. 인구 고령화 등으로 욕구는 지속적으로 증가함에도 재정은 증가하지 않거나 2010년 전후로 오히려 감소하는 상황에 이르게 되었다. 이런 상황에서 많은 지방정부들은 Care Act 2014에서 선언되고 있는 웰빙을 충족하지 못하는 사람들의 욕구에 대응함에 있어 기존의 이용자격제도는 사실상 작동하기 어렵게 되었으며, 대신에 최소 안전망에 미치지 못하는 상황에 있는 사람들에게만 서비스를 제공할 수밖에 없는 상황이 되었다(Slasberg and Beresford, 2017a). 이와 함께 자원이 부족한 상황에서 이용자격제도를 통한 자원 할당 결정은 기준의 경계에 있는 사람들이 아무런 서비스도 받지 못하게 되고(all or nothing), 욕구 평가와 서비스 제공에서 강점보다는 결함에 집중하게 만드는 문제가 지적되고 있다(Slasberg and Beresford, 2017a).

이런 상황에서 지방정부는 이용자격제도를 적용하여 서비스를 받을 자격이 되는 사람과 되지 않는 사람으로 구분하여 자격이 되는 사람에게 서비스를 제공해 왔던 전통적인 역할을 유지하기 어렵게 되었다. 현재 지방정부들은 한편으로는 이용자격제도를 적용하여 안전을 위협하는 수준의 중대한 욕구를 가진 사람들에게 서비스를 제공하는 안전망의 역할을 하면서, 동시에 자원의 제약으로 서비스를 제공하지 못하는 사람들에게 필요한 정보를 제공하고 다방면으로 대응하는 적극적인 역할이 필요하게 되었다(Slasberg and Beresford, 2017a). 후자에 관련된 지방정부의 역할은 Care Act 2014에서 자산(asset) 접근, 강점(strength) 접근으로 명시되었으며, 이 법령이 시행되면서 자산과 강점접근을 위한 다양한 시도들이 집중적으로 이루어지고 있다.

이런 영국의 경험을 통해서 자산접근이 국가의 책임을 약화시키는 결과로 초래했다는 지적에 대해서는 무엇이 먼저인지를 둘러싸고 상반된 평가가 있을 수 있다. 다만, 자산접근이 국가책임을 약화시킬 수 있다는 비판을 통해서 자산접근이 공공서비스의 기능과 중요성을 약화시키는 방향으로 작동하지 않도록 하는 것이 중요하다는 점을 인식할 수 있다. 그러나 다른 한편으로는 자산접근을 통한 지역 공동체 참여가 정부의 책임성과 반응성을 높이는 작용을 할 수 있다는 견해도 있다. 지역 공동체 구성원들의 참여를 통해 상향식 예산편성, 정책결정, 정책집행 등을 통해 지역주민의 다양한 활동을 통합하고 정부와 시민사회의 협력관계를 통해 지역주민들에게 보다 많은 서비스가 제공되도록 할 수 있다는 것이다(한상일, 2019).

3. 검증되지 않은 가정에 기초하고 있다는 비판

세 번째 비판은 자산접근은 실제 검증되지 않은 가정에 기반을 두고 있다는 지적이다(Daly and Westwood, 2018). 이 비판은 다음 네 가지 질문으로 구체화된다. 자산접근을 통해서 취약한 사람들이 기존의 국가서비스를 대체할 수 있는 서비스를 신속하게 필요한 만큼 받도록 보장할 수 있는가, 이미 취약한 상황에 있어 서비스가 필요한 사람들에게 연결 가능한 개별적인 네트워크가 실제로 존재하는가, 취약한 사람들을 위하여 계속적으로 동원될 수 있는 자원이 지역사회에 실제로 존재하는가, 지역사회 기반의 비공식적인 개입이 도움이 필요한 사람들의 실제적인 욕구를 예방하거나 지연시킬 수 있는가 등이다. 이에 대한 명확한 근거가 확보되지 못한 상황에 자산접근에 과도하게 의존하는 경우 취약한 사람들이 아무런 도움도 받지 못하는 상황에 이르게 할 수도 있다는 것이다.

이 비판은 한편으로는 자산접근이 국가 책임의 약화를 초래할 수 있다는 지적과 관련되어 있으며, 구체성이 검증되지 않은 자산접근에 의존하는 경우 서비스가 없는 상태에 이르게 될 수 있음을 지적하고 있다. 다른 한편으로는 이 비판을 통해서 자산접근의 실제적인 방법을 풍부하게 개발하고, 이들의 실제적인 성과들을 구체적으로 입증하는 작업의 필요성을 인식할 수 있다. 지역 공동체 기반의 자산접근이 가져오는 성과에 대해서는 국내외적으로 연구가 이어져 오고 있다. 국내에서는 공동체 형성이나 공동체 기반 서비스를 통해서 의미 있는 성과가 확인되고 있고(김학실, 2017; 이종수, 2018), 국외에서도 구체적인 성과를 제시하는 연구들이 계속 산출되고 있다(Foot, 2012; Jakes et al., 2015; Lam et al., 2017). 자산접근이 다른 접근보다 성과 입증이 상대적으로 어렵다는 약점을 극복하기 위해서는 잘 기획된 자산접근 프로젝트와 이에 대한 세밀한 성과측정이 강조될 필요가 있다.

section 02 대안의 스케치: 대인사회서비스와 접목

지역사회에서 사회적으로 배제되었던 사람들이 지역사회의 삶으로 다시 들어오게 되는 방법은 크게 세 가지이다(McKnight, 1995). 첫째, 다른 도움 없이 본인 스스로의 힘으로 지역사회로 합류하는 경우이다. 이 경우는 대단한 의지와 집념을 가지고 노력한 영웅적인 성공의 결과라고 할 수 있는데, 이는 흔치 않은 경우이다. 둘째, 가족이나 친구의 도움을 통해서 지역사회에 합류하는 경우이다. 셋째, 지역사회에서 선의를 가지고 사회적으로 배제된 사람들과 함께하고자 하는 책임감을 가지고 있는 사람들을 통해서 지역사회에 합류하는 경우이다.

자산접근을 통해서 우리가 특히 관심을 가져야 하는 경우는 세 번째이다

(McKnight, 1995). 사회적으로 배제된 사람들을 지역사회로 초대하는 사람들은 크게 세 가지 특징을 가지고 있다. 첫째, 사회적으로 배제된 특별한 욕구를 가진 사람들을 재능을 가진 사람들, 가능성을 가진 사람들, 어떤 일에 흥미를 가진 사람들로 바라보는 특별한 관점을 가지고 있다. 둘째, 지역사회의 다른 사람들과 지역사회 인간관계에서 잘 연결되어 있다는 특징을 보여준다. 셋째, 지역사회에서 공식적인 지위를 통해서가 아니라 사람들로부터의 신뢰를 기반으로 목표하는 바를 성취하는 경향을 보인다.

이처럼 자산중심의 접근은 욕구중심의 접근과 대비된다. 욕구중심의 접근은 문제를 중심에 놓고 이것이 더 나빠지지 않거나 더 심각한 부정적인 영향을 미치지 않도록 하는 방식으로, 지금까지 복지서비스를 운영해 온 주류적 방식이다. 반면에 자산 중심의 접근은 문제에도 불구하고, 다른 사람과 함께 스스로 대처해 가도록 어떻게 도울 것인가를 고민하는 방식이다. 그러나 실행 차원에서 보면 아직 자산 중심의 접근은 어색하고 낯선 방식이다. 이런 점에서 대인사회서비스에서 자산접근의 필요성과 가능성을 검토함에 있어 세 가지 비판은 중요하게 고려되어야 한다. 그 이유는 비판적 논의에 대한 탐구를 통하여 자산접근의 무비판적 수용이 가져올 수 있는 위험을 구체화하고, 이를 해소할 수 있는 방안을 찾는 데 유용할 수 있기 때문이다.

영국의 경우를 보면 돌봄을 중심으로 하는 복지서비스 확장기에는 자산접근이 그리 주목받지 못했던 것으로 보인다. 반면에 재정삭감이 심각하게 진행되면서 지속가능의 차원에서 자산접근을 적극적으로 독려하는 상황이다. 영국과 같이 재정축소 환경에서 자산접근을 강조하는 것은 두 가지 문제에 봉착할 수 있다(Garven, et al., 2016). 첫째, 자산접근이 가지는 본래의 취지가 서비스 축소에 가려지고, 대중에게는 이 접근이 정부가 서비스 비용을 줄이기 위한 꼼수로 인식되어 지지를 받기 어렵게 된다. 둘째, 재정 축소와 함께 자산접근이 곧바로 이전 서비스의 공백을 대체해야 하는데 단기간에 자산접근의 성과를 가시화시키는 것이 어렵기 때문에 자산접근이 충분히 개발되지 않은 상황에서 재정이 줄어들면 욕구는 충족되지 않은 상황에서 자산접근은 먼 이야기로 받아들여지게 된다. 따라서 자산접근은 서비스 확대 국면에서 장기계획에 의해 개발되어야한다.

이런 점에서 볼 때 자산접근은 서비스가 확대되는 과정과 함께 진행되면서 장기적인 계획에 의해 개발되어야 한다. 영국의 자산접근에 대한 논의는 한편에서는 긍정적인 면에서의 시사점도 있고, 다른 면에서는 반면교사로서의 시사점도 있다. 그렇다면 앞으로 장기적으로 자산접근의 실행이 가능해지도록 하는 조건을 검토하는 것이 중요하다.

자산접근은 대인사회서비스가 구성되는 원리에 대한 근본적인 변화를 주장하며, 공동체 기반, 시민참여 기반의 서비스의 모델을 제안한다. 그러나 우리는 약점과 욕구 기반으로 서비스 자원을 할당해 왔고, 강점과 자산 기반으로 서비스를 기획하는 것은 현실적으로는 낯선 일이다. 그래서 다양한 사례에 기반을 두고 강점과 자산을 활용하는 실제의 모형을 탐색하는 것이 중요하다. 대인사회서비스에서 자산접근의 실행은 이용자의 자산과 강점과 지역사회의 자산과 강점을 적절하게 연결하는 것에서 시작될 수 있을 것이다. 이는 이용자 맞춤서비스와 지역사회 개발이라는 과업이 하나로 결합해 가는 모습이라고 할 수 있는데(김용득, 2019), 이용자의 욕구에 맞춤형으로 서비스를 제공하는 사례관리 접근과 이용자가 지역사회 주민으로서 이웃과 관계를 맺으면서 지역사회에 어떻게 기여할지를 모색하는 지역조직화 또는 지역사회개발의 결합 수준을 높여가는 일이라 할 수 있다(최지선·민소영. 2018). 〈그림 3-1〉은 이를 표현한 것이다.

이 그림의 접근 방식을 장애인복지관의 활동을 예를 들어 제시해 보면 다음과 같은 내용이 될 것이다.

과거에는 장애인복지관이 지역사회(정부와 민간을 포함)로부터 자원을 받아서 이를 소외된 장애인들에게 전달하는 역할을 담당하였다. 이때 자원은 곧 '돈(또는 현물)'이었다. 하지만 최근 장애인복지관이 추구하는 '사람 중심'의 관점에서 보면 '자원'의 의미가 완전히 달라진다. 예를 들면 발달장애인에게 사람 중심 지원을 위한 자원은 발달장애인이 의미 있는 관계를 맺

그림 3-1 이용자의 자산과 지역사회 자산을 연결하기

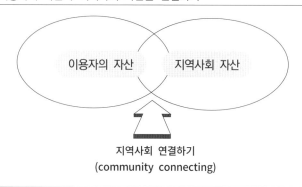

출처: Foundation for people with learning disabilities(2012)를 재구성

을 수 있는 다양한 사람들이 중심이 된다. 동네의 사적인 관계의 친구, 인근 마트의 직원, 지역의 사업체 직원, 주민센터 공무원 등이 모두 자원이 된다. 장애인복지관은 이러한 자원을 필요한 사람에게 연결해 주는 역할을 하고, 이를 위해서 이런 지역사회 자원을 어떻게 개발하고 활용할 것인가에 대해서 고민해야 한다. 결국 '사람 중심이 개인별 서비스'를 '지역사회 자원'과 하나로 묶어내는 것이 장애인복지관의 근본적인 역할이 되어야 한다.

이용자의 원하는 바와 지역사회의 자산을 연결하는 자산접근을 강화하기 위해서는 구체적으로 어떤 변화가 필요할까? 이에 대하여 Garven 등(2016)은 자산접근 활성화를 위한 다섯 가지 요소를 제시하였다. 첫째, 서비스 정책이 현장의 상황을 수용할 수 있는 현장 민감성과 수용성을 갖추는 것이다. 지역이 스스로 관리하고 통제할 수 있는 자율적인 정책 환경을 만들어야 하며, 지방정부와 중앙정부의 정책 형성 방식도 하향식(top down)에서 상향식(bottom up)으로 서비스 정책문화를 바꾸어야 한다. 둘째, 서비스를 수행하는 기관의 건강한 조직문화가 전제되어야 한다. 자산접근에서는 다양한 지역사회 구성원, 서비스 조직, 지역사회 단체 등과 협력해야 하는데, 이것이 가능하기 위해서 자유롭고 창의적인 조직문화가 만들어져야 한다. 셋째, 자산접근을 주도할 수 있는 지도자가 양성되어야 하며, 이를 공유하고 실행할 수 있는 실천가들이 교육되어야 한다. 넷째, 사람과 조직들을 연결하는데 필수적인 신뢰할 수 있는 관계가 만들어져야 한다. 관계의 개발은 즉각적인 이익을 받지 못하더라도 관계를 지속하는 유인이 있어야 하는데, 서비스 기관의 성과체계가 이를 반영하도록 변화되어야 한다. 다섯째, 연결을 실행할 수 있는 기술과 자원관리 방법이 개발되어야 한다. 자산접근이 실행되기 위해서는 서비스를 전달하는 것보다는 서비스를 연결, 촉진하는 것이 더 중요하며, 이를 위해서 적극적 경청, 협력과 네트워크가 강조되어야 한다. 이와 함께 서비스에 대한 재원의 투입도 관계와 참여를 촉진하는 방향으로 이루어져야 한다. 이런 기반이 확보된다면 실제로 다음과 같은 활동이 다양하게 일어날 수 있다(푸르메재단, 2020).

> 우리 복지관에서는 지난해부터 지역사회 평생학습관에 찾아가서 교육받는 프로그램을 시작했다. 재작년까지는 복지관 안에서 평생학습교실을 운영하다가 비장애인과 어울려 교육받을 수 있도록 형태를 바꾼 것이다. 처음에는 지역사회 평생학습관 강사가 '장애인을 가르쳐 본 적이 없어서 어렵다.'고 했지만, 복지관이 설득하고 격려했다. 그리고 한 여성장애인 이용자에게 이 프로그램에 참여하도록 권했다. 장애인이라는 이유로 학교에 못 다닌 분이었다. 이 이용자는 수업받으며 한글을 깨쳐 나중에 '독립'이라는 시까지 썼다. 흥미로운 건 지역주민과 강사의 변화였다. 함께 공부하며 이 장애인 이용자의 보이지 않는 옹호자가 되었다. 사람을 위해서 자원을 연결하고, 그 과정에서 지역사회가 스스로 변화한 사례이다. 이것이 복지관이 나아가야 할 방향이라고 생각한다.

지역사회 기반의 자산접근이 대안적 패러다임으로 적합하지만 문제 중심 접근이 가지는 긍정적 측면도 무시하기 어렵다는 지적도 있다(Nel, 2018). 이용할 수 있는 지역사회 자원이 빈약한 환경에서 문제 중심 접근을 통해서 만들어진 서비스 인프라가 중요한 지역사회 자산으로 기능할 수 있다. 또한 문제 중심의 접근을 통해서 제공된 서비스가 개인의 강점과 자산을 강화시키는 긍정적인 순환을 만들어낼 수도 있다. 이런 점에서 자산 중심 접근과 문제 중심 접근이 잘 조화를 이루는 하이브리드 모델이 현실적인 대안일 수 있다. 문제 중심 접근과 자산기반 접근이 조화를 이루기 위해서는 관료적 절차, 전문가 주도, 미리 정해져 있는 경직된 서비스 등과 같은 문제 중심 접근이 가지고 있는 기존의 시스템을 변화시키는 일이 전제되어야 한다(Slasberg and Beresford, 2017b).

자산기반접근의 원칙과 목표는 개인과 지역사회가 서비스를 통해서 제공해야 하는 가치를 발견하고 공유하는 것이다. 기존의 서비스 중심적 사고나 당사자 욕구에만 집중하는 것이 아니라 개인의 강점과 역량을 고려하여 개인과 지역사회를 연결하고, 광범위한 지역사회 네트워크를 통해 개인이 어떤 지원을 받을 수 있는지를 고려하는 것이 중요하다. 자산기반 접근에서 자산을 식별하고 동원하기 위해 개인, 단체, 지역사회에서 사용할 수 있는 기술과 방법들이 계속 개발되고 있다(Garven et al., 2016; Green, et al., 2008; Improvement and Development Agency, 2010; Lent and Studdert, 2019; Local Government Association and NHS England, 2017; McKnight and Russel, 2018; McNeish et al., 2016). 이용자의 강점(취미, 능력, 지식, 소망, 잠재력 등)과 지원 네트워크를 찾아내는 자산접근 사정기술, 자산접근 사정결과를 토대로 서비스 계획을 만들어가는 과정에서 사용되는 적극적 대화(appreciative inquiry) 기술, 지역사회 자산을 발견하고 조직하는 과정으로 구성되는 지역사회 자산맵핑(community asset mapping) 기술 등이 대표적인 내용이다. 전통적으로 이러한 지역사회 접근은 사회복지실천의 중요한 영역 중의 하나이다. '지금은 국가 복지를 늘리는데 집중해야 하기 때문에 지역사회를 이야기 할 때가 아니다.'는 주장도 있지만, 국가가 그 역할을 확장해야 할 영역과 지역사회가 주도적으로 역할 해야 할 부분 동시에 강화하는 것이 중요하다.

자산접근이 국가의 책임을 약화시킬 우려가 있다는 비판과 함께 최근 영국의 재정감축과 이에 따른 서비스 축소, 그리고 이와 함께 불가피하게 자산접근이 강조되고 있는 점을 볼 때, 우리나라에서는 대인사회서비스가 확장되고 있는 시기에 기존의 서비스를 보완하고 강화시켜 줄 수 있는 수단으로 자산접근에 대한 본격적인 논의가 이루어져야 한다. 다행스럽게도 우리나라에서는 대인사회서비스 영역에서 마을공동체, 지역사회조직화, 사회적경제조직의 활성화 등에 대한 관심이 이어져 오고 있다. 자산접근에 대한 탐구는 이런 움직임에 대한 이론적 및 실천적 기반을 강화하는 데 기여할 수 있을 것이다.

📖 참고문헌

김동노. 2014. "개인주의, 공동체주의, 그리고 한국사회의 공공성." 사회이론, 45: 77−108.

김용득. 2019. "지역사회 기반 복지관의 공동체주의 지향성 강화 필요성과 과제: 공공성 담론의 확장과 사회서비스 운영 원리 변화를 중심으로." 한국사회복지행정학, 21(2): 203−232.

김학실. 2017. "공동체 기반 서비스 공동생산(co−production)에 관한 연구: 충북의 '9988 행복'지키미'사업'을 중심으로." 한국정책학회보, 26(2): 79−106.

선우현. 2015. "공동체주의의 그림자: 신보수주의의 정당화 논리." 사회와 철학, 29: 23−78.

송창용·성양경. 2009. "지역 공동체 활성화를 통한 일자리 창출." The HRD Review, Summer: 107−129.

이종수. 2018. "공동체 형성이 주민의 행복에 미치는 영향: 동네효과(community effect)와 영향요인 분석." 한국지방자치학회보, 30(2): 201−219.

이종수. 2019. 공동체: 유토피아에서 마을만들기까지. 서울: 박영사.

정성훈. 2016. "공동체주의 공동체의 한계와 현대적 조건에서 현실적인 공동체." 도시인문학연구, 8(2): 133−154.

최지선·민소영. 2018. "사례관리실천 속 지역사회조직화 경험에 관한 탐색." 한국지역사회복지학, 65: 137−167.

푸르메재단. 2020. 아무도 가지 않은 길. 2019 푸르메재단 연차보고서.

한상일. 2019. 지역공동체 참여의 이론과 현실: 지속가능하고 포용적인 공동체를 위한 대안의 모색. 서울: 집문당.

황경식. 1999. "왜 자유주의와 공동체주의인가? 개인권과 공동선의 갈등과 화합." 철학연구회 1999년 춘계학술대회 자료집, 1−18.

Daly, M. and Westwood, S. 2018. "Asset−based approaches, older people and social care: an analysis and critique." *Ageing & Society, 38*: 1087−1099.

Foot, J. 2012. *What makes us healthy? Putting asset based approaches in to practice: identification, mobilisation and measurement of assets.* Glasgow: Glasgow Institute of Population Health.

Foundation for people with learning disabilities. 2012, *The accomplished community: building inclusive communities.* London: Foundation for people with learning disabilities.

Garven, F., Mclean, J. and Pattoni, L. 2016. *Asset−based approaches: their rise, role and reality.* Edinburgh: Dunedin academic Press.

Green, M., Moor H. and O'Brien, J. 2008. *When people care enough to act.* Toronto: Inclusion Press.

Improvement and Development Agency(I&DeA). 2010. *A glass half−full: how and asset approach can improve community health and well−being.* London: Local Government Association.

Jakes, S., Hardison−Moody, A., Bowen, S. and Blevins, J. 2015. "Engaging community change: the critical role of values in asset mapping." *Community Development, 46:* 392−406.

Lam, B., Zamenopoulos, T., Kelemen, M. and Hoo Na, J. 2017. "Unearth hidden asset through community co−design and co−production." *Design Journal, 20:* 3601−3610.

Lent, A. and Studdert. J. 2019. *The community paradigm: why public services need radical change and how it can be achieved.* London: New Local Government Networks.

Local Government Association and NHS England. 2017. *Community capacity and peer support.* London: Local Government Association and NHS England.

Macleod, M. A. and Emejulu, A. 2014. "Neolliberalism with a community face? : a critical analysis of asset−based community development in Scotland." *Journal of Community Practice,* 22: 430−450.

McKnight, J. 1995. *The careless society: community and its counterfeits.* New York: Basic Books.

McKnight, J. L. and Russel, C. 2018. *The four essential elements of an asset−based community development process: what is distinctive about an asset−based* community development process? DePaul University: Asset—Based Development Institute.

McNeish, D., Scott, S. and Williams, J. 2016. *Building bridges to good life: a review of asset based, person centered approaches and people with learning disabilities in Scotland.* Scottish Commission for Learning Disability.

Nel, H. 2018. "A comparison between the asset—oriented and needs—based community development approaches in terms of system changes." *Practice: Social Work in Action, 30(1)*: 33—52.

Slasberg, C. and Beresford, P. 2017a. "Current Issue: the need to bring an end to the era of eligibility policies for a person—centered, financially sustainable future." *Disability & Society, 32(8)*: 1263—1268.

Slasberg, C. and Beresford, P. 2017b. "Strength—based practice: social carer's latest elixir or next false dawn." *Disability & Society, 32(2)*: 269—273.

대인사회서비스 변화와
자산접근 조응

● ● ●

대인사회서비스란 무엇인가? 이는 사회서비스, 사회복지서비스와 같은 개념인가, 다른 개념인가? 대인사회서비스의 구성요소와 이들이 작동하는 원리는 어떻게 설명될 수 있는가? 대인사회서비스가 지향하는 목표나 방향은 어떻게 변화되어 왔는가? 그리고 대인사회서비스가 확장되면서 제기되는 최근의 쟁점은 무엇인가? 제2부에서는 이와 같은 질문과 관련하여 대인사회서비스의 개념과 특징, 변화추세, 제기되는 주요 쟁점 등을 다루면서, 대인사회서비스 영역에 자산접근이 접목되어야 하는 포괄적인 필요성을 설명하는 데 초점을 두고 내용을 구성하였다.

제4장에서는 대인사회서비스의 실제에 관련된 개념과 동향을 다루었다. 개념에서는 사회서비스 등 대인사회서비스와 관련된 용어를 설명하였으며, 성격과 동향에서는 대인사회서비스 영역에서 1990년대부터 2000년대에 걸쳐서 이루어진 시장화를 다루었고, 이와 관련하여 재정지원방식, 공급 주체의 구성, 품질관리제도가 어떻게 변화되어왔는지 설명하였다.

제5장에서는 대인사회서비스가 의존기반에서 자립기반으로, 자립기반에서 상호의존 기반으로 변화되는 과정을 설명하였다. 그리고 대인사회서비스 형성을 서비스 표준화 과정으로 설명하고, 공동체성을 강조하는 최근의 변화를 유연화의 개념으로 연결하면서, 표준화와 유연화를 혼합하면서 지역성과 참여성을 강화하는 지역공동체 접근이 자산접근과 닿아 있음을 보았다.

제6장에서는 공공성, 지역 공동체성, 유연화, 지속가능성, 기술활용 등의 대인사회서비스를 둘러싼 최근의 주요 쟁점을 다루었다. 대인사회서비스는 국가 직영이어야 하는가, 공동체 지향은 국가책임에 반하는가, 유연화에서 이용자와 제공인력의 이해 충돌을 어떻게 조화시킬 것인가, 욕구 증가와 재정압박 상황에 대한 해법은 무엇인가, 코로나19 위험 상황에서 확장된 디지털 기술을 어떻게 볼 것인가 등을 다루었다.

04 대인사회서비스의 개념과 동향

section 01 사회서비스의 개념

서구에서 만들어진 용어인 사회서비스(social services)와 사회복지서비스(social welfare services)는 서로 다른 의미로 사용된다. 사회서비스는 교육, 국방, 의료, 주택, 사회복지 등과 같이 사적인 서비스가 아니라 국가를 통해서 공공적인 차원에서 다루어지는 다양한 서비스를 의미한다. 사회복지서비스는 국가, 지방자치단체 및 민간부문의 도움을 필요로 하는 국민에게 상담, 재활, 직업소개 및 지도, 사회복지시설 이용 등을 제공하여 정상적인 사회생활이 가능하도록 지원하는 제도를 의미한다(2013개정 이전 사회보장기본법 제3조). 그러나 최근 들어 우리나라에서는 사회복지서비스를 대신하여 사회서비스라는 용어가 사용되는 경향이 있는데, 이는 2013년에 사회보장기본법을 개정하여 사회복지서비스와 관련복지제도를 통합하여 사회서비스로 칭한 사실과 관련이 있다.

우리나라에서 사회서비스의 의미는 다양한 함축성을 가진다. 이런 다양한 함축성은 전통적인 사회복지서비스와는 구별되는 새로운 시도들과 관련이 있다. 사회서비스에 대한 다양한 논의들은 1980년대 중반 이후 한국 사회의 사회복지 공급확대와 함께 이루어져 왔다. 1990년대까지만 해도 사회서비스 논의는 주로 공급 확대의 필요성을 중심으로 서비스 제공기관의 관리와 평가 문제 등이 주로 다루어져 왔다. 그러나 2000년대 들어 저출생·고령화와 신 사회위험이 부각되면서, 사회서비스에 관한 논의는 기존의 논의 틀 자체를 바꿀 만큼의 혁신적 변화를 겪는다(김영종, 2012). 2000년대 이후 사회서비스 공급에 대한 논의는 전통적 사회복지서비스와 구분되는 사회서비스의 성격 자체에 대한 변용 문제도 함께 다룬다. 사회서비스 공급에 대하여 단지 양적 확대에 그치는 것이 아니라, 공공과 민간 간의 역할 재정립, 민영화, 시장화 등의 쟁점들이 다양하게 드러나기 시작했다. 이런 영향으로 사회서비스의 함축성은 다양한 모습으로 표현되고 있다. 이를 몇 가지 차원으로 구분해서 제시해 보면 다음과 같다(김용득, 2017).

이미지 측면에서 사회서비스는 이전의 사회복지서비스와 대비된다. 사회서비스의 이미지는 과거의 시혜적인 이미지가 아니라 제도화된 공급체계로 인식된다. 단순한 서비스를 공급하는 것이 아니라 다양한 욕구에 대응하는 혼합적인 서비스를 제공하며, 취약계층을 선별해서 서비스를 제공하는 것이 아니라 중산층에까지 서비스를 확장하는 보편주의를 지향하는 이미지를 가진다. 또한 과거의 공급자 중심적 방식이 아니라 이용자 중심성을 지향하며, 서비스 제공 자체에만 목적을 두는 것이 아니라 서비스의 확대를 통해서 만성실업에 대응하는 거시적 대응의 측면도 가진다.

개념적 측면에서 보면 사회서비스는 다양한 수준으로 정의된다. 사회보장기본법상의 사회서비스의 개념처럼 복지, 보건, 교육, 노동, 문화 등을 망라하는 의미로 정의되기도 한다. 다른 한편으로는 보건복지부에서 시행하는 복지 영역의 비현금 서비스 영역을 지칭하는 사회복지서비스와 같은 의미로 설명되기도 한다. 또 어떤 경우에는 2000년대 중반 이후 전자바우처를 통해서 제공되는 서비스를 지칭하는 의미로 사용되기도 한다.

제도 구성요소 측면에서도 사회서비스는 전통적인 사회복지서비스의 이미지와 구별된다. 재정지원방식 측면에서 보면 전통적 사회복지서비스는 공급자를 지원하는 방식으로 이해되었던 반면, 사회서비스는 수요자를 지원하는 지향성을 갖는 것으로 묘사된다. 서비스 운영의 주체면에서도 전통적인 사회복지서비스는 정부가 직영하거나 비영리 민간단체에 위탁하여 운영하는 것으로 이해되는 경향이 있으나 사회서비스에서는 운영 주체를 개인이나 영리사업자로 확장하는 이미지를 가지는 것으로 이해되는 경향이 있다. 품질관리나 서비스 평가 측면에서도 과거의 사회복지서비스는 공급자를 규제하고 감독하는 데 초점을 맞추는 이미지였다면, 사회서비스는 이용자의 알권리와 선택을 보장하기 위하여 품질관리와 서비스 평가 제도를 운영하는 것으로 인식되는 경향이 있다.

서비스 전달 방법에 관련된 이미지에서도 과거의 사회복지서비스가 기존에 존재하는 서비스를 필요로 하는 사람에게 할당하는 이미지였다면 사회서비스는 욕구 중심으로 서비스를 설계해서 전달하는 이미지를 함축하는 경향이 있다. 그리고 과거의 사회복지서비스가 비공식 부문에 비전형적으로 존재하던 활동을 국가가 비용을 지불하는 공식적·표준적 서비스를 지향했다면 사회서비스는 표준성보다는 유연성을 더 지향하는 이미지로 표현되는 경향이 있다.

2012년 사회보장기본법상의 사회서비스 정의는 사회서비스라는 용어를 사용해온 2000년대 중반기 이후의 우리 사회의 맥락을 반영한 측면도 있지만, 현실에서는 혼란의 원인이 되는 것도 사실이다. 그러나 이런 혼란을 정면으로 극복할 수 있는 대안은 명확히 드러나지 않는다. 이는 우리나라에서 사회서비스라는 용어가 사용되어 온 사회적, 정치적 배경과 관련이 있고, 그래서 우리의 현실을 반영한 모습이라고 이해하는 접근이 현실적이다. 따라서 사회서비스의 개념을 둘러싼 혼란과 긴장은 향후 일정 기간은 '다양성과 혼합된 의미의 존중'이라는 맥락에서 풀어나가는 것이 불가피해 보인다.

현재 우리 사회에서 사회서비스는 희망과 미래를 표방하는 언어이면서 동시에 긴장과 혼동의 언어이다. 다음 세 가지 면에서 그렇다. 첫째, 한국에서 사회서비스는 이용자 선택과 이용자 중심을 표방하는 희망으로 이해된다. 하지만 경쟁 중심으로 서비스를 재편하는 공급자에 대한 위협이 내포되어 있기도 하다. 둘째, 사회서비스는 중산층에 대한 서비스를 포함하는 보편적 서비스로의 발전을 표방하는 용어이다. 하지만 낮은 수준의 복지 현실이 보편적 서비스 지향의 발목을 잡고 있다. 셋째, 사회보장기본법상의 사회서비스는 보건과 복지, 고용과 주거, 예술과 문화를 아우르는 적극적 언어이다. 그래서 정책의 언어라기보다는 수사의 언어로 이해되는 측면도 있다.

사회서비스라는 단어가 공식적으로 사용되기 시작한 2000년대 중반기에 사회서비스 정책은 과거의 시혜적 복지정책에서 벗어나는 새로운 길로 인식되었으며, 정치적으로도 선호되는 방향으로 이해되었다. 그래서 이 시기에는 보편적 서비스, 사회서비스 시장이라는 단어가 중요하게 거론되었다. 그러나 우리는 아직 이런 사회서비스 담론에 구체성을 담아내지는 못하고 있다. 보편적 서비스와 결합한 사회서비스 시장은 개인의 자발적인 선택과 공공 책임의 영역이 중첩되는 지점에 존재할 것으로 생각된다. 이 경계의 영역, 중첩의 영역을 찾아내고, 이 영역의 새로운 작동 질서를 만들어내는 시도가 이어졌으나 아직 뚜렷한 성과에 이르지는 못하고 있다.

section 02 대인사회서비스의 개념

사회서비스 영역 가운데 대면적인 접촉을 통해 개인을 돕는 활동을 지칭하는 용어로 대인사회서비스(personal social services)라는 용어를 사용한다(김용득, 2017). 우리나라에서는 대인사회서비스와 유사한 의미로 사회복지서비스라는 용어를 사용한다. 그래서 전통적 분류로 보면 사회보장은 사회보험, 공공부조, 사회복지서비스로 구성된다. 2012년 개정(2013년 시행)법 이전의 사회보장기본법에서는 이런 전통적 분류에 따라 제3조(정의)에서 사회보장이 포괄하는 주요 요소를 사회보험, 공공부조, 사회복지서비스 및 관련 복지제도로 정하였다. 2012년 개정(2013년 시행) 사회보장기본법은 사회보장의 주요 요소를 사회보험, 공공부조, 사회서비스로 정하였다. 단순하게 보면 사회복지서비스와 관련 복지제도를 사회서비스로 통합한 것이었으나 양자를 통합한 사회서비스의 개념이 명확히 설정되기 어렵고, 또 사회서비스 또는 사회복지서비스라는 용어를 제각각으로 사용하고 있는 하위 법령들의 정비가 쉽지 않다는 문제에 직면해 있다.

대인사회서비스와 유사한 맥락에서 사용되는 용어는 휴먼서비스(human

services), 사회복지서비스(social welfare services), 사회사업서비스(social work services), 사회서비스(social services), 돌봄서비스(social care services) 등이 있다(김영종, 2009). 휴먼서비스는 사회복지서비스를 비롯한 의료, 교육, 보육, 돌봄, 정신보건, 개인 및 가족문제 상담 등을 포괄하는 매우 넓은 의미로 사용된다. 사회복지서비스는 복지(welfare)에 부여된 스티그마로 인해 상대적으로 협소한 의미로 전달되는 한계가 있다. 사회사업서비스는 사회복지 교육에서는 익숙한 표현이지만 일반적으로 사회복지서비스 제도를 지칭하기에는 대중적 인지가 낮은 편이다. 사회서비스는 최근 우리나라 사회보장기본법에서 사용되면서 공식적인 문서에 자주 등장하고 있지만 정의가 너무 포괄적이어서 구체적인 실체를 지칭하는 일관된 용어로 사용하기에는 한계가 있다(김용득, 2017; 이승기, 2018; 신권철, 2020).[1] 이런 점들 고려하여 본서에는 사회복지현장에서 이루어지는 사회복지사 등에 의한 돌봄, 상담, 지원 등의 활동을 지칭하는 용어로 대인사회서비스라는 용어를 사용한다. 이 용어는 우리나라 사회보장기본법에서 사용하고 있는 사회서비스라는 용어에 대인적 돌봄을 강조하는 의미를 지닌다. 이 용어는 영국에서 많이 사용하고 있는데, 지방정부, 민간비영리, 지원단체 등을 통해 사회적 보호와 돌봄의 필요를 충족시키는 방식이면서, 개인을 직접 대상으로 하는 서비스에 한정하여 사용한다(김영종, 2019).

현금이나 물건의 형태가 아닌 서비스의 형태로 전달되는 대인사회서비스의 공통적인 특징은 네 가지이다(Pestoff, 2019). 첫째, 서비스는 만져서 알 수 없는 무형인 경우가 대부분이다. 둘째, 서비스는 물건과 같은 것이 아니라 활동들 또는 활동들의 묶음이다. 셋째, 서비스 대부분은 생산과 동시에 소비가 이루어진다. 넷째, 서비스 이용자는 서비스 생산과정에 일정 정도 참여한다.

그리고 대인사회서비스는 그 속성에 따라 두 가지 유형으로 구분된다. 하

---

1) 사회보장기본법 제 3조의 4호에서 '사회서비스란 국가 지방자치단체 및 민간부문의 도움이 필요한 모든 국민에게 복지, 보건의료, 교육, 고용, 주거, 문화, 환경 등의 분야에서 인간다운 생활을 보장하고 상담, 재활, 돌봄, 정보의 제공, 관련 시설의 이용, 역량 개발, 사회참여 지원 등을 통하여 국민의 삶의 질이 향상되도록 지원하는 제도를 말한다.'고 정의함으로써 정부의 거의 모든 활동을 포괄하는 의미로 설정되었다.

나는 규칙적으로 이용되면서 지속적인 상호작용을 통하여 제공되는 영속적인 (enduring) 서비스이다. 이 유형의 서비스를 통하여 이용자와 생산자의 장기적인 사회적 관계가 만들어지는 경우가 많으며, 높은 친밀성과 광범위한 사회적 접촉을 주요 요소로 포함한다. 아이 돌봄, 노인 돌봄, 장애인 돌봄, 만성질환 간호 등이 여기에 해당된다. 다른 하나는 이용자와 제공자의 지속적인 상호작용이 필요하지 않은 비지속적(non–enduring) 서비스이다. 한 끼 식사, 세탁, 세차, 이발, 미용 등이 이 유형에 속한다. 첫 번째 유형의 서비스는 어떤 서비스가 더 좋은 서비스인지를 결정하기가 쉽지 않기 때문에 다른 서비스로 변경하는 데 소요되는 시간과 노력, 즉 거래비용(transaction costs)이 높다는 특징이 있다. 또한 이 유형에 속하는 대표적인 서비스인 아동, 노인, 장애인 등을 위한 서비스는 이용자가 제공자와 친밀한 관계를 맺어야 하는 정서적 비용(emotional costs)도 함께 수반되기 때문에 서비스의 안정성이 매우 중요하다(Pestoff, 2019). 본서에서 대인사회서비스는 사람과 사람의 지속적인 접촉과 관계를 통해서 전달되면서 생산과 동시에 소비되는 무형의 서비스로 정의한다.

section 03 대인사회서비스의 성격과 동향2)

대인사회서비스는 정부가 직접 서비스를 제공하거나 비영리 또는 영리 기관을 지정하여 서비스를 제공하게 하고, 이에 소요되는 비용을 정부가 부담하는 방식으로 운영된다. 이처럼 대인사회서비스는 정부, 민간기관, 이용자와의 관계를 통해서 전달되며, 서비스의 성격은 이들 주체들 간의 관계에 의해서 규정된다. 또한 이런 관계가 변화하면서 제도의 모습도 상황에 따라 달라진다.

1990년대 이후 서구와 아시아 국가들에서 공통적으로 발견되는 동향은 저

---

2) 본 section은 김용득 등(2013)이 OECD대한민국정책센터의 용역연구로 수행한 '사회서비스 재정지원방식과 공급 주체의 성격 및 품질관리 기제에 대한 국가 간 비교연구'의 내용 가운데 이론적 논의 부분을 중심으로 재구성한 것이다.

출생과 고령화의 영향으로 대인사회서비스 영역의 확대가 두드러진다는 점이다. 인구고령화와 여성의 사회참여 등과 같은 사회구조적 변화로 인해 개인과 가족의 서비스 역할이 달라지면서 비공식 영역에 있던 돌봄과 같은 서비스 기능을 사회적으로 지원하는 정책이 대인사회서비스의 핵심 영역이 되었다. 수요가 꾸준히 증가하면서 대인사회서비스는 확대되어 가고 있는데, 이런 현상은 서구 국가뿐만 아니라 아시아 국가들에서도 공통적으로 나타나고 있다. 대인사회서비스는 사람과 사람의 관계, 그리고 정부와 제공기관과의 관계, 종사자와 이용자와의 관계를 정하는 제도이기 때문에 그 사회의 문화적 영향을 많이 받으며, 그 사회에 가장 적합한 모델을 찾아가는 끊임없는 모색이 이루어진다는 특징이 있다.

서비스의 확대와 더불어 과거의 소극적인 수혜자의 지위에 있었던 이용자들은 다양한 자기목소리를 내면서 자신들에게 맞는 서비스를 선택하고자 하는 욕구가 점차 높아졌다. 이런 흐름은 서비스에 대한 정부의 재정지원 방식을 변화시키는 동인으로 작용하였다. 서구에서 뿐만 아니라 아시아 국가들에서도 정부가 서비스에 소요되는 재정을 제공기관에 지원하는 방식에서 이용자에게 재정 또는 재정을 집행할 권한을 제공하고, 이용자는 국가로부터 받은 재정 또는 권한으로 제공기관을 선택하는 수요자 지원방식이 확대되고 있다. 결국 전통적인 '제공기관-수급자' 관계의 공급자 중심 체계에서, 상호선택을 인정한 '수요자-공급자' 관계의 수평적 체계로 전환되었다.

이처럼 제공기관 지원방식에서 수요자 지원방식으로의 변화와 함께 국가는 이용자에게 폭넓은 선택을 보증한다는 취지에서 기존의 서비스 제공기관에 더하여 새로운 제공기관의 진입을 권장하면서, 다양한 제공주체가 진입할 수 있도록 진입규제를 완화하는 정책을 채택하는 경향이 있다. 진입규제 완화 정책은 이용자의 선택을 보증한다는 취지와 함께 증가하는 서비스 욕구에 대하여 민간이 주도적으로 인프라를 확대하도록 하는 의도도 포함되어 있다. 이런 흐름은 어떤 점을 강조하느냐에 따라 이용자 선택, 제공기관 간의 경쟁, 서비스 시장화, 서비스 민영화 등으로 표현된다. 대인사회서비스의 시장화와 민영화는 국가의 직접 서비스 제공 역할을 축소시키고, 민간이 서비스 제공의 주체가 되도록 하는 전략이다.

　대인사회서비스의 시장화, 민영화의 흐름은 따라서 서비스 제공기관의 성격과 구성에서도 중대한 변화를 초래한다. 서비스 제공기관으로서의 민간참여의 확대는 전통적인 비영리조직뿐만 아니라 개인 또는 영리조직에게도 적극적으로 권장된다. 민간영리조직의 서비스 제공기관으로의 참여 확대는 당초 이용자의 선택을 보증하는 방안으로 채택된 정책 수단이었지만, 역설적으로 영리조직의 확대는 과잉경쟁에 따른 이윤축소, 서비스의 질 저하, 취약한 이용자에 대한 속이기와 착취, 제공기관들 간의 담합 등으로 이어질 수 있는 위험에 직면하게 된다. 이런 문제에 대응하고 소비자를 보호하기 위해 국가는 제공기관의 진입과 관리에 관여하는 적극적 규제자의 역할을 강화하게 된다.

　결국, 대인사회서비스 수요의 확대와 이용자의 선택요구는 국가의 재정지원방식을 공급자 지원방식에서 수요자지원방식으로 변화시키는 경향이 있으며, 재정지원 방식의 변화는 대인사회서비스 제공기관이 정부, 비영리 민간, 영리민간 등으로 다원화되는 결과를 초래하였으며, 핵심적으로는 영리민간의 비중이 확대되는 경향이 뚜렷하게 나타나고 있다. 영리조직의 확대는 이용자의 안전한 선택을 보증할 필요성을 높여 국가의 품질관리기제의 중요성이 부각되게 된다.

　이런 일련의 흐름은 1990년대 이후 서구에서 공통적으로 나타난 현상이었으며, 일본이나 우리나라 등의 아시아 국가들에서도 1990년대 후반과 2000년대에 걸쳐서 유사한 양상이 전개되었다. 그러나 구체적으로 보면 나라마다 상당한 차이를 보이는데, 어떤 나라는 단기간에 서비스 시장화를 적극적으로 추진하기도 하지만, 또 어떤 나라는 매우 조심스럽고 점진적이기도 했다. 또 영리조직의 진입에 매우 적극적인 나라도 있었지만, 반면에 소극적인 경우도 있었다. 또한 한 국가 내에서도 집권 정당에 따라 정책의 흐름이 달라지기도 한다. 재정지원방식의 변화, 제공기관의 성격과 구성의 변화, 국가 품질관리제도의 변화는 순환적 연관성을 가진다는 세계적인 공통점이 있지만, 구체적으로 이 순환이 어떻게 전개되는가는 나라마다 다르며, 각 나라의 상황에 따라서도 다르게 나타난다.

1. 재정지원방식의 변화

복지국가 체제에서는 주로 중앙정부가 막대한 조세 수입에 기반해 주된 재정공급자로 작동해 왔다. 서구사회에서는 20세기 후반에 중앙정부로 집중되었던 대인사회서비스 재정공급자의 역할이 지방정부 등으로 분산되는 현상이 나타났다(김영종, 2012). 그러나 아직도 중앙정부가 중요한 재정공급자의 역할을 하고 있으며, 중앙정부 또는 지방정부가 대인사회서비스를 직접 생산하여 전달하지 않고 민간 서비스제공기관을 이용하는 방식은 재정을 어떤 방식으로 이전하는가에 따라 상이한 양상을 가진다. 이에 따라 대인사회서비스에 대한 재정지원방식은 서비스 제공기관에 대한 직접 지원방식과 서비스 이용자에 대한 지원방식으로 구분된다. 먼저 정부의 대인사회서비스 재정을 민간서비스 공급자에게 직접 지원하는 공급자 지원방식에는 보조금(grants) 방식이나 서비스 구매계약(POS: purchase of services) 혹은 위탁계약 방식 등이 있으며, 이용자에게 서비스 선택권을 부여하는 수요자 지원방식에는 바우처 방식(voucher service), 서비스 요금 지불방식(fee for services)이 많이 이용되며 이 외에도 세부적으로 지불방식의 종류가 다양하다(이봉주 외. 2008).

공급자지원방식에서는 특정 요건을 갖춘 조직들에게 서비스공급을 허용하고 그 제공기관에 대해 정부가 보조금을 지급한다. 이 방식은 정부-비영리 역할분담 모형으로 나타난다. 보조금은 정부가 어떤 종류의 서비스 또는 활동을 독려하거나 지원하는 목적으로 수혜조직이나 개인에게 지급하는 자금을 가리킨다. 이에 비해 서비스 구매계약은 보조금 지원방식에 경쟁의 요소와 성과평가 등 경영적 요소가 도입된 공급자 지원방식이라고 할 수 있다. 계약은 정부가 정부 외의 민간주체와 체결하는 협정으로 민간주체가 정부의 돈을 받고 정부를 대신하여 정부기관 또는 제3자에게 제품이나 서비스를 전달하는 것이다. 이때 계약은 정부가 직접 소모할 제품이나 서비스에 대한 민간주체의 조달 계약과 정부로부터 재정지원을 받는 제3자가 제품이나 서비스를 수급자에게 전달하도록 하는 계약으로 구분된다.

민간시설에 대한 보조금 지원과 위탁시설에 대한 관리운영비 지원과 같은 공공부문의 사회복지시설에 대한 직접적인 보조금 지원방식은 서비스 이용자의 선택권을 보장하지 못하며, 공급자 사이의 경쟁 기제가 없어 서비스의 질적 향상을 유도하는 데 한계가 있음이 지적되었다. 이러한 보조금 지원방식은 사회복지시설의 관점에서는 재원 조달이 이용자와 관계없이 공공부문과의 관계에 직접적으로 의존하기 때문에 이용자나 지역사회보다는 공공부문에 대한 종속적 의존관계를 가져오기 쉽다. 즉, 사회복지시설은 행정적인 절차를 통해 공공 부분으로부터 보조금을 지원받고, 보조금 사용 결과를 보고하며, 행정적 규제를 따르는 데 집중하게 됨으로써 서비스 전달기능이 약해지거나 왜곡되는 부정적 효과가 나타날 수 있다(김영종, 2012).

수요자 지원방식은 정부가 특정 요건을 갖춘 이용자들에게 서비스 비용을 지원하고 서비스를 제공하는 다양한 제공기관 가운데서 하나를 이용자들이 선택하는 방식으로 진행된다. 현금을 지원하는 경우도 있지만, 사용처를 제한하는 바우처 방식이 많이 활용되며 서비스 이용 상한, 본인부담금 여부, 본인부담금의 소득에 따른 차등 여부 등을 어떻게 구성하느냐에 따라 다양한 바우처 제도가 만들어진다(양난주, 2011). 또한 수요자 지원방식은 각 국가의 제도적 환경과 결합하여 훨씬 더 다양한 방식으로 표현되기도 한다(김은정, 2008). 이미 존재하는 시장 재화나 서비스에 대해 바우처와 같은 도구를 주어서 이용자의 선택 가능성을 증가시키는 방식이 있는가 하면, 주어진 서비스 자원을 보다 이용자 중심적으로 활용할 수 있도록 하는 방식, 공공부문과 민간부문을 통합하여 이용자의 선택 가능성을 넓혀주는 방식, 특정 영역에 대하여 서비스 대신 현금을 지급하여 서비스를 구매하도록 하는 방식 등이 존재할 수 있다.

2. 공급주체의 구성과 성격의 변화

서비스 생산자 또는 공급주체는 소비자 혹은 수요자와의 대인적 관계 맥락에서 서비스를 만들어내고 공급하는 역할을 한다. 전형적인 복지국가 모형에서는 대인사회서비스의 재정 공급자와 서비스 공급자 부문이 통합되어있는 모습을 보였다. 그러다가 서구사회에서는 1980년대 이후 대인사회서비스의 민영화를 시도해왔는데, 이는 재정 공급자의 역할과 서비스 생산자 역할 부문의 분리라는 현상과 함께 이루어졌다. 즉, 서구 국가들의 경우 대인사회서비스의 공급주체가 국가에서 민간으로 이동하고, 국가는 직접 공급자에서 서비스 구매자 또는 조정자로 변신하였다.

대인사회서비스의 공급 주체의 변화와 다양화는 복지혼합(welfare mix)으로 표현되기도 한다. 대인사회서비스의 공급자를 구성하는 주체를 정부, 비영리민간, 영리기업, 비공식부문(가족, 친척 등) 등의 네 가지로 구분한다. 그리고 이들 주체의 역할의 비중에 따라 대인사회서비스 공급체계 모형을 정부주도 모형, 비영리부문주도 모형, 민관 파트너십 모형, 영리부문주도 모형, 비공식부분 모형 등 크게 다섯 가지 유형으로 분류한다(윤영진 외, 2008). 국가별로 경제, 문화적 맥락에 따라 복지혼합의 내용은 다를 수밖에 없으며, 또한 한 국가의 복지혼합은 시간이 지나면서 변화한다. 하지만 큰 틀에서 보면 서구 국가와 아시아 국가들을 막론하고, 서비스 공급주체는 비영리 일변도에서 영리 중심으로 이동하고 있으며, 공급기관의 진입은 개방화되는 추세이다. 이런 영향으로 현재 공식적인 서비스 공급부문에는 민간 비영리 조직, 영리 조직, 정부 조직 등이 포함되며, 이들 간 다양한 섞임 현상도 보고되고 있다(강혜규 외, 2007).

이용자의 선택권 확대는 서비스 제공 주체로서 민간 영리부문의 증가를 이끌고 있지만 결과적으로 대인사회서비스 제공 주체의 성격이 공공인가 민간인가, 민간 영리인가 비영리인가라는 측면보다는 어떤 조직이 더 좋은 성과를 내는가에 더 많은 관심을 기울이게 하는 측면이 있다(김은정, 2011). 이런 이유 때문에 다양한 모습의 제공기관이 등장하는 것이다. 민간 제공기관의 유형은 크게 영리와 비영리로 나누어지지만 실제로는 훨씬 더 다양하게 구성된다. 세계적인 주목의 대상이 되는 사회적기업은 영리조직이면서 공익적인 성격을 가진다. 일본의 NPO 법인은 사회복지법인과 구분되는 특수한 비영리법인으로 자리매김하면서 성장하였다. 이 외에도 서구의 일부 국가와 우리나라 등에서 흔히 볼 수 있는 종교법인도 종교조직의 성격을 가진 민간비영리조직이다.

정책 대상의 보편적 확대는 필연적으로 급여를 공급하는 방식을 변화시키게 된다. 이와 관련한 대인사회서비스 제도의 가장 두드러지는 변화는 공급 주체의 다변화이다. 대인사회서비스 정책 대상이 보편화한다는 것은 단순히 수가 많아진다는 것만을 의미하지 않는다. 어떤 서비스가 욕구 충족에 효과적인지는 계층, 지역, 나이 등에 따라 다르기 때문에, 표준적 공급방식을 통한 서비스 확대는 한계에 직면하게 된다. 공공부문이 직접 서비스 공급 주체였던 서구 유럽의 몇몇 국가에서는 정책 대상이 보편화되면서 국가 중심 서비스가 갖는 관료적 경직성의 문제가 더 불거질 수밖에 없었다. 이에 서비스 공급 주체로서 민간부문의 역할이 증가하고, 대인사회서비스 영역에서 배제되었었던 민간 영리부문도 공급 주체로 참여하는 경향이 주요 국가들에서 공통적으로 나타났다.

대인사회서비스 공급 주체의 다원화가 어떤 방식으로 어느 정도나 진행되었는지는 재정지원 방식이나 서비스 품질관리 방식에 영향을 미칠 수 있다. 대인사회서비스 공급주체 성격에 따라 효과적인 재정지원의 방식과 품질관리의 틀이 달라질 수밖에 없기 때문이다. 또한 동시에 재정지원이나 품질관리 방식의 변화는 민간 공급자들의 역할방식이나 역할 비중에 직접적으로 영향을 미칠 수 있다. 예를 들어, 서비스 이용자에게 재정을 지원하는 방식은 다수 서비스 공급기관 간 경쟁을 전제한다는 점에서 민간부문, 특히 민간 영리부문의 시장진입을 확대시킬 수 있다. 또 민간부문의 역할이 커지는 것은 공공재정의 지원방식을 다각화하여 서비스의 품질과 성과를 효과적으로 관리해야 할 필요성도 증가시키게 되며, 특히 민간 영리부문의 증가는 공공재원의 부정 사용이나 착취 문제를 양산할 수 있어서 서비스 진입 관리나 품질관리의 엄격성을 강화할 수 있다.

대인사회서비스 공급 주체의 다변화는 최근 나타나고 있는 대인사회서비스 정책 변화의 가장 대표적인 측면이다. 직접 공급 주체로서 공공부문의 역할이 감소하고 그 자리를 민간부문이 차지하게 되는 이른바 민영화(privatization)는 대인사회서비스 분야의 세계적 추세였다. 이러한 민영화 추세를 주도한 것은 전통적으로 대인사회서비스 공급 주체로 공공부문과 함께 중요한 역할을 해 왔던 민간 비영리였는데, 최근 수십 년에 걸쳐 민간 영리부문도 대인사회서비스 공급 주체로 진입하는 상업화(commercialization)도 진행되고 있다.

이러한 민영화나 상업화 경향과 관련해서는 오랜 기간 논란이 있다(Ascoli and Ranci, 2002). 사회서비스가 갖는 '사회적 성격'과 조화되기 어렵다는 점을 강조하는 입장과 대인사회서비스의 보편화 과정에서 욕구 부응성을 높이기 위해서는 불가피하다는 입장으로 요약될 수 있다. 국가별, 이념별로 대인사회서비스의 '사회적 성격'이 무엇인가를 정의하는 방식에 차이가 크기 때문에, 대인사회서비스의 민영화와 상업화에 대한 태도에도 편차가 크다. 그러나 이러한 차이에도 불구하고 대인사회서비스 영역에서 공급 주체의 다원화가 빠른 속도로 진행되었다는 점은 분명하다.

민영화와 상업화는 공공부문의 역할 비중을 줄이고 민간부문의 역할을 확대시킨다는 점에서 동일한 의미로 이해되지만, 관련된 정책적 쟁점에는 차이가 있다. '민영화' 경향과 관련해서는 과연 민영화가 대인사회서비스 관리의 행정비용을 줄이고 성과를 높이는가 하는 것이 주요 쟁점이었다. 그런데 대인사회서비스 공급에서 영리부문을 포함시켜 경쟁구도를 형성하는 '상업화'가 실질적으로 서비스의 품질을 향상시키는가도 의문스럽다. 대인사회서비스 대상은 정보수집이나 해독 측면에서 취약하며, 휴먼서비스의 특성상 표준적 관리가 어렵기 때문에 서비스 경쟁이 바로 품질 향상으로 이어지지 못하기 때문이다. 영리부문의 진입과 함께 증가하는 부정이나 사기를 어떻게 관리할 것인지, 이에 대한 행정비용이 과연 정당화 될 수 있는지도 문제가 될 수 있다.

3. 품질관리 기제의 변화

대인사회서비스에서 품질관리는 국가가 이용자 보호를 위하여 개입하는 대표적이고, 중요한 영역이다. 특히 대인사회서비스는 취약한 사람들과의 직접적인 접촉을 통해서 전달되기 때문에 안전과 공정성을 확보하는 것은 매우 중요하다. 이런 이유에서 품질관리는 서비스의 운영에 필수적인 장치로 여겨지고 있다. 국가가 서비스 제공에 관여하는 품질관리의 방법과 수준은 나라마다 다르다. 이는 그 사회의 전통, 서비스의 발전 수준, 서비스에 대한 국민의 욕구와 기대 등에 따라 크게 다를 수 있을 것이다. 또한, 재정지원방식의 변화와 함께 진행되는 공급주체의 다원화 등과 같은 제도변화도 품질관리제도에 중요한 영향을 미치는 요인이 될 수 있을 것이다.

예를 들어 서비스를 공공부문이 직접 제공하거나 혹은 민간에 위탁하여 제공하는 경우에 정부는 서비스 공급기관에 대한 직접 개입(감시)을 통해서 일정 정도 품질확보가 가능하나, 이용자에게 재정을 할당하는 방식에서는 서비스 공급주체에 대한 직접적인 품질 통제가 상대적으로 어렵다. 또한 민간영리조직의 서비스 제공기관으로의 참여 확대는 당초 이용자의 선택기회를 높이기 위한 방안으로 채택된 수단이었지만, 정책의도와는 달리 취약한 이용자에 대한 속이기와 착취로 이어질 수 있는 위험에 직면하게 된다. 이런 문제로 서비스 공급주체로 영리기관이 증가하게 되면 최소한의 품질을 보증하는 수단의 필요성은 더욱 높아지게 되며 국가는 이에 대한 대응으로 제공기관의 진입과 관리에 관여하는 적극적 규제자의 역할을 강화하게 된다. 이처럼 국가의 서비스 발전 수준, 재정지원방식의 변화, 제공기관 구성의 변화 등은 국가 품질관리의 모습을 결정하는 데 영향을 미친다.

대인사회서비스 이용자에게 선택권을 제공해주고 다수의 대인사회서비스 제공기관 간 경쟁을 유도하는 것은 대인사회서비스의 품질 향상으로 연결될 수 있다. 그렇지만 이것만으로 충분한 것은 아니다. 대인사회서비스가 갖는 사회적 특성은 시장경쟁 방식을 보완하는 관련제도의 체계적 지원을 필요로 한다. 대인사회서비스의 주요 이용대상은 노인, 장애인, 아동 등 취약한 인구집단이다. 또한 대인사회서비스 자체의 특성상 서비스 이용대상과의 직·간접적 신체적 접촉이 빈번히 이루어지기 때문에, 일차적으로 이용자 안전 측면에서도 최소한의 품질관리가 반드시 이루어져야 한다.

더욱이 대인사회서비스 제공자와 이용자 간 정보의 비대칭 문제는 주어지는 서비스에 대해 이용자 스스로 정확한 품질평가를 어렵게 한다. 따라서 대인사회서비스 제공기관 간 경쟁을 통한 품질향상과 같은 시장적 기제의 활용은 오히려 정책실행자들에게 제공기관에 대한 정책관리의 필요를 더욱 증가시킨다. 결과적으로 대인사회서비스의 양적 확대와 질적 향상이라는 정책목표를 달성함에 있어, 서비스 제공기관에 대한 체계적인 품질관리는 점점 중요성이 증가하고 있다(김은정, 2011). 이런 이유에서 대인사회서비스의 품질관리는 대인사회서비스의 운영에 필수적인 장치가 된다.

대인사회서비스 품질관리체계는 크게 서비스 제공 기관 내부에서의 성과관리체계와 외부로부터의 품질평가체계로 나누어 볼 수 있다(이봉주, 2013). 서비스 제공 기관 내부에서의 성과관리는 서비스 이용자의 욕구에 맞는 질 높은 서비스의 공급을 통하여 의도하는 서비스 결과를 확보하기 위한 수단이다. 최근 확대되고 있는 바우처 방식의 대인사회서비스에 따라 서비스 수요자의 선택권이 확대되고 이에 따라 제공기관 간의 서비스 품질 경쟁으로 이어지고, 서비스 시장에서 생존하기 위해서는 성과관리를 통한 품질 경쟁력의 확보가 중요해진다. 기관 외부에서의 품질평가는 서비스 제공 기관 내의 품질관리가 적정 수준 이상인가를 확인하는 과정이다. 대인사회서비스의 사회적 책무성을 담보하기 위한 기관 외부에서 기관을 대상으로 행해지는 품질평가는 크게 두 가지 목적을 가진다. 서비스의 최소기준을 정하고 서비스 제공기관들이 그러한 최소기준을 준수하고 있는가를 검증하는 것과 서비스 이용자에게 서비스 제공기관의 서비스 품질 수준을 알려 이용자의 선택을 지원하는 것이다.

Hafford-Letchfield(2007)는 서비스 품질에 대한 다양한 정의를 검토하여 품질은 공통적으로 이용자의 욕구를 얼마나 잘 충족시켰는가에 대한 이용자의 판단을 반영하는 경향이 있다고 하였다. 강선경과 김학주(2007)는 품질은 '절대적 기준에 기초한 개념이 아니며, 이용자의 인구사회학적 특성, 해당 지역사회 및 관련 전문가집단의 욕구 수준 등에 따라 달리 정의되는 상대적 의미'를 가진다고 하였다. 그리고 서비스의 필수요건으로 투명성, 접근성, 저렴한 가격, 전문성, 이용자의 참여 및 선택권 보장, 지역적 특수성 고려 등을 제시하였다. 이처럼 대인사회서비스의 품질은 단순하거나 정적으로 파악하기 어려운 복잡하고 가변적인 개념이다. 결국 대인사회서비스 품질은 서비스 자체의 특성, 이용자의 인식과 기대수준, 이해관계자들의 참여와 협조 등 어디에 초점을 두는가에 따라 달리 정의될 수 있다. 이처럼 총체적인 개념을 가지고 있는 품질에 대한 국가의 관리는 대인사회서비스를 어떻게 만들고 전달하며, 그 결과를 어떻게 평가하여 목표에 부응하는 성과 및 만족도를 확보할 것인가에 대한 구체적인 해답을 찾기 위한 노력 전체를 포함한다(김은정, 2008; 김학주, 2009).

품질관리 체계 또는 제도는 정부가 법령이나 규칙을 통해서 관여하는 정부의 거시적 관여 구조(macro system engagement)를 지칭한다. 관리 측면을 중심으로 보면 품질관리는 공공, 비영리민간, 영리조직 등의 서비스 제공자들이 법령이나 국가가 정한 서비스 표준(standards 또는 minimum standards)을 준수하도록 하는 통제 기제로 구성된다(Interlink, 2010). 대인사회서비스는 무정형성과 사회적인 의미를 동시에 가지고 있어 품질에 대한 관리 방식은 복잡하면서 총체적인 특징을 가진다.

그럼에도 불구하고, 대인사회서비스에 대한 국가의 품질관리제도가 보여주는 최근의 세계적인 추세는 두 가지로 요약된다(Watson, 2012). 첫째, 한 국가에서 대인사회서비스의 성과를 확보하는 데는 개별기관이나 지역사회의 자발적인 노력보다는 서비스를 규제하고 관리할 수 있는 정부의 능력이 점점 더 중요해진다는 점이다. 둘째, 품질관리를 구축하거나 강화하는 등의 변화는 지방정부에 의해 주도되기보다는 중앙정부 서비스 담당부처 또는 중앙정부 감사기구 등과 같은 국가적 단위에 의해서 외적 유인 또는 강제의 형식으로 주도된다는 점이다. 이처럼 품질관리는 점점 기관의 자발적인 활동에서 법규를 통한 강제적 관리 활동이 강조되고 있으며, 최소한의 서비스 수준을 보증하기 위한 국가적인 관리체계를 만들어가고 있다. 이와 관련하여 국가관리 체계의 주체를 어디로 할 것인가, 규제하는 법규의 체계와 적용 수준을 어떻게 할 것인가 등과 같은 제도 구축과 관련된 쟁점이 제기될 수 있다.

📖 참고문헌

강선경·김학주. 2007. 사회서비스 품질향상방안 및 관리모형 도출에 관한 연구. 서강
　　대학교·경상대학교·보건복지부.

강혜규·김형용·박세경·최현수·김은지·최은영·황덕순·김보영·박수지. 2007. 사회
　　서비스 공급의 역할분담 모형개발과 정책과제: 국가·시장·비영리민간의 재정 분담
　　및 공급 참여 방식. 한국보건사회연구원.

김영종. 2009. "휴먼서비스 산업체계 모형에 의한 사회복지서비스 동향 분석." 한국사
　　회복지행정학, 11(2): 35－73.

김영종. 2012. "한국 사회서비스 공급체계의 역사적 경로와 쟁점, 개선방향." 보건사회
　　연구, 32(2), 41－76.

김영종. 2019. 한국의 사회서비스: 정책 및 실천. 서울: 학지사.

김용득. 2017. "사회서비스 개념의 긴장과 대응." 사회서비스연구, 7(1): 1－21.

김용득·김은정·조남경·이동석·황인매·오홍진·김경임. 2013. 사회서비스 재정지원
　　방식과 공급주체의 성격 및 품질관리기제에 대한 국가 간 비교연구: 성인재가돌봄서
　　비스를 중심으로. OECD대한민국정책센터·성공회대학교 사회복지연구소.

김은정. 2008. "사회서비스 재정지원 방식의 변화와 품질관리를 위한 정책 과제." 사회
　　복지정책, 35: 141－168.

김은정. 2011. "이용자 선택제도와 사회서비스 제공주체 구성의 변화와 전망－정부, 비
　　영리단체, 영리조직 구성 비율의 변화와 의미." 한국사회서비스학회 2011년도 춘계
　　학술대회 자료집, 39－63.

김학주. 2009. "사회서비스 품질관리체계의 해외 동향 및 개혁 방안." 사회복지정책,
　　36(2): 237－261.

신권철. 2020. "사회서비스 개념의 법적 재구성." 사회보장법연구, 9(1): 31－65.

양난주. 2011. "한국 사회서비스 공급특성 분석: 보조금과 바우처방식의 검토." 사회복
　　지정책, 38(3): 191－219.

윤영진·장승옥·지은구·김은정. 2008. 대인사회서비스 공급체계와 재정지원방식에 관
　　한 연구. 보건복지가족부.

이봉주. 2013. "지역복지기관의 사회서비스 관리와 평가: 무엇을, 왜, 어떻게." 한국사회복지행정학, 15(1), 197－221.

이봉주·김용득·김문근. 2008. 대인사회서비스와 공급체계: 쟁점과 대안. 서울: EM커뮤니티.

이승기. 2018. "사회서비스 개념의 법적 정합성에 관한 고찰." 사회복지법제연구, 9: 103－115.

Ascoli, U. and Ranci, C. (eds.). 2002. *Dilemmas of the welfare mix: the new structure of welfare in an era of privatization*. New York: Kluwer Academic/Plenum.

Hafford－Letchfield. 2007. *Practising quality assurance in social care*. London: Learning Matters.

Interlinks. 2010. *Quality management and quality assurance in long－term care: European overview paper*.

Pestoff. V. 2019. *Co－production and public service management: citizenship, governance and public service management*. NY: Routledge.

Watson, L. D. 2012. "Factors influencing the relationship between contract providers and a state funding agency." *Administration in Social Work, 36(4)*: 343－358.

05 대인사회서비스의 변화

section 01 의존, 자립, 상호의존1)

대인사회서비스는 사람과 사람의 관계를 중심으로 구성되기 때문에 그 성격이 시대와 문화에 따라 다를 수 있으며, 서비스 이용자 측면에서 보는가 아니면 제공자 측면에서 보는가에 따라서도 달라지기 때문에, 변화 단계를 구분하기는 쉽지 않다. 이용자에 대한 관점을 기준으로 볼 때 대인사회서비스는 의존모델(dependence model), 자립모델(independence model), 상호의존모델 (interdependence model) 순으로 변화된 것으로 볼 수 있다(김용득, 2019). 의존모델 시기는 전통적인 복지국가에서 제공되던 의존과 보호가 주도되었다. 자립모델 시기는 표준적으로 대인사회서비스를 제도화하고 시장 기제를 통한 소비자주의 기반 자립이념이 주도된 시기이다. 상호의존모델 시기는 공동체접근과 서비스 유연화(personalisation)가 강조되는 최근의 상황이 해당된다. 대인사회서비스는 전통적 복지국가에서 잔여적으로 제공되던 서비스에서 시장주의적 돌봄서비스 단계를 거쳐 이제 상호의존적 사회통합을 지향하는 서비스로 진화하고 있다.

1980년대 이전의 서구 복지국가에서는 현금 중심의 기초보장이 주를 이루

---

1) 본 section은 김용득의 논문(2019)에 표함되어 있는 '사회서비스 모델의 변화'를 편집, 수정한 것이다.

었고 대인사회서비스는 가족이나 민간 자선단체를 통해서 제공되었다. 국가가 서비스를 제공하는 대상은 장애인 등 노동시장에서 편입되지 못한 사람들로 한정되었으며, 이들은 문제를 가진 의존적 존재로 인식되어 의료모델 관점으로 접근되었다(주현정·김용득, 2018). 이 시기에 국가가 제공했던 서비스는 대형시설, 병원, 작업장 등에서의 분리보호나 재활훈련이 주를 이루었으며, 이는 의존의 제도화로 표현할 수 있다.

1990년을 전후하여 돌봄을 중심으로 대인사회서비스 수요가 증가하면서 정부제공이 강화되었다. 이 시기에는 개별적인 지원이 강조되었으며, 서비스가 제공되는 방식도 개인의 선택이 실현되도록 하는 시장기제가 활용되었다(주현정·김용득, 2018). 과거에는 서비스 수혜자로 여겨졌던 사람들이 자신들의 선택으로 서비스를 이용하는 지위를 가지게 되었으며, 이를 구현하는 데 이용자 선택과 제공기관의 경쟁을 기반으로 운영되는 시장기제가 서비스 제공원리로 채택되었다. 이때는 소비자주의를 기반으로 자립을 지원하였으며, 서비스를 선택 가능한 상품처럼 만드는 표준화를 추구하였다. 이 시기 서비스의 특징은 욕구에 대한 보편적 인정, 서비스 내용의 표준화, 서비스 종류의 세부화(파편화) 등으로 요약된다.

2000년대 중반기 이후에 시장 기제를 이용한 공급이 대인사회서비스의 중요한 가치인 공공성에 반한다는 우려를 가져왔다. 또한 표준화된 서비스의 공급 확대를 통하여 복잡해져 가는 욕구에 대응하는 것이 적절한가에 대한 비판도 제기되었다(김은정, 2015). 이에 대한 대안으로는 일방적인 방식이 아닌 공동체 접근의 강조, 다양한 상황에 실제적인 대응을 강조하는 유연화가 핵심적으로 제안되었다(주현정·김용득, 2018). 이 시기의 서비스 모델은 공동체를 지향하는 상호의존을 조직화하는 것이라고 할 수 있다.

사회서비스를 모델로 구분하고 그 변화를 설명하는 데는 돌봄서비스 또는 대인사회서비스를 제공하는 여성의 활동 또는 일의 의미를 규명하는 페미니즘 논의와 서비스 이용자로서 장애인의 자기결정과 시민권의 회복을 주장하는 장애담론을 함께 살펴보아야 한다. 의존은 극복해야 할 부정적인 상황으로 본다는 면에서 페미니즘과 장애담론은 비슷한 입장을 취하지만 전자의 입장은 유아기나 노년기의 의존은 자연스럽거나 긍정적일 수 있다는 약간의 이중적 견해를 가지는 반면, 후자의 입장은 의존은 나쁜 상태이고 이에 대한 대항 테제는 자율성과 자립이라는 선명한 입장을 취한다(Fine and Glendinning, 2005). 이와 같은 약간의 온도차에도 불구하고 크게 보면 의존모델에서 자립모델로 서비스의 지향이 변화했다고 할 수 있다.

한편 자립모델에서 상호의존모델로의 변화는 반대 방향의 온도 차가 있다. 페미니즘의 입장에서는 자립생활 담론이 개인을 자립적이고 합리적인 경제적 행위자로 전제하고 있는 신자유주의적 인식에 기초하고 있으며, 돌봄의 부담을 여성에게 전가하고, 돌봄의 상호성과 보편성을 인지하지 못하고 있다고 비판한다(김보영, 2012). 반면에 장애계는 자립모델에서 '자립'의 의미는 정부의 지원을 받지 않고 혼자 자조한다는 의미가 아니라 오히려 적절한 공적 지원을 통해 당사자의 삶에 대한 통제권을 보장한다는 의미이기 때문에 이를 신자유주의 방식과 동일시하는 것은 적절하지 않다고 본다(Ashby et al, 2015; White et al, 2010). 더구나 자립모델은 사회적 억압과 차별을 주장하는 사회모델과 일치되는 관점을 가지기 때문에 자립모델을 개인주의 접근으로 제한하는 것은 부적절함을 지적한다(김진우, 2010). 자립모델에 대한 비판에서는 페미니즘과 장애담론 사이에 상당한 입장차가 확인되지만, 자립에서 상호의존으로 강조점의 전환이 필요하다는 점에 대해서는 같은 견해를 보인다.

페미니즘 논의에서는 자립생활 담론이 돌봄 관계 당사자들을 사회적으로 주변화하고 돌봄의 가치를 평가 절하 한다고 비판하면서, 그 대안으로 관계와 상호성을 강조하는 돌봄 윤리를 제안하였다(주현정·김용득, 2018; Kittay, 1999; Held, 2006). 이 입장은 자유주의에서 전제하는 자립적 인간은 실제적이지 못하며, 인간은 누구나 생애 전체에 걸쳐 의존의 시기를 맞이하며, 인간의 의존은 자연스럽고, 당연하며, 보편적이고, 정상적임을 강조한다. 반면에 장애담론은 자립생활을 지지하는 입장을 바꾸지 않고 자립의 의미에는 원래부터 상호의존이 포함되어 있다고 주장하면서, 자립을 추구함에 있어 사회적 관계와 통합에 대한 지원을 함께 강조한다. 자립과 상호의존을 대립적으로 보는 것은 장애의 개별모델을 적용한 결과이며, 장애의 사회모델에서 자립은 협력하는 상호의존을 포함한다는 것이다(Reindal, 1999).

이처럼 상황과 입장에 따른 일정한 온도 차이에도 불구하고, 큰 맥락에서 보면 서비스는 의존모델, 자립(자조)모델, 상호의존모델로 변화 되어 왔다고 볼 수 있다. 이런 논의들은 국내 연구에서도 확인된다. 유동철 등(2013)은 장애계의 자립 담론과 여성계의 돌봄 윤리 논의의 충돌을 해소하고, 돌봄이 지속적으로 필요한 사람들의 자립의 어려움을 해소하는 '자립과 돌봄의 화해'를 위하여 돌봄 관계에서 인간 그 자체로 존중받는 누스바움의 돌봄 패러다임(Nussbaum, 2002)을 제안하였다. 이와 함께 세 가지 패러다임을 대비시키면서 재활 패러다임은 의존을, 자립생활 패러다임은 자립을, 누스바움의 패러다임은 상호의존을 지향하는 것으로 보았다.

1. 의존모델: 보호기반 서비스

1980년대 이전의 서구 전통적인 복지국가에서는 현금 형태의 기초보장 제도가 주를 이루었고 사회복지서비스 기능은 가족이나 민간 자선단체 등 사적 영역을 통해서 소극적으로 제공되는 수준이었다(주현정·김용득, 2018). 전후 복구로 경제 호황을 맞아 복지국가 체계를 구축하던 시기에 사회보장제도는 소득보장 위주로 시장의 역할 보완하는 방식으로 전개되었으며, 사회권의 실현도 소득보장을 통하여 목표를 달성하고자 하였다. 돌봄을 비롯한 사회서비스에 대해서는 사적영역에 속한 것으로 보았으며, 비공식 영역에 속한 가정 내 돌봄은 여성의 몫으로 간주하였다. 국가가 서비스를 제공하는 대상은 장애인이나 노동시장에서 편입되지 못한 사람들로 한정되었으며, 이들은 문제를 가진 의존적 존재로 인식되었다(주현정·김용득, 2018). 이들에 대한 서비스는 문제에 대한 병리학적 이해와 치료적 접근을 강조하는 심리학의 영향 아래 준 의료모델 관점에서 접근되었다. 따라서 이용자의 문제는 신체적, 정신적 기능 이상으로 규정되었으며, 공급자가 가지고 있는 전문 지식과 기술을 통하여 욕구를 재단하고 서비스를 공급하는 방식이 주를 이루었다(김보영, 2012).

이 시기에 스스로 지내기 어려운 사람들에게 국가가 제공했던 서비스는 대형시설, 병원, 작업장 등에서 분리 보호하거나 재활훈련을 제공하는 방식이 주를 이루었다. 특히, 시설보호의 기능은 의존적인 사람들을 분리된 시설에서 완전한 의존상태를 유지시키는 일이었다. 이 단계의 서비스 모델은 의존을 제도화한 서비스라고 할 수 있다. 이들에 대한 서비스는 중앙정부 보다는 지방정부와 비영리, 또는 여성에 의해 수행되는 것으로 인식했던 사회적 통념의 영향으로 국가적 수준의 사회서비스 제도로 발전하지는 못하였다(석재은 외, 2007).

의존이라는 용어는 정이 작용하지 않는 차가운 관계를 연상하며, 부정적인 의미를 강하게 표상하는 것으로 받아들여지기 때문에 의존상태에 놓인 사람들이 이 상태에서 벗어나도록 하는 것이 바람직한 것으로 여겨진다(Fine and Glendinning, 2005). 장애 당사자들이 제기하는 장애담론은 이에 대해 일관되고 선명한 입장을 취하지만 페미니즘 논의에서는 의존이나 보호가 가지는 구체적인 의미가 세 가지 차원에서 고려되어야 한다는 다소 복잡한 입장을 취한다(Fine and Glendinning, 2005). 첫째, 의존은 양면적인 의미를 가진다는 것이다. 사적인 생활의 영역에서는 의존이 정상적이며, 필요하며, 일상적으로 존재할 수 있는 조건에 해당하며, 의존관계를 통해서 사람들이 가족이나 지역사회 등의 집단이나 공동체를 이룬다고 본다. 반면에 공적인 영역에서 보면 의존은 수치스럽고 부정적인 상태로 이해되는 양면성이 존재한다는 것이다. 둘째, 의존상태의 원인을 무엇으로 보는가의 문제로서, 의존이 개인의 특성에서 기인하는가 아니면 사회적 관계의 결과물인가에 대한 논쟁이다. 시설에서의 분리보호가 의존상태를 강화시키는 것은 사회적 조치의 결과가 더 큰 의존을 만들어내는 예라고 할 수 있다. 또한 의학적 기준에 의한 의존정도에 대한 평가도 살고 있는 사회적 환경에 따라 달라진다는 점도 이와 관련이 있다. 셋째, 의존이 사회적으로 개입해서 해결해야 할 부정적인 상태인가에 대한 것이다. 대개의 경우 의존상태는 결손의 결과로서 이를 최소화하기 위한 개입이 필요한 것으로 받아들여진다.

하지만 노인 등의 신체적 의존은 다른 사람의 선의를 긍정적으로 조직화하는 '사람들 간의 연결'을 가져오는 긍정적인 의미도 있다는 점이다.

이런 의존이 가지는 양면적인 의미에 대한 논쟁은 의존을 부정적인 것으로만 보는 관점은 거부되어야 함을 제기하지만, 이것이 곧 의존이 긍정적으로 평가되어야 함을 주장하는 것은 아니다(Fine and Glendinning, 2005). 의존모델은 노인이나 장애인 등 의존상태에 있는 사람들은 지원이 필요하게 되고, 지원의 필요는 돌봄의 제공을 통해서 충족되고, 제공되는 돌봄은 의존을 심화시키는 부정적 순환의 흐름으로 설명된다.

2. 자립(자조)모델: 소비자주의 기반 서비스

1990년을 전후하여 돌봄영역을 중심으로 하는 사회서비스 수요가 증가하면서 정부가 제공하는 대인사회서비스가 발전하였다. 이때의 서비스는 개개인의 삶의 영역에서 기능 수준을 보완하거나 높일 수 있는 개별적인 지원이 강조되었으며, 서비스 제공 방식도 개인의 선택을 높일 수 있는 시장적 기제가 적극 활용되었다(주현정·김용득, 2018). 과거에는 서비스 수혜자로 여겨졌던 사람들이 서비스를 선택하는 이용자의 지위를 가지게 되었으며, 이를 적극적으로 구현하는 데 이용자 선택과 제공기관의 경쟁을 전제하는 시장기제가 서비스 운영 원리로 채택되었다. 이 단계의 서비스 모델은 소비자주의를 기반으로 자립을 지원하는 서비스라고 할 수 있다.

1990년대 서구 복지국가는 경제성장이 둔화되고 복지재정 지출이 감소되면서 사회서비스 패러다임은 중대한 변화를 겪었는데, 이는 수요측면과 공급측면의 영향이 결합된 결과였다(주현정·김용득, 2018). 수요측면에서 전통적인 가족 이데올로기가 해체되기 시작하면서 여성의 사회진출이 증가하였으며, 이런 상황에서 인구 고령화는 돌봄을 비롯한 사회서비스의 중요성에 대한 인식을 증대시켰다. 이와 함께 장애인 운동과 같은 서비스 이용자 운동은 서비스 대상자를 의존적인 존재로 전제하는 돌봄 개념을 거부하고 일방적인 수혜자가 아닌 서비스 이용자로서 선택과 결정을 행사할 권리가 있음을 주장하였다. 공급측면에서는 성장 둔화에 따른 재정압박 속에서 국가가 관리하는 돌봄서비스를 산업 활성화와 여성의 노동시장 진출의 수단으로 활용할 필요성이 제기되었다(석재은외, 2007; 양난주, 2015). 이와 함께 정치적으로는 관료주의를 비판하는 신공공관리의 영향으로 정부가 서비스 제공을 독점하는 것은 잘못된 접근이라는 비판이제기되었다.

이러한 복합적인 요인들이 작용하면서 지방분권, 민영화, 공급 주체 다양화, 공급자 간 경쟁 등을 통해서 효율성을 추구하는 신자유주의 방식의 복지개혁이 추진되었다. 이 시기에는 의존에 대한 거부감이 크게 높아져서 노동으로돈을 벌지 않는 사람, 정부의 지원을 받는 사람을 모두 의존적인 사람으로 간주했으며, 정부의 서비스 제공의 목표는 정부에 의존하지 않도록 개인을 변화시키는 것이었다. 사회서비스 시장화와 이용자의 소비자 선택이 강조되던 시기에 자립(자조)모델의 사회서비스는 국가의 공식적인 서비스로 자리매김 되면서 표준화를 피할 수 없게 되었다. 이전의 시설 중심의 제한적이었던 돌봄 제공을 넘어다양한 욕구를 충족시키기 위해 공식적 서비스를 편입시키는 과정은 표준화를전제할 수밖에 없었다(조남경, 2017). 더구나 제공주체가 다양화되면서 서비스 질에 대해 국가는 품질관리로 대응하게 되는데 이는 서비스의 내용을 상세히 분류하고 기준을 세우는 서비스 파편화를 가져왔다. 이 시기 서비스의 특징은 욕구에 대한 보편적 대응, 서비스 내용의 표준화, 서비스 종류의 파편화 등으로요약된다.

신자유주의 기반의 사회서비스 모델로서의 자립(자조)모델은 합리적이고자율적인 개인의 주체성이 강조되며, 민주적 원리를 기반으로 자율적인 개인의의사결정과 선택을 강조한다. 자립(자조)모델에서 서비스에 대한 재정지원 책임,관리, 규제 등을 국가가 담당하지만 경쟁을 통한 이용자의 선택으로 개개인의공익을 높인다는 자유주의적 관점에서는 선택이 일어날 수 있는 조건을 만드는시장의 역할을 중요시한다(주현정·김용득, 2018). 자립(자조)모델은 장애인서비스영역에서는 자립생활모델로 표현되었는데, 장애인들은 사회의 짐이 되는 의존자로서 자리매김 되는 것을 거부하고 자신의 생활을 스스로 통제하는 자립생활 이념을 주장하였다. 자립생활 이념은 다른 사람의 도움 없이 혼자서 자기의 일을 한다는 의미가 아니라 필요한 도움을 받으면서 그 도움에 대한 통제권을 장애인 당사자가 가져야 함을 표방한다는 면에서는 개인주의나 소비자주의의 접근과 동일하지 않음이 강조되기도 한다(Fine and Glendinning, 2005).

3. 상호의존 모델: 공동체주의 기반 서비스

시장 기제를 이용한 공급방식이 사회서비스의 본래의 가치인 공공성을 훼손한다는 우려도 가져왔다. 또한 표준화된 제도적 서비스의 공급확대를 통하여 보편화되고 복잡해져 가는 서비스 욕구에 대응하는 것이 지속가능한가에 대한 의문도 제기되었다(김은정, 2015). 표준화된 서비스 접근의 대안으로 두 가지가 제안되었다(주현정·김용득, 2018). 첫째는 공동체적 접근의 강화이다. 서비스 욕구를 가진 사람들은 물리적, 사회적 환경이 사람마다 다르기 때문에 욕구의 충족방식, 선호하는 우선순위, 시급성의 정도 등에서 가변적이어서 표준화된 방식으로는 효과적인 충족을 기대하기 어렵기 때문에 공동체 방식으로 접근해야 하는 필요성이 높아진다는 점이다. 둘째, 서비스 유연화 또는 인간화에 대한 강조이다. 지원서비스의 메뉴가 제도적으로 미리 정해져 있는 경우에 다양한 상황에 처해 있는 사람에게 실질적인 도움이 되기 어려울 수 있기 때문에 사람의 상황과 욕구를 중심으로 개인 단위로 창의적인 방식을 통해서 서비스가 기획되어야 한다는 것이다. 이와 같은 지향성을 가진 모델은 공동체를 지향하는 상호의존을 조직화하는 서비스라고 할 수 있다.

상호의존이 강조되는 또 다른 맥락은 서비스 질 하락, 서비스 제공자의 낮은 일자리 질, 취약계층의 권리보장 미흡 등이 개인의 자율성과 시장의 역할을 중심으로 설계된 접근방식의 근본적인 한계로 지적되기 시작하였다는 점과 관련된다. 또한 소비자주의 접근방식에서 선택과 경쟁을 통해서 절차적 공공성이 실현될 것으로 기대하였으나 돌봄 영역은 이용자의 취약성과 정보 빈약 때문에 전문가 주도적일 수밖에 없으며 제한된 소비자 주권만을 가지게 된다는 문제도 제기되었다. 페미니스트 연구자들은 자립생활 담론이 개인을 자립적이고 합리적인 경제적 행위자로 전제하고 있는 신자유주의적 인식과 맞닿아 있는 것으로 비판하였으며, 자유주의에서 전제하는 비의존성은 허구라고 하면서 인간은 누구나 생애에 걸쳐 의존의 시기를 맞게 된다는 점을 강조한다(주현정·김용득, 2018). 또한 페미니스트 연구자들은 인간을 본질적으로 상호의존적 관계로 보면서 인간의 의존은 자연스럽고 당연한 것, 보편적인 것, 정상적인 것으로 전제하면서 정의 윤리를 대체하는 돌봄 윤리(ethics of care)를 대안으로 제안한다.

Kittay(1999)는 객관적인 욕구 상황이란 없으며 어떻게 욕구를 경험하고 해석하느냐의 문제라고 지적하면서, 욕구에 관심을 기울이고 정서적으로 교류하는 삶의 가치를 사회 전반에 확대하는 것이 중요하다고 보았다. 개인의 독립과 선택의 자유보다는 돌봄을 주고받는 사람 사이의 신뢰와 감정적 유대를 통해 욕구가 충족될 수 있다고 본다. Nussbaum(2002)은 사회가 의존을 비정상적인 것으로 다룸으로써 돌봄이 사회 부정의의 원천이 되는 현상에 주목하면서 돌봄을 주고받는 사람들이 그 자체로 상호 존중될 수 있다고 하였다(유동철 외, 2013). 이와 관련하여 장애의 사회모델을 지지하는 대표적인 학자인 Shakespeare(2000)는 페미니스트들이 주장하는 돌봄 윤리를 받아들이면서 개인화하고 배제하는 용어인 의존이라는 용어는 상호의존과 연대책임으로 대체되어야 한다고 주장하였다. 상호의존 모델은 사회 내부의 공유하고 있는 가치를 기반으로 하는 사회문화적인 관계를 통하여 형성하는 공동체의 가치와 공통의 이익을 추구한다는 점에서 공동체주의와 연결된다고 할 수 있다.

대인사회서비스 모델은 전후 복지국가가 형성되던 시기의 서비스 모습을 보여주는 의존 모델, 신자유주의의 영향이 강하던 시기에 개인의 자율성과 선택을 강조하면서 등장한 자립(자조)모델, 자립(자조)모델이 의존을 부정적으로 보고 사람들 간의 상호연관성을 제대로 반영하지 못하였다고 비판하면서 등장하고 있는 상호의존모델로 발전하고 있다. 의존모델은 거주하는 공간에서의 일상의 자유가 제한될 수 있는 보호시설이 전형적인 서비스 기관이라 할 수 있으며, 개인의 치료와 훈련을 강조하는 재활시설도 여기에 포함될 수 있다. 자립(자조)모델에서는 지역사회 기반으로 자립생활을 돕는 지역서비스센터나 재가센터가 전형적이라 할 수 있을 것이다. 상호의존 모델에서는 서비스 이용자뿐만 아니라 지역사회에 사는 주민들을 포함하여 상호 지지적인 관계가 될 수 있도록 돕는 마을만들기, 지역사회공동체 개발 등이 대표적인 사례가 될 것이다.

section 02 표준화와 유연화

1. 표준화의 딜레마

인간은 누구나 존엄성을 유지하는 삶을 영위할 권리가 있기 때문이든(인권 기반 접근), 사회를 이루는 구성원이자 주인으로서의 시민은 온전히 사회에 참여하고 기능할 수 있도록 뒷받침 받을 권리가 있기 때문이든(사회권 기반 접근), 사회복지는 그 권리보장을 위한 물적 기반(현금 급여)과 비물질적 기반(현물급여, 대표적으로 교육, 의료, 돌봄)의 제공을 의미한다(조남경, 2017). 따라서 사회복지 발전 과정의 첫 단계는 누구에게나 보장되어야 할 물적 기반과 비물질적 기반을 규정(욕구의 표준화와 그에 상응하는 급여의 표준화)하고 이를 제공하는 체계를 구축하는 것이었다(조남경, 2017).

이 단계가 어느 정도 달성된 사회에서 그 다음으로 우리가 목격해온 주요한 변화 중 하나는 바로 'welfare'(보편화될 수 있는 욕구)에서 'well-being'(삶의 질과 자아실현까지를 포괄하는)으로의 초점 이동 혹은 복지 개념의 확장이었다. 이는 표준화된 생애주기 및 위험들을 넘어 개인의 삶의 과정에까지 주목하고, 보편적 욕구의 충족을 넘어 개인의 정서적 측면이나 사회적 관계 등에까지 주목하는 변화를 의미했다(조남경, 2017). 이렇게 새롭게 발견, 추가, 확장되는 욕구들은 따라서 그 성격상 현금 급여를 통해서 충족될 수 있는 여지가 적었고, 대신 시설 중심의 표준적이고 제한적이었던 '사회적 돌봄'의 확장과 다변화를 통해서 충족되어야 했다. 전통적 사회복지의 영역과 범위를 뛰어 넘는 사회서비스의 출현은 개인 욕구의 다면적이고 다층적인 비표준성을 인정하는 개인에 대한 재발견 과정을 의미한다(조남경, 2017).

물론 비공식적 돌봄의 영역 중 일부를 공식적 돌봄서비스로 편입시키는 과정은 제한된 예산하에서 전국적 서비스를 제공하기 위한 또 다른 표준화(욕구와 서비스의 표준화)를 전제하지 않을 수 없다. 하지만 큰 틀에서는, 이전보다 더 다양한 욕구에 부응하고자 하는 방향 전환임은 분명하였다. 마찬가지로, 이후 대인사회서비스의 확대 과정은 비공식적 돌봄 영역의 더 많은 부분들을 공식적 서비스로 전환해 내고, 이들을 바탕으로 최근의 '개별적 유연화(personalisation)'에 이르기까지 개인 욕구의 다양성에 더 잘 반응하고 부합하는 서비스의 조합과 설계를 시도하는 과정으로 해석될 수 있다.

표준적으로 제도화된 대인사회서비스는 실행과 성과관리에서 계량화가 용이하고 안정적인 재정공급이 가능하다는 장점을 가지나, 서비스의 분절성이 결정적으로 대인서비스의 효과성을 저해한다는 단점이 있다. 반면 지역사회 전체를 강화하는 방식은 계량적 성과관리가 어렵고 실행과 관리에서 표준적 매뉴얼화가 거의 불가능하여 관료주의를 기반으로 하는 현대 행정체계에서는 안정적인 정책관리가 어렵다. 또한 지역구성원들의 자발성과 참여성이 핵심적이기 때문에, 자발성에 본질적으로 내재된 불안정성을 완전히 극복하는 것이 불가능하다. 이처럼 표준화는 투명성과 효과성을 담보하는 데 필요하지만 서비스 전달에서의 성찰과 혁신을 방해하는 속성이 있으며, 유연화는 사람들의 개별적 선호에 적극적으로 대응할 수 있게 해 주지만 서비스의 효과성을 입증하는 데는 불리하다(Nordesjo, 2020). 각각의 장단점을 가지는 이러한 측면을 보면, 제도적 대인사회서비스와 지역사회 중심의 대인사회서비스 접근은 상호보완적일 수 있다. 과연 지역사회 중심 접근의 불안정성과 제도적 접근의 비용통성과 비효과성을 보완해 줄 수 있는 지점과 방식을 현실에서 어떻게 찾아낼 수 있을 것인가가 중요할 것이다.

2. 유연화와 지역공동체 접근

사람들이 갖는 욕구의 내용이나 크기, 선호하는 욕구 충족의 방식 등은 표준화되기 어렵다. 그럼에도 사회적 급여는 일정 수준 이상의 표준화를 바탕으로 설계되고 관리되어야 한다. 현금의 형태로 사회적 급여를 제공하는 것은 이러한 욕구 표준화의 불가능성 문제를 해결할 수 있는 현실적인 방안이다. 반면 사회적 급여가 대인사회서비스 형태로 주어지는 경우, 정책관리를 위한 표준화는 필요하지만 거의 불가능한 과제가 된다. 대인사회서비스는 사람들이 살아가는 일상생활의 공간 속에서, 이들이 여러 다른 요소들과 맺는 관계 안에서 생산되고 소비되고, 게다가 사람들이 일상생활을 영위하는 장의 특성과 관계 맺음의 방식은 지역의 환경에 따라 크게 달라지기 때문이다(김은정, 2016).

지금까지의 실행되어 온 제도로서의 대인사회서비스는 누가 취약하며, 취약한 사람들의 어떤 욕구에 집중할 것인가에 초점을 맞추어 왔다. 장애인, 노인, 아동 등의 취약한 인구집단의 표준적 특성과 이들에게 충족되지 못하고 있는 욕구의 표준적 특성이 범주화되고, 범주화된 욕구를 충족시키는 행정적 전달이 체계화되는 방식이었다. 사회적으로 공급되는 서비스를 받을 정책 대상이 특정되고, 이들에게 미충족된 사회적 욕구와 이것을 충족시키는 방법을 표준화하는 방식이었다. 이러한 기존의 제도적 방식은 제도의 대상을 분명히 하는 장점이 있으며, 취약한 만큼 서비스를 제공한다는 원칙에서는 이 방식만이 가능하다는 불가피성도 존재한다.

그러나 대인사회서비스가 추구하는 사람과 사람의 관계성 향상과 지역사회 연계망의 강화를 목표로 하게 되면 이런 표준적 방식의 한계는 분명해진다. 예를 들어 독거노인의 안부를 점검하고 기본적인 서비스를 제공하는 대인사회서비스의 경우, 지역사회 특성별로 효과적인 서비스 공급방식에서 큰 차이가 있을 수 있다. 산발 주거지역에 거주하는 독거노인들에 대해 도시 거주 독거노인을 대상으로 설계된 표준화된 서비스를 공급하게 되면, 중장기적으로는 자생적 돌봄 네트워크가 훼손될 가능성도 존재한다(김은정, 2016). 대인사회서비스가 지역사회에 거주하는 사람들 간 연계망을 향상하는데 초점을 둔다면, 기존의 표준화된 제도적 방식에 대한 접근과는 완전히 다른 패러다임으로 전환되어야 한다. 표준화된 방식에서 전환하려면 사회서비스에 대한 재정지원의 방식, 서비스 공급이나 전달의 방식, 서비스 생산 참여의 형태 등의 세부적인 면에서 그 원리를 변경하는 구체적인 작업이 필요하다.

section 03 공동체 기반 대인사회서비스

1. 대안으로서의 혼합

돌봄을 비롯한 대인사회서비스는 특정 맥락에서 특정한 개인 간 관계에 기초하며, 관계를 맺어가는 과정에서 효과적인 생산과 소비가 이루어지게 된다. 이용자와 제공자의 관계의 질이 생산되는 서비스의 질과 직결된다는 점에서 두 주체 간 관계에 기반하여 공동생산 되는 것이라고 할 수 있다. 대부분의 대인사회서비스가 생산자와 소비자간 공동생산성을 중요시하지만, 특히 일상에서 이루어지는 돌봄에서는 공동생산이 결정적으로 중요하다. 이러한 점에서 서비스 생산, 공급, 이용의 주체들이 협력적 거버넌스를 형성하여 돌봄 당사자가 돌봄 과정에 참여 가능한 구조가 마련되는 것이 사회적 돌봄체계의 구축에서는 매우 중요해진다(김은정, 2015).

일반적으로 관료주의적 제도에서는 급여의 내용이 정해진 분업구조 내에서 규격화되고 표준화되어, 위계적 전달체계를 거쳐 공급된다. 대인사회서비스를 관료주의적 제도화 방식으로 공급한다는 것은 정해진 규칙에 따라 표준화한 서비스를 수직적 공급구조를 거쳐 대상자에게 전달되도록 한다는 것이다. 이에 비해 공동체적 방식은 서비스 생산과 소비의 동시성을 강조하며 자발적 공동체를 통해 협력적으로 생산이 이루어지는 것을 중시한다. 관료제적 방식에서는 서비스 수혜자가 소비자(대상자)로 규정되고 서비스 공급의 전문성과 정확성을 중시

표 5-1 대인사회서비스에 대한 공동체적 접근과 관료제적 접근

구 분	← 공동체적 방식	관료제적 방식 →
돌봄 생산 (공급) 구조	• 수평적 거버넌스 형성 • 통합적이고 유연한 돌봄 생산 강조 • 자발적 돌봄공동체 기반 (community-based)	• 수직적 전달구조 확보 • 규격화, 표준화된 서비스 강조 • 공식적 공급기관 기반 (agency-based)
돌봄 주체 간 관계성	• 돌봄생산/소비주체 간 공동생산 강조 • 상호수평 관계성 전제	• 돌봄 공급/대상자의 역할분리 강조 • 돌봄 공급/대상자 간 수직 관계성 전제
돌봄 이용자 성격	• 돌봄 당사자	• 돌봄 대상자
돌봄 생산성 결정 가치	• 돌봄 당사자의 참여성	• 돌봄 공급자의 전문성, 합리성, 정확성

출처: 김은정, 2015.

하는 반면, 공동체적 접근에서는 이용자가 생산과 소비의 주체(당사자)로 규정되고 이들의 참여가 가장 핵심적 가치가 된다.

현실적으로 대인사회서비스가 기획되고 실행되는 과정에서는 이러한 관료제적 접근과 공동체적 접근은 혼재된다. 관료제적으로 설계된 서비스라 하더라도 관계를 맺으며 살아가는 '사람'을 대상으로 하기 때문에 공급 시점에서는 이들의 관계망을 고려하지 않을 수 없다. 공동체적 방식에서도 기존의 관료제적 원리로 구성되는 이용방식을 공동체적 방식에서 활용하거나 고려하는 것이 효과적인 서비스 생산을 가능케 한다.

이러한 이유로 이념적으로는 명확히 대비되는 접근법이지만 돌봄이 이루어지는 현실에서는 상호 혼용되면서 나타나게 된다. 다양한 대인사회서비스 방식들은 이러한 두 가지 접근법이 접목되는 지점이나 방식에 따라 특정한 어떤 지점에 위치할 수 있을 것이다(김은정, 2015). 예를 들어 서비스 체계 구축에서 어떠한 접근방식을 취할 것인가는 서비스의 내용이나 전문성, 강도 등에 따라서 달라질 수 있다. 서비스의 전문성 수준이 높고 집중적인 돌봄이 요구되는 경우, 관료제 방식이 요구된다. 반면 일상생활 지원을 주요 내용으로 하는 서비스의 경우는 참여적 방식의 공동체적 접근이 더 지속가능하며 효과적일 수 있다

(Petch, 2007). 이러한 특성들을 모두 고려하여 서비스의 적합성을 증가시키는 것이 대인사회서비스 체계 구축의 목표가 되어야 할 것이다. 사회적 돌봄이 공급되고 생산되는 전체적인 흐름을 이해하고 바람직한 선순환 구조를 형성하기 위해서는 두 가지의 접근으로 공급되는 대인사회서비스의 현실을 포괄적으로 이해하고 부정적 상호작용 가능성과 같은 구체적 쟁점들을 포착해야 한다.

2. 지역성과 참여성 강화를 통한 공동체 접근

대인사회서비스에 대한 공동체적 접근의 핵심은 지역성의 고려와 참여성의 강조로 요약될 수 있다(김은정, 2015). 돌봄의 통합 기반으로서 지역공동체를 중요하게 고려한다는 것은 전체적이고 가변적이며 통합적인 일상적 서비스 욕구들을 충족시킬 수 있는 장으로서 지역공동체를 중요시하는 것을 의미한다. 서비스 이용자가 생산과 소비에 참여하는 것을 강조한다는 것은 대인사회서비스 생산과 소비에서 반드시 요구되는 개별성과 관계성을 적극적으로 구현하고자 한다는 것을 의미한다.

먼저, 지역성은 지리적 특성과 공동체적 특성을 포괄하는 개념인데, 이러한

표 5-2 대인사회서비스에서 지역성이 고려되는 유형

유형		내용	정책설계 방식	주요 특성
지역성 未고려		전국 표준적 돌봄서비스	-주도: 중앙정부 -공급: 수직적 구조 -대상: 주로 개인	- 사회보험이나 바우처 활용 - 예) 노인장기요양서비스, 아동보육서비스, 장애인활동지원서비스 등
지리적 장소로 지역성 고려		지역별 돌봄서비스	-주도: 지방정부 -공급: 수직적 구조 -대상: 개인, 집단	- 보조금, 위탁구매, 바우처 활용 - 해당 지역 돌봄 욕구 크기, 특성 고려 - 예) 지역사회복지관 방과 후 아동돌봄, 노인식사배달서비스 등
공동체 기반 으로 지역성 고려	돌봄 생산 기반	당사자 돌봄 생산 지원서비스	-주도: 정부, 민간 -강조: 중간 지원 -대상: 자발 조직	- 행·재정적 중간 지원 강조 - 구성원 돌봄 조직화 촉발 서비스 등 - 예) 지역 돌봄공동체 형성 지원
	돌봄 역량 기반	지역공동체 돌봄 역량 강화서비스	-주도: 정부, 민간 -강조: 환경기반 -대상: 지역공동체	- 지역 간 지역 돌봄 역량 격차 해소 - 공동체 네트워킹 강화, 환경개선 등 - 예) 마을 만들기

출처: 김은정, 2015.

특성을 기준으로 대인사회서비스 정책을 지역성을 고려하지 않는 유형, 지리적 영역으로 고려하는 유형, 공동체 기반으로 고려하는 유형으로 구분할 수 있다.

지역성을 고려하지 않는 유형에는 우리나라 노인요양, 아동보육, 장애인 활동지원 등의 전국 단위 표준서비스가 포함된다. 서비스 생산자(공급자)는 제도적 방식으로 규정된 자격을 가져야 하며, 이용자도 서비스별로 요구되는 자격을 갖추어야 한다. 지리적 장소로서 지역성을 고려하여 설계되는 경우는 해당 지역 내 서비스 욕구의 크기나 특성 등을 고려하여 공급량이 결정되며 이용 자격도 지역의 상황이나 환경적 특성에 따라 지역별로 차이가 있을 수 있다. 공동체의 기반으로 지역성을 고려하는 경우는 서비스 이용자의 당사자성을 강조하며 지역공동체에 이미 존재하는 자발적인 서비스 생산 조직을 지원하거나 지역사회에 이런 자발적인 조직의 형성을 촉발하는 환경이 만들어지도록 돕는 경우이다.

대인사회서비스의 특성상 이용자의 참여는 여러 가지 형태로 유도되고 있다. 참여의 자발성 수준과 제도적 서비스와의 관련성, 그리고 이용자의 성격을 고려하면 다음 표와 같이 유형화될 수 있다.

제도 내부 비자발 참여 유형은 제도서비스 이용자가 서비스 이용 절차의 하나로서 참여하는 방식이다. 서비스 대상자가 자신의 선호나 의사를 표현하는

표 5-3 서비스 이용자의 참여성 유형

참여성 유형	주요 내용	대표적 사례	자발성 수준	이용자 성격
제도 내부 비자발 참여	공식적 절차로 서비스 공동생산	-돌봄서비스 계획서 작성 -서비스 만족도 조사 등	낮음	대상자
제도 내부 중간자발 참여	제도프로그램 개선을 위한 감시적 참여	-품질 감시자 역할 -옹호자로 의사 개진 등	중간	대상자 / 당사자
	제도프로그램 내 돌봄 당사자 참여	-지역복지기관 품앗이, 두레 프로그램 참여 등		
	제도적 장 활용 돌봄 당사자 참여	-돌봄 나눔터 참여 -마을사랑방 참여 등		
제도 외부 완전 자발 참여	돌봄 생산, 소비의 전 과정 자발성 기반	-자발적 육아공동체 -노인돌봄 자조모임 등	높음	당사자

출처: 김은정, 2015.

방식으로 참여하는데, 제도 자체에 이러한 참여가 규정되어 있다는 점에서 참여의 성격은 비자발적이다. 제도 내부 중간자발 참여유형은 제도적 서비스 안에서 참여자들의 자발성이나 당사자성이 어느 정도 확보되는 방식의 참여유형이다. 이 유형에는 제도개선을 위한 감시자 역할 참여, 제도 내 돌봄 활동에 기여하는 당사자로서의 참여, 제도적으로 마련된 공동 돌봄의 장(場)에 구성원으로 참여 등이 포함된다. 제도 외부 완전 자발 참여유형에서는 공동체 형성이 제도적 공간에서 이루어지는 것이 아니라 참여자들에 의해 자발적으로 결정되는 형태로서, 참여성이 가장 강한 유형이다. 이 유형에서는 서비스의 생산이나 소비 방식이 구성원들의 합의에 따라 정해진다.

📖 참고문헌

김보영. 2012. "영국 사회서비스 담론 분석: 두 개의 축에 따른 네 가지 지형." 한국사회복지학, 64(1): 299-324.

김용득. 2019. "지역사회 기반 복지관의 공동체주의 지향성 강화 필요성과 과제: 공공성 담론의 확장과 사회서비스 운영 원리 변화를 중심으로." 한국사회복지행정학, 21(2): 203-232.

김은정. 2015. "사회적 돌봄체계 구축에서 공동체적 접근에 관한 연구." 사회복지연구, 46(2): 153-176.

김은정. 2016. "지역적 환경과 제도적 특성을 고려한 사회서비스 공급체계 분석." 사회복지연구, 47(3): 5-33.

김진우. 2010. "장애에 대한 사회적모델과 자립생활모델의 이론적 비교 연구." 사회복지연구, 41(1), 39-63.

석재은·김수정·여유진·남찬섭. 2007. 사회서비스 제도화 모형 구축에 관한 연구. 대통령자문 빈부격차차별시정위원회.

양난주. 2015. "사회서비스 바우처 정책 평가." 한국사회정책, 22(4), 189-223.

유동철·김경미·김동기·신유리. 2013. "복지권 관점에서 본 한국 장애인 거주시설의 개선방안: 자립과 돌봄 사이." 사회복지연구, 44(2), 405-431.

조남경. 2017. "사회서비스의 가치와 지향, 한계, 그리고 가능성: 이용자 중심성으로 본 사회서비스의 변화와 발전.", 사회서비스연구, 7(1), 43-63.

주현정, 김용득. 2018. "공공성 담론으로 보는 돌봄서비스: 상호의존의 조직화와 공동생산 제안을 중심으로." 한국사회복지행정학, 20(2), 233-262

Ashby, C., Jung, E., Woodfield, C., Vroman, K. and Orsati, F. 2015. "'Wishing to go it alone': the complicated interplay of independence, interdependence and agency." *Disability & Society, 30(10)*: 1474-1489.

Fine, M. and Glendinning, C. 2005. "Dependence, independence or inter-dependence? : Revisiting the concepts of 'care'and 'dependency.'" *Ageing & Society, 25*: 601-621.

Held, V. 2006. *The ethics of care: personal, political and global.* 김희강·나상원 역. 2017. 돌봄: 돌봄윤리. 서울: 박영사.

Kittay, E. 1999. *Love's Labor: Essays on Women, Equality, and Dependency.* 김희강·나상원 역. 2016. 돌봄: 사랑의 노동. 서울: 박영사.

Nordesjo, K. 2020. "Framimg standardization: implementing a quality management system in relation to social work professionalism in the social services." *Human Service Organizations: Management, Leadership & Governance, 44(3):* 229－243.

Nussbaum, M. C. 2002. "Long－term care and social justice: a challenge to conventional ideas of the social contract." In *Ethical choices in long－term care: what does justice require?* edited by World Health Organization. 31－65.

Petch, A. 2007. "Care, citizenship and community in Scotland." In *Care, community and citizenship: Research and practice in a changing policy context.* edited by Balloch, S. and Hill, M. Bristol: The Policy Press. 41－56.

Reindal S, 1999. "Independence, dependence, interdependence: some reflections on the subject and personal autonomy." *Disability & Society, 14(3):* 353－367.

Shakespeare, T. 2000. "The social relation of care". In *Rethinking social policy.* edited by Lewis, G., Gewirtz, S. and Clarke, J. London: Sage. 52－65.

White, G., Simpson, J., Gonda, C., Ravesloot, C. and Coble, Z. 2010. "Moving from independence to interdependence: a conceptual model for better understanding community participation of centers for independent living consumers." *Journal of Disability Policy Studies, 20(4):* 233－240.

06 대인사회서비스의 쟁점

section 01 공공성의 쟁점: 소유 대 가치[1]

공공성이란 무엇인가?, 대인사회서비스에서 공공성은 어떻게 실현되는가?, 서비스 제공기관을 국가가 직접 운영해야 공공성이 담보되는 것인가? 서비스 재정을 국가가 책임지고 조달하면 공공적이라 할 수 있는가? 국가가 대인사회서비스를 제공하는 기관들이 준수해야 하는 원칙과 절차를 공정하게 엄격하게 규정하면 서비스의 공공성이 확보되었다고 할 수 있는가?

1. 공공성의 개념

네이버 국어사전에서 공공성은 '한 개인이나 단체가 아닌 일반사회 구성원 전체에 두루 관련되는 성질'로 정의된다. 이와 관련된 단어들을 보면 나라에서 운영하는 국영(國營), 국가기관에서 운영하는 관영(官營), 공적인 기관에서 공공의 이익을 위하여 경영하는 공영(公營), 민간에서 운영하는 민영(民營), 개인이 사사로이 사업을 경영하는 사영(私營) 등이 있다.

동양학에서 공(公)은 나의 일, 나의 것을 의미하는 사(厶) 위에 칼을 의미하

---

1) 본 section은 김용득의 논문(2019a)에 포함되어 있는 '공공성 개념과 변화'를 편집, 수정한 것이다.

는 팔(八)을 덧붙인 글자로서 '개인의 몫을 나눌 때 공정함, 즉 균등한 분배'를 의미한다(소병선, 2017). 共은 스물을 의미하는 입(卄)과 손으로 뻗쳐 올린다는 의미의 입(人)을 합친 글자로서 '여럿이 서로 관련된 것' 혹은 '여럿이 함께 하는 것'을 의미한다(임의영, 2017). 公共性은 '균등한 분배를 통해서 여럿이 함께 하는 성질'의 의미로 해석된다. 유학은 전통적으로 공을 우선하고 사를 나중에 하는 선공후사(先公後私)의 관념이 있어왔지만 그 출발점은 사에서 공으로 나간 것이기 때문에 공은 사에서 나온 것이고, 사는 공을 위한 것이라고 할 수 있다. 따라서 공과 사는 상호 불가분의 관계에 있는 것이다.

네이버 영어사전을 보면 서양에서 공공성을 표현할 때 공공화된 상태를 의미하는 publicness, 공표된 성질을 의미하는 publicity, 대중의 이익을 강조하는 public interest 등의 용어가 사용된다. public의 단어를 보면 '일반의, 대중의' 의미로 사용(예를 들어 public awareness)되기도 하고, '(비밀) 공개'의 뜻(예를 들어 go public)으로 사용되기도 하고, '열린 공간'을 지칭(예를 들어 in public)하기도 한다. 이처럼 서양에서의 공공성은 소수가 아닌 대중, 비밀이 아닌 공개, 닫힌 공간이 아닌 열린 공간을 대비시키고 있는 점에서 보면 동양과 달리 서양에서의 공과 사는 서로 분절되어 있고 팽팽하게 대립된 긴장 관계에 있는 것으로 보인다.

신자유주의와 그에 따른 신공공관리, 민영화, 시장화 흐름에 대한 반동이자 대응의 성격으로 공공적 가치를 방어하고 재건하려는 저항운동의 핵심가치로 공공성이 주목 받고 있다(신진욱, 2007; 임의영, 2017). 대인사회서비스의 공공성을 강화할 필요가 있다는 주장에는 관련 영역에 있는 제공기관이나 제공인력, 사회서비스 종사자, 이용자 모두가 동의하고 있으나 이들 관련자들이 생각하는 공공성 강화 방향에는 이견이 있어 보인다(주현정·김용득, 2018). 이용자 입장에서는 이용자 중심의 책임 있는 서비스 제공으로, 제공기관 입장에서는 기관의 안정적 운영을 강조하는 정부 지원의 확대로, 제공인력 입장에서는 고용의 안정을 보장하는 일자리 질의 문제로 그 의미를 해석하는 모습이다. 이러한 이해의 차이에도 불구하고 정부의 책임을 강화하고 국가의 역할을 강조한다는 공통점이 있는 것으로 보인다.

공공성 개념의 핵심은 공익성이며(소영진, 2003), 공동체가 민주적 절차에 따라 구현하고자 하는 평등주의적 가치라고 볼 수 있다(임의영, 2003). 국가의 비중, 사회권 보장수준을 공공성의 핵심으로 보는 견해도 있고(신동면, 2010), 공정성과 투명성, 평등과 대표성, 독점적 성격과 복잡성, 사회적 영향력, 수혜자의 포괄성, 공적 책임 순응 정도, 공적 신뢰 등을 중요하게 보기도 한다(Haque, 2001). 책임성과 민주적 통제, 연대와 정의, 공동체 의식과 참여, 개방과 공개성, 세대 간 연대와 책임을 강조하는 견해도 있다(신진욱, 2007). 공공성 논의 관점은 신공공관리 이후 공공과 민간의 구분이 모호해지기 시작하면서 다양해졌는데, 공공의 소유를 강조하는 전통적 관점에서부터, 공공영역의 통제 정도로 보는 관점, 공공적인 가치에 동의하는 정도로 보는 관점, 공공적인 성과 달성 정도로 보는 관점 등으로 변화되어 왔다.

공공성을 주체나 속성으로 정의하기 어렵다는 면에서 구성적으로 이해하려는 입장을 살펴보는 것은 다양한 측면의 접근을 가능하게 할 수 있다(주현정, 김용득, 2018). 조대엽(2012)은 공민성(주체차원), 공익성(제도와 규범 차원), 공개성(행위의 차원)을 구성요소로 제시하였으며, 양성욱과 노연희(2012)는 본질적 가치(사회통합, 사회적 연대, 사회구성원들의 권리 보호, 이용자의 삶의 질 향상)와 수단적 가치(적절성, 반응성, 전문성, 지속성, 신뢰, 상호존중, 공평성, 적법성, 투명성, 책임성 등)로 구성요소를 구분하였다. 소영진(2003)은 형식적 차원(정부 관련성, 공동체 관련성, 외부의존성, 개방성과 보편적 접근성, 민주주의 등)과 실질적 차원(평등과 정의, 공익성과 공리, 신뢰와 권위 등)으로 공공성이 구성된다고 하였다. 이승훈(2008)은 내용(전체 이익 실현 정도), 절차(투명성과 접근성), 주체(공공성을 이끌어내는 실천 주체)로 구성된다고 보았으며, 양기용(2013)은 내용적 차원의 공공성은 공리주의적 관점(자유주의적 관점)과 공동체주의적 관점(민주주의 개념과 밀접)으로 구분된다고 하였다.

이들 논의를 종합적으로 보면 신자유주의에 대한 저항담론으로서의 공공성 개념은 일반적으로 주체, 과정, 결과 등의 세 가지 요소로 구성되며, 주체는 시민 혹은 공동체를, 과정은 민주적 절차를, 그리고 결과는 정의, 평등, 공공복리

표 6-1 신자유주의 담론과 공공성 담론의 철학적 기초

신자유주의 담론	기준	공공성 담론
분리의 존재론	존재론	관계의 존재론
도구적 인식론	인식론	공감적 인식론
개인적 책임론	윤리론	공유적 책임론

그림 6-1 공공성의 개념 도식과 행정의 공공성 모형

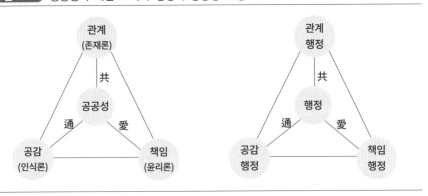

등을 말한다(임의영, 2017). 따라서 공공성은 시민 혹은 공동체가 민주적 절차를 통해서 정의, 평등, 공공복리를 추구하는 이념이라 할 수 있다(임의영, 2017). 임의영(2017)은 공공성 담론은 신자유주의 담론에 대한 비판에서는 예리하나 자신의 이론적 근거를 구축하는 데는 큰 진전을 이루지 못하고 있음을 지적하면서 공공성 담론의 철학적 토대를 구성하기 위하여 존재론, 인식론, 윤리론 차원에서 신자유주의 담론과 비교하면서 논의하였는데, 그 내용은 〈표 6-1〉과 같다.

공공성의 '관계의 존재론'은 인간은 독자적인 개인으로서의 나-주체가 아니라 타자성을 내면화하고 있는 '공동-주체'로 이해될 수 있다. 관계의 존재론의 실천원리는 共(함께하는 것)으로 이질적인 사람들이 함께 살아가는 방법을 제시한다. 공공성의 '공감적 인식론'은 인식의 대상을 그 자체로 가치를 지닌 목적적 존재로 인식한다. 공감적 인식론의 실천원리는 通(소통하는 것)으로 이질적인 사람들이 있는 그대로 자기 자신을 표현하는 방법을 말한다. '공유적 책임론'은 주체 중심적이고 사후적인 전통적인 책임론을 넘어서 타인 중심적이고 사전적

인 책임을 포괄하는 것으로 본다. 공유적 책임론의 실천 원리는 愛(공감하는 것)로 다른 사람의 고통에 깊은 공감을 바탕으로 한다는 의미이다. 임의영(2017)은 이를 이용한 공공성의 개념도식을 〈그림 6-1〉의 왼쪽 부분과 같이 표현하면서, 공공성의 개념 도식을 공공행정 분야에 적용했을 때 〈그림 6-1〉의 오른쪽 그림과 같이 제시될 수 있다고 하였다.

2. 공공행정 분야의 공공성 접근 변화

공공성 담론은 신자유주의에 대한 비판적 인식을 의식적으로 공론화하는 과정에서 등장하였으며, 신자유주의적인 헤게모니 담론에 대한 대항 헤게모니 담론이라 할 수 있다(임의영, 2017). 공공행정 분야에서 공공성에 대한 논의는 공공영역에 속한 조직이 더 높은 공공서비스 성과를 보여주는가, 아니면 민간영역에 속한 조직도 공공영역에 속한 조직과 마찬가지의 성과를 보여주는가?라는 질문으로 압축된다.

공공행정 분야에서 조직이 가지는 공공성에 대한 초기논의는 공공영역 조직과 민간영역 조직이 공공성에서 차이가 없다는 일반 접근(generic approach)과 두 영역 간에 본질적 차이가 존재한다는 핵심 접근(core approach)으로 양분되었다(양성욱, 2017). 일반 접근은 공공행정에 대한 지식과 기술이 공공영역과 민간영역에 공유되어 있기 때문에 두 영역의 관리 활동은 본질적인 면에서 차이가 없으며, 절차적인 면에서도 두 영역이 법적 또는 윤리적 기준과 절차를 준수하는 면에서 뚜렷한 차이가 발견되지 않는다는 관점이다(Anderson, 2012; Murray, 1975). 반면에 핵심 접근은 공공과 민간조직 사이에 성과, 관리, 조직구조, 경제적 자산 등에서 본질적인 차이가 있다고 보고 민간조직이 지니는 민간성과 반대되는 개념으로 공공조직이 지니는 특성을 공공성이라고 제시한다(양성욱, 2013). 이 접근에서는 공공영역과 민간영역이 수렴한다고 보는 일반접근은 공공영역의 조직에는 시장적인 성과 지향이 없다는 점과 정치적, 제도적 환경이 중요하다는 점을 제대로 고려하지 않은 오류가 있다고 비판하면서(Rainy, 1983), 공공조직과 민간조직은 시장구조의 존재 여부, 외부성(externalities), 소유권의 이전 가능성 등에서 명확히 구분되는 것으로 본다(Anderson, 2012).

다차원 접근(dimensional approach)은 공공조직과 민간조직을 단순하게 다르게 보는 것은 적절하지 않다고 보면서 조직은 공식적인 법적 지위와 관계 없이 몇 가지 차원의 공공성의 차원에 따라 성격이 설명된다고 본다. 공공성의 차원에는 자원의 획득 방법, 의도하는 산출의 성격, 미션의 구성내용, 환경과의 상호작용 방식 등이 있다(Anderson, 2012). Bozeman(1987)은 조직이 정치적 측면에서 정당성의 확보나 경제적 측면에서 조직에 필요한 자원의 확보에 대해서 정부로부터 영향을 받는 정도를 반영하여 조직의 특징이 결정된다고 하였다(Anderson, 2012 재인용). 다차원 접근은 민간조직이 공공서비스를 제공할지라도 정치적 권한, 즉 서비스 제공에 대한 공공영역의 통제인 규제나 감독이 민간조직의 공공가치 추구 가능성을 높일 것이라는 가정 하에 공공성의 개념을 확대했다(양성욱, 2017).

핵심 접근에 대한 대안적인 설명으로 등장했다는 점에서 다차원 접근과 맥락을 공유하지만 내용면에서 다소 차이를 보이는 규범 접근(normative approach)도 있다. Antonsen과 Jorgensen(1997)은 정당한 절차, 책임성, 복지의 제공 등의 공공영역 가치에 대한 조직의 충실성 정도를 공공성으로 보았다. 규범 접근에서 보면 공공조직과 민간조직의 공공성 차이는 단순히 조직의 법적 지위를 통해서 결정되는 것이 아니라 다차원의 행위적 범주를 통해서 드러난다고 볼 수 있으며, 이런 다양한 차원들을 고려할 때 공공영역의 가치를 보유한 정도를 나타내는 규범적 공공성(normative publicness)이 유용하게 활용될 수 있을 것이다(Anderson, 2012). 공공조직과 민간조직으로 단순히 구분되기 어려운 다양한 조직 형태가 등장하면서 공공행정 분야의 연구에서는 공공조직에 대한 이해뿐만 아니라 민간조직을 포함한 다양한 형태의 조직들이 공공 성과를 만들어내는 요인이 무엇인지를 규명하는 것이 중요하게 되었다.

조직에 대한 공공성 접근은 모든 유형의 조직을 다룰 수 있다는 장점이 있지만, 공공성의 정도에 따라 조직을 분류하기 위해서는 복잡한 틀을 적용한 경

그림 6-2 통합 공공성의 개념

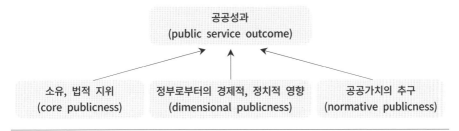

험적인 조사를 요한다는 단점이 있다. 이런 이유에서 공공서비스 성과(public service outcomes)를 무엇으로 정의할 것인가에 대한 연구가 주목을 받아왔다 (Anderson, 2012). 이전의 연구 질문이 '무엇이 조직을 공공적으로 만드는가?'였다면, 새로운 질문은 '무엇이 조직으로 하여금 더 공공적인 성과를 제공하도록 만드는가?'이다(Moulton, 2009). 조직을 소유를 중심으로 공공조직과 민간조직으로 구분하는 핵심 접근이나 정부로부터 오는 재정의 비율이나 정부의 정치적 영향의 수준으로 공공성을 판단하는 다차원 접근을 통해서는 다양한 조직의 공공성과를 예측하기 어렵다. 그래서 핵심적 접근, 다차원 접근에서 다루는 공공성의 기술적, 경험적 요소들과 규범적 접근이 강조하는 공공영역의 가치를 포괄하는 공공성 실현의 구조(framework for realized publicness)가 중요한 개념으로 등장하였으며, 이를 통합 공공성(integrating publicness)이라고 하였다(Moulton, 2009). 통합 공공성은 소유권의 존재, 공공영역으로부터 오는 경제적 영향과 정치적 영향, 공공적인 가치 추구 등을 모두 포괄하여 공공서비스 성과와 관련시키는 접근으로 〈그림 6-2〉와 같이 표현될 수 있다.

공공행정에서의 공공성 접근의 변화는 소유 주체와 형식을 중심으로 공공성을 이해하는 접근에서 다차원 접근과 규범 접근을 거치면서 공공성의 가치나 성과를 강조하는 내용 중심으로 변화하였으며, 최근에는 모든 접근을 동시에 고려하는 통합 접근으로 발전하고 있다. 핵심 접근에서 가장 전형적인 서비스 기관의 형태는 국공립시설이며, 다차원 접근에서 가장 전형적인 서비스 기관은 정부로부터의 정치적 정당성 확보와 경제적 자원 의존이 큰 비영리 민간기관이라

할 수 있을 것이다. 규범 접근에서는 공공의 가치에 동의하고 충족하는 것을 강조하기 때문에 개인이 운영하는 서비스 기관도 이 범주에 포함될 수 있게 된다.

　　대인사회서비스는 사람과 사람 사이의 치료, 지원, 공감 등이 전달되는 활동을 제도적으로 구조화한 것이며, 사람과 사람 관계의 복잡성만큼 비용 조달을 둘러싼 제도의 모습도 계속 변화되었다. 이 과정에서 공공성은 민영화, 시장화 흐름에 대항하여 공공적 가치의 회복을 지향하는 핵심 개념으로 자리 잡았다. 공공성 접근이 소유 주체를 강조하는 형식 중심에서 공공적 가치나 공공성과를 강조하는 내용 중심으로 변화하고 있는 점은 시민과 이용자의 참여를 기반으로 공공의 가치와 개인의 가치를 연결하는 공동생산, 상호의존, 공동체주의 흐름과 자연스럽게 이어지는 것으로 보인다(Alford, 2016). 경계를 강조하고 주체를 구분하는 예리한 공공성에서, 체계의 특성과 주체의 본성을 존중하고 통합하면서 공적 가치를 추구하는 넉넉한 공공성으로 나아가고 있다(김용득, 2022).

section 02　지역 공동체성의 쟁점: 국가 대 지역사회

　　대인사회서비스는 이전에 가족과 지역공동체에 속해 있던 일을 국가가 인수해 오는 과정에서 만들어진 개념이다. 이런 점에서 대인사회서비스는 국가의 책임성이 강화되어야 하며, 이의 연장선에서 탈지역사회화 되어야 한다는 견해가 성립된다. 반대로 대인사회서비스는 사람과 사람의 관계를 통해서 전달되고, 서비스의 성과도 사람과 사람의 관계의 회복과 지역사회 활동에 대한 참여를 지향한다는 면에서 지역사회 통합을 지향해야 하며, 이를 위하여 지역사회 다양한 주체가 서비스에 관여되도록 하는 것이 필요하다는 견해도 설득력이 있다. 그렇다면 지역사회 참여를 강화하는 것이 국가책임성의 약화를 의미하는 것인가?, 국가책임성과 지역사회 참여는 어떤 관계에 있어야 하는가?

1. 국가직영에서 시장기반으로, 그리고 지역사회 기반으로

대인사회서비스는 국가가 관여하지 않는 가족과 지역사회에 속해 있다가 복지국가가 등장하면서 국가가 서비스 기관을 직접 설립하여 제공하게 되었다. 1980년대 중반부터는 효율과 경쟁을 강조하는 신자유주의 접근이 전면에 등장하면서 대인사회서비스의 재정은 정부가 부담하지만 서비스 이용은 시장에서 거래와 유사하게 작동하도록 하는 시장 방식으로 재편되었다. 최근에는 시장원리를 기반으로 하는 서비스가 이용자의 선택을 보증하지 못하면서, 지역사회의 유대를 저해한다는 비판과 함께 지역사회와 이용자가 함께 서비스 생산에 참여하는 공동생산을 강조하는 지역사회 기반 서비스가 강조되고 있는 상황이다. 이런 변화를 표로 요약하면 다음과 같다.

표 6-2 공공서비스 패러다임의 변화

구분	국가 직영 (state)	시장 제공 (market)	지역사회 기반 (community)
시기	1940년대 중반에서 1980년대 초반	1980년대 중반에서 2010년대 중반	2010년대 후반 이후
핵심 운영 원리	국가에 고용된 전문가에 의해 설계되고 전달되는 공공서비스	시장에서의 거래와 유사하게 작동하도록 설계되고 전달되는 공공서비스	지역사회와 함께 지역사회 주도로 설계되고 전달되는 공공서비스
대응하려는 핵심 과업	요람에서 무덤까지의 욕구를 충족하고 5대 악을 제거함	효율적 운영과 이용자 선택을 통한 욕구 충족	시민의 참여를 통해서 욕구를 충족함으로써 급증하는 욕구를 감소시키기
권한 부여의 소재지	국가와 국가에 고용된 관료와 전문가들	서비스 고객	네트워크로 속해 있는 지역사회와 사람들
이용자에 대한 전제	자격을 부여받는 소극적 시민	고객	제공자와 창의적으로 협력하는 사람
공급자에 대한 전제	기계처럼 작동하는 톱니바퀴	비용 흐름의 거점	시민과 창의적으로 협력하는 사람
실행 수단	시설 같은 건물	시장의 창출	문화적 변화
조직문화	위계적	거래적	창의, 협동적

구분	국가 직영 (state)	시장 제공 (market)	지역사회 기반 (community)
재정 방식	전문가와 관료에 의해 배분되고 통제되는 공공자금	개별 이용자의 욕구와 이용 결정에 따라 집행되는 공공자금	집단으로서의 이용자, 지역사회, 시민에 의해 배분되고 통제되는 자금
거버넌스의 핵심	중앙집중화: 중앙정부와 지방정부	중앙집중화: 정부와 거대 공급자 (지방정부 역할 약화)	분권화: 지역사회 집단들, 지방정부, 분권화된 공공서비스
기술에 대한 태도	관료조직의 효율성을 높이기 위하여 활용되는 것	서비스 이용자에게 빠르고 다양하게 제공하기 위하여 활용되는 것	협력과 지역사회 역동을 위한 플랫폼을 만드는 데 사용되는 것
정치적 맥락	사회민주주의	신우파	반체제 (Anti-establishment)
주도 담론	전문가, 계획, 규제	효율성, 경쟁, 선택	협력, 예방, 권력 이동

출처: Lent and Studdert, 2019.

2. 대인사회서비스 기반으로서의 지역공동체 접근

대인사회서비스에서 제공되는 서비스에 이용자가 반응하는 방법은 불편한 서비스의 개선을 요구하는 목소리(voice)를 내거나 다른 서비스로 갈아타는(exit) 두 가지 전략이 있다. 하지만 지속성, 장기성을 특징으로 하는 대인사회서비스는 다른 적합한 서비스를 알아보는 데 소요되는 거래비용(transaction costs)이 크고, 여기에 더하여 서비스 제공자가 달라지면 서비스를 이용하는 취약한 사람들이 지불해야 하는 정서적 비용(emotional costs)이 소요되기 때문에 서비스를 갈아타는 전략을 채택하기가 쉽지 않다(Pestoff, 2019). 그래서 대인사회서비스를 조직할 때 이용자들이 서비스에 적극적으로 참여하면서 목소리를 낼 수 있도록 하는 노력이 중요하다. 이용자가 목소리를 내는 방식은 긍정적 유형과 부정적 유형이 있으며, 또한 개별적 접근과 집합 접근으로 구분된다(Pestoff, 2019).

서비스 이용자의 개별적, 집합적 참여를 통하여 서비스의 의미와 가치를 높이는 긍정적 목소리 전략은 협력(cooperation), 파트너십(partnership), 공동생산(co-production) 등으로 이어지며, 공동체성 강화와 연결된다. 대인사회서비스를

표 6-3 이용자 서비스 참여행위 유형화

구분	긍정적 유형	부정적 유형
개별적 접근	긍정적-개별적 (서비스 개선을 위한 제안)	부정적-개별적 (개별적인 문제 제기나 항의)
집합적 접근	긍정적-집합적 (이용자 집단과 제공자 집단의 공동생산)	부정적-집합적 (집단적인 문제 제기나 항의)

출처: Pestoff, 2019.

생산하는 과정이 효과적으로 되기 위해서는 서비스 현장에서 이용자의 참여가 필수적이다. 대인사회서비스는 생산자에 의한 단독 생산이 불가능하므로, 공동생산의 특성을 강조해서 소비자의 협력과 참여를 유발할 수 있어야 한다. 서비스 생산에서 지역사회 접근 방식이 강조되는 까닭도 이러한 관계 지향적, 공동생산적 특성을 강조해야만 서비스 공급의 효과성을 담보할 수 있기 때문이다(김영종, 2012).

　사람들이 일상생활을 영위하는 장의 특성과 관계 맺기 방식은 지역 환경에 따라 크게 다르다. 따라서 대인사회서비스 정책은 어떠한 형태로든 사회서비스를 이용하는 사람들을 둘러싼 핵심 환경으로서 지역 특성을 중요하게 고려해야만 한다(김은정, 2016). 공동체 모형에 의한 서비스 공급체계는 표준화되기 어렵고, 개별적이며, 전인적 특성의 대인사회서비스를 상품화된 거래관계의 체계로 규제하는 데 따르는 부정합성을 완화 시키거나 보완할 수 있는 방식으로 간주되기도 한다(김영종, 2012). 사람들이 관계를 맺으며 일상생활을 영위하는 장(場)으로서 지역공동체를 고려하는 것은 이 같은 서비스 공급의 통합성과 융통성을 확장하고 결과적으로 서비스의 공동생산 가능성을 높일 수 있다. 대인사회서비스로서의 특성을 고려할 때, 바람직한 공급체계는 이용 가능한 제도적 서비스와 지역사회 내에서 참여 가능한 활동이 상호보완적으로 연결되는 구조일 것이다. 아동양육, 노인돌봄, 장애인 활동지원을 비롯해서 이주민 가족에 대한 사회통합 서비스 등에 이르기까지 대부분의 대인사회서비스는 도움의 관계를 형성할 지역사회라는 '장'을 공통적으로 필요로 한다(김영종, 2012).

section 03 유연화의 쟁점: 제공자 대 이용자

대인사회서비스는 사람들의 욕구에 대응하여 제공되기 때문에 경직되기보다는 융통성 있고 유연한 것이 좋다. 그러나 다른 한편에서 융통성 있고 유연화하려면 서비스 제공인력이 일하는 방식이 유연해야 하는데, 이것은 제공인력의 노동자로서의 권리와 상충되는 경우가 많다. 이 양자의 상충을 어떻게 절충해야 하는가? 서비스 유연화는 계속 강조되어야 하는가? 그렇다면 이용자 중심성 강화를 위한 유연화와 제공인력의 노동권 보장을 위한 업무의 표준화는 어떻게 조화되어야 하는가?

1. 서비스 유연화

우리나라뿐만 아니라 복지선진국에서도 2000년 이전에는 서비스에 사람을 맞추는 경향이 있었다. 하지만 이에 대해 장애인 등 이용자들은 서비스에 사람을 맞출 것이 아니라 사람에 서비스를 맞출 것을 요구하였다. 유연화는 개인이 강점과 선호를 가지고 있음을 인정하고 서비스의 중심에 개인을 놓는 것을 의미한다. 전통적인 서비스 주도 접근법에 따르면, 개인은 자신이 필요로 하는 지원의 종류가 무엇인지 알 수 없으며, 올바른 종류의 도움을 받을 수도 없다고 여겨졌다. 그러나 자기주도 지원과 개인예산제도와 같은 개별화된 접근법에 따르면, 개인들은 자신들의 욕구를 식별하고, 언제 어떻게 지원을 받을 것인지에 대해 선택을 할 수 있는 존재이다. 사람들은 정보에 기반한 결정(informed decisions)을 하기 위해서는 적절한 정보, 옹호, 조언 등을 받을 수 있어야 한다. 유연화는 또한 모든 사람을 위한 통합적이고 지역사회 기반 접근법이 존재함을 명확하게 하는 것이다. 여기에는 나이, 장애 등과 상관없이 사람들이 지원을 잘 선택할 수 있도록, 이용자 주도 조직에 의해 제공되는 지원을 포함하여 지역사회의 역량을 강화하고 이를 위한 실천 전략이 실행되는 것을 포함한다.

비표준적인 개인의 욕구를 파악하는 것은 대인사회서비스만이 할 수 있는 일은 아니다. 하지만 소득보장과 같은 사회복지의 다른 영역은 표준화된 욕구에 대응하는 것이기 때문에 욕구를 다면적이고 다층적으로 평가할 필요가 약하다. 표준화된 욕구가 충족되지 못하는 사례를 발견하고 이에 표준화된 급여를 제공하는 것이 이들 영역의 고유 역할이므로, 욕구의 비표준적 측면을 평가하고 이해하는 것은 목표를 효율적으로 달성하는 데에 그리 중요하지 않다. 반면에 다양한 형태의 서비스를 통해 다양한 욕구에 더 잘 부응하려는 것을 목적으로 하는 대인사회서비스에서는 욕구의 다면적이고 다층적인 평가가 강조된다.

대인사회서비스 고유의 가치와 역할은 각 개인의 욕구, 특성, 상황, 조건 등이 다양함을 인정하고 그에 대해 최대한 '맞춤(tailored)' 서비스를 제공하여 행복(well-being)에 이르도록 돕는 데 있다. 대인사회서비스 본연의 가치를 이렇게 본다면 서비스 지향은 개인 욕구의 다면성과 다층성이 더 충실히 반영되는 맞춤형 서비스를 제공하는 것이 될 것이다(조남경, 2017). 따라서 한편으로는 욕구의 파악과 그에 맞는 서비스 제공 계획의 수립이 점차 더 이용자의 욕구에 잘 부응하는 것이 되어야 하고, 다른 한편으로는 점차 더 다양한 서비스가 제공 가능한 것이 되어야 한다(조남경, 2017).

일정 수준 이상의 경제적 부와 복지의 발전을 이룬 대부분의 국가에서 사회적 돌봄 시스템은 일정 수준에 도달하기까지(대략 1980년대까지)는 전문가주의 돌봄서비스의 패러다임이 필요하고 또 불가피한 측면이 있었던 것으로 보이며, 1990년대 이후 이용자 중심성을 강조하는 방향으로 변화해 온 것으로 관측된다(조남경, 2017). 그 귀결은 나라에 따라 소비자주도 돌봄(consumer-directed care), 자기주도 지원(self-directed support), 돌봄 현금 지급(cash for care), 상담 현금 지급(cash and counselling), 유연한 할당(personalized allocations), 유연화(personalization) 등으로 표현되는 다양한 정책으로 나타나고 있다(Carr, 2009). 2000년대 중반 이후 대인사회서비스의 이용자 중심성 강화는 '자기주도'와 '유연화'로 대표되는 서비스의 유연성으로 초점이 이동하고 있다. 유연화는 이용자가 자신의 욕구를 정확히 알고, 효과적인 지원 방법을 선택할 수 있는 존재임을 인정하고, 그들의 참여를 강화하여 공적 서비스의 공동생산자로 활동하게 하는 큰 틀의 전환을 의미한다(이동석·김용득, 2013).

　　대인사회서비스의 유연화를 제도화 시킨 대표적인 사례가 영국의 개인예산 제도(현금지급 제도 포함)이다(김용득, 2019b). 개인예산 제도는 선택과 자기결정을 통해 시민으로서의 권리 회복을 요구해 온 장애인 단체를 중심으로 하는 이용자들의 요구와 관련이 있다(Oliver and Sapey, 2006; Glasby and Littlechild, 2009). Oliver와 Sapey(2006)는 현금지급 제도의 도입은 지난 반세기를 통틀어서 가장 의미 있는 복지의 재편이라고 하였다. 반면에 Ferguson(2007)은 현금지급 제도는 대인사회서비스 시장화의 무비판적 수용이며, 사회복지 전문성의 중요함을 과소평가하는 오류를 범하였다고 비판하였다. 개인예산 제도는 개인주의를 강조하는 신자유주의 이념에 기반을 둔 소비자주의 접근으로 복지국가의 기반을 잠식한다는 비판도 있다(Ferguson, 2007; Huston, 2010; Lymbery, 2012). 또한 인지적 손상이 없는 이용자들의 선택을 실현 하는 데는 유용한 장치이지만, 서비스 이용자의 다수를 이루는 인지적 손상을 동반하고 있는 사람들에게는 선택권이 실현되기 어렵다는 지적이 있다(Clark et al., 2007).

　　한편 노동계에서는 현금지급 제도가 피고용인의 노동권을 중대하게 침해하는 요인이 되고 있다고 비판하며, 이런 비판에 대해 장애인 단체와 일부 전문가들은 장애인들이 노동법을 어기면서 돕는 사람들을 착취하는 나쁜 고용주라는 악의적인 선전을 유포하는 것이라고 반박하였다(Glasby, 2014). 제공기관과 제공인력 측면에서 보면 개인예산 제도의 확대는 제공기관에 중대한 부정적인 영향을 미치는데, 그 이유는 개인예산 제도에서는 서비스 구매 파트너가 지방정부가 아닌 이용자이기 때문에 제공기관들은 지방정부와의 대규모 계약의 기회가 줄어들고 대신에 개인예산 이용자나 개인적으로 비용을 부담하는 사람들에게 서비스를 판매하는 데 더 집중해야 하기 때문이다. 구체적으로 보면 다음과 같은 어려움들이 발생한다(김용득, 2013; Glendinning, 2012). 첫째, 개인예산 이용자 중 현금을 받아서 집행하는 서비스 현금지급 이용자들 가운데 서비스를 이용하고도 비용을 지불하지 않는 일이 발생한다. 둘째, 지방정부와 규모 있는 계약을 통해서 취할 수 있었던 규모의 경제가 사라지면서 단위비용이 증가한다. 셋째,

개인들과 서비스 제공 계약을 각각 체결해야하기 때문에 추가적인 거래비용이 발생한다. 넷째, 개인예산 이용자가 개인적으로 돌봄자를 고용하는 경우가 많아지면서 직원의 이동이 많아지게 된다. 이런 어려움들로 인하여 제공기관들 간의 경쟁이 점점 더 치열해지고, 안정성은 낮아지면서 궁극적으로 낮은 서비스 질로 이어질 수 있는 위험이 지적되고 있다. 또한 치열한 환경은 노동자의 권한약화(worker disempowerment)를 초래하는데, 개인예산제도는 노동자의 권한약화를 통해서 이용자가 자력화(empowerment)된다는 단순한 가정에 기초하고 있으며, 국가적으로 잘 조정된 인력개발이 없이는 이용자가 좋은 서비스를 받을 수 없다는 사실이 과소평가되고 있다는 비판이 있다(Pile, 2014).

2. 대안으로서의 공동생산

서비스 유연화 논의는 재정지원 방식이 서비스 이용자의 소비자 선택권을 더 넓게 보장해 줄수록 이용자가 보다 자력화(empowered)되는 것이라는 이해를 전제하고 있다는 견해가 있다. 이러한 단선적인 이해에 대해서는 여러 가지 문제 제기가 있을 수 있다. 예를 들면, 소비자로서의 자력화가 케어 매니저의 역할 축소로 이어질 경우, 정보력이나 전문성 등 여러 면에서 이용자가 공급자보다 취약한 위치에 있는 경우가 대부분인 대인사회서비스 시장에서, 공급자와의 직접적 관계(거래)가 증가하게 됨으로써 장기적으로는 이용자의 역량 '약화'로 이어질 가능성이 지적되기도 한다(Baxter et al., 2011). 또한, 개인예산제도에 의해 이용자가 직접 서비스 노동자를 고용하는 경우에 이용자들의 선호와 요구에 따라 서비스 노동자와 서비스 이용자간 관계가 직업적 관계에서 보다 친밀한 사적 관계의 형태를 띠게 되는 경우가 많은데, 이는 단기적으로는 이용자의 만족도를 높이지만, 장기적으로는 역설적이게도 '독립적 생활'로의 발전을 더디게 할 수 있다는 문제제기 또한 존재한다(Baxter et al., 2011).

그리고 이용자 중심성을 지나치게 강조하면 제공자에 대한 노동 착취나 정신적 괴롭힘과 같은 문제도 발생한다. 이러한 점에서 상호의존모델을 기반으로 대인사회서비스에서 공공성이 실현될 수 있도록 하는 기본원리로 '공동생산 모델'이 제안된다. 2000년 이후부터 서구에서 참여모델의 변형된 형태로 주목받고 있는 공동생산에 대한 관심이 높아지게 된 배경은 세 가지로 정리할 수 있다(주현정·김용득. 2018). 첫째, 시민권-민주적 모델은 적극적 시민성을 요구하기 때문에 취약한 이용자에게는 적용하기 어렵다는 지적이다. 공동생산에서 이용자는 서비스 전달체계 내에 자신의 경험과 같은 자원을 통해 기여하는 능력 있는 개인으로 접근된다는 점은 취약한 이용자의 참여를 가능하게 하는 논리 기반이 되었다. 이러한 인식은 공적서비스에 공동생산자로 이용자의 동등한 참여를 가능하게 할 수 있다. 둘째, 복지국가의 위기상황에 직면해 있는 정부 차원의 지지이다. 복잡 다양해지는 사회문제와 재정압박에 시달리는 정부 입장에서 참여적인 서비스 전달은 효과적으로 보였고, 이용자 참여 보장을 통해 서비스 품질과 효율성을 강화하고자 하였던 의도가 결합되었다. 셋째, 신거버넌스 논의 확대이다. 민영화와 시장화 중심이던 신공공관리의 한계와 문제점이 제기되면서 제3섹터에 관한 연구가 활발하게 일어났다. 정부와 민간 이분법만으로는 공공의 문제를 해결할 수 없으며 공공과 민간을 넘어 지역사회와 자원봉사 영역까지 공공서비스 전달체계로 협력할 것을 제안하는 신거버넌스 관점은 공동생산 논의로까지 확대되었다. 서비스 제공에 이용자를 공동생산자로 참여시키는 공동생산의 강점과 효율성을 인식하여 이미 서구 국가에서는 대인사회서비스의 핵심 정책으로 활용하고 있다.

공동생산은 수평적이고 호혜적인 관계 설정이라는 측면에서 두 가지 차원으로 접근할 수 있다(주현정·김용득. 2018). 첫째는 거버넌스 차원으로 정부와 민간, 자원봉사, 비영리 기관, 지역사회 관계를 묘사하는 의미로 사용된다. 주로 유럽 국가들의 맥락에서 공공서비스 전달체계의 거버넌스로 강조되고 있다. 둘째는 개별적 차원으로 대인사회서비스 영역에서 이용자의 참여를 강조하며 공급자 또는 기관과 공동으로 서비스를 기획하고 전달하여 효과성을 높이기 위한 전략으로 사용된다. 이는 영국에서 두드러지는 특성으로 기관이나 지역사회 거버넌스보다 개별적 서비스 실천에 중점을 둔다. 예를 들어 개인예산제, 서비스

표 6-4 공동생산의 다양한 유형

전달 (delivery) \ 기획 (planning)	전문가 단독 서비스 기획	전문가와 이용자(지역사회) 공동 기획	전문가 없는 서비스 기획
전문가 단독 서비스 전달	전통적인 전문가 중심 서비스 제공	전문가와 이용자(지역사회) 공동 기획, 전문가 서비스 전달	해당 없음
전문가와 이용자(지역사회) 공동 전달	전문가 서비스 기획, 전문가와 이용자(지역사회) 공동 전달	완전한 공동생산 형태 (기획과 전달에 전문가, 이용자(지역사회) 모두 참여)	전문가와 이용자(지역사회) 공동 전달(기획 없음)
이용자(지역사회) 서비스 전달	전문가 서비스 기획, 이용자(지역사회) 전달	전문가와 이용자(지역사회) 공동 기획, 이용자(지역사회) 전달	전통적인 지역사회 자조 서비스

자료: Bovaird(2007)

현금지급제도 등을 공동생산 모델로 활용하도록 장려하면서 실무적인 가이드를 제공하고 있다(SCIE, 2022; NHS England, 2023).

Bovaird(2007)는 서비스 기획과 전달을 두 축으로 공동생산의 유형을 설명하고 있는데, 공동기획은 서비스 계획 단계에서 공동체와 서비스 이용자의 경험에 기반하여 제공되어야 하는 서비스를 설계하는 것으로서 이는 외부조직이나 관료에 의한 선택이 아니라 지역 공동체의 요구와 필요를 반영하는 것을 의미한다. 공동전달은 시민과 공공기관, 수행기관이 협력적인 방법으로 함께 수행하는 것을 말하며 이 과정에 다양한 지역 자원들이 서로 연계하여 전달하는 것을 의미한다. 전문가나 지역사회 단독으로 제공되는 전통적인 방식이 아니라 기획 또는 전달에 이용자와 지역사회가 함께 참여하는 공동생산은 서구의 여러 나라에서 다양한 형태로 실천되고 있다.

공동생산은 복지혼합 논의의 연장선에서 국가 책임성을 약화시킬 수 있다는 부정적 측면으로 이해할 수도 있다. 그러나 서비스 욕구는 보편적이지만 그 충족은 관계적이고 맥락적이며 개별적이라고 할 때, 서비스 제공은 다품종 소량생산이 필요하며 민간의 참여가 불가피하다는 성격을 가진다(조남경, 2017). 세세한 개인의 욕구에 국가가 민감하게 반응할 수도 없을 뿐더러 재정압박의 문제는 무한한 정부 재정 부담을 어렵게 하기 때문이다. 그렇기에 공동생산 실현은 대인사회서비스에서 공공가치를 실천하는 각 주체, 즉 국가, 비영리, 영리, 이용자, 지역사회 등 서비스 공급과 전달에 관련된 모든 주체가 관련된다. 현재 대인사회서비스는 공식과 비공식, 표준화와 유연화, 유급노동과 무급노동 등의 이원론을 극복해가는 과정에 있어 보인다. 대인사회서비스에서 공공성이 실현되기 위해서는 이분법을 넘어 상호의존과 공동생산의 원리를 기반으로 서비스를 설계하는 것이 유용할 것이다.

공동생산을 위해서는 두 가지가 중요하다. 첫째, 욕구(need)와 결핍(deficit) 기반 접근에서 자산(asset)과 강점(strength) 기반 접근으로 전환해야 한다. 욕구와 결핍에 대하여 국가의 재정으로 문제를 해결한다는 협소한 관점에 갇히는 것이 아니라 서비스가 필요한 당사자를 포함하여 지역사회 다양한 주체들이 보유한 자산과 강점을 함께 활용하는 접근이 필요하다. 둘째, 지역사회 자원에 대한 정의를 새롭게 하는 것이 필요하다. 사람들의 욕구 해결에 필요한 돈이나 물품만을 의미하는 것이 아니라 지역사회 활동을 수행하는 다양한 공간과 기관, 사람들의 관심과 호의 등을 포괄하는 실제 삶의 전체에 관련된 요소까지 포함하는 것으로 자원을 정의해야 한다.

section 04   지속가능의 쟁점: 욕구 대 자원

인구고령화로 인한 욕구의 급격한 증가와 저출생으로 인한 부양인구의 감소를 생각해 볼 때 지금과 같은 대인사회서비스의 운영방식이 지속가능할 것인가? 대인사회서비스에서 지속가능성의 쟁점은 인구고령화로 인한 수요의 급격한 증가와 이를 따라가지 못하는 재정 상황과 관련된다(김용득, 2019b). 재정압박과 시스템의 지속가능성에 관련하여 영국 커뮤니티 케어의 경우를 예로 보면, '벼랑 끝(tipping point)'에 이르렀다는 위기감이 만연해 있는 것으로 보인다

(Slasberg and Beresford, 2017). 보수당 정부가 추진하고 있는 공공재정의 축소가 가혹한 결과를 초래할 것이라는 우려에도 불구하고, 경기 침체 상황에서 복지지출을 포함한 공공지출을 줄이는 것이 불가피한 대안이라는 점이 폭넓게 공유되어 있는 것으로 보인다(Alcock, 2016). 이처럼 재원 조달에 대한 불확실성 때문에 신뢰할 수 있는 지속가능한 시스템을 찾아나갈 수 있을 것인가에 대한 위기감이 있다(Beresford, 2010).

영국 Care Act 2014는 이런 위기감을 해소하기 위한 제도적 노력으로 이해될 수 있을 것이다. 재정압박에 대한 대응은 일차적으로 욕구를 인정하는 제도적 기준을 엄격하게 바꾸거나, 욕구가 인정된 사람이 지방정부 재정으로 도움을 받을 수 있는 자산의 기준을 엄격하게 강화하는 방법 등이 직접적으로 채택될 수 있다. 이와 관련된 영국 커뮤니티 케어의 동향을 보면 이런 직접적인 방법들이 명시적으로 드러나는 것 같지는 않지만, Care Act 2014의 시행과 함께 행복(well-being)을 기준으로 새로이 도입한 이용자격 기준에 대하여 표방과는 달리 욕구의 인정 기준을 더 엄격하게 하려는 '표현되지 않은 의도'가 추측되기도 한다. 이와 관련하여 Slasberg 와 Beresford(2014)는 대인사회서비스 전반의 변화를 가져온 Care Act 2014를 재정압박 상황에서 이전 시스템이 지속되는 것처럼 보이게 하는 '연막(smokescreen)'으로 표현하였다. 반면에 예방적 접근의 강화, 가족 돌봄자에 대한 지원 강화, 지역사회 자산접근의 강조 등 재정 압박에 대응하는 간접적 또는 우회적 접근은 명시적으로 강조되고 있다.

인구 고령화로 인한 욕구 증가가 계속되는 환경에서 재정 압박은 영국 커뮤니티 케어의 이중적인 제약 요인으로 작용하고 있다(김용득, 2019b). 영국에서는 이에 대응하기 위하여 예방접근, 가족 돌봄자에 대한 지원, 지역사회 자산접근이 강조되고 있으며, 이를 '적은 비용으로 더 많이 하기(do more for less)'로 표현하고 있다(Brown, 2015). 이런 추세는 정도의 차이는 보이지만, 국가 대부분에서 공통적으로 확인된다.

    대인사회서비스는 사람과 사람의 지속적인 접촉과 관계를 통해서 전달되면서 생산과 동시에 소비되는 무형의 특징을 가진다. 따라서 이용자가 제공자와 친밀한 관계를 맺어야 하는 정서적 비용이 수반되는 특성을 지닌다(Pestoff, 2019). 이처럼 사회서비스는 '지속적인 접촉과 안정적 관계'가 핵심 요소인데, 이것이 비대면을 통해서 가능한가? 그렇다면 정말로 대인사회서비스의 모습이 크게 달라질 수 있을까? 사람과 사람의 직접 접촉을 포함하지 않는 비대면 사회서비스라는 것이 실제로 효과가 있을까?

    2020년 이후 전 지구적으로 삶에 영향을 미치고 있는 COVID19는 대인사회서비스의 지속가능성에 중대한 도전을 제기하였다. 이용자와 제공인력의 안전을 위해서는 서비스는 중단되어야 하지만, 취약한 사람들에 대한 서비스 중단은 고립과 위험을 초래하기 때문에 위험에도 불구하고 서비스가 유지되는 방안을 모색해야 했다. 이와 함께 안전을 점검하고 소통을 유지할 수 있게 해주는 디지털 수단의 활용도 적극적으로 모색되었는데, 이를 통해 온라인 영상접촉, 활동 동영상 제공, 안전 감지기기 활용, 정서 로봇 활용 등이 빠르게 증가하였다.

    대인사회서비스 현장은 이전에 경험해 보지 못한 어려운 환경에서 또 다른 가능성을 열어가는 경험을 하였다. 앞으로 이를 우리의 새로운 일상으로 구현하고 제도화하려면 세 가지 차원의 노력이 필요하다(김용득, 2020a). 첫째, 코로나19와 같은 위험이 얼마나 자주 발생할지 알 수 없기 때문에, 서비스를 중단하는 대신 다른 방법으로 서비스를 전달하는 플랜 B가 확립되어 있어야 한다. 국가적 수준에서 감염병 상황에 취약한 서비스 이용자와 제공자가 함께 안전할 수 있는 서비스 방법을 확립해야 한다. 예를 들어 가정방문서비스에서 방문자와 이용자가 접촉할 수 있는 안전한 방법이나 준수하여야 하는 수칙이 마련되어 있어야 한다. 둘째, 대인사회서비스 현장의 디지털 역량을 개발해야 한다. 최근에 시도 되었던 경험을 바탕으로 ICT 기반의 비대면, 비접촉 방식의 언택트(untact) 서비스를 확대해야 한다. 원격 의사소통을 위한 디지털 매체 사용 기술과 함께 비대면 상황에서 서비스를 시행할 수 있는 대인사회서비스 응용 기술도 개발해야 한다. 이와 함께 서비스 이용자들의 디지털 미디어 접근성과 사용 역량을 높이는 노력도 중요하다. 셋째, 공동체 기반의 작고 자연스러운 방식으로 대인사회서비스를 재편해야 한다. 노인요양시설, 장애인거주시설, 정신요양시설, 노숙인시설 등 대규모 시설들은 조속히 소규모 지역사회 기반으로 전환되어야 한다. 이와 함께 복지기관은 취약한 사람들의 지역사회 자립이 고립을 초래하지 않도록 사람들의 지역사회 소모임과 자연스러운 친밀 관계를 확장하는 데 노력해야 한다.

이 가운데서도 디지털의 활용은 지금까지의 대인사회서비스에 대한 접근과는 근본적으로 다른 사고의 전환을 요구한다. 대인사회서비스에서 디지털 기반의 확장은 이전부터 진행되고 있었다. 코로나19 이전에도 대인사회서비스에서 화상소통, 로봇, 인공지능, 사물인터넷, 가상현실, 플랫폼 등을 활용하는 시도가 꾸준히 진행되어왔다. 하지만 이런 변화에도 불구하고 사람과 사람의 대면을 기본 요소로 하는 대인사회서비스에서 디지털의 활용은 분명한 한계가 있다는 의견이 지배적이었다. 코로나 팬데믹은 이런 생각을 근본적으로 바꾸는 계기가 되고 있다. 코로나 팬데믹이 이전과는 전혀 다르게 사회서비스의 모습을 바꾸고 있는 것이 아니라 이전부터 꿈틀거리고 있던 변화의 방향으로 좀 더 속도를 내도록 하는 요인으로 작용하고 있는 것으로 보는 것이 타당하다. 다음의 현장 이야기가 이를 잘 보여준다(김용득, 2020b).

코로나로 기관이 서비스를 중단하고 한 달 정도까지는 이러다 금방 이전으로 돌아가겠지 싶었어요. 한 달이 지나면서 불편한 마음이 들면서 뭔가를 해야겠다는 생각에 불안하고 힘들어하는 이용자들에게 전화하기, 편지쓰기, 동영상 보내기 등을 했어요. 그러다 또 한 달이 지나니 이런 정도의 방법으로는 안 되겠다 싶어 일부의 이용자에게 실시간 온라인 서비스를 시도하기 시작했어요. 처음에는 온라인 서비스가 안 될 것으로 생각했는데, 실시간 온라인 서비스를 통해서 이용자들이 더 높은 참여와 집중을 보여서 놀라기도 했어요. 그러면서 기관 차원에서 더 많은 프로그램에 실시간 온라인 서비스를 도입했고, 온라인 접근이 어려운 이용자는 가정방문을 통해 장비를 세팅해 주는 노력도 함께 했어요. 지금은 1단계로 상황이 나아져서 소규모 프로그램은 오프라인으로 전환되었지만 10명 이상이 참여하는 프로그램의 경우 절반의 이용자는 온라인으로, 나머지 절반은 오프라인으로 함께 하고 있어요. 아마도 코로나19가 종식되어도 온라인 기반으로 하는 서비스가 상당한 부분 계속될 것으로 보여요. 분명 장점이 있는 것 같아요.

사회서비스는 사람과 사람의 대면(face to face)을 전제로 하는 점은 틀림없다. 그렇다면 '대면'한다는 의미가 무엇일까? 화상통화로 얼굴을 마주 보며 대화하는 것은 대면이 아닐까? 대면이라는 단어는 전화기가 일상적으로 사용되던 시대에 고착된 단어가 아닐까? 비디오 화상회의에서도 서로의 표정과 눈빛을 읽을 수 있다. 그래서 '얼굴 보면서 이야기하기'가 가능하다. 사회서비스가 사람과 사람의 대면을 요건으로 하는 점에는 변함이 없지만, 대면의 수단이 확장된 것이다. 그래서 대인사회서비스에서 디지털의 적극적 활용이 대인사회서비스의 개념과 모순되는 것이 아니라 사회서비스의 실행 수단을 확장하는 것으로 이해할 수 있다(김용득, 2020b).

그렇다면 우리는 무엇을 해야 할까? 첫째, 대인사회서비스에서 디지털을 활용하는 방안에 대한 종합적인 검토가 이루어져야 한다. 로봇을 통한 신체 수발과 정서적 대화, 애완 로봇을 활용한 정서적 교류, 인공지능을 활용한 욕구 예측과 자원의 배분, 사물인터넷을 활용한 낙상 감지나 원격 조명 조절, 실제와 유사한 경험을 제공하는 가상현실과 증강현실, 원격소통을 지원하는 화상회의 시스템, 서비스 탐색과 연결을 손쉽게 해주는 플랫폼 등의 가능성을 구체적으로 따져 보아야 한다. 둘째, 디지털의 활용이 사람과 사람을 고립시키는 것으로 귀결되지 않도록 하는 방안을 선제적으로 모색해야 한다. 지역단위에서 디지털을 활용한 서비스 콘텐츠를 공동으로 생산하여 운영하는 것도 가능하다. 또한 취약한 사람들이 고립되지 않도록 지역사회 자조 모임이나 소모임 등을 적극 지원해야 한다. 셋째, 새로운 모습의 서비스를 견인하는 제도와 정책의 변화가 필요하다. 디지털 컨텐츠로 제공되는 서비스와 온라인 소통 기반 서비스가 제도적으로 인정되는 근거를 마련해야 한다. 또한 디지털 기반으로의 변화가 가져올 수 있는 제공인력의 고용불안정 문제에도 예방적으로 대응해야 한다.

최근 DTx(Digital Therapeutics)가 치료제로서 미국 식품의약국(FDA)의 승인을 받았는데, 이것은 앱, 게임, 가상현실 등으로 구성된 소프트웨어로 사람의 마음이나 행동 문제를 치료하는 데 사용된다. 우리나라 개발회사들도 이미 한국형 DTx를 개발했거나 개발하고 있다. DTx 사용이 일상화되면 대인사회서비스는 어떤 영향을 받을까? 장애아동 치료와 돌봄 일자리를 DTx에게 넘겨주게 될까? 아니면 치료와 돌봄을 담당하는 사람들이 사용할 수단들이 풍부해짐으로써 치료와 돌봄의 효과성과 전문성이 더 높아지게 될까? 우리는 이 두 갈림길 앞에 서 있다(김용득, 2021).

감염병의 영향으로 로봇, 인공지능, 사물인터넷, 가상현실과 증강현실, 원격소통, 플랫폼 등은 급속하게 대인사회서비스의 공간에 확장되고 있다. 돌봄 로봇이 돌봄 노동자의 일자리를 빼앗는 것으로 귀결되지 않으려면, 로봇 애완동물과 인공지능 스피커가 말벗 서비스를 대체하지 않으려면, 서비스 연결 플랫폼이 서비스 제공기관의 역할을 잠식하지 않도록 하려면 무엇을 어떻게 해야 할까? 우리는 이와 같은 질문에 직면하면서, 디지털의 활용이 이용자의 본질적인 고립과 제공인력의 일자리 위협이 아니라 더 좋은 서비스, 더 좋은 일자리로 이어지는 실천과 제도의 해법을 찾아야 한다.

이를 위해서는 두 가지 측면에서 노력이 필요하다. 첫째, 디지털 활용의 장점이 무엇인지에 대한 포괄적이면서 명확한 비전을 제시하는 것이다. 20세기 이후 최근까지도 돌봄 활동은 건물 위주로 조직되었다면, 앞으로의 인프라는 건물 중심이 아니라 우리가 필요한 것들에 연결되고 그것들을 공유하는 플랫폼, 앱, 머신러닝 등을 협력적으로 활용하여 사회적 약자를 포함하여 더 많은 사람이 접근하고 참여할 수 있도록 지역사회를 새롭게 디자인해야 한다(Cottam, 2018). 둘째, 현재의 대인사회서비스 기술과 디지털 기술을 혼합하여 더 좋은 서비스 성과가 발생할 수 있는 기술의 통합과정이 있어야 한다. 지금까지의 대인사회서비스의 제공 기술은 면대면 접촉을 전제로 개발된 것이고, 현재 활용되고 있는 디지털 기술은 기존 대인사회서비스 기술과 별개로 운영되고 있다. 이들 양자가 함께 활용되면서 더 좋은 성과를 낼 수 있는 혼합실천(hybrid practice)의 개발이 적극적으로 이루어지면서, 기존의 대인사회서비스 기술이 디지털 기술과 만나면서 더 다양해지고 풍부해지도록 하는 구체성을 확보해야 한다(김용득·김계향, 2022).

📖 참고문헌

김영종. 2012. "한국 사회서비스 공급체계의 역사적 경로와 쟁점, 개선 방향." 보건사회연구, 32(2): 41−76.

김용득. 2013. "영국의 재가돌봄서비스 제도 동향 분석". 사회서비스연구, 4(2): 61−113.

김용득. 2019a. "지역사회 기반 복지관의 공동체주의 지향성 강화 필요성과 과제: 공공성 담론의 확장과 사회서비스 운영 원리 변화를 중심으로." 한국사회복지행정학, 21(2): 203−232.

김용득. 2019b. "1990년 이후 영국 커뮤니티 케어 변화의 궤적 읽기: 이용자 선택과 제도 지속가능의 쟁점을 중심으로." 보건사회연구, 39(3): 114−147.

김용득. 2020a. "현장에서 만들어지고 있는 사회서비스 뉴 노멀." 복지이슈투데이, 87: 4.

김용득. 2020b. "판데믹과 사회서비스의 슬기로운 대응." 희망e야기(웹진) 24(12월)호. http://www.hopeletter.or.kr/board/no_24/12366

김용득. 2021. "감염병 시기 사회서비스, 다방면을 통한 더 나은 일상의 탐구." 복지이슈투데이, 95: 4.

김용득. 2022. "보건복지의 공공성, 넉넉한 접근이 필요하다." 보건사회연구, 42(1): 5−6.

김용득·김계향. 2022. "코로나19 시기 디지털 활용을 선도한 현자 사회복지사의 실천 경험." 한국사회복지행정학, 24(1): 151−181.

김은정. 2016. "지역적 환경과 제도적 특성을 고려한 사회서비스 공급체계 분석." 사회복지연구, 47(3): 5−33.

소병선. 2017. "공공성에 관한 동서 철학적 고찰." 동서철학연구, 83: 266−281.

소영진. 2003. "행정학의 위기와 공공성 문제." 정부학연구, 9(1): 5−22.

신동면. 2010. "사회복지의 공공성 측정에 관한 연구." 한국사회정책, 17(1): 241−265.

신진욱. 2007. "공공성과 한국사회." 시민과 세계, 11: 18−39.

양기용. 2013. "사회서비스 공급체계변화와 공공성: 지역사회서비스 거버넌스를 중심으로." 한국공공관리학보, 27(1): 89−114.

양성욱. 2013. "사회서비스 제공조직의 공공성은 어떻게 평가할 수 있는가?: 조직차원의 공공성에 대한 논의를 중심으로." 한국사회복지행정학, 15(3): 133－160.

양성욱. 2017. "사회서비스 공공성 측정의 한계와 과업." 한국사회복지조사연구, 55: 217－249.

양성욱·노연희. 2012. "사회서비스의 공공성은 무엇을 의미하는가?: 서비스 주체에 따른 공공성의 내용을 중심으로." 사회복지연구, 43(1): 31－57.

이동석·김용득. 2013. "영국 서비스 현금지급과 개인예산제도의 쟁점 및 한국의 도입 가능성." 한국장애인복지학, 22: 47－66.

이승훈. 2008. "근대와 공공성 딜레마: 개념과 사상을 중심으로." 민주사회와정책연구, 13: 13－47.

임의영. 2003. "공공성의 개념, 위기, 활성화 조건." 정부학연구, 9(1): 23－50.

임의영. 2017. "공공성의 철학적 기초." 정부학연구, 23(2): 1－29.

조남경. 2017. "사회서비스의 가치와 지향, 한계, 그리고 가능성: 이용자 중심성으로 본 사회서비스의 변화와 발전." 사회서비스연구, 7(1): 43－63.

조대엽. 2012. "현대성의 전환과 사회 구성적 공공성의 재구성: 사회 구성적 공공성의 논리와 미시공공성의 구조." 한국사회, 13(1): 3－62.

주현정·김용득. 2018. "공공성 담론으로 보는 돌봄서비스: 상호의존의 조직화와 공동생산 제안을 중심으로." 한국사회복지행정학, 20(2): 233－262.

Alcock, P. 2016. *Why we need welfare : collective action for the common good.* Bristol: Policy Press.

Alford, J. 2016. "Co－production, interdependence and publicness: extending public service－dominant logic." *Public Management Review, 18(5)*: 673－691.

Anderson, S. 2012. "Public, private, neither, both? publicness theory and the analysis of healthcare organizations." *Social Science & Medicine, 74*: 313－322.

Antonsen, M. and Jorgensen, T. B. 1997. "The 'publicness' of public organizations." *Public Administration, 75(2)*: 337－357.

Baxter, K., Wilberforce, M. & Glendinning, C. 2011. "Personal budgets and the workforce implications for social care providers: expectations and early experiences." *Social Policy & Society, 10(1)*: 55－65.

Beresford, P. 2010. "The future of social care: change, retrenchment or sustainability?" *Journal of Integrated Care, 18(4)*: 2−3.

Bovaird T. 2007. "Beyond engagement and participation: user and community co−production of public services". *Public Administration Review, 67*: 846-860.

Bozeman, B. 1987. *All organizations are public: bridging public and private organization theory*. San Francisco: Jossey−Bass.

Brown, L. 2015. "A lasting legacy? Sustaining innovation in social work context." *British Journal of Social Work, 45(1)*: 138−152.

Carr, S. 2009. *The implementation of individual budget scheme in adult social care*. Social Care Institute for Excellence, research briefing 20.

Clarke, J., Newman, J., Smith, N., Vidler, E. and Westmarland, L. 2007. *Creating citizen−consumer: changing publics and changing public services*. Sage Publication.

Cottam, H. 2018. *Radical help*. London: Virago. 박경현·이태인 역. 2020. 래디컬 헬프. 서울: 착한책가게.

Ferguson, I. 2007. "Increasing user choice or privatizing risk? The antinomies of personalization." *British Journal of Social Work, 37(3)*: 387−403.

Glasby, J. 2014. "The controversies of choice and control: why some people might be hostile to English social care reforms." *British Journal of Social Work, 44(2)*: 252−266.

Glasby, J. and Littlechild, R. 2009. *Direct payments and personal budgets*. Bristol: The Policy Press. 김용득·이동석 역. 2013. 장애인중심 사회서비스 정책과 실천. 한국장애인재단·올벼.

Glendinning, C. 2012. "Home care in England: markets in the context of under−funding." *Health and Social Care in the community, 20(3)*: 292−299.

Haque, M. 2001. "The diminishing publicness of public service under the current mode of governance." *Public Administration Review, 16(1)*: 65−82.

Houston, S. 2010. "Beyond Homo Economics: recognition and self−realization and social work." *British Journal of Social Work, 40(3)*: 841−857.

Lent, A and Studdert, J. 2019. *The community paradigm: why public services need radical change and how it can be achieved*. London: New Local government network.

Lymbery, M. 2012. "Social work and personalisation." *British Journal of Social Work, 42(4)*: 783－792.

Moulton, S. 2009. "Putting together the publicness puzzle: a framework for realized publicness." *Public Administration Review, 69(5)*: 889－900.

Murray, M. 1975. "Comparing public and private management: an exploratory essay." *Public Administration Review, 35*: 364－372.

NHS England. 2023. *Co－production and quality improvement: a resource guide.* https://www.england.nhs.uk/long－read/co－production－and－quality－improve ment－a－resource－guide (2023년 6월 30일 인출).

Oliver, M and Sapey, B. 2006. *Social work with disabled people.* Palgrve Macmillan.

Pestoff. V. 2019. *Co－production and public service management: citizenship, governance and public service management.* NY: Routledge.

Pile, H. 2014. "What about workforce?" In *Debates in personalisation.* edited by Needham, C. and Glasby, J. Policy Press. 103－116.

Rainy, H. G. 1983. "Public organization theory: the rising challenge." *Public Administration Review, 43(2)*: 176－181.

SCIE. 2022. *Co－production: what it is and how to do it.* London: Social Care Institute of Excellence.

Slasberg, C., & Beresford, P. 2014. "Government guidance for the Care Act: undermining ambitions for change." *Disability and Society, 29(10)*: 1677－1682.

Slasberg, C., & Beresford, P. 2017. "Strength－based practice: social care's latest Elixir or the next false dawn?" *Disability and Society, 32(2)*: 269－273.

대인사회서비스
자산접근 해외사례

●　●　●

북미 2개국(미국, 캐나다), 유럽 2개국(영국, 스웨덴), 아시아 2개국(일본, 싱가포르)에 대해서 국가별로 대인사회서비스 동향을 간략히 제시하고, 이어서 자산접근 사례를 소개하였다. 국외 사례 탐색은 세 가지 방법으로 하였다. 첫째, ABCD(Asset Based Community Development) 접근으로 알려진 전통 자산접근을 소개한 자료에서 제시된 사례들 가운데 대인사회서비스 영역 사례들을 선정하였다. 둘째, 공동생산(co-production), 지역사회 기반(community based) 등의 주제를 다룬 국내 학술논문에서 언급된 사례들을 탐색하였다. 셋째, 국내에 소개된 대인사회서비스 분야의 각종 해외연수 보고서 등에서 자산접근에 포함할 수 있는 사례들을 살펴보았다.

제7장은 북미의 사례를 다루었다. 미국은 아동을 위한 친족 네비게이터 프로그램, 농촌 빈곤 지역의 'Beyond Welfare', 뉴욕시의 노숙인 지원주택 서비스 'Breaking Ground' 등의 사례가 포함되었다. 캐나다는 발달장애인의 지역사회 통합을 위한 'Project Friendship', 지역 소상공인과 저소득 결식가정을 돕는 '기부 벽(giving wall)', '코하우징 커뮤니티(Co-housing community)', 원주민 당사자 주도의 아동 및 가족 지원(Native Child and Family Services of Toronto, NCFST) 등을 다루었다.

제8장은 유럽의 사례를 소개하였다. 영국은 'LAC(Local Area Coordination)', '캠프힐 마을(Camphill Village)', '공유주거(Shared Lives)', '사회처방(Social Prescribing)', 지역사회 자산 쌍방향 플랫폼 'Connected Kingston' 등이 소개되었다. 스웨덴은 보편적 사회서비스와 국가의 역할에 포함된 자산접근, 혁신적 공동 주거 '셸보(sällbo) 프로젝트', 장애인 고용 사회적기업 '삼할(Samhall)' 등의 주제를 다루었다.

제9장은 아시아 사례를 살펴보았다. 일본은 공생기반 지역복지 시스템, 공감과 기다림의 히키코모리 지원, 모든 사람이 주체가 되는 '이시노미야 공생마을', 정신장애인 공동체 '베델의 집' 등의 사례를 다루었다. 싱가포르는 다 함께 돌보는 'Many helping hands', 노인들이 교류하는 'Community Befriending Programme', 활력있는 노후를 위한 'ComSA(The Community for Successful Ageing)', 함께 요리하는 'GoodLife! Makan' 등의 사례가 포함되었다.

07 북미의 사례

section 01 미국

미국[1]의 1960년대 이전 대인사회서비스는 주로 민간자선단체가 필요한 서비스 수요를 충족시키는 방식으로 운영되었다. 서비스 주체 또한 민간 비영리기관이 담당하였으며 재정은 기부금과 이용자의 자기부담금이 대부분을 차지하였고, 공공재원의 투입은 미미한 수준이었다. 그러나 1960~1970년대 들면서 연방재정지출의 증가로 서비스 구매계약 방식이 증가하였고, 1980년대 이후 신연방주의 시대의 도래와 함께 포괄예산조정법(Omnibus Budget Reconciliation Act, OBRA)의 제정으로 영리기관의 진입이 허용되었다. 이후 1990년대의 요양시설(nursing home) 및 홈헬스(home health) 서비스의 증가와 함께, 1996년 복지개혁에 따른 돌봄서비스 확대와 시장기제를 활용한 이용자 선택권 강화는 영리 기관의 진입을 증가시켰고, 이와 함께 품질관리제도의 필요성도 강조되기 시작하였다.

특히 가정과 지역사회 기반 서비스(Home and Community Based Services: HCBS)[2]는 수요가 증가함에 따라 2000년대 이후 서비스 확대 과정에서 지속적

---

1) 미국 대인사회서비스 개요는 황인매와 김용득의 논문(2014)에서 일부를 발췌, 요약한 것이다.
2) 지역사회 기반 서비스(HCBS)를 구성하는 주요 내용은 다음과 같다.
  • 홈헬스 서비스: personal care, 가사 지원, 일상활동 지원 등

으로 강조되고 있고, 2010년에 도입된 Affordable Care Act(ACA)에서는 이러한 가정과 지역사회 기반 서비스(HCBS)를 확대하기 위한 다양한 새로운 조치들이 제안되었다(DHHS, 2012). 가정과 지역사회 기반 서비스의 경우 주로 취약성이 높은 노인, 장애인 등의 집을 방문하여 서비스를 제공한다. 주 정부의 독립성이 높은 미국은 서비스 내용과 실행방식이 주마다 차이가 있고, 그 편차 또한 크다.

1. 아동을 위한 친족 네비게이터 프로그램[3)

1) 배경

부모가 더 이상 자녀를 돌보지 못하는 상황에 처하게 될 경우, 조부모 등 친족이 양육을 맡게 되면 위탁가정(foster care)에서 지내는 것보다 자녀들의 안정과 행복에 도움이 될 것이라는 생각에서 이전에 가까이 지냈던 친족이 아동을 잘 돌볼 수 있도록 정부가 적절하면서 유연한 지원을 제공하는 제도를 마련하였다. 친족 양육가정을 위한 네비게이터 프로그램(kinship navigator program)은 단일 접촉 창구(single point of entry)를 활용하여 아동 양육에 필요한 지원과 정보에 손쉽게 진입하도록 돕기 위한 것이다. 네비게이터 프로그램은 양육과 관련된 정보제공, 서비스 연계, 사례관리, 관련 교육 및 지원제도에 대한 안내, 후속조치 등에 대한 정보를 제공하는 것을 목적으로 한다.

2) 근거 법률

2003년 워싱턴주 의회에서 '친족돌봄법(Kinship Care Bill(SHB-1233)'이 통과되면서 친족 아동을 돌보고 있는 양육자에 대한 추가 지원 정책의 필요성이 인지되었고, 친족 양육자를 지원하는 네비게이터 프로그램이 시범사업으로 운영되었다. 프로그램에 대한 연방정부 재정지원은 '위탁보호 연계와 입양 확대법

- 접근서비스: 교통지원, 사례관리, 정보지원 등
- 지역사회서비스: 법률서비스, 정신보건서비스, 성인주간보호 등
3) 본 프로그램에 대한 소개 내용은 허민숙의 논문(2020)에서 일부를 발췌, 요약한 것이다.

(Fostering Connections to Success and Increasing Adoptions Act of 2008)'에 의해 마련된 재량기금(discretionary grants)을 통해서 2008년부터 시작되었다. 이후 2018년 연방정부는 '가족 우선 예방 서비스법(Families First Prevention Service Act)'을 제정하여 위기 가족 아동들이 가족 해체 시 위탁가정에 맡겨지는 것을 사전 예방하는 조치를 위한 법적 근거를 마련하고, 주 정부가 시행하는 조손가정 지원을 위한 네비게이터 프로그램의 운영비를 지원하고 있으며, 2019년 기준 연간 2천만 달러의 예산을 배정하였다.

3) 연방정부 지원을 받기 위한 요건

연방정부로부터 재정 보조를 받기 위해서는 다음의 요건을 충족하여야 한다.

- 프로그램을 운영할 때 반드시 다른 주 정부 또는 지역단체와 협력해야 하고, 이를 통해 정보 제공 및 안내 서비스의 질적 향상을 도모해야 한다.
- 친족 양육 당사자 및 그들을 대표하는 단체들과의 협력하에 프로그램 계획을 수립·운영해야 한다.
- 친족 양육자, 친족 지원 담당자, 해당 서비스 제공자들을 연계하는 시스템을 수립해야 한다.
  - 상호 간 정보공유가 원활해야 함
  - 연방정부, 주 정부, 지역 제공 서비스에 대한 이용자격 등의 정보를 제공해야 함
  - 친족 양육자 지원을 위한 교육이 시행되어야 함
  - 법률 상담 등 법률 지원 서비스가 제공되어야 함
- 웹사이트 운영 또는 다른 방식 등을 통하여 친족 양육가정에 대한 지원 활동이 제공되어야 한다.
- 친족 양육 가족의 복지 수요를 파악하고, 더 나은 서비스를 제공하기 위해 학교, 종교시설, 지역기관 등 공공기관과 민간기관 간 협력 체계를 공고히 해야 한다.

4) 운영사례: 플로리다주

플로리다주에서는 대표 상담 전화로 조손가정이 직접 도움을 요청하도록 하거나, 아동복지기관, 지역사회에서 활동하는 민간단체 등으로부터 지원 대상 가정을 추천받고 있다. 이와 함께 조부모의 날(Grandparent's Day Event), 프로그램 홍보 행사 개최(Resource Fair), 지역 내 홍보(Community Presentation)를 통해 친족 네비게이터 프로그램을 적극적으로 알리고, 친족양육 가정을 발굴하고 있다. 이 프로그램을 통해서 법률지원, 식료품, 의료, 상담 등을 제공하는 복지서비스를 찾아 연계해 주고, 현금 급여, 식료품 할인 구매권(Food Stamp), 의료부조(Medicaid) 신청을 지원한다.

프로리다주 네비게이션 프로그램은 서비스 제공 및 연계에 있어 세 가지 장점을 갖추고 있다. 첫째, 친족 양육 가정을 위해 필요한 복지서비스 정보를 집약해 놓은 스프트웨어 'Once-e-App'을 통해 친족 양육자 및 그 아동이 받을 수 있는 복지서비스를 손쉽게 확인하고, 간편하게 신청할 수 있도록 하고 있다. 둘째, 친족 아동을 양육한 경험이 있는 네비게이터를 고용하여 친족 양육자의 심리·정서적 교류를 강화하고 복지서비스로의 연계를 이끌어 내고 있다. 셋째, 복지, 법률, 보건, 교육 등 분야의 전문가들이 참여하는 전문분야간 협력팀(Interdisciplinary Team)의 운영을 통해서 복합적인 위기에 직면해 있는 고위험 가족을 지원한다.

2. 농촌 빈곤 지역의 Beyond Welfare[4]

1) 배경

Iowa 주의 Story 카운티 인구는 약 74,000명이고, 대부분 사람은 Ames 지역에 거주하고 있고, 여기에 Iowa 주립 대학이 있다. 유색인종은 2%가 채 안

---

4) 본 내용은 Ran의 책(2005)을 인용하여 서술하고 있는 Green 등의 책(2006: 44-53)에서 일부를 요약한 것이다.

되며, 8,336가구의 가구소득이 25,000달러 이하이다. Iowa 중심부는 대부분 백인이 거주하는 지역이어서, 이런 동질성 때문에 농촌 빈곤이 얼핏 보기에는 잘 드러나지 않는다. 'Beyond Welfare'는 2020년까지 Story 카운티 지역의 빈곤을 해소하는 목표를 세웠다.

2) 활동

Beyond Welfare(BW)는 '사람들은 돈, 의미, 친구가 필요하다.'라는 표어를 가지고 활동한다. 이 조직에서는 '클라이언트', '제공자' 등의 서비스 기반 언어를 사용하지 않고, 대신에 '참여자(participant)', '협력자(ally)'와 같은 용어를 사용한다. BW의 참여자가 되려는 가구주는 인테이크 면접을 위해 상담자를 만난다. 인테이크 면접을 통해서 참여자들은 지역사회 일에 참여를 환영받으면서 자신들의 강점을 확인하게 된다. 또한 관계, 상호성, 지도력 개발 등이 가지는 가치에 대해서도 소개받게 된다. 가족 파트너들도 BW 참여자들과 우정을 나눌 수 있도록 선발되어 지원을 받는다. 3~4명으로 구성된 자원봉사자들이 가족이 원하는 목표를 이룰 수 있도록 월 단위 모임을 통해서 도움을 준다. 특히 일상적인 생활에서 도움이 필요한 가족의 경우에는 지원 써클(circles of support)의 구성원과 가족 참여자들로부터 도움을 받는다.

매주 목요일 저녁에는 BW 대표가 상호지지와 권리 옹호 이슈에 관해 이야기를 나누고, 함께 식사하는 시간을 가진다. 참여자, 가족, 협력자들이 이야기를 나누고 식사를 함께하는 시간을 통해서 지역사회 구성원인 가족이나 집단의 옹호 목표뿐만 아니라 개별 가족 구성원의 목표에 대해서도 다룬다. 가족의 빈곤은 취업의 어려움에서부터 교통 이용의 어려움에 이르기까지 매우 다양하게 걸쳐있다. 이런 어려움을 해소하기 위하여 BW는 다음과 같은 활동을 수행한다.

- BW에서 일하는 고용전문가는 참여자들의 직업 준비와 취업 알선 등의 지원과 함께 고용주들이 참여자를 고용하는 방안을 찾아준다.
- 고용전문가는 지역의 교회 등을 활용하여 자원봉사자들의 도움으로 참여

자들과 지역사회 구성원들이 함께 참여하는 컴퓨터 교육실(computer lab)을 운영한다.

- 참여자들의 직장으로의 이동 등의 필요에 대응하기 위하여 지역사회로부터 자동차를 기증받는 프로그램(car donation program)을 운영한다.
- 가족의 돈 관리와 EITC(Earned Income Tex Credit) 수급 등을 돕는 활동을 하는 BW 직원은 참여자나 가족들이 가장 유익한 재정설계를 할 수 있도록 지원한다.

3) 특징

BW 구성원들은 시민의 주도성을 방해하는 수준까지 과도하게 개입하지 않는다는 점을 중요한 원칙으로 한다. 다음 사례는 이를 잘 보여준다.

Liz는 십대 아들을 혼자 키우고 있다. 그녀는 Ames 지역 외곽에서 알츠하이머로 상시 돌봄이 필요한 어머니와 함께 살고 있다. Liz는 어려운 형편에서도 자신의 어머니를 정성껏 돌보고 있는데, 어머니는 Liz를 한국에서 입양해 와서 헌신적으로 키웠기 때문이다. 어머니의 치료비와 약값을 대기 위하여 Liz는 두 군데 식당에서 일하고 있다. "어떤 달에는 치료비보다 조금 많이 벌고, 다른 달에는 모자라기도 해요. 그런데 차가 없었다면 난 절대 해낼 수 없었을 겁니다."라고 말했다.

Liz는 1992년산 닛산 센트라 해치백 왜건을 가지고 있는데, 그녀 어머니의 휠체어를 접어 넣을 수 있을 만큼 크다. 이 차는 BW의 'Wheels to work'라는 프로그램을 통해서 Liz에게 기부되었다. "이 차가 없으면 어머니를 주간보호센터에 모셔다드리고, 버스를 갈아타고 직장으로 가야 합니다."라고 Liz는 말한다. 'Wheels to work'의 차량은 무료가 아니다. 참여자는 보험을 지불하고, 필요한 수리를 해야 하며, 18개월이 지나기 전에는 다른 사람에게 대여하지 못한다. 또한 BW가 표방하고 있는 철학에 따라 지켜야 하는 약속이 있다. 차량에 대해서는 월 5달러만 내지만, 대신에 지역사회에서 일정 시간 봉사를 해야 한다. 그래서 Liz는 지역아동센터에서 엄마들이 영어를 배우는 동안에 아이들을 돌보는 봉사활동을 하고 있다. Liz는 봉사하는 시간이 기다려진다고 했다. "엄마들은 한국인, 중국인, 라티노, 터키인 등 다양한데, 내가 한국인이라 나를 믿는 것 같아요."라고 말했다. 이 외에도 Liz는 차가 없는 이웃 사람들을 위해 주기적으로 함께 장 보러 간다. Liz의 지원 써클(circle of support)의 구성원들은 Liz가 이런 일들을 잘 해내면서 지낼 수 있도록 돕는 역할을 나누어서 한다.

3. 뉴욕시의 노숙인 지원주택 서비스 "Breaking Ground"[5]

1) 개요

뉴욕에 소재하고 있는 Breaking Ground는 뉴욕의 비영리 대인사회서비스 조직으로, 노숙자들을 위한 양질의 영구 및 임시 주택을 만드는 것을 목표로 하고 있다. 이 조직의 철학은 지원주거(supportive housing)가 노숙자 쉼터나 병실보다 훨씬 더 비용이 저렴할 뿐만 아니라, 정신질환 등의 어려움을 가진 사람들은 일단 영구적으로 지낼 수 있는 주거공간과 서비스를 받으면 자신들의 어려움을 더 잘 관리할 수 있다고 믿는다.

1990년 Rosanne Haggerty에 의해 설립된 이래, 이 단체는 노숙자들을 위한 5,000개 이상의 주택을 만들었다. Breaking Ground는 타임스퀘어 호텔(The Times Square, 652 주거)을 리모델링하여 1991년에 문을 열면서 시작되었으며, 이후 프린스 조지 호텔(Prince George Hotel, 416 주거)을 수리하여 1999년에 문을 열었다. 2000년대 후반부터 현재까지 브레이킹 그라운드는 신축공사를 통하여 15동의 건물을 확보하였으며, 다양한 방식으로 집을 확충해 가고 있다.

호주에서도 2006년에 Haggerty의 제안을 받아들여 수백만 달러를 투자하

---

5) 개요와 수행 활동에 대한 설명은 https://en.wikipedia.org/wiki/Breaking_Ground(2023년 6월 30일 인출)에서 관련 내용을 요약한 것이다.

여 서부 호주에 있는 도심의 집을 확보하고, 이의 운영을 위해 Common Ground Adelaide and Street to Home을 설립하였으며,[6] 다른 지역으로도 확산하고 있다.

2) 수행 활동

길거리에서 집으로(Street to Home)

노숙자들을 찾아가는 아웃리치 활동으로, 노숙자들의 상황을 상세히 파악하고, 마약이나 알코올중독 등의 문제를 가지고 있더라도 영구적인 주거지를 선택하도록 설득한다. Breaking Ground는 뉴욕시와 계약을 맺고, 브루클린과 퀸스의 모든 지역과 맨해튼의 1/3 지역에서 아웃리치 활동을 한다. Street to Home은 Breaking Ground와 Times Square Alliance가 제휴하여 수행한 것으로, 이를 통해 2년간 노숙자를 87% 줄였다.

조사와 협상(Assess and Negotiate)

장기 노숙자들은 중복 장애를 겪고 있어 정부로부터 주거지원금을 받을 수 있는 자격이 있는 경우가 많아서 Breaking Ground는 서비스제공자들을 훈련시켜서 이들이 노숙인들의 주거 서비스나 다른 복지급여 자격 기준을 잘 알고, 필요한 절차를 빠르게 진행할 수 있도록 하고 있다. Street to Home을 통해서 개인에게 주택 제공 가능성을 즉시 알리고, 주거 서비스를 선택하도록 협상하기 위해 노숙자들과 면담할 때 Motivational Interview 기법[7]과 Trauma Informed Care 방법[8]을 응용해서 사용한다. Street to Home을 통해 개인별로 주거지원금

---

6) Common Ground Adelaide는 2015년에 Housing Choices Group과 통합되어 Housing Choices Australia라는 명칭으로 운영되고 있다.

7) 이용자의 양가감정(ambivalence)을 탐색하고 해결할 수 있도록 도와줌으로써 행동 변화를 유도하기 위한 지시적이고(directive) 이용자 중심적 상담 유형이다.
출처: https://en.wikipedia.org/wiki/Motivational_interviewing(2023년 6월 30일 인출).

8) 이 방법은 "당신에게 무슨 문제가 있습니까?"에서 "당신에게 무슨 일이 생겼습니까?"로 초점을 옮김으로써, 이용자 참여, 치료 집중력, 상담 성과와 함께 제공자의 서비스 부담도 낮출 수 있는 것으로 알려져 있다.

및 소득 급여 수급 자격 등을 평가하고, 장애 등록, 소득지원급여 신청, 정신건강 검진 등 지속적인 주거에 필요한 서비스를 지원받는 데 필요한 절차를 진행하도록 돕는다.

입주와 주거 유지

Street to Home을 통해서 Breaking Ground는 평균 9.9년 동안 노숙 생활했던 175명의 성인을 영구 주거로 이동하도록 도왔으며, 이들 중 90%가 자신의 주거를 계속 유지하고 있다. 장시간 길거리에서 노숙했던 사람들 대부분은 임시로 거주하는 쉼터보다는 자신이 거처에서 살기를 원한다. 이들은 안정적인 거처를 통해서 사회와 다시 통합되는 경험을 하게 되었고, 직장을 얻거나 학교로 다시 돌아가는 예도 있었다.

3) 주거지 사례: The Times Square[9]

타임스퀘어는 Breaking Ground가 운영하는 652개의 영구 주거지를 보유한 대표적인 지원주거 단지이다. 1991년 Breaking Ground가 이 건물을 인수하기 전에는 호텔이었던 타임스퀘어는 범죄로 가득 차 있었고 매우 황폐한 상태였다. 이 건물이 전국 최대 규모의 장기 지원주택으로 탈바꿈하면서 타임스퀘어 근처 전체가 활기 있는 분위기로 달라졌고, 장기 도시 노숙을 끝낼 수 있는 새로운 접근법으로 평가받았다. 타임스퀘어는 혁신적인 프로그램과 역사적인 보존 및 디자인으로 여러 가지 상을 받았으며 뉴욕 타임스, CBS의 60분, 내셔널 퍼블릭 라디오 등 전국 미디어에 소개되었다.

Breaking Ground의 사회서비스 파트너인 Center for Urban Community Services를 통해서 다양한 서비스가 시행되고 있다. 건물은 입주민 예술가들의 작품을 전시하는 갤러리 역할을 하는 2층 높이의 로비가 특징적이다. 시내가 한

출처: https://www.traumainformedcare.chcs.org/what−is−trauma−informed−care (2023년 6월 30일 인출)

9) 사례 내용은 https://breakingground.org/our−housing/the−times−square(2023년 6월 30일 인출)에서 일부를 요약한 것이다.

눈에 들어오는 꼭대기 층의 넓은 커뮤니티 룸인 The Top of the Times에서는 입주민 행사와 입주민을 위한 교육이 진행된다.

section 02 캐나다

건국 100년이라는 상대적으로 짧은 역사가 있는 캐나다는 의료보장 및 복지제도의 역사 역시 유럽의 복지국가들과 비교했을 때 매우 짧지만, 전 국민 의료보장과 함께 노인, 장애인, 원주민, 이민자 등 다양한 소수자 집단을 위한 연방정부 및 주 정부 단위의 복지프로그램을 운영하고 있다(황종남, 2019). 캐나다 연방정부, 10개의 주(provinces), 3개의 준주(territories)는 노인을 위한 의료서비스에 대한 책임을 나누어서 지고 있다.[10] 그러나 장기돌봄에서 연방정부의 역할은 낮은 수준이고, 지방정부와 준주의 책임하에 재정이 지원되고 서비스가 전달된다(Hirdes and Kehyayan, 2014). 캐나다의 건강과 돌봄시스템을 단일독립체로 정확하게 설명하기는 어렵고, 13개 주의 자율권이 존중되어 서로 다른 시스템에 의해 제공된다. 이에 더하여 캐나다 건강과 돌봄은 공공과 민간의 재정이 혼합되어 서비스가 제공되며, 공공과 민간의 부담 비율도 지역마다 다르다.

---

10) 캐나다는 미국의 주 정부(state)의 개념으로 주(province)와 준주(territory)가 있다. 10개의 주는 연방정부와 독립된 의회, 정부를 구성하고 있다. 1867년 캐나다 연방이 수립되면서 연방정부와 주 정부의 역할 구분을 하면서 주는 세금 등 경제 관련 정책에 대해 독자노선을 가질 수 있게 되었다. 준주는 주에 준하는 지위를 갖는다는 의미이며, 북쪽에 위치하고 있는 3개의 준주가 있다. 주만큼 인구가 많지 않고 캐나다 연방에 속한 기간도 짧아서 준주 정부의 영향력이 좀 더 강하다고 할 수 있다(https://mycanadianlife.tistory.com/198).

1. 발달장애인의 지역사회 통합을 위한 Project Friendship[11]

1) 개요

Project Friendship은 British Columbia 주 Prince George 시에서 활동하는 발달장애인협회(Association for People with Mental Handicaps, AiMHi[12])가 John McKnight의 지원을 받아서 1987년에 시작된 활동이다. 이 프로젝트는 AiMHi로부터 의뢰받은 5명의 성인 발달장애인을 지역사회의 일반 시민들과 연결하여 함께 활동하는 목적으로 이 지역에서 활동하던 배우 Bob Harkins의 주도로 만들어졌다. 이 일을 실제로 수행하는 연결자로 Sandra Nahornoff가 실무직원으로 채용되었다. Sandra는 이 활동에 참여하기 시작한 시민들을 중심으로 시민위원회를 조직하고, 1989년에 Project Friendship Society[13]라는 비영리 단체를 설립하였다.

2) 지역사회 참여 개발

Project Friendship Society는 지역의 단체나 협회 등이 참여하여 시설이나 가정에서 고립되어 있던 발달장애인이 지역사회에서 함께 활동할 수 있도록 독려하였다. 발달장애인의 강점을 활용하여 지역사회 사람들과 친구로서 활동하게 연결하였다. Sandra는 시민들과 발달장애인이 함께 할 수 있는 낚시, 노래, 화초 가꾸기, 목공, 운동경기 관람 등 다양한 활동을 제안하였다. 발달장애인과 함께 활동할 사람들을 찾는 데는 두 가지 방법을 활용하였다. 첫째, Project Friendship Society 위원으로 활동하고 있는 사람들이 갖고 있는 네트워크를 활

---

11) 본 내용은 Rans(2005: 27−40)에서 일부를 요약한 것이다.

12) Prince George 시에서 1957년 발달장애인 부모들이 중심이 되어 만든 이 단체는 현재도 AiMHi라는 약칭을 그대로 사용하고 있지만, 정식 명칭은 현재 Prince George Association for Community Living이라는 용어로 바꾸어 사용하고 있다(https://aimhi.ca에서 2023년 6월 30일 인출).

13) 이 단체는 현재도 이 명칭을 유지하면서 발달장애인의 지역사회 활동 참여를 지원하는 역할을 하고 있다.

용하는 것이다. 둘째, Prince George 시에 있는 300여 개의 모임과 단체의 목록을 검토하는 것이다. 이들의 명칭, 위치, 주요활동 내용 등에 대한 정보를 200페이지 분량의 Prince George Connector라는 책자로 만들어 공유하였다. 이 책은 매년 업데이트되어 300부가 발간되고, 권당 15달러에 판매되었으며, projectfriendship.com에서 온라인으로 열람할 수 있도록 하였다. 실무직원이 이 책을 매년 업데이트 하면서 '장애를 가진 사람들이 어떻게 하면 귀하 단체의 모임에 참여할 수 있을까요?'라는 질문을 통해서 단체 실무자와 생각을 나누었다. 이렇게 함으로써 이 책자의 업데이트 과정 자체가 지역사회 참여를 촉진하는 중요한 방법이 되었다.

3) 연결 사례

연결이 실제로 가능하게 되면 Project Friendship 직원은 단체의 연결 담당자 개인이나 관련 집단을 만난다. 연결이 약속되면 만나는 장소까지의 이동 문제 등이 검토된다. 모임이 진행되는 동안 Project Friendship 직원은 연결 상황을 정기적으로 점검하고 연결이 잘 유지되는 데 추가적인 지원이 필요한지 살펴본다.

연결은 사람과 관심에 따라 매우 다양하게 진행된다. 첫 사례는 Mary라는 지적장애를 가진 여성이다. 그녀는 사람을 만나면 누구든, 어떤 상황이든 꼭 껴안는다. 두 단어 이상 말하지 못하고, 건널목을 혼자 건널 수 없을 정도로 중증의 지적장애인이다. 그녀는 부모가 모두 사망하면서 다른 지적장애를 가진 3명이 함께 사는 그룹홈에 입주하였다. 행동 문제를 가지고 있어서 직원이 동석하고 있는 상황이 아니면 그녀의 방안에만 머물도록 하고 있었다.

그녀는 Art Knapp Flowerland에 연결되었다. 이곳의 대표인 Van Hage는 Bob Harkins의 친구인데, 매주 화요일에 Mary가 이곳을 방문하여 함께 꽃을 치우는 일을 하였다. Van Hage는 Mary에 대해서 다음과 같이 표현하였다. 'Mary와 함께 일하고, 오후 3시가 되면 집으로 데려다준다. 시간이 지나면서 Mary의 장점과 재능에 대해서 조금씩 알게 되었다. 그녀는 음식을 나누어 먹는 것을 좋아하고, 점심 식사를 준비할 때 도움을 준다. 청소에 적극적이면서 다른 사람이 도움을 요청하면 즉각 반응한다. 그리고 내 딸 Morgna과 함께 일하는 것을 좋아한다.'

2. 지역 소상공인과 저소득 결식가정을 돕는 '기부 벽(giving wall)'[14]

1) 배경

캐나다 푸드뱅크가 캐나다 내 4,750개 이상의 식품 지원 지역사회 단체를 대상으로 조사해서 발간한 Hunger Count 2021 보고서(Food Banks Canada, 2021)에 따르면, 코로나19 대유행 시기에 그 전보다 식품 원조 수요가 20.3% 증가하였다. 이는 코로나19 유행으로 인한 식품과 주택 가격 상승, 높은 실업률 등이 주요 원인이었다. 특히 온라인 수업으로 인하여 학생들이 무료(아침, 점심) 급식 프로그램을 이용할 수 없는 경우가 늘어 결식아동이 증가하였다. 이와 함께 방역 조치 시행에 따라 지역 소상공인이 운영하는 음식점 방문이 제한되면서 폐업사례가 증가하였다. 캘거리 시에서는 코로나19 팬데믹 상황으로 악화하고 있는 빈곤층의 식료품 부족 및 결식 문제해결과 지역 소상공인의 사업 지속을 위한 방안을 고민하게 되었다.

2) 주요내용

캘거리시는 코로나19 팬데믹으로 어려움을 겪는 지역 기업을 지원하는 목적으로 만들어진 '비즈니스 부문 지원 기획단(Business Sector Support Taskforce)'에서 '기부 벽' 프로그램을 시작하였다. '기부 벽(Giving Wall)' 프로그램은 지역 음식점, 카페 등에서 비용을 지불할 능력이 없는 사람을 위해 지역주민이 식음료를 대신 구매해서 제공해주는 제도이다. 태스크포스는 격주 회의를 열어서 지역 주

---

14) 본 내용은 서울연구원의 홈페이지 '세계도시동향'(http://www.si.re.kr/node/65493에 소개된 내용(장지훈 통신원 작성)이다(2023년 6월 30일 인출).

요 현안에 대해 도시의 상공인과 만나 논의하여 구체적인 방안을 마련하였다.

기부 방법에는 매장에서의 직접 기부와 온라인상의 상품권 기부 방법이 있다. 테이크아웃으로 음식을 주문하는 지역주민들은 기부하고 싶은 메뉴에 대해 선불로 비용을 지불하거나 상품권을 구매할 수 있다. 구매한 상품권 또는 미리 계산을 완료한 영수증을 매장 내 지정된 벽에 붙여 놓으면 매장 방문자 누구나 사용 가능하다. 기부 영수증을 부착할 수 있는 벽이 매장 내에 없는 경우 지역주민들은 온라인 또는 전화로 메뉴를 주문하고 결제하고, 무료 식사를 원하는 사람은 매장을 방문해 안내 받아서 미리 음식값이 지불된 메뉴를 제공 받을 수 있다.

이 프로그램에 참여를 원하는 음식점이나 지역주민 등은 여러 경로를 이용할 수 있다. 참여를 원하는 음식점은 시가 운영하는 기부 공식 사이트를 방문해 행사 프로그램 팸플릿을 내려받아 매장 내 벽에 부착하면 된다.[15] 기부 벽을 직접 이용하지 않더라도 지역주민은 식료품점이나 음식점을 이용할 수 있는 상품권을 시 학생지원팀(Education Matters)의 이메일 주소로 보내면 필요한 어린이나 청소년에게 전달된다. 시 학생지원팀은 또한 결식 학생을 위해 '기부 벽' 프로그램을 활용하기도 한다. 일부 음식점과 지역 공동체에서는 무료 식사가 필요한 사람들의 별도 신청을 받고 기부자가 음식을 등록하면 순서대로 무료 식사를 제공하는 방식으로 운영되기도 한다.

캘거리시 도심을 중심으로 총 20여 개 매장이 '기부 벽' 프로그램에 초기부터 참여하였고, 그 이후 계속 확대되었다. 시는 이 프로그램이 지역 소상공인들이 영업을 계속 유지하고, 저소득층의 식료품 부족 및 결식 문제를 해결하는 데 도움이 된다고 평가하고 있다.

---

15) 현재도 운영하고 있고, https://www.calgary.ca/for−business/support/giving−wall.html (2023년 6월 30일 인출)에서 팸플릿 등을 내려받을 수 있다.

3. 코하우징 커뮤니티(Co-housing community)

1) 개요[16]

코하우징 커뮤니티는 1960년대 덴마크에서 시작된 모델로 개별적인 주거의 자율성과 공유된 자원과 지역사회 생활의 이점을 결합한 이웃을 말한다. 현재는 미국, 호주, 뉴질랜드, 영국, 그리스 등에 코하우징 네트워크가 설립되어 있다. 다양한 특성을 가진 10~35가정이 함께 어울려 살아가는 주거모델이다. 1991년 이후 160여 개의 코하우징 커뮤니티가 북미에 설립되었으며, 계속해서 새로운 커뮤니티가 만들어지고 있다. 코하우징 커뮤니티는 생각을 같이하는 공동체(intentional community)의 한 유형이라고 볼 수 있지만 개별적인 소유에 기반을 두고 있고 사적인 생활을 포기하지 않는다는 점에서 개별성을 희생하는 공동체와는 성격이 다르며, 공용공간 등을 통하여 상호작용을 촉진한다는 점에서 이웃과의 만남이 많은 전통적인 주거 형태와 유사한 성격이 있다(ScottHanson and ScottHanson, 2004).

캐나다 전역에 코하징 커뮤니티가 만들어질 수 있도록 대중의 인식을 함양하고 관심 있는 사람들을 연결해 주는 비영리 지원단체인 The Canadian Cohousing Network(CCN)이 운영되고 있다. 이 단체는 홈페이지에서 회원이나 대표자들에게 이익이 배분되지 않으며, 수익은 코하우징의 목적을 홍보하는 데만 사용되고, 이 규정은 앞으로도 변경할 수 없음을 선언하고 있다. CCN의 운영 목표는 다음과 같다.

- 캐나다 전역에 코하우징 커뮤니티 개발을 촉진한다.
- 코하우징의 의미와 유익함에 대하여 대중, 정부, 건축전문가들의 인식을 높인다.
- 코하우징 커뮤니티를 만들 수 있도록 교육을 제공한다.

---

16) 본 내용은 https://cohousing.ca(2023년 6월 30일 인출)에서 제공하고 있는 정보를 요약한 것이다.

- 코하우징에 관심이 있는 사람들이 연결될 수 있도록 돕는다.
- 코하우징 전문가에 의한 인증 등을 통해 코하우징의 표준을 만들어 간다.
- 코하우징 커뮤니티를 개발에 참여하고 있는 사람들에게 관련 자원과 지원서비스를 제공한다.

CCN은 캐나다 전역의 코하우징 커뮤니티를 회원으로 하여 운영한다. 회원가입을 위해서 갖추어야 하는 공통 요소는 다음과 같다.

참여적 과정(Participatory process)

입주자들의 욕구와 부합할 수 있도록 커뮤니티의 기획과 설계과정에서 입주자들이 참여한다.

공동체 지향 디자인(Neighborhood design)

물리적 디자인이 커뮤니티에 소속감을 높이면서 동시에 개별성이 존중되도록 한다.

공용공간이 가미된 개별주택
(Private homes supplemented by common facilities)

공용공간은 매일 사용할 수 있도록 설계되며, 이 공간은 커뮤니티를 통합하는 기능을 할 수 있도록 한다. 공용공간에는 공용 식당, 이야기를 나누는 공간, 아이들의 놀이터, 방문객을 위한 숙소, 정원 등이 포함될 수 있다.

수평적 의사결정 구조(Non-hierarchical structure and decision-making)

커뮤니티는 어느 한 사람의 지도하에 운영되지 않는다. 커뮤니티를 만드는 과정에서 회의를 요청하고, 필요한 자금을 조달하는 등의 적극적인 역할을 하는 사람이 있는 경우에도 의사결정이 이 사람에게 의존하지 않아야 한다.

생업 수단 커뮤니티가 아님

(The community is not a primary income source for residents)

커뮤니티에 입주자들의 수입을 목표로 운영되는 공동 회사 등이 존재하지 않는다.

CCN의 회원이 되면 CCN 웹사이트를 통해서 각 코하우징 커뮤니티의 홍보 자료와 동향을 공유할 수 있으며, 입주자 모집 등의 필요한 광고를 할 수 있다. 또한 각 커뮤니티 입주자의 주택 매매나 임대에 관련된 정보를 공유할 수 있다. CCN 담당자는 코하우징에 관심을 가진 사람들에게 관련 정보와 인근 지역의 코하우징 커뮤니티를 소개하는 등의 홍보 역할을 한다.

2) 코하우징 커뮤니티의 사례들

CCN에 가입된 코하우징 커뮤니티는 안정적으로 운영 중인 17개, 건축을 완료하고 입주자를 모집 중인 14개, 개발 또는 건축 중인 경우가 9개 등으로 계속 확대되고 있다. 이들 중 2개의 커뮤니티를 소개하면 다음과 같다.

(1) 밴쿠버 코하우징(Vancouver Cohousing)[17]

2016년에 문을 연 31가구로(29개 분양 주택, 2개 임대주택) 구성된 코하우징으로 밴쿠버 도심에서 도보로 닿을 수 있는 거리에 자리 잡고 있다. 침실의 수가 1~4개에다 욕실과 부엌이 포함된 다양한 크기의 개별주택이 있으며, 공용공간에는 조리실, 식당, 라운지, 어린이 놀이공간, 사무공간, 게스트룸, 요가 공간, 지붕이 있는 정원 등이 있다.

---

17) https://www.vancouvercohousing.com(2023년 6월 30일 인출)에 소개된 내용을 요약한 것이다.

(2) 자폐증 친화 코하우징(Abundant life autism)[18]

자폐증 또는 이에 준하는 장애를 가진 사람들과 그들의 부모, 형제자매, 법적 보호자 등이 가정을 이루어 사는 사람들을 위한 기독교 정신에 기반하여 운영되는 Alberta 주 Calgary 시에 소재한 커뮤니티이다. 자폐증을 가진 사람에 대한 개별적인 서비스를 제공하는 기능을 갖추고 있지는 않으며, 지원서비스는 각 가족 단위로 해결하도록 하고 있다. 대신에 자폐증을 가진 사람들이 안전한 삶과 사회 활동 참여를 추구하면서 커뮤니티 가족들 간의 교류와 관계의 발전을 목표로 하고 있다. 이를 위하여 각 가족이 자연스럽게 교류할 수 있도록 건물을 설계하였고, 구체적으로는 부엌, 정원, 세탁소, 오락 시설 등을 별도의 공동 공간으로 만들었다.

4. 원주민 당사자 주도의 아동 및 가족지원 (Native Child and Family Services of Toronto, NCFST)[19]

1) 개요

NCFST는 토론토 지역에 거주하는 원주민들의 문화를 존중하면서 아동과 가족을 지원하기 위하여 설립되었다. 1986년 개인이 출자한 8만 달러를 기반으로 토론토 원주민 지역사회 구성원들에 의해 설립되었다. 아동 및 가족 서비스 법(Child and Family Services Act)에 의해 토론토 시의 지원을 받으면서 운영되는 비영리단체이다. 토론토 지역의 원주민은 총 60,000명이며, 이들 중 45,000명은 인디언 등으로 살아가면서 공식적인 지위를 가지지 못하고 있다. NCFST는 이들에 대하여 아동부터 노인에 이르기까지 전 연령에 대하여 빈곤, 정신건강, 실업,

---

18) https://sinneavefoundation.org/news/abundant-life-autism-2/(2023년 6월 30일 인출)에 소개된 내용을 요약한 것이다.

19) 본 내용은 https://nativechild.org(2023년 6월 30일 인출)의 내용과 이영아 등(2019)의 자료에서 발췌, 요약한 것이다.

노숙 문제들에 대하여 문화적으로 안전한 환경에서 서비스를 제공한다. 2004년 부터는 아동복지를 원주민 문화에 맞게 운영할 수 있도록 원주민 사회가 운영을 책임지는 것으로 전환하였다. NCFST는 원주민 문화에 기반한 통합적이면서 예방적인 서비스를 제공하는 아동중심, 가족 중심, 지역사회 주도의 기관이다.

2019년 기준 토론토 전역 18개 장소에서 337명의 직원이 광범위한 서비스를 제공하고 있다. 1개의 아동 및 가족 생활 센터(Child and Family Life Center), 2개의 아동 및 가족 센터(Child and Family Centers), 1개의 원주민청소년지원센터(Native Youth Resource Centre) 등의 기관을 중심으로 원주민을 지원하는 다양한 서비스가 제공되고 있다. NCFST에서 일하는 일반 직원의 51%가 스스로 원주민으로 생각하는 사람이며, 관리직 직원의 51%도 원주민으로 구성되어 있다.

2) 수행 내용

원주민 아동 및 가족 (생활) 센터(Child and Family (Life) Centres)

0~6세 아동의 보호자들에게 상호교류 활동, 문화 전수, 원주민 언어 학습, 정보제공 등의 종합적인 서비스를 제공하는 허브 기관이다. 대표적인 서비스는 다음과 같다.

- 사진, 가죽공예, 보석만들기, 그림 등 다양한 예술적 표현 방법을 알려주는 문화개발(awakening our creative spirits) 프로그램
- 30명의 아동에 대한 방과후 돌봄과 함께 학교 숙제를 봐주는 방과후 프로그램(after school program)
- 40명의 원주민 사회 구성원들이 저녁식사, 문화활동, 문화교류를 위하여 매주 1회 모이는 문화의 밤(culture night)

원주민 아동 양육 조기지원 센터(EarlyON Centres)

0~6세 아동과 부모들이 함께 참여하여 전통 문화를 배우고 체험하는 서비스와 함께 아이들의 옷 나눔, 아동 발달에 관한 정보와 장남감 대여 등의 서비스를 제공한다.

원주민청소년지원센터(Native Youth Resource Centre)

1992년에 시작된 서비스로 원주민 출신 청소년들의 실업, 노숙 등의 문제에 대응하기 위하여 문화 프로그램, 여가활동 등과 함께 센터 수시 방문자를 위한 서비스(drop-in services)를 통해 써클모임, 식사, 고용정보 제공, 컴퓨터 사용 등의 다양한 활동을 제공한다. 센터에서는 별도의 주택을 확보하여 원주민 청소년들에게 전환 주거(transitional housing)를 통해 개별적인 사례관리를 포함여 식사와 세탁 등의 지원을 제공한다.

원주민 헤드 스타트(Head Start) 센터

2.5세부터 6세 사이의 원주민 아동과 그 가족에게 학교에 입학하기 전에 원주민 정신을 유지할 수 있도록 교육, 문화와 언어, 사회, 건강, 영양, 부모참여 등에 관련된 조기 지원을 제공한다. 이를 위해 토론토시의 권역별로 4개의 Head Start 센터를 운영한다.

원주민 데이케어 센터(Daycare Centres)

오전 7시부터 오후 6시까지의 유치원 프로그램과 함께 학령기 아동들에게는 학교 가기 전과 방과 후 서비스를 제공한다.

부모지원(Parenting Supports)

0~6세 아동과 부모에게 가족 기반으로 욕구를 평가하고 사례관리 서비스를 제공한다. 일대일 상담, 가정방문, 집단 부모교육, 센터 수시 방문 프로그램 등을 제공한다.

치료 서비스(Clinical Services)

개인과 가족에 대한 상담, 그룹워크, 사례관리 서비스, 가족치료 등을 제공한다.

가정폭력 예방(Holistic Family Violence Prevention)

원주민 사회의 믿음에서 비롯되는 가정폭력에 종합적으로 대응하고, 가정 폭력 피해자에게 사례관리와 지지적 상담을 제공한다.

📖 참고문헌

이영아·김옥기·문인주·임은경·김혜옥·정장엽. 2019. 캐나다 가정폭력피해자 지원 체계 비교분석을 통한 자립지원 방향성 구축. 한국사회복지사협회·삼성·사랑의열매.

장지훈. 2022. "지역 소상공인과 저소득층 결식가정을 돕는 '기부 벽' 프로그램 (캐나다 캘거리 市)." 서울연구원 홈페이지(http://www.si.re.kr/node/65493)에서 2023년 6월 30일 인출.

허민숙. 2020. "조손가정 지원을 위한 미국의 네비게이터 프로그램 운영사례 및 시사점." 현안 분석(국회입법조사처), 134: 1 – 15.

황인매·김용득. 2014. "성인돌봄서비스 품질관리제도의 다양한 모습: 스웨덴, 영국, 미국, 싱가포르, 일본, 한국의 비교를 중심으로." 한국사회복지행정학, 16(2): 93 – 125.

황종남. 2019. "캐나다 사회보장제도의 이해." 캐나다학 연구, 25(1): 41 – 50.

DHHS(Department of Health and Human Services). 2012. *The Affordable Care Act for Americans with Disabilities*. Washington, D. C.

Food Bank Canada. 2021. *Hunger count: 2021 report*. Ontario: Food Banks Canada.

Green, M., Moore, H. and O'Brien, J. 2006. *When people care enough to act*. Tronto: Inclusion Press.

Hirdes, J. P. and Kehyayan, V. 2014. "Long−term care for the elderly in Canada: progress towards an integrated system." In *Regulating long−term care quality: an international comparison*. edited by Mor, V., Leone, T. and Maresso, A. Cambridge University Press. 67 – 101.

Rans, S. A. 2005. *Hidden treasures: building community connections by engaging the gifts of: people on welfare, people with disabilities, people with mental illness, older adults, young people*. Evanston, IL: Asset−Based Community Development Institute.

ScottHanson, C. and ScottHanson, K. 2004. *The Cohousing handbook: building a place for community*. Gabriola Island: New Society Publishers.

08 유럽의 사례

section 01 영국

　영국[1]에서 돌봄서비스의 담당 중앙부처는 보건과 돌봄부(Department of Health and Social Care)이며, 중앙정부의 역할은 서비스의 골격과 제공절차 등의 광범위한 영역에 대한 서비스 지침을 개발하고 이를 지방정부에 제시하는 것이다. 지방정부의 돌봄서비스는 사회서비스국에서 담당하며, 각 지방정부는 중앙정부의 지침 범위 내에서 구체적인 재량 권한을 행사하며, 서비스 집행을 담당한다.

　1970년대까지 영국 돌봄서비스의 주류는 공공부문이었고, 민간부문이나 가족의 역할은 보조적 위치에 불과하였다. 이러한 흐름에 변화를 가져온 계기는 1990년 National Health Service and Community Care Act(NHSCCA)의 제정이며, 이 법으로 운영되는 커뮤니티케어 제도는 시장원리의 채택, 지방정부에 서비스 제공책임 이양, 케어매니지먼트 체계의 구축, 공급주체의 다원화 등으로 요약된다. 이 제도는 성인 취약계층의 서비스 집행방식과 내용을 포함하고 있으며, 주요 대상은 장애인, 노인, 정신장애인 등이다. 1997년 집권한 노동당 정부는 보수당 정부에 의해 구축된 커뮤니티케어의 시장화와 민영화의 기본적인 골

---

1) 영국 대인사회서비스 개요는 황인매와 김용득의 논문(2014), 김용득의 논문(2019)에서 발췌, 요약한 것이다.

격은 크게 변화시키지 않으면서 서비스의 안정성을 높이고, 이용자의 안전한 선택을 보증하기 위해서 서비스 질 향상과 품질관리를 강조하였다. 이런 영향으로 품질관리법(Care Standard Act 2000)이 제정되었다.

인구 고령화 등으로 욕구는 지속적으로 증가함에도 재정은 증가하지 않거나 2010년 전후로 오히려 감소하는 상황에 이르게 되었다. 자원이 부족한 상황에서 이용자격제도를 통한 자원 할당 결정은 기준의 경계에 있는 사람들이 아무런 서비스도 받지 못하게 되고(all or nothing), 욕구 평가와 서비스 제공에서 강점보다는 결함에 집중하게 만드는 문제가 지적되었다. 이런 상황에서 지방정부는 이용자격제도를 적용하여 서비스를 받을 자격이 되는 사람과 되지 않는 사람으로 구분하여 자격이 되는 사람에게 서비스를 제공해 왔던 전통적인 역할을 유지하기 어려운 상황이 되었다.

이에 대해서 Care Act 2014를 통해서 한편으로는 이용자격제도를 적용하여 안전을 위협하는 수준의 중대한 욕구를 가진 사람들에게 유연한 서비스를 제공하면서, 동시에 자원의 제약으로 서비스를 제공하지 못하는 사람들에게 필요한 정보를 제공하고 다방면으로 대응하고 있다. 후자에 관련된 지방정부의 역할은 Care Act 2014에서 자산(asset) 접근, 강점(strength) 접근으로 명시되었으며, 이 법령이 시행되면서 자산과 강점 접근을 위한 다양한 시도들이 이루어지고 있다. 영국에서의 이러한 변화는 서비스 이용자와 제공자가 함께 서비스를 기획

표 8-1 영국 사회서비스의 변화의 3단계

1970년대	1990년대	2010년 이후
누구에게 제공되는 (doing TO)	누구를 위하여 제공되는 (doing FOR)	누구와 함께 제공되는 (doing WITH)
Old Public Administration model	New Public Management model	New Governance model
사람에게 제공되는 서비스는 잘 정의된 규칙과 구조에 따라 운영된다.	서비스는 고객을 위하여 시장에서 거래되는 것과 같이 개인 맞춤으로 제공된다.	서비스 제공조직과 이용자는 상호협력하는 관계에서, 상호조정하면서 다양한 모습으로 서비스가 진행된다.
전문가가 최선이 무엇인지를 안다.	고객이 최선이 무엇인지 안다.	우리가 함께하면서 최선이 무엇인지 안다.

출처: Oxfordshire County Council, 2019.

하고 전달하는 공동생산(co-production)을 강조하게 되는 시대적 배경이 되고 있다. 1970년대 이후의 국가 주도적 접근, 1990년대의 시장 기반 접근, 2010년 대 이후의 공동체적 접근 등으로 이어지고 있는 영국에서의 서비스 제도의 변화는 〈표 8-1〉과 같이 구분될 수 있다.

강점 접근, 자산접근이 강조되는 상황에서 전통적인 돌봄서비스 영역에서도 지역사회 기반의 공동체 접근이 강조되면서 이에 기반한 돌봄서비스 원리가 〈표 8-2〉와 같이 제안되고 있다.

표 8-2 지역사회 기반 서비스의 원리: Making It Real

영역	원칙	이용자의 권리	제공조직의 책임
행복과 자립 (Wellbeing and independence)	내가 원하는 삶을 살고, 안전하고 편안함을 유지한다.	나에게 원하는 삶을 살고, 나에게 중요한 일은 최대한 자립적으로 한다.	개인별 지원을 통해 이용자의 웰빙과 자립이 높아지도록 한다.
정보와 조언 (Information and advice)	내가 필요할 때 원하는 정보를 받는다.	나는 나의 삶을 고민하고 계획을 세우는 데 필요한 정보는 받을 수 있다.	이용자에게 필요한 정확한 정보를 개인의 필요에 잘 맞추어서 가능하면 직접 만나서 제공한다.
지지적 지역사회 (Active and supportive community)	가족, 친구, 지역사회 사람들과 접촉을 유지한다.	나는 관심이 비슷한 사람들과 만날 수 있고, 다양한 사람과 교제할 수 있다.	이용자가 알고 지내던 사람들과 관계를 유지하면서 새로운 사람을 만나는 기회를 제공한다.
유연하고 통합적인 지원 (Flexible and integrated care and support)	개인에 대한 지원은 그 사람에게 맞게 제공된다.	나는 능력과 장점을 가진 사람으로 존중 받으면서 내가 원하는 스타일로 살 수 있도록 지원받는다.	이용자에게 제공되는 모든 서비스는 하나의 개인별 지원계획 아래 잘 통합되고 조정된다.
변화에 대한 대응 (When things need to change)	지속적으로 이용자 스스로의 통제가 유지된다.	중요한 변화가 예상되는 경우에 이에 대비하도록 지원을 받는다.	이용자가 예상되는 변화에 잘 대응하면서 준비된 결정을 하도록 지원한다.
지원인력 (Workforce)	돕는 사람은 필요한 자질이 보증되어야 한다.	나를 역량과 장점을 가진 사람으로 존중하는 사람으로부터 서비스를 받는다.	서비스 인력들이 이용자의 개성과 강점을 존중하는 문화를 만든다.

출처: Think local act personal, 2018.

1. LAC(Local Area Coordination)

1) 배경

LAC는 1980~1990년대에 서부 호주 지역에서 발달장애인을 지원하는 방법으로 등장하였으며, 이후에 신체장애인 영역을 포괄하면서 호주의 다른 지역으로 확산되었다. 서부 호주에서 LAC가 시작된 구체적인 배경은 시골 지역이나 소도시에 사는 장애인들이 대도시에 존재하는 서비스를 이용하기 위해서 가족과 지역사회를 떠나는 문제에 대한 대응 필요성이었다(Vincent, 2010). 이 접근은 영토는 넓고, 인구밀도는 낮은 서부 호주 지역의 지리적 특성이 반영된 것이면서 (Bartnik and Broad, 2021), 강점기반의 철학에 바탕으로 두고 지역의 협력을 토대로 지역사회 자원 활용과 서비스의 혁신을 추구한다.

2000년에 스코틀랜드에서 발달장애인 지원을 위한 방안으로 추천되면서 도입되었고, 2009년에 스코틀랜드 지역의 26개 지방정부에서 80명의 코디네이터가 일하는 상황이 되었다. 잉글랜드와 웨일즈 지역에는 2010년 이후에 도입되었는데, 이는 예산 감축(austerity) 상황에서 Care Act 2014에서 지역사회 자원의 활용을 강조하기 시작한 시점과 관련이 있다(Lunt, et al., 2020). LAC는 정부가 National Local Area Coordination Network에 대한 지원을 시작하면서 영국 전역으로 확산되기 시작했다.

2) 내용

LAC 코디네이터는 대개는 지방정부에서 고용하며, LAC를 이용할 수 있는 사람은 지방정부가 제공하는 공적 서비스 이용 여부와 관계없다. 이 서비스는 지방정부가 공식적으로 행하는 사정 체계와 관계없으며, 직접 서비스 제공을 포함하지 않으며, 기존 돌봄서비스 체계에 맞추려고 하지 않는다는 특징이 있다 (Bainbridge and Lunt, 2021). LAC는 문제에 대한 실제적 대안을 모색하면서, 조정자들은 가족이나 친구가 적절하다고 생각하는 방법으로 문제해결을 돕는다. LAC는 사람들이 스스로 할 수 있는 일과 친구, 가족, 지역사회가 제공할 수 있는 도움을 강조한다. LAC를 통해서 추구하는 성과는 다음과 같다(Bartnik and Broad, 2021).

- 풍요롭고 충만한 삶, 자연스러운 지지적 관계, 시민성, 기여, 가족 적응력
- 통합적, 지지적이면서 더 좋은 자원을 가진 지역사회
- 서비스 시스템의 변화와 자원의 효과적인 사용, 사람과 지역사회의 높은 파트너십, 비공식 또는 지역사회 중심 문제해결을 대체하는 것이 아닌 보완 또는 지원

LAC의 각 코디네이터는 8,000~12,000명 인구 지역을 담당하며, 지역사회에서 고립되어 있거나 공적서비스가 꼭 필요한 위기 상황에 있는 사람들을 발굴하고, 이들을 공적 서비스에 의뢰하기 전에 지역사회 자원 활용을 통해서 자신들이 원하는 바에 맞게 살아갈 수 있는 방안을 모색한다. 이를 위하여 개인과 지역사회의 역량, 기술, 지식, 연결, 자원 등을 활용하는 강점기반 접근(strength based approach)을 취한다. 코디네이터는 다양한 지역사회 자원을 '지도화(mapping)'하고 이를 통하여 지역사회의 협력관계를 발전시키는 지역에 기반을 두는, 사람 중심의 성과를 지향하는, 지역 개발을 실천한다(Bainbridge and Lunt, 2021).

2021년 기준 잉글랜드와 웨일즈에서 National Local Area Coordination Network와 협업으로 LAC가 추진되고 있는 지역은 Derby City를 포함하여 총 11개이다.[2] 성과평가를 보면 LAC에 1파운드를 투자하면 4파운드의 사회적 가치(social value)가 구현되는 것으로 나타났는데, 이때 사회적 가치에는 고립의 감소, 사람과의 연결, 신뢰 관계인의 보유, 자신감, 우울의 감소 등과 그 결과로 발생하는 의료비의 감소, 사회보장 탈수급 등도 포함된다(Harflett and Edwards, 2019).

---

2) 본 내용은 Local Area Coordination Network의 홈페이지 https://lacnetwork.org/(2023년 6월 30일 인출)에 제시된 내용을 소개한 것이다.

3) 지역사례: Derby City Council

Derby City Council에서는 2012년에 성인돌봄 유연화(personalisation)의 실행 차원에서 LAC가 시작되었다. 처음에는 두 지역(ward)에서 시작했다가 2019년에는 11개 지역으로 확대되었으며, 2021년에는 17개 지역 전체로 확대되었다.

지방정부, 학교, 비영리단체, 지역주민 등 다양한 주체를 통하여 LAC로 이용자 의뢰가 가능한데, 대부분은 지방정부가 운영하는 보건복지 시스템을 통해서 의뢰된다. 2020년 한 해 동안 LAC에 의뢰된 전체 이용자 중 52.5%는 급성질환으로 병원에 입원했다가 퇴원하면서 이전의 생활기술과 자립을 회복(reablement)하려는 사람들이고, 12.7%는 병원 입원을 하지 않도록 하는 도움이 필요한 사람들이며, 7.7%는 거주시설 입소를 피할 수 있도록 하는 도움이 필요한 사람들이다. 이들의 욕구를 보면 전체 이용자의 75%는 지역사회에서의 고립을 해소하고 싶은 욕구가 있으며, 45%의 사람들은 정부의 공식서비스로부터 도움을 원하고 있으며, 35%는 돈 문제로 재정 관련 상담을 원하고 있으며, 25%는 건강 문제로 보건의료 서비스의 이용을 원하고 있는 것으로 나타났다.

Derby에서 수행한 LAC에 대한 성과평가보고서에서는 다양한 성과를 설명하고 있는데(Derby City Council, 2021), 그 가운데 대표적인 내용을 소개하면 다음과 같다. 첫째, LAC를 통해서 매년 평균 22명이 거주시설에 입소하지 않게 되었고, 거주시설에 입소하는 경우 1인당 주 329파운드가 소요되므로 매년 376,376파운드(329×52주×22명)가 절약되는 것으로 나타났다. 둘째, LAC를 통해 매년 평균 30명의 재택 돌봄서비스 이용이 감소하였는데, 감소된 비용은 평균 1인당 주 109파운드로 나타나서 매년 170,040파운드(109×52×30)가 절약된 것으로 보고되었다. 셋째, LAC를 통해서 도움을 받은 사람들의 39.3%는 정부가 제공하는 임대주택에서 살고 있는데, LAC의 지원을 통해서 집세 체불이 10% 감소하였고, 이웃과의 갈등이 11% 감소하였으며, 집의 파손 등의 문제가 21% 감소하여, 연평균 10가구의 임대주택 입주자들의 퇴거를 감소시킴으로써 퇴거 건수당 5,000파운드가 소요되므로 연간 평균 약 50,000파운드가 절약된 것으로 나타났다.

4) 실제 사례

⑴ 파킨슨 증후군 노인의 지지 네트워크[3]

George는 80세로 60년 전에 인쇄 산업단지가 있는 이곳 Cam & Dursley 지역(Gloucestershire 소재)에 이주하였다. 여기서 Mary를 만나서 결혼했고, 세 아이가 있다. George와 Mary는 좋은 관계를 유지하였고, 몇 년 전 파킨슨병이 발병하기 전에는 활력있는 은퇴 후 시간을 보내고 있었다. 파킨슨병으로 급격히 나빠졌고, 최근에는 집 주변을 간신히 걸을 수 있는 정도이다. 또한 책 읽기나 TV 시청에도 집중하기 어려워지자 정신적으로 어려움을 호소하였다. 게다가 이웃에서 친하게 지내던 친구가 갑자기 사망하면서 자신의 죽음을 예감하고 있다.

George는 집에서 지내기로 했고, 다른 사람의 도움은 싫어하고 Mary에만 의존하였다. Mary도 힘들어하면서도 George의 뜻을 존중하여 외부로부터의 돌봄 도움을 신청하지 않았다. George가 집 계단에서 넘어지면서 심각한 상황이 되었다. 병원에서 퇴원하고 난 후 어쩔 수 없이 주간보호(day care)를 신청하였고, 시의 복지과에서는 LAC에게 지원이 가능한지를 요청하였다.

담당 LAC인 Patrick은 당장 무엇이 필요한지, 어떤 계획이 필요한지 등을 알아보기 위해 George와 Mary를 방문하였다. Patrick은 복지사무소 사람들이 하는 방식과는 다르게 과거에 어떻게 살았는지, 그리고 지금 무엇이 필요한지 등에 대해 진솔한 대화를 나누었다.[4] George는 병이 나면서 이전에 Baily 인쇄 공장에서 함께 일했던 동료들과 만남이 중단되었고, 좋아하는 럭비 경기 관람을 하지 못하게 된 것을 가장 아쉽게 생각하였다.

Baily 인쇄 공장에서 일했던 과거 동료들을 만날 수 있는지 알아보기로 하였고, 그렇게 되면 Mary는 자신만의 시간을 가질 수 있겠다고 하였다. 그리고

---

3) Broad(2012: 36-38)에서 요약한 것이다.
4) 도움이 필요한 사람들 만나는 초기과정을 제도적 서비스에서는 사정(assessment)이라고 하고, LAC는 이 과정을 탐색(trial)이라고 칭한다.

그 동료들과 함께 럭비 경기를 관람하러 가는 방법도 알아보기로 하였다. Patrick은 자신이 알고 지내던 Baily 인쇄 공장 사우회 회장을 맡고 있는 David를 접촉하였다. David는 사우회 회원 중 정기적으로 봉사에 참여할 수 있는 80대 사람들을 모집하는 방안을 제시하였다. 네 명의 자원봉사자를 확보하여 근처에 레스토랑이나 George의 집에서 함께 시간을 보내게 되었다. 운전이 가능한 사람이 있어 간혹 럭비 경기 관람을 하러 가기도 하였다. 그리고 이들과 부부모임도 함께 하면서, 이를 통해 지지 네트워크를 확장해 나갈 수 있었다. Mary는 Local Area Coordinator를 "상황을 경청하고 이해해준 첫 사람"이라고 표현하였다.

(2) 정신건강서비스 이용자에서 시민으로[5]

Local Area Coordinator인 Anne은 불안장애를 겪고 있는 Carl을 담당 의사로부터 소개받았다. Carl은 가족이나 동료들과 잘 지내기 어렵고, 거의 종일 집에서 지냈다. 부인과 딸이 있는데, 특히 딸과 소통하는 데 어려움이 있었다. 아버지와 누나가 있지만 거의 연락 없이 지낸다. 그는 수면 무호흡증이 있어서, 직장생활에 어려움을 느끼면서 직장을 그만두게 되었다.

Carl의 요청에 따라 Anne은 집으로 그를 방문하였다. 그는 낯선 사람과의 면담이 불편하여 부인을 동석하게 하였다. 첫 면담에서 Carl이 자신이 겪고 있는 현재의 어려움, 어려웠던 유년 시절, 아버지와 누나와의 관계 등에 대해서 편안한 대화를 나누었다. Carl은 자신이 가장 행복했던 시절은 Bingo Hall에서 일했던 때였다고 말하면서, 직장생활이 재미있었고, 동료들과도 잘 지냈다고 하면서, 새롭게 일을 시작해 보고 싶어 했다.

이후에 Anne은 Carl의 가족을 몇 차례 더 만났고, 신뢰가 만들어져 갔다. 그러다가 Carl이 집 근처에서 활동하는 Men's Support Group에 참여하는 아이디어를 생각하게 되었고, Carl은 Anne과 함께 모임에 참석해 보기로 하였다.

---

5) Bartnik와 Broad(2021: 67−68)의 내용 일부를 요약한 것이다.

Carl은 처음에는 불편해했지만, 시간이 지나면서 편안한 마음으로 자신의 현재 생각과 미래 원하는 바를 표현할 수 있게 되었다. 그리고 이 모임에서 Bert라는 한 남성과 친한 사이가 되었다. 두 사람은 몇 사람들과 함께 WhatsApp[6] 그룹 대화방을 만들어서 이야기를 나누었다. 이 대화방에 한두 사람씩 더 참가하면서 규모가 커졌고, 투표를 통해서 Carl이 Mental Health First Aider[7]로 지명되었다. 그는 연수 기회를 찾아 훈련을 받았고, Mental Health First Aid 자격증을 받았다. 이를 계기로 Carl은 다른 그룹에 촉진자로 활동하는 기회가 많아졌고, 이를 통해서 전문가들과도 이야기를 나누는 기회도 많아졌다.

2. 캠프힐 마을(Camphill Village)

1) 개요

1940년에 오스트리아 출신의 유대인이었던 소아과 의사 칼 쾨니히(Karl König)가 스코틀랜드의 애버딘으로 망명해 오면서 캠프힐 운동이 시작되었다. 캠프힐은 루돌프 슈타이너(Rudolf Steiner, 1861-1925)가 표명한 기독교적 이상으로부터 영감을 받았으며 장애나 종교적 배경, 인종 등과 상관없이 각각의 인간은 정신적인 완전성을 가진다는 생각에 기초한다. 캠프힐 운동이 처음 시작되었던 애버딘에 있는 7개의 캠프힐을 포함하여 세계 20여 개국에 100여 개가 넘는 공동체가 운영되고 있다. 캠프힐 공동체는 일반적으로 작은 집들이 모인 교외에 유닛 단위의 각 가정으로 구성되고 있으며, 영국에는 약 73개의 시설에서 3,000여 명이 이러한 공동체에 살고 있다(이정주·이선우, 2017).

---

6) 모바일 메신저로서 로그인 없이 전화번호만 등록하고 데이터 통신을 통해 비용 없이 무제한으로 메시지를 주고받을 수 있다. 우리나라 카카오톡과 같은 것으로 볼 수 있다.

7) MHFA(Mental Health First Aid)는 신체적 위험에 대응하는 응급구조와 마찬가지로 정신질환이나 약물중독의 초기 발병이나 증상에 대처할 수 있도록 일반인에게 훈련을 제공하는 제도이다. 이 훈련은 2일 정도의 학습 세션을 갖고, 학습 웹사이트를 활용하여 복습하도록 한다. 다루는 주제는 정신질환이 무엇인지, 위험 신호는 어떤 것이 있는지, 정신질환은 어떻게 다양하게 나타나는지, 위험 상황에서 어떻게 대응할 것인지 등이다 (https://mhfaengland.org에서 2023년 6월 30일 인출).

캠프힐은 도움이 필요한 사람과 도움을 주는 사람 사이의 관계에서 출발하여, 도움이 필요한 사람들을 위한 어떤 특수한 시설이 아닌, 다양한 사람들이 모여 서로 도와가며 사는 곳으로서 비록 혈연에 의해 맺어진 가족은 아니지만 공동체의 정신에 의해 맺어진 하나의 가족으로 공동체 내 순수한 인간과 인간 간의 만남을 기초로 공동생산과 공동 분배를 하며 구성원 상호 간의 도움을 주는 것을 중요시한다. 이를 위해 자급자족을 위한 공동 가사 공간과 작업장이 함께 있으며, 가정과 작업장에서 장애인은 함께 일하는 비장애인에게 도움을 받지만, 장애인도 비장애인을 위해 무언가 도울 수 있고, 그에 감사함으로써 상호 인정받는 것을 체험하며 자존감을 형성하고 있다(이정주·이선우, 2017).

영국 잉글랜드, 스코틀랜드, 웨일즈, 북아일랜드 등에서 운영되고 있는 발달장애인 공동체인 캠프힐은 발달장애를 문제나 고쳐야 할 대상으로 보지 않고 발달장애를 자연스럽게 받아들이는 것을 신념으로 공유면서 하나의 마을에 대략 90명의 발달장애인이 살고, 200여 명의 직원과 봉사자가 함께 생활한다. 마을에는 40~50채의 집이 있고, 이 집에 장애인과 비장애인 6~7명이 가구를 이루어 공동생활을 한다. 낮 시간의 생산 활동은 10여 개의 작업장에서 이루어지는데 제빵작업장, 제과작업장, 농업일터, 목공일터 등 다양하게 구성된다. 대안 공동체를 구성하는 삶의 단위가 되는 각 가정은 대부분 정부가 시행하는 서비스 제도인 케어홈으로 인가되어 있으며, 공동생산의 장인 작업장도 정부 제도인 데이서비스(day services)를 제공하는 기관으로 지정되어 운영된다. 대안 공동체의 이념을 중심에 놓고 지역사회기반의 정부 서비스가 조직된 예라고 할 수 있다.

캠프힐의 공동체 철학을 유지하기 위하여 친교의 밤(The Bible Evening), 교육회의(The College Meeting), 공유의 준칙(The Fundamental Social Law) 등 캠프힐의 세 축(three pillars of Camphill)이 실행된다(McKanan, 2020).

친교의 밤(The Bible Evening)

매주 토요일 저녁에 전 세계 캠프힐의 각 가정 구성원은 한 자리에 모여 간단한 식사를 마친 후 같은 성경 구절을 읽고 난 뒤 약 15분 간 그 구절을 묵

상한 후 참석자들은 일상의 현실에서 벗어나 자유로운 분위기 속에서 복음 및 공동체와 관련된 이야기들을 나눈다. 캠프힐이 전 세계로 뻗어 나가면서 기독교가 생소한 국가의 경우나 다른 종교를 믿는 이들의 경우에는 그들의 종교에 따라 묵상하고 나누는 것 또한 가능하다. 이 모임의 중심은 특정 종교 활동이나 의식에 있는 것이 아니라 공동체 구성원들이 한자리에 모여서 자신과 공동체를 돌아보는 시간을 가지고 유대감과 친밀감을 가지는 것이다.

교육회의(The College Meeting)

개별 장애인에 대한 이해를 심화하기 위해 운영되는 모임으로 장애인 개개인의 필요에 적절한 치료 방법을 찾기 위해 모든 전문가가 협력한다. 일 년에 한두 번 한 명의 장애인을 중심으로 장애인이 생활하는 데 연관된 모든 전문가가 한자리에 모여 모임 진행자가 발달장애인에게 일반적인 생활에서부터 가정, 작업장, 여가활동에 대하여 질문하고, 발달장애인 당사자가 대답하고, 참석한 다른 전문가들이 의견을 덧붙이는 방식으로 진행된다.

공유의 준칙(The Fundamental Social Law)

일에 대한 동기가 임금의 많고 적음이 아니라 다른 사람을 위한 사랑과 다른 사람의 요구에 부응하는 것이 되어야 한다는 의미이다. 이에 따라 코워커들은 정기적인 임금을 받지 않고 각자에게 필요한 재정적 지원을 받는 것에 동의하고 있다. 장기 봉사자가 공동체를 떠날 때는 공동체 내 생활 기간과 개인의 필요에 따라 재정지원이 행해진다.

캠프힐 공동체는 자본주의적인 속성과 속도에 발달장애인의 생각과 속도를 맞추는 것이 아니라 발달장애인의 생각과 속도에 맞는 공동체를 만들자는 것이다. 발달장애인이 행복하려면 경쟁적인 지역사회에서 적응하라고 하는 것보다는 진정한 삶의 관계를 경험하는 공동체가 더 적합하다고 본다.

2) 운영 사례

(1) Camphill Devon Community: Hapstead Village[8]

영국 잉글랜드 지역의 서비스 평가기관인 CQC(Care Quality Commission)에 케어홈(Carehome), 공유주거(Share Lives), 지원주거(Supported Living) 등 거주서비스 기관으로 등록되어 있는 캠프힐은 6개 기관이다. 이 가운데 Hapstead Village는 30년 전에 100에이커의 넓은 부지에 6개의 분리된 주택에서 48명의 발달장애인이 거주하는 케어홈이다. 활동 시간표에 따라 농작물 가꾸기와 함께 금속공예, 보석공예, 목공, 도자기 만들기, 바느질 등을 통해 다양한 상품을 생산한다. 여섯 집에는 각각 자동차가 1대씩 있어서 인근 지역사회의 행사나 활동에 자유롭게 참여할 수 있다. 정규직원과 해외 자원봉사자들이 함께 세대를 이루어 살아가는데, 자원봉사자는 대개 2년을 거주한다.

(2) Newton Dee Camphill

스코틀랜드 지역 캠프힐의 연합단체인 Camphill Scotland의 회원 기관은 10개이다.[9] 이 중 하나인 Aberdeen 시에 있는 Newton Dee Camphill은 200명이 마을을 이루고 함께 사는데 그 가운데 약 절반의 사람들은 발달장애인이다. 가정생활은 4명에서 16명 사이의 규모로 구성되는 가정을 통해서 이루어진다. 처음 성인 발달장애인이 공동체 가입신청을 하면 일정한 절차를 밟아 2주 정도의 모의 공동체 생활(trial visit)을 한다. 모의 생활이 끝나면 관련 전문가들이 한자리에 모여 이용 여부를 논의하게 된다. 이때에는 새로 입주하는 장애인에 대한 논의도 중요하지만 이미 살고 있는 장애인들과의 관계 및 그들에게 끼칠 영향 등을 고려하는 것에 더욱 큰 비중을 두고 회의가 진행된다.

대부분 사람은 공동체 안에 있는 집과 일터를 출퇴근하며 생활하지만 어떤

---

8) CQC가 2019년에 작성한 평가 보고서(https://www.cqc.org.uk/provider/1-101611954에서 2023년 6월 30일 인출)의 일부를 요약한 것이다.

9) https://www.camphillscotland.org.uk/(2023년 6월 30일 인출)에서 확인할 수 있다.

사람들은 뉴턴디 공동체에 거주하면서 낮에는 다른 근무지나 작업장으로 출근을 했다가 저녁에 집으로 돌아와서 가정생활을 한다.

3) 좋은 공동체의 조건[10]

사람들은 신뢰가 높은 환경에서, 위험을 감수하는 것이 장려되고, 그들의 행동과 기여가 환영받고 인정받을 때 행복해지고, 또한 안전하다고 느끼면서 진정한 삶의 공유가 있는 지속적인 관계를 통해서 성장한다는 사실을 캠프힐은 잘 보여준다. 반면에 캠프힐과 같은 공동체가 갖는 위험도 존재한다. 공동체가 내부에만 관심을 가지고 주변 지역사회나 다른 공동체와 단절되면 고립된 공동체가 될 수 있다. 공동체를 돌봐야 하는 내적 필요와 외부 세계와의 소통이 균형을 이루는 것이 좋은 공동체 유지에 필수적이다. 내면만 바라보는 공동체는 정체성과 통합성을 잃게 된다. 사람들이 진정으로 행복하기 위해 다른 사람들을 필요로 하는 것과 마찬가지로 좋은 공동체가 유지되려면 다른 공동체가 필요하다.

3. 공유주거(Shared Lives)

1) 개요

공유주거(shared lives)는 지원 서비스가 필요한 성인이 돌봄 제공자의 집에 입주해서 함께 살거나 정기적으로 방문하여 집과 가정생활을 공유하는 서비스이다. 공유주거는 외로움을 해소하고, 고립을 줄이며, 병원 입원이나 정서적 고립 상황으로부터 회복될 수 있도록 돕는 방법이다. 공유주거는 이용자의 집에서 함께 거주하는 경우도 있고, 서비스를 제공하는 사람의 집에서 거주하는 경우도 있다. 영국에서는 서비스 평가기관인 CQC(care quality commission)의 감독을 받기 때문에 소형거주시설이라 할 수 있지만, 서비스가 제공되는 방식에서는 거주시설이라 보기 어려운 면도 있다(Shared Lives Plus, 2018). 처음에는 거주를 제공

---

10) 본 내용은 https://citizen−network.org/library/power−and−love.html에 소개된 Duffy(2015)의 "Power and love."를 요약한 것이다.

하는 목적이 주를 이루었다가 이후 낮 활동 지원, 단기휴식의 제공까지 확대되었는데, 이들 세 유형은 다음과 같다.

함께 살기(living arrangements)

돌봄이 필요한 사람이 돌봄 제공자와 그 가족이 거주하는 곳에 이주하여 가족생활과 지역사회 활동을 함께 한다.

낮 활동 지원(day support)

돌봄 제공자의 집에서 돌봄이 필요한 사람이 필요한 도움을 받는다.

단기휴식(short breaks)

하루 또는 몇 주 동안 돌봄이 필요한 사람이 돌봄 제공자의 집에 거주하면서 지원을 받는다.

잉글랜드 지역 2016/2017년[11] 기준 공유주거 이용자는 11,610명이며, 주거(함께 살기) 6,420명(55%), 낮 활동 지원 2,230명(19%), 단기휴식 2,960명(25%) 등이다(Shared Lives Plus, 2018). 이용자를 연령대별로 보면 16~17세 90명(1%), 18~24세 1,800명(15%), 25~64세 7,510명(65%), 65세 이상 2,210명(19%) 등이다. 인구집단별로 보면 지적장애 8,240명(71%), 정신장애 750명(6%), 자폐성 장애 580(5%), 노인 360명(3%), 다른 장애가 중복된 지적장애 200명(2%), 신체장애 440명(4%), 치매노인 410명(3%), 기타 630명(5%) 등이다.

공유주거 이용자의 만족도는 계속 긍정적인 것으로 평가되고 있음에도 불구하고, 이용자 수는 매년 5% 내외로 감소하고 있는데, 이는 정부 예산의 감소에 따른 것으로 보인다. 2020/21년 기준 공유주거 이용자는 8,651명으로 전년도 9,256명보다 7% 감소하였다. 8,651명의 이용 서비스 유형은 주거(함께 살기)

---

11) 영국의 회계연도는 4월부터 다음해 3월까지이다. 2016/2017은 2016년 4월부터 2017년 3월까지의 1년 기간을 의미한다.

5,717명(66%), 낮 활동 지원 1,289명(15%), 단기휴식 1,659명(19%)이다(Shared Lives Plus, 2022).[12] 2016/2017년의 이용 유형과 비교하면 주거(함께 살기)의 비율이 높아지고, 낮 활동과 단기휴식의 이용 비율이 낮아졌다. 잉글랜드 지역 2016/2017년 공유주거 관리기관(shared lives scheme)은 132개 기관이었고, 여기서 일하는 전담 인력은 총 810명이었다(Shared Lives Plus, 2018). 2020/2021년에는 관리기관은 총 122개로, 전담 인력도 510명으로 감소하였다(Shared Lives Plus, 2022). 케어홈이나 지원주거를 통하여 지적장애인을 지원하는 데 1인당 연간 60,000파운드, 정신장애인 28,000파운드가 지출되는 반면, 공유주거에서는 지적장애인 1인당 34,000파운드, 정신장애인 20,000파운드가 지출되는 것으로 나타났다(Harflett and Edwards, 2019).

2) 사례[13]

(1) 이용자 사례

James는 47세 지적장애인으로 간질이 있다. 그는 2010년 공유주거에 입주하기 전에는 간질이 있는 사람들을 위한 거주시설에서 살았다. 그는 일반가정에서 살아본 적이 없어서 요리, 청소, 쇼핑 등 가정생활에 필요한 일을 경험해 본적이 없다. James는 공유주거 제공자인 Andy를 만나면서 시설에서 나와 공유주거로 이사했다. 두 사람이 함께 살면서 가정생활에 필요한 일을 함께하였고, 이를 통해서 James는 가정생활에 필요한 경험과 기술을 쌓아갔다. 이런 생활을 5년 정도 하면서 2015년에 James는 자신의 집에서 독립적으로 살아보는 결정을 하였다. James는 도움이 필요할 때 Andy의 지원을 받기 위해서 전에 살던 집에서 가까운 곳에 집을 마련하였다. 하지만, Andy의 집에서 쓰던 방을 그대로 유지하면서, 필요할 때 언제든지 자기가 쓰던 방에서 시간을 보낼 수 있었다. James는 Andy와 함께 지역사회 활동을 확장해 갔으며, 두 사람은 함께 'Local

---

12) 각 서비스 유형 이용자 수의 합과 전체 이용자 합계가 일치하지 않는데, 이는 연중에 서비스 이용 유형을 변경한 사람을 중복으로 합산하였기 때문으로 보인다.

13) 이용자와 직원의 사례는 Shared Lives Plus(2018)에 제시된 내용 중 일부를 요약한 것이다.

Social'이라는 지역사회 모임 공간을 열어서 함께 운영하면서 지역에서 고립된 사람들과 교류하고 있다.

(2) 공유주거 관리기관(Shared Lives Scheme)의 사례

Sarah Storer는 Derby 지역에서 비영리단체가 운영하는 공유주거 관리기관에서 매니저로 일한 지 2년 반이 되었다. 이 관리기관은 지적장애, 자폐성장애, 치매, 신체장애, 정신장애 등을 가진 사람들 143명을 지원하고 있다. 관리기관에 공유주거 코디네이터로 일하는 5명의 직원이 있다. 잉글랜드 지역 공유주거 관리기관의 77%는 지방정부가 직영하고 있으며, 나머지는 비영리단체나 사회적 기업 등의 민간주체가 위탁받아 운영하고 있다.

4. 사회처방(Social Prescribing)

사회처방은 정신적·정서적으로 어려움을 겪는 시민에게 약물 처방보다 비약물적 도움(지역사회 활동 참여 등)을 제공해 건강하고 활기찬 삶을 영위할 수 있도록 하는 방안이다. 많은 시민이 주거·재정·사회환경 등 다양한 요인으로 스트레스를 받고 건강한 삶을 침해당하고 있는데, 대개는 지역거점 의료기관인 GP(General Practice)에서 받는 약물 처방에 의존하고 있다. 하지만 약물 처방은 근본적 치료가 되기 어려우며, 지역공동체와 의료 전문가의 사회적 도움이 필요하다. 이에 따라 영국에서는 사회적 처방 프로그램을 시행하고 있는데, 영국의 의료서비스 제공 기관인 국민건강서비스(NHS)가 비영리 건강 복지 단체 'The Social Prescribing Network' 등과 파트너십을 맺어 진행하고 있다(정기성, 2018).

GP를 비롯해 일선에서 환자를 대하는 의료인이 사회적 처방이 필요한 환자를 사회적 처방 활동가와 연계한다. 사회적 처방 활동가는 'Link Worker', 'Support Broker', 'Community Navigator' 등으로 칭한다. 사회적 처방은 환자를 직접 만나서 대화를 통해서 당사자의 이야기를 경청하며 무엇이 필요한지를 파악하고, 환자의 이야기를 토대로 활동가가 맞춤형 사회적 처방을 제안하고 지원하여 지역 공동체에 참여하거나 새로운 취미활동을 시작하도록 돕는다. 사회처방은 일차 의료기관이 지역사회의 비의료적 자원으로 환자를 의뢰하여 돕는 모든 행위를 지칭하는 포괄적인 용어이며, 구체적으로 보면 크게 네 가지 유형으로 구분하기도 한다(Kimberlee, 2015).

알려주기(Signposting)

사회처방의 모든 유형에 포함된 속성으로 도움받을 수 있는 지역사회 지원 서비스나 프로젝트가 어떤 것이 있는지 환자에게 알려주는 정도의 처방이다. 이 유형에서는 의뢰하는 의료기관과 지역사회 서비스 기관과의 접촉은 미미한 수준이다.

약한 사회처방(Social prescribing light)

사회처방의 가장 일반적인 유형으로 일차 의료기관에서 환자를 특정 목적에 따라 특정 지역사회 프로그램에 의뢰하는 처방으로, 처방에 따른 피드백이나 별도의 점검이 이루어지지는 않는다.

중간 수준 사회처방(Social prescribing medium)

특정 욕구나 행동에 개입하기 위하여 일차 의료기관과 지역사회 서비스 기관이 파트너십으로 운영하는 형태이며, Line Worker에 의해 공식적인 사정이 이루어진다. 이 경우는 의뢰 이후 진행에 대한 피드백과 점검이 이루어진다.

높은 사회처방(Holistic)

특정 욕구나 행동의 변화에 국한하지 않고, 환자의 삶의 전반에 대한 문제에 대한 개입을 목표로 일차 의료기관과 지역사회 서비스 기관이 통합적이고 포괄적인 네트워크를 통해서 다양한 서비스를 함께 제공하는 보건복지 협력 모델이다.

사회처방을 통해서 환자들은 정신적·육체적 건강을 회복할 수 있는 맞춤형 도움을 받을 수 있으며, 기술을 배워 취업할 수 있도록 관련 지원 프로그램 등과 연계될 수 있다. 사회처방은 Link Worker를 통해서 실행되는데, Link Worker는 사람들에게 무엇이 중요한지 스스로 생각하게 돕고, 건강과 웰빙에 대하여 총체적으로 접근하려고 노력한다. Rotherham지역의 5년간의 성과분석 결과를 보면 Social Prescribing에 1파운드를 투자하면 1.98파운드의 성과가 산출되는 것으로 나타났다(Harflett and Edwards, 2019).

5. 지역사회 자산 활용 쌍방향 플랫폼 "Connected Kingston"

1) 배경

돌봄(social care) 영역에서 강점(strengths), 자산(assets), 지역사회(community)가 강조되고 있고, 보건의료(health care) 영역에서도 약물이나 치료보다는 지역사회에 있는 다양한 기회에 참여하는 것이 더 효과적이라는 점에 기반하고 있는 사회처방(social prescribing)이 등장하고 있다. 이런 배경에서 지역사회 자산과 자원을 적극적으로 활용할 수 있는 방안이 필요해졌고, 이를 위해서 다양한 자원을 쌍방향으로 활용하는 플랫폼 마련이 런던 자치구 중의 하나인 Kingston Council(The Royal Borough of Kingston upon Thames)에서 이루어졌다.

2) 내용

Kingston Council의 지원을 받는 KVA(Kingston Voluntary Action)[14]가 주도 조직이 되어 지역 파트너십 형태로 추진하고 있다. 지역사회 다양한 조직이나 단체가 회원으로 가입하여 운영하는 서비스나 활동을 상세히 소개하고, 내용을 주기적으로 갱신하고 있다. 그리고 이 정보를 활용하여 서비스 연계를 제공하고 있다. 이 사이트에 포함되는 내용은 정부에서 재정을 부담하여 제공하는 서

---

14) KVA에 대한 자세한 내용은 https://www.kva.org.uk(2023년 6월 30일 인출)에서 볼 수 있다.

비스뿐만 아니라 민간에서 비용을 받고 제공하는 순수 민간서비스들도 포함하고 있다.[15)]

3) 운영과 활용

자조집단, 여가활동 그룹을 포함하여 지역사회 공공과 민간의 모든 서비스나 단체가 지정된 양식에 자신의 정보를 입력하여 가입하면 검색 대상이 된다. 이 사이트의 회원이 되는 절차는 신청 기관이 등록신청서를 작성하여 KVA에 제출하면, KVA가 승인하여 등록할 수 있는 권한을 부여하고, 등록기관이 스스로 정보를 입력하고, 이에 대하여 운영기관이 확인하는 절차를 거쳐서 정보의 공식성을 유지한다. 지역사회 기관들이 회원에 가입하면 자신의 기관을 지역에 알릴 수 있고, 이 사이트를 통해 다른 관련 서비스나 기관에 대한 정보도 파악할 수 있는 유리함이 있다. 이와 함께 이 사이트의 회원이 되면 Kingston Council이 공신력을 인정하며, 정부의 재정지원을 받는 데 도움이 된다. 이용자의 개인정보 활용 동의가 있는 경우 이 사이트를 통해서 서비스 이용자의 기관 대 기관 의뢰도 가능하다. 시스템은 Ayup Digital이라는 회사에서 개발하여 잉글랜드 전체 지역에 보급하고 있다.[16)]

이 사이트를 더 적극적으로 활용하기 위해 서비스 안내자 역할로 'Connected Kingston Champions'을 지정하여 운영하고 있다. 자원봉사자들에게 사이트를 검색하는 방법에 대한 2시간 30분가량의 훈련을 제공하여 역할을 부여하는데, 챔피언(Champion)의 역할을 받는 사람들은 서비스가 필요한 사람들이 사이트를 잘 활용할 수 있도록 도서관, 평생교육센터, 주거지원센터, 지역사회센터, GP 등에서 정보가 필요한 사람들에게 안내를 제공한다. 지역사회의 공공 또는 민간기관에서 서비스 제공을 하는 사람으로 사이트 활용법과 지역사회 서비스 체계 등을 포함한 총 6회의 교육을 받으면 '지역사회 연결자(Community

---

15) Connected Kingston에 대한 자세한 내용은 https://www.connectedkingston.uk/(2023년 6월 30일 인출)에서 볼 수 있다.

16) https://www.connectedplaces.org/(2023년 6월 30일 인출)에서 관련 내용을 확인할 수 있다.

Connector)'의 타이틀을 받는다. 이들은 챔피언이 안내하기 어려운 복합적인 상황에 있는 사람들에 대하여 안내하는 역할을 한다.

section 02 스웨덴

스웨덴[17]은 세계에서 가장 고령화된 국가 중 하나로서, 65세 이상 노인 인구가 2012년에 이미 19%를 넘어 유럽에서 가장 노인 인구가 많은 축에 속한다. 1950년대부터 노인과 장애인에 대한 홈헬프 서비스, 아동 보육 서비스 등에서 공공서비스가 발달되어 있는 나라로 1982년에 제정된 사회서비스법(The Social Services Act, Socialtjänstlagen, SoL)은 사회서비스를 누구나 필요에 따라 제공받을 수 있는 보편적 권리로 규정함과 동시에 서비스 제공의 책임이 각 지방정부에 있음을 명확히 하고 있다. 1970년대부터 서서히 나타난 경제 위기로 스웨덴 정부는 1980년대 말부터 유사시장 도입과 공공부문에 대한 역할 변화를 고려하기 시작하였고, 이러한 배경으로 등장한 것이 1992년 지방화 전략을 표방한 아델 개혁(Community Care Reform, Ädelreformen)과 시장화 전략을 표방한 신지방정부법(the new Local Government Act)이다.

이 개혁 입법은 시설서비스에서 재가서비스 중심으로 전환하면서 돌봄서비스의 구매자-공급자 분리가 허용되어 영리 혹은 비영리 민간공급자의 진입이 자유로워졌다는 것이 핵심내용이다. 이후 이용자 선택권 확대와 돌봄서비스의 시장화에 가속도를 붙이기 위한 적극적인 조치로 2007년 세금공제 가구서비스제도(Tax-subsidized household services)가 도입되었고, 2009년 자유로운 선택법(The Act on Freedom of Choice, Lag om valfrihet, LOV)의 제정으로 이용자 선택제도가 도입되었다. 또한 이 제도를 통해서 민간공급자에게만 정부 비용으로 지불되는 서비스 외의 추가 서비스 판매가 가능하게 되었다. 이러한 일련의 조치들

---

17) 스웨덴 대인사회서비스 개요는 조남경의 논문(2014), 황인매와 김용득의 논문(2014)에서 발췌한 것이다.

은 민간 제공기관의 유인 및 서비스 이용자들의 민간공급자에 대한 선호도를 높이려는 것이었다. 그러나 스웨덴 국민은 여전히 공적영역에서 제공되고 있는 돌봄을 강하게 신뢰하고 있고, 공공부문에 의한 재가돌봄서비스 제공이 상당부분 유지되고 있어 1992년 이후 지속적으로 정부가 시장화를 추진했음에도 실제로는 그 변화는 크지 않은 것으로 나타나고 있다.

스웨덴은 전 국민의 45%가 협동조합에 가입되어 있을 정도로 공동체 의식이 강하다. 예를 들어 주거영역에서는 5,400여 개의 협동조합과 사회적기업이 있고, 회원은 750,000명에 이르지만, 대인사회서비스 분야에서는 협동조합이나 사회적기업의 존재는 미미한 수준이다(Eurofound, 2019). 이는 스웨덴이 대인사회서비스에서는 국가의 책임과 직접 제공이 두드러진 나라이기 때문으로 보인다. 대인사회서비스 영역에서 국가와 공동체는 하나의 체계로 이해되는 경향이 있으며, 이에 따라 국가와 구분되는 공동체적 접근이 잘 드러나지 않는 것으로 보인다. 따라서 대인사회서비스에서 협력과 공동체를 강조하는 자산접근도 보편적 사회서비스 체계에 포함된 것으로 볼 수 있다. 스웨덴의 사례는 이런 시각에서 국가가 제공하는 사회서비스 특징과 이를 보여주는 사례들을 소개한다.

1. 보편적 사회서비스와 국가의 역할에 포함된 자산접근

1982년에 시행된 사회서비스법 1장 1절에 따르면(김현경 외, 2019), 스웨덴의 사회서비스는 민주주의와 사회 연대의 토대 위에 국민의 경제, 사회적 안전을 확보하고 국민의 평등한 삶의 조건을 촉진하며 국민의 적극적인 사회참여를 끌어내는 데 목적을 두고 있다. 또한 사회서비스는 개인이 처한 사회적 상황을 고려하여 개인이나 단체가 가지고 있는 능력과 창의성을 확대하고 발전시키는 데 초점을 두고 있다. 이 밖에도 사회서비스 활동은 개인의 사생활, 자기 결정권에 대한 존중에 기초한다. 사회서비스법(2001년, 2004년 개정)에 따르면 사회서비스(아동, 청소년, 돌봄서비스 등)는 기초지방자치단체의 책임 영역(2장 1조)이다. 지방자치단체의 사회서비스 업무는 지방자치단체 의회에서 지명한 위원회(사회복지위원회)에서 수행된다. 사회서비스법에서 정하고 있는 사회복지위원회의 주요 업무(3장 1조)는 다음과 같다(김현경 외, 2019).

- 지자체 내의 생활환경에 대한 이해
- 지역사회의 계획에 참여하고 환경을 개선하는 데 다른 기관, 단체, 협회, 개인과 협력
- 지자체 내 사회서비스와 관련된 정보 제공
- 우수한 생활환경을 위한 활성화 조치
- 지원이 필요한 가족과 개인에 대한 서비스, 정보 제공, 지원과 관리, 재정적 지원 및 기타 지원 제공

전통적인 스웨덴 사회서비스는 1990년대 들어 지방화 전략과 시장화 전략이 가미되었다(조남경, 2014). 지방화 전략을 보여주는 대표적인 변화는 1992년 발효된 에델개혁(Ädelreform)이다. 이 개혁 입법은 보건 및 복지서비스에 있어서 선택의 자유를 확대하고, 노인돌봄서비스를 보건서비스로부터 분리하는 조치였다. 광역자치단체는 병원이나 보건소 등을 담당하고 기초지자체는 노인돌봄을 맡는 것으로, 노인돌봄의 대상이 되는 개인과 훨씬 가깝게 접촉할 수 있는 기초지자체로 권한을 준 것이다(뉴시스, 2019). 시장화 전략은 1992년의 신지방정부법(New Local Government Act)에서부터 시작되었다. 이 법이 통과되면서 기초자치단체는 구매자와 공급자 역할을 분리하고 민간 공급자와 계약을 체결할 수 있게 되었다(김현경 외, 2019; 조남경, 2014).

이러한 제도 변화에도 불구하고 서비스 공급은 여전히 공공영역 중심으로 제공되고 있고, 상업적 시장은 아직 덜 발달했으며, 민간공급자의 비중은 크게 높아지지는 않았다(조남경, 2014). 구체적으로 보면 노인 돌봄 재가 서비스의 경우 2007년 공공의 비율이 87%, 민간의 비율이 13%였는데, 2013년 공공 76%, 민간 24%로 변화하였다(이현경 외, 2019). 그리고 2018년에는 민간부문이 차지하는 비중은 재가돌봄서비스의 24%, 시설돌봄서비스의 20% 수준이었다(신정완,

2021). 여기서 민간부문의 구성을 보면 영리기업 87%, 비영리단체 10%, 기타 3%로 비영리단체의 비중이 다른 유럽 나라들과 비교해 현저히 낮다는 점이다.

스웨덴의 우파와 좌파 모두 사회서비스영역에서 3섹터(비영리)의 비중을 높여야 한다는 견해를 표방하고 있지만, 실제로는 그렇게 되지 않고 있다(Blomqvist and Winblad, 2019). 사회서비스 대부분을 국가가 담당해 오면서 비영리 조직은 소규모로 운영되었고, 경쟁시장에서 대규모로 운영되는 영리기업에 우위를 가지기 어려웠기 때문이다. 1990년대 초반까지 스웨덴의 정책 결정과 집행에서 3섹터라는 영역은 그리 중요하지 않았다. 왜냐하면 정치와 정책 과정에서의 대중의 참여가 당연한 것으로 받아들여져서, 3섹터라는 별도 공간의 필요성이 높지 않았기 때문이다. 그런데 1990년대 재정위기를 거치면서 중앙정부와 지방정부가 대인사회서비스 공급에서 3섹터의 활용을 강조했는데, 이는 좌파와 우파 모두로부터 지지를 받았기 때문이다. 좌파는 복지서비스 제공에서 3섹터는 영리기업보다는 나쁘지 않다고 인식하였으며, 우파는 정부에 의한 직접 공급을 대체하는 데 비영리 주체가 적합할 것이라고 보았기 때문이다(Olsson, 2005). 전체적으로 보면 공공의 주도성이 여전히 압도적으로 높으면서 1990년대 이후 확장된 민간 영역의 공간도 영리조직이 대부분을 점유하였고, 비영리조직을 포함한 제3섹트 비중의 증가는 미미하였다.

그럼에도 불구하고 서비스의 질을 담보하려는 노력은 지역사회와 이용자의 의사를 반영하는 정부의 노력을 통해 지속되고 있는 것으로 보인다. 한국에서 주한 스웨덴대사로 2021년 8월까지 근무한 야콥 할그렌(Jakob Hallgren)은 조부모와 부모 세대에 대한 이야기를 통해 스웨덴의 노인복지 분야 발전을 표현하였다(뉴시스, 2019). 지금으로부터 30년쯤 전에는 스웨덴의 노인 돌봄시설은 지나치게 시설 위주로 운영됐고, 시설 규모가 너무 크고 분위기는 우울했다고 하면서 할머니가 파킨슨병을 앓았는데 할머니는 이 시설에서 우울하게 지냈다고 설명했다. 반면에 그의 어머니는 91세인데, 태어나고 자란 집에서 올해 초까지 머물다가 노인 보호주택으로 거처를 옮겼다고 하면서, 노인 보호주택에는 노인이 60명 있지만 어머니가 속한 단위에는 8명만 함께 살고, 공동주방과 공동거실이 있고 작은 모임을 할 수 있다고 말했다. 할그렌 대사는 스웨덴 노인돌봄서비스의 강점을 머물고 싶은 만큼 집에 머물 수 있게 하면서, (건강이 더 악화되고 난 후 입주하는) 요양원 역시 가능한 자기 집과 비슷하게 하려고 노력한다는 점이라고 했다. 이러한 모습을 통해서 지역사회 자산접근이 국가의 사회서비스 제공 역할에 포함되어 구현되고 있음을 볼 수 있다.

2. 혁신적 공동 주거, 셀보(sällbo) 프로젝트[18]

1) 개요

스웨덴에는 결혼하지 않고 같이 사는 동거 커플, 동성 커플, 재혼가정 등 다양한 형태의 가족을 지칭하는 용어가 따로 있고, 독립적인 개인 공간이 있지만 공동생활을 통해 자신의 삶의 일부를 이웃과 나누는 셀보(sällbo)가 새롭게 등장했다. 셀보는 스웨덴어 sällskap(동행)와 bo(살다)의 합성어로 가족은 아니지만 마치 가족처럼 서로 의지하며 살아가는 주거형태라는 의미이다. 이처럼 스웨덴에서는 새로운 형태의 가족이 등장하면서 개인의 자율성을 지키면서 정서적인 교감을 나눌 수 있는 공동주택이 인기를 끌고 있다. 하지만 젊은층과 노년층이 함께 사는 공동주택의 경우 세대 갈등이 심각해지는 부작용도 나타나고 있다. 이런 갈등을 극복하기 위해 스웨덴 남서부 헬싱보리(Helsingborg)에서 2019년 12월부터 약 3년간 '셀보 프로젝트'가 진행되었다. 셀보 프로젝트는 헬싱보리 거주민의 고령화와 난민 급증으로 인한 주거 문제 해결을 위해 기획되었다. 1960년~1970년대 일자리를 찾아 헬싱보리에 정착한 노동자들은 노인이 되었고, 스웨덴 난민 유입이 급증했던 2015년부터 단신으로 입국했던 난민 청년들이 인구가 적었던 헬싱보리에 정착하기 시작했다. 헬싱보리 지방정부는 이러한 사회문제 해결을 위해 노인과 난민, 청년이 함께 살면서 세대 및 인종간 갈등 해소에 목표를 두고 이 프로젝트를 시작하였다. 헬싱보리시가 재정을 지원하고

---

18) 본 내용은 홍희정의 두 논문(2019, 2021)에서 발췌하고, 최근 자료를 참고하여 내용을 추가하였다.

이 지역의 비영리 주택회사인 Helsingsborgshem이 위탁을 받아 운영하였다.

2) 수행 내용

셀보 프로젝트의 목적은 젊은층과 노년층, 스웨덴인과 이민자 간의 사회통합 실현이다. 입주자 절반 이상이 70세 이상 노인이고, 나머지는 이민자 일부를 포함한 12~25세의 젊은이로 일주일에 최소한 2시간 이상 반드시 이웃과 대화를 나누어야 하고, 한 달에 한 번씩은 공동 의사결정 회의에 참석해야 한다. 이 규정을 지키지 않는 입주자는 거주 자격이 박탈될 수 있다.

가장 먼저 수행된 일은 헬싱보리 외곽에 위치한 프릭스달(Fredriksadal) 지역 인근에 있는 노인요양시설 리모델링이었다. 기존 요양시설 건물을 셀보 취지에 맞게 공용공간을 늘렸고, 와이파이를 설치하는 등 노인과 청년이 함께 거주할 수 있도록 만들었다. 2019년 11월에 이 건물 입주자 모집에 300건의 신청이 접수되었고, 이들 중 132명에 대해 인터뷰를 진행하고, 최종 51명을 선발하였다. 최종 선발된 사람을 보면 60%는 노인, 20%는 난민 청년, 나머지 20%는 스웨덴 청년이었다.

입주 10개월 후 입주민 대상 설문조사를 실시했는데, 거주자들은 대체로 셀보 생활에 만족하는 것으로 나타났다. 특히 공용주방, 거실, 도서관, 재봉실, 스튜디오 등 각층마다 의도적으로 조성된 다양한 공용 주거공간을 통해 서로 도움이 필요한 입주민들이 교류를 통해 유대감을 쌓을 수 있었다고 답했다. 예를 들어 노인의 도움으로 난민 청년이 운전면허를 취득한 사례도 있었고, 청년들은 노인들에게 디지털 기술이나 소셜미디어의 사용에 도움을 주었다. 코로나 이후에는 공용공간 이용이 제한되었지만, 발코니를 통해 소통하며 서로에게 필요한 정보와 도움을 준 것으로 나타났다. 난민 청년들은 혼자 사는 노인들을 위해 문 앞까지 식료품 등을 배달해 주었고, 노인들은 코로나 관련 새로운 정보를 난민 청년들에게 알려주는 등 어려운 상황에서도 서로 돕고 사는 긍정적인 성과를 보였다.

이 프로젝트는 2022년 12월 31일 종료되었고, 2023년 1월부터 영구 주거로 전환되었다.[19] 본 프로젝트의 평가 연구를 보면 영화 보기, 카드놀이, 야외 산책 등을 통해 사회적 유대(social bonds)가 높아졌고, 컴퓨터 사용, 인터넷 뱅킹, 가구조립, 월간 입주자 회의 등을 통해서 사회적 교류(social bridge)가 활성화되었고, Helsingsborgshem의 주거 코디네이터의 도움으로 사회적 연결이 강화된 것으로 나타났다(Arroyo et al., 2021). 이처럼 셀보 프로젝트가 보여준 갈등해소와 사회통합의 가능성이 긍정적으로 평가되어 인근 도시나 주변 국가에서도 이 프로젝트를 시도하는 등 관심이 높다.

3. 장애인 고용 사회적기업: 삼할(Samhall)

1) 개요[20]

삼할은 스웨덴에서 장애인 일자리 개발을 목표로 운영되는 국영 기업이다. 이전에 스웨덴 전역에서 각 지방정부, 노동위원회 등이 각각 운영하는 보호작업장들이 산재되어 있었는데, 이들의 개별적 운영으로 인한 취약성을 해소하고자 여러 지역에 산재되어 있던 개별 작업장들을 하나로 통합하여 사회적기업 재단으로 1980년에 설립되었다. 1992년에는 재단은 그룹으로 변경되었는데, 삼할 AB가 모기업이 되고, 몇 개의 자회사로 묶어서 운영하였다. 그러다가 2002년에는 삼할 AB라는 하나의 기업으로 통합되었고, 현재는 스웨덴에서 직원 수가 가장 많은 기업이다. 삼할(Samhall)이라는 이름은 스웨덴어 'Samhälle'에서 따온 것으로 그 의미는 '지역사회(community)' 또는 '사회(society)'이다. 삼할은 장애인 등 사회적 약자의 고용, 질 좋은 서비스를 통한 고객의 만족, 이를 통한 사회적 통합을 추구함으로써 스웨덴에서 가장 중요한 기업으로 평가받고 있다.

---

19) https://www.helsingborgshem.se/sok−ledigt/boendeformer/sallbo(2023년 6월 30일 인출)에서 반영한 최근 정보이다.

20) 본 내용은 https://en.wikipedia.org/wiki/Samhall(2023년 6월 30일 인출)의 내용을 요약한 것이다.

2) 운영방식

삼할은 스웨덴 정부 주도의 노동시장 정책 및 서비스 프로그램의 하나로써 기능적 손상(functional impairment)을 가진 사람들이 고용시장에서 배제되는 것을 최소화하는 데 주요한 가치를 두고 있다. 삼할은 상품을 주문하는 고객들의 요구를 만족시킴으로써 삼할 직원들이 다른 업체로 채용되거나 발전적인 곳에 채용되어 진출하도록 적극적으로 지원하고 있다. 현재 삼할은 스웨덴 전역에서 운영되고 있으며 25,000명 이상의 직원들이 삼할에서 일하고 있으며, 삼할이 주로 제공하는 서비스는 다음과 같다(Samhall, 2020).

(1) 청소

일반 청소뿐만 아니라 바닥관리, 집청소, 유리청소 등에 특화된 청소서비스를 제공하며, 노르딕 에코 라벨(Nordic Ecolabel)을 확득한 친환경 청소 서비스이다. 플라스틱 용기의 사용을 최소화하면서 화학약품을 사용하지 않는 청소를 하고 있다. 스웨덴 청소서비스 시장의 5%를 점유하고 있다.

(2) 세탁 및 봉제 서비스

전국에 20여 개의 세탁소를 운영중이며 전국 세탁업 협회에도 가입되어 있다. 일반 가정의 세탁물, 지자체가 운영하는 돌봄서비스 기관의 세탁물, 일반 회사들의 작업복에 이르기까지 다양한 영역을 포괄하고 있다. 세탁소 직원들은 삼할 학교에서 직업교육을 받은 후에 일하도록 하고 있으며, 이들 훈련된 인력을 통해 옷 수선 등 봉제 서비스도 함께 제공하고 있다.

(3) 건물 유지보수 서비스

건물에서 일하는 사람과 방문객들이 쾌적하게 느낄 수 있도록 건물을 관리하며, 건물 관리에 관련된 다양한 전문인력을 보유하고 있다. 정원관리, 주차장관리, 고장 수리 등의 영역뿐만 아니라 화재안전 점검 등의 정기적인 검사관련

업무도 포괄하고 있다.

(4) 다양한 영역의 서비스

다양한 영역에서 고객들이 직면하는 어려움을 해소해 줌으로써 고객에게 부가가치를 창출해 주는 목적으로 운영된다. 주문 대행, 재고관리, 매장 쇼핑카트 관리, 화초 관리 등과 함께 회의나 행사를 대행해 주는 서비스까지 다양한 영역을 포괄하고 있다. 삼할은 거주시설인 케어홈(care home)에 특화된 서비스도 운영하고 있는데, 케어홈 직원들이 자신들의 전문적인 역할에 집중할 수 있도록 청소, 세탁, 물품구매, 식사 준비, 다림질, 옷 수선 등의 서비스를 대행하는 서비스를 운영하고 있다.

(5) 창고 운영 및 물류 지원

전자상거래 업체나 물류업체들을 고객으로 하여 상품 포장, 배송처리 등의 지원 서비스를 대행하고 있다. 이 분야는 자동화가 빠르게 진행되면서 새로운 직무가 추가되고 있고, 여기에 대비할 수 있도록 직원들을 지원하고 있다.

(6) 재활용 지원

재활용 회사들과 협업으로 자원 재생 분야의 일자리를 창출하고 있다. 재활용 업체들은 계속 증가하고 있고, 이에 맞추어 재활용 과정에서 필요한 많은 수작업 과정을 대행하는 서비스를 제공하고 있다.

(7) 제조업 분야 지원

조립, 시멘트 작업 등 기본산업 영역뿐만 아니라 품질 검사 등 하이테크 영역에 이르기까지 다양한 제조업 분야 회사를 고객으로 하여 지원한다. 이 분야의 여러 영역에 걸쳐서 ISO 인증을 보유하고 있으며, 고용된 생산기술자들이 고객 회사의 지원 주문을 진단하고 최적의 공정 과정을 수립하여 운영한다.

표 8-3 2019년 삼할의 고용인원과 신규진입 및 전직 인원

구분	신규진입	2019년 고용인원	전직 또는 퇴사
내용	• 신규채용인원 4,592명 • 직업훈련 인원 3,601명	• 정규직원 19,950명 • 75% 상병수당 고용인원인 360명 • 훈련을 위한 임금 보조 인원 2,433명	• 전직 인원 1,507명 • 임금 보조 계약직의 기간 종료 1,050명 • 직업훈련인원의 기간 종료 • 3,184명 • 기타 전직 2,104명
계	• 신규 진입 인원 8,193명	• 총인원 22,743명	• 직원 및 훈련인 전직 총인원 7,845명

출처: Samhall, 2020.

삼할은 이러한 사업들을 주문을 받아 제공하며 삼할 직원이나 삼할에 소속된 제조시설을 이용해 생산하는 것을 사업의 핵심 영역(core assignment)으로 설정하고, 여기서 근로 취약 계층을 정규직으로 고용하여 일할 수 있도록 하는 것이 가장 중요한 기능이다. 여기에 더하여 삼할은 노동시장에서 배제된 사람들에게 임금보조금(wage subsidy)을 지급하면서 직업훈련 기회를 제공하고 있다. 그리고 삼할에서 정규직원이나 훈련인력으로 일하고 있는 사람들 중 연간 1,000명 이상이 삼할을 떠나서 타 회사의 고용으로 전환하도록 하고 있고, 이를 통해서 매년 새로운 사람들이 삼할에 진입할 수 있도록 하고 있다. 2019년 한 해 동안 전직한 사람이 총 7,845명이었고, 신규로 진입한 사람이 8,193명이었다. 이런 이동을 통해 노동시장에서 배제되었던 사람들이 사회에 통합되도록 하는 데 중점을 두고 있다. 또한 전직을 적극적으로 시도할 수 있도록 삼할을 떠난 정규직 직원이 새로 이동한 직장에서 적응이 어려운 이유 등의 사유가 발생하면 1년 이내에는 삼할로 복귀할 수 있도록 보장하고 있다.

삼할에서는 정신적 손상, 학습의 어려움, 청각장애나 시각장애를 동반한 인지적 손상, 중복 장애 등으로 근로의 기회가 제약된 사람들을 고용 우선 대상 그룹으로 정하고 있다. 그리고 고용청(Public Employment Service)에서 이 그룹에 속하는 사람을 지정해 주고 있다. 매년 신규 정규직원의 40% 이상은 이 그룹에 속한 사람이 되도록 목표를 정하고 있으며, 2019년 기준으로 신규 채용 정규직원의 73%가 이 그룹에 속한 사람들이었다. 삼할은 디지털의 일상화, 기후변화

와 환경문제, 노동시장의 양극화 등의 환경변화 속에서 스웨덴의 지속가능에 기여하기 위하여 다음과 같은 대응 전략을 표방하고 있다.

표 8-4 환경변화에 따라 삼할의 대응 전략

환경변화 영역	환경변화 내용	삼할의 대응 전략
디지털의 일상화 (Digitalisation)	• 서비스 제공과 직업 활동에서 컴퓨터 등 디지털 디바이스 사용 영역 확대 • 디지털을 적용한 새로운 서비스 제공을 위해 직원의 디지털 역량 강화 필요 • 급속한 기술발전을 고려한 회사 운영 필요	• 직무수행을 돕는 디지털 기반 장애인 보조기기의 지원 확대 • 특히 2019년에 자폐스펙트럼으로 진단된 사람들의 노동 참여를 지원하는 디지털 도구 개발에 착수하였음 • 디지털 적용 확대를 통해 행정부담을 최소화하고 고객의 만족을 높이는 종합적인 디지털 전환 추진
기후변화 대응 (Circular economy)	• 기후변화는 우리 시대의 중요한 위기임 • 생산과 소비의 단선 경제에서 새로운 상품과 생산의 소비를 줄이는 순환 경제로 전환이 필요함	• 친환경 분야를 새로운 일자리의 기회로 설정함 • 순환 경제에 기여하고자 하는 기업 등 새로운 고객층을 개발하고 있음 • 의류수선, 컴퓨터 수리 등의 재활용 산업 분야를 개척하고 있음
노동시장 양극화 (A labour market in development)	• 스웨덴의 전반적인 고용 상황은 개선되고 있으나 장애인, 이민자 등 취약계층의 상황은 개선되지 않고 있음 • 약자에 대한 고용지원의 필요성이 더 높아지고 있음	• 장애인 등 근로 취약계층을 위한 보호된 고용지원을 강화하고 있음 • 취약한 사람들을 계속 신규 고용하고, 이들에 대해 고용지원을 하면서, 동시에 삼할에 고용된 사람들이 더 나은 다른 사업장에 고용되는 기회를 제공

출처: Samhall, 2020.

📖 참고문헌

김용득. 2019. "1990년 이후 영국 커뮤니티 케어 변화의 궤적 읽기: 이용자 선택과 제도 지속가능의 쟁점을 중심으로." 보건사회연구, 39(3): 114-147.

김현경·노대명·송지원·양정승·엄형식·정성미·최요한. 2019. 사회서비스 분야 양질의 일자리 창출 방안. 한국보건사회연구원.

뉴시스(NEWSIS). 2019. "초고령사회가 온다: 주한 스웨덴 대사 '우리도 두려움 있었지만 인내로 문제 해결.'" 2019년 9월 5일.

신정완, 2021. "합의에 의한 개혁: 1990년대 이후 스웨덴 노인돌봄서비스의 시장주의적 개혁." 한국 스칸디나비아 학회, 27: 1-40.

이정주·이선우. 2017. "한국형 장애인 공동체 모델의 유형 및 적용가능성에 대한 연구." 신앙과 학문, 22(1): 213-243.

정기성. 2018. "사회적 처방 프로그램으로 시민건강 증진(영국 런던 市)." 서울연구원 홈페이지(https://www.si.re.kr/node/60698). 2022. 01. 12.

조남경. 2014. "스웨덴 노인 재가돌봄서비스의 발전과 변화." 사회서비스연구, 5(1): 81-124.

홍희정. 2019. "가족인 듯 가족 아닌 가족 같은 셀보(sällbo)." 복지이슈투데이, 74: 16.

홍희정. 2021. "셀보 프로젝트가 열어가는 소통의 힘." 복지이슈투데이, 99: 16.

황인매·김용득. 2014. "성인돌봄서비스 품질관리제도의 다양한 모습: 스웨덴, 영국, 미국, 싱가포르, 일본, 한국의 비교를 중심으로." 한국사회복지행정학, 16(2): 93-125.

Arroyo, I., Montesino, N., Johansson, E. and Yahia, M. W. 2021. "Social integration through social connection in everyday life: resident's experience during the COVID-19 pandemic in sällbo collaborative housing, Sweden." *Journal of Architectural Research, 15(1)*: 79-97.

Bainbridge, L. and Lunt, N. 2021. "Place, strengths and assets: a case study of how Local Area Coordination is supporting individuals and families under conditions of austerity." *British Journal of Social Work, 51*: 1354-1373.

Bartnik, E. and Broad, R. 2021. *Power and Connection: the international development of local area coordination*. Sheffield: Centre for Welfare Reform.

Blomqvist, P. and Winblad, U. 2019. "Why no nonprofit? State, market, and the strive for universal ism in Swedish elder care." *Nonprofit and Voluntary Sector Quarterly, 48(3)*: 513−531.

Broad, R. 2012. *Local Area Coordination: from service users to citizen*. Sheffield: Centre for Welfare Reform.

Derby City Council. 2021. *Local are co−ordination in Derby: evaluation report 2018−2021*.

Duffy, S. 2015. "Power and love."

https://citizen−network.org/library/power−and−love.html (2023년 6월 30일 인출).

Eurofound. 2019. *Cooperatives and social enterprises: Work and employment in selected countries*. Luxembourg: Publications Office of the European Union.

Harflett, N. and Edwards, D. 2019. *Building community capacity: 7 economic case studies*. London: National Development Team for Inclusion & Think Local Act Personal.

Kimberlee, R. 2015. "What is social prescribing?" *Advances in Social Science Research Journal*, 2(1): 102−110.

Lunt, N., Bainbridge, L. and Rippon, S. 2021. "Strengths, assets and place: the emergence of Local Area Coordination initiatives in England and Wales." *Journal of Social Work*, 21(5): 1041−1064.

McKanan, D. 2020. *Camphill and the future: spirituality and disability in an evolving communal movement*. CA: University of California Press.

Olsson, L. E., Nordfeldt, M., Larsson, O. and Kendall, J. 2005. *The third sector and policy processes in Sweden: a centralised horizontal third sector policy community under strain*. London: TSEP Network, Centre for Civil Society.

Oxfordshire County Council. 2019. *Co−production Oxfordshire's Working Together Handbook*.

Samhall. 2020. *Annual and sustainability report 2019*. Samhall in collaboration with Narva.

Shared Lives Plus. 2018. *The state of shared lives in England 2016−17*.

Shared Lives Plus. 2022. *The state of shared lives care in England 2020−21.*

Think local act personal. 2018. *Making it real: how to do personalised care and support.* London: TLAP.

Vincent, A. 2010. "Local Area Coordination: an exploration of practice development in Western Australia and Northern Ireland." *Practice: Social Work in Action,* 22(4): 203−216.

09 아시아의 사례

section 01 일본

　1950년대 이후 일본[1])의 복지서비스 공급은 정부가 제공기관에 재정을 지원하는 조치 방식으로 제공되었다. 이후 1970년대 일본경제에 충격을 준 오일쇼크를 기점으로 국가재정에 대한 우려가 시작되었고, 조치비 제도는 유지되었지만 일부 영역에서 영리 조직의 참여가 가능하게 되었다. 그러다가 2000년에는 사회복지기초구조개혁을 통하여 조치비 제도를 전면적으로 지원비 제도로 전환시켰다. 지원비 제도는 이용자가 서비스를 선택하여 제공기관과의 계약을 통해서 서비스를 이용하는 수요자 지원방식을 의미한다. 복지서비스 구조개혁은 중앙 및 지방정부의 역할 변화와 더불어 이용자와 제공자의 대등한 관계 확립을 목표로 하였다. 이용자의 자기결정에 기반한 계약에 따라 서비스를 이용하게 하였고, 선택받기 위한 제공기관들의 경쟁을 통해서 서비스 품질의 향상을 기대하였다.

　2000년 지원비 제도로의 전환과 함께 노인을 위한 개호보험 제도가 시작되어 장기요양 서비스가 본격적으로 확대되었다. 그러다가 개호보험 제도만으로는 노인의 생활에 충분한 지원을 할 수 없다는 인식과 함께, 보건·복지·의료

---

1) 지역포괄지원센터에 대한 설명을 제외한 일본 대인사회서비스 개요는 황인매와 김용득의 논문(2014)에서 발췌, 요약한 것이다.

전문직 간 연계가 필요하고, 지역주민의 참여로 포괄적인 서비스 제공이 필요하다는 의견이 많아지면서 2005년 개호보험법을 개정하여 '지역포괄지원센터'를 설립하였다. 지역포괄지원센터는 일상 생활권의 원스톱 창구이면서 지역주민이나 유관 기관 간의 네트워크를 구축하는 역할을 담당하였다(나가타 유우, 2018).

이와 함께 서비스 제공기관에 대한 고충해결 제도의 의무적 시행, 서비스 제공기관에 대한 정보공개 등의 조치가 서비스 이용자에 대한 보호기제로 실시되었다. 또한, 서비스 제공기관의 자격을 규정한 법정 기준이 완화되었는데, 이를 통하여 기존의 사회복지법인과 공익 및 비영리법인에 이어 영리 조직도 자유로운 참여가 가능한 구조를 만들면서 시장원리에 따른 제공자 간의 경쟁 구조가 형성되었다. 서비스의 질 담보 필요성이 제기됨에 따라 제공기관이 자율적으로 참여할 수 있는 제삼자평가가 도입되었으며, 최근에는 일부 복지서비스에 대해서는 모든 제공기관이 평가를 받도록 의무화하는 등 서비스 품질관리가 강화되는 추세에 있다.

1. 공생사회 기반 시정촌 지역복지 시스템으로서의 포괄적 지원체계[2)]

1) 개요

2000년 이후 일본의 대인사회서비스는 노인을 위한 개호보험 제도에 의해 운영되는 '지역포괄지원센터'와 회의체인 '지역케어회의', 장애인을 위하여 세금을 재원으로 운영되는 장애인종합지원법(2012년 장애인자립지원법을 폐지하고 제정)에 의한 시정촌 단위에 설치한 '기간(基幹)상담지원센터'와 회의체인 '지역자립지원위원회', 아동을 위해 2015년 이후 시정촌 단위에 설치한 '자녀양육세대포괄지원센터'와 회의체인 '요보호아동대책지역협회' 등이 중심이 되어 유관 기관을 연계하는 노인, 장애인, 아동 등의 각 분야별 복지서비스를 담당하는 체계를 운영하였다. 그러나 이런 개별적인 제도를 통해서는 시정촌 중심의 분야별 지역복

---

2) 본 내용은 나가타 유우의 논문(2018)에서 관련 내용을 발췌하여 요약한 것이다.

지는 제도의 사각지대에 있거나 복합적 문제를 겪는 가구를 충분히 보호하지 못했다. '지역케어회의', '지역자립지원협의회', '요보호아동대책지역협의회' 등은 동일한 가구의 문제를 논의하면서도 이를 서로 알 수 없는 문제가 발생하였다. 기존의 분야별 지원체계를 강화하는 것도 필요하지만, 사각지대나 복합적 문제는 분야별 서비스 확충만으로는 해결할 수 없다는 인식이 높아졌다.

사각지대나 복합적 문제는 전문가들 간의 협력뿐만 아니라 이웃의 협조가 필요하다. 전문가는 구체적인 문제가 발생해야 개입할 수 있기 때문에 전문가를 접해 보지도 못하고 고독사하는 사례에 대응하기 어렵다. 이에 일본 정부는 지역사회가 전문가와 공조하는 시스템을 구상하고, 이와 함께 지역사회의 자치회(自治会), 정내회(町内会) 등 주민조직이 지연(地緣)에 기초한 살피기 활동할 수 있도록 하는 방안을 마련하였다.

후생노동성은 2015년 9월 '모두가 서로 돕는 지역사회 구축을 위한 복지서비스 실현: 새로운 시대에 맞는 복지 비전(이하 신복지 비전)'을 제시하고, 노인을 위한 지역포괄케어체계나 곤궁자를 위한 자립지원제도 등의 지원시스템을 제도별로 분리하여 운영하지 않고, 지역사회를 단위로 노인, 장애인, 아동, 생활곤궁자 등의 구별 없이 서비스를 필요로 하는 주민 모두를 대상으로 하는 '새로운 지역포괄지원체계(이하, 포괄적 지원체계)'를 구축한다고 밝혔다. '신복지 비전'은 복합적 욕구를 지닌 사람을 포괄적으로 지원하기 위해, 분야를 가리지 않는 원스톱 상담과 분야 간 연계 강화의 필요성을 강조한다. 또한 이러한 체계는 행정기관이나 전문가만으로 구축할 수 없으므로 주민을 비롯한 다양한 주체의 참여 하에 '서로 돕기'로 '공생사회'를 이룰 것을 강조한다.

일본 정부는 후생노동성 내에 '지역공생사회실현본부'를 설치했다. 또한 '신복지 비전'의 제도화를 위해 '지역주민 중심의 과제 해결력 강화·상담지원체계 방향 검토회(이하, 지역력강화검토회)'를 설치하였다. '지역력강화검토회'는 2016년 12월에 중간 보고서를 발간하였으며, 정부는 이 내용에 기초하여 2017년 5월에 지역포괄케어체계 강화를 위한 개호보험법 등의 일부를 개정하는 법률을 통과시켰고, 이에 따라 2018년 4월 「사회복지법」을 개정하였다. 2017년 9월 지역력

강화검토회는 '최종 보고서'를 발간했고, 같은 해 12월 후생노동성은 이 내용에 기초한 지침을 지방자치단체에 전달했다.

지역력강화검토회의 최종보고서에 따라 신설된「사회복지법」제106조의 3항은 '시정촌이 포괄적 지원체계 구축에 노력해야 한다.'라고 규정하고 있으며, 그 내용을 요약하면 세 가지이다. 첫째, 주민의 주체적 활동을 활성화하기 위한 환경을 마련해야 한다. 둘째, 지역주민의 욕구를 파악하고 파악한 욕구를 전문가와 함께 해결하기 위한 체계를 마련해야 한다. 셋째, 상담 지원기관 간 연계를 촉진하며, 주민들이 지역 과제를 스스로 해결할 수 있는 환경을 마련하여 이러한 활동을 지원하고, 주민이 발굴한 과제를 전문가가 함께 해결하는 체계를 수립해야 한다. 그런데 지역력강화검토회는 지역에서 필요한 기능을 만들 것을 제안했을 뿐, 새로운 기관을 설치하는 등 실제로 무엇을 어떻게 마련할지는 지역의 사정을 고려한 창의적 노력에 맡겼다.

2) 시정촌 운영사례

포괄적 지원체계를 이미 추진하고 있는 시정촌의 사례를 보면, 운영방식이 매우 다양하다. 각 시정촌은 기존의 행태, 역사, 경험을 바탕으로 각자의 포괄적 지원체계를 모색하고 있는 것으로 볼 수 있다.

미에현의 나바리시는 초등학교 권역(시내 총 15개 권역)마다 '동네 보건실'이라 불리는 원스톱 초기상담 창구를 설치하여 여기서 모든 문제를 1차적으로 상담하고 있다. '동네 보건실'은 상담뿐 아니라 생활지원이나 이송서비스 등을 지원하기 위해 주민활동을 조직화하는데, 나바리시의 지역공생사회만들기의 중심기관이라 볼 수 있다. 한편 나바리시는 '동네 보건실'에서 해결하지 못하는 과제를 시청의 지역포괄지원센터에 배치된 사회복지사(3명)와 유관 기관의 협조 아래 해결하는 체계를 수립하였다.

이시카와현 가호쿠군의 쓰바타정은 시정촌의 복지부서 내에 지역포괄지원센터를 설치하고 이를 장애인상담지원사업과 아동가정상담사업의 원스톱 창구로 활용하고 있다. 이 원스톱 창구에 10명의 전문가를 배치하고, 센터장과 쓰바타정의 전체 사례를 담당하는 정신보건복지사, 아동복지사 등 3명을 제외한 7명의 의료 전문가(보건사, 작업요법사)와 사회복지사로 팀을 짜, 지역 내 13개 구역을 담당하는 지역 담당제로 운영하고 있다. 동시에 각 권역마다 주민 중심의 '생활안심네트워크위원회'를 조직하고 지역포괄지원센터에서 이 주민 활동을 지원하고 있다.

두 사례 모두 지역포괄케어체계'를 모든 연령대, 모든 분야로 확대하는 실천이다. 또한 지역포괄지원센터가 중심이 되어 지역 활동을 지원하고 있는 점, 그리고 이러한 체계를 주민과 함께 '지역에 필요한 기능'으로 구축해 온 점에서 유사하다. 하지만 차이점도 발견되는데, 나바리시의 동네 보건실은 노인 상담뿐 아니라 모든 상담을 1차적으로 받는 지역포괄지원센터의 출장소이며, 일상 생활권역(중학교 구역)보다 작은 구역(초등학교 구역)을 단위로 활동하고 있다. 반면, 쓰바타정은 일상 생활권역에 원스톱 창구를 두고 있는 것이 아니라 지역포괄지원센터 자체를 대상을 가리지 않는 모든 연령대, 모든 분야 대상의 지역포괄지원센터로 활용하고 있다. 이처럼 각 시정촌이 지리적 조건을 감안하고 기존의 경험에 기초해 기존의 상담 창구를 재편하여 지역복지를 추진해 가고 있다.

2. 공감과 기다림의 히키코모리 지원[3)]

1) 개요

'히키코모리(引きこもり)'는 장기간에 걸쳐 집안에만 틀어박혀 다른 사람들과 교류 없이 고립된 상태, 혹은 그런 상태에 놓인 사람을 뜻하는데, 우리말로는 은둔형 외톨이라고도 불린다. 히키코모리는 1980년대 후반부터 이지메와 등교거부 등을 계기로 사회적 문제로 대두되었다. 이후, 이른바 '취업 빙하기(1990년대 중반~2000년대 초반)'를 거치면서 취업 실패 등으로 인한 히키코모리가 급격히 증가하였다. 이렇게 사회문제가 된 지 30여 년이 흐르고 나서, 중장년층 히

---

3) 본 사례의 내용은 오세웅의 글(2020)에서 발췌, 요약한 것이다.

키코모리가 새로운 사회문제로 인식되기 시작했다. 2010년대 들어서, 중장년층의 히키코모리 문제가 대두되면서 '8050 문제'라는 용어가 등장하였다. 8050 문제란 50대 중장년층이 80대 노부모와 함께 생활하며 의존하는 문제를 말하는데, 부모와 자식의 지역사회 고립, 혹은 빈곤 문제를 수반하는 경우가 많다.

일본의 히키코모리에 대한 정책적 지원이 시작된 것은 그리 오래된 일은 아니다. 지원기관에 대한 일부 지원들은 이전부터 있었지만, 2015년 4월에 비로소 '생활곤궁자 자립지원법' 시행을 계기로 히키코모리에 특화된 '히키코모리 지역지원센터'가 정비됐다. 전국 광역지자체와 지정도시에 설치된 67개 센터는 전 연령의 히키코모리 당사자를 지원한다. 센터에는 사회복지사, 정신보건사회복지사, 임상심리사 등의 자격을 가진 지원 코디네이터가 배치되어 히키코모리 상태에 있는 본인과 가족에 대한 상담과 지원연계 등을 실시한다. 이와 함께 지역사회 관계기관과의 네트워크 구축, 관련 정보 제공 등 거점기관의 역할을 담당한다. 다만, 아직 그 활동이 초기 단계에 있다는 점에서, 센터가 제 기능을 충분히 발휘하고 있다고 평가하기는 힘든 상황이다. 오랜 기간 고립되어 있던 히키코모리 당사자나 가족이 아직 잘 익숙하지 않은 센터에 스스로 상담받으러 올 것이라고 기대하기는 어려울 것이다.

2) 지역 사례

아키타현 후지사토정의 실천사례는 히키코모리 지원에 대한 좋은 시사를 준다. 후지사토정은 인구 약 3,000명, 고령화율 47%인 소규모 기초지자체이다. 소멸지역으로 분류되기도 하는 이 지역이 최근에는 히키코모리 지원과 마을 만들기 모범사례로 알려지고 있다. 그 시작은 2010년경부터인데, 개호보험 서비스를 이용하기 위해서 방문 상담을 요청한 고령자 가정을 방문했던 후지사토정 사회복지협의회 소속 상담원에게 '우리 집에 아들이 몇 년째 집에만 있고 밖으로 나가지 않아서 걱정이다'라는 말을 듣고, 동료들과 이야기하던 중 그런 사례가 지역사회에 적지 않다는 것을 인지하게 되었다. 그래서 주민자치회와 민생위원들의 도움을 받아 방문을 통한 전수조사를 했고, 18세 이상 55세 이하 연령대에서 113명이 히키코모리인 것으로 파악됐다. 이는 해당 연령대 인구의 약 10%에 해당하는 숫자로, 고령화가 주요 지역문제로 인식되던 농촌지역으로서는 의외의 결과였다.

이때부터 사회복지협의회가 중심이 되어 히키코모리 당사자에 대한 지원방안이 강구되고 지원 체제 구축을 위한 실천이 추진되었다. 이를 통해 113명 중 대부분이 취업이나 기타 지역활동 참여를 통해 히키코모리 상태에서 벗어났고, 현재는 10명 정도까지 그 수가 줄었다고 한다. 나아가 최근에는 지자체의 이주민 지원사업과 취업지원 사업 등이 맞물리면서 인근 지자체에 거주하던 히키코모리 당사자가 지원기관 이용이나 취업을 위해서 이 지역으로 이주하는 사례도 늘어, 지역 인구 증가와 지역 활성화로 이어지고 있다.

히키코모리 지원활동에 참여했던 사회복지사들은 전수조사 이후 우선 당사자가 방이나 집안에서 지역으로 나올 수 있도록 작지만 하나하나 접점을 만들어 갔다. 이를 계기로 관계성이 만들어지면서, 같은 상황에 놓여있는 다른 당사자들과의 만남을 주선하거나 이야기를 나누는 기회를 만들고, 일을 하고 싶다고 하면 대인관계 기술을 익히게 하고, 취업 준비를 위한 활동을 제공하는 등의 실천을 꾸준히 이어갔다. 사회복지실천에서 말하는 소위 아웃리치, 관계 형성, 대인관계 기술, 자조 그룹 만들기, 자력화, 취업 준비 및 취업 지원, 지역자원 개발과 연계협력 등의 전문적 실천기술들이 활용되었다.

하지만 이런 지원활동들이 효과를 볼 수 있었던 것은, 제도나 실천에 대한 지식이 아니라 '공감과 기다림'의 자세가 무엇보다 주요했다. 히키코모리 당사자에게 상담·지시·조언은 오히려 역효과를 가져올 수 있다. 무엇보다 당사자 스스로 결정하도록 기다려 주고 지켜보는 것이 필요하고, 마음을 열고 다가오면 선택에 필요한 정보 제공을 하는 정도의 조력자로서의 자세가 특히 초기상담에 있어서 중요한 것으로 나타났다. 마음을 여는 기술, 억눌리고 불안한 심리상태에 대한 공감과 진심 어린 대화가 실천의 기본이 됨을 말하는 것으로, '후지사토정 방식'의 히키코모리 지원으로 알려지게 되었다.

3. 모든 사람이 주체가 되는 이시노미야 공생마을[4]

1) 개요

일본 니시노미야시는 효고현 남동부 고베와 오사카의 중간에 위치한 인구 약 48만 명의 주거지역으로서, 장애인 노인 아동이 모두 지역의 주체가 되고 서로가 서로를 돌보는 공생사회를 구축하기 위한 노력을 40년 가까이 해온 지역이다. 니시노미야시는 복지계획단계부터 시, 사회복지협의회, 지구사회복지협의회 등의 상호연계를 강조하고 있으며, 민간의 욕구를 행정계획으로 실천하는 상향식(bottom-up)의 지역복지계획을 수립하고 있다. 복지 실행에 있어서도 소지역 복지추진을 시도하고 있는데, 마을 단위에 지부를 조직하여 다양한 지역복지 활동을 전개하고 있다.

1986년부터 '더불어 살아가는 파일럿 사업'을 실시하였고, 지역주민 주체로 지구 단위별 상황에 적합한 활동을 전개하였다. 2010년부터는 지구사협 권역에 지구 네트워크를 설치하였고, 자치회의 범위 내에서 돌봄 활동을 강화하고 지역 내 복지 자원을 파악하고 대응하는 활동도 실시하였다(시미즈, 2017). 75세 이상 고령자들을 방문하여 안심킷을 배부하고 생활지원 욕구조사도 실시하였으며 정리 정돈과 가구 이동의 욕구가 파악되어, 지역 대학생들을 오카타즈케타이(정리 전문부대)로 파견하기도 했다. 고령자에 대한 안부확인을 목적으로 12개 지구에서는 배식사업도 실시했다. 사협의 지구조직을 중심으로 육아사롱(공동육아공간)이 생겨나기도 했다. 이러한 방식으로 니시노미야시는 지역사회내 모든 주체가 복지제공의 주체이자 수혜자가 되고, 서로가 서로를 돌보는 마을 중심의 공생체계를 갖추어 나갔다.

중증장애인도 니시노미야시에서는 공생의 주체가 되고 있다. 지역 네트워크 회의에서 복지 과제를 파악하고, 복지 활동과 공적 시책이 연계된 지원의 구축과 필요한 활동의 창설을 위한 자발적 노력이 계속되고 있고, 사회복지협의회

---

4) 본 내용은 전지혜의 논문(2018)에서 발췌, 요약한 것이다.

에서는 주민간의 더 친밀한 교류를 위한 츠도이바(모임 장) 조성을 돕기도 하며, 그 안에는 장애인이 주체로서 활동한다. 특히 '아오바원'이라는 장애인 통소시설[5]을 통해서 중증장애인의 자립생활을 지원하고 있다.

2) 거점으로서의 아오바원

1950년대 후반 중증장애아의 부모들이 보건소에서 만나, 치료와 훈련 이외에 어떻게든 아이들이 지역에서 사는 방법을 모색하기 시작하면서 아오바원을 세우는 일을 하게 되었다(시미즈, 2017). 부모 모임은 60년대에는 학교 교육 보장 운동으로 발전했고, 70년대에는 갈 곳이 없는 특수학교 졸업생을 위한 써클과 성인강좌 모임으로 이어졌다. 은둔형 중증장애인에 대해서는 사회참여를 유도하는 프로그램도 만들어졌다. 모두 지역 안에서 살아가고자 하는 당사자와 가족, 교사, 복지사 등이 함께 노력하였기에 가능했다. 이러한 자생적 운동의 결정체로 아오바원이 탄생하였다.

현재 아오바원은 장애인과 비장애인 모두를 아우르는 공생마을 만들기를 위한 거점기관으로 기능하고 있다. 중증의 심신장애인이 부모의 돌봄을 받을 수 없게 되었을 때 시설 입소가 아닌 당연한 인간으로서의 삶을 영위하기 위한 조건으로 지역에서 가족, 교사, 복지 종사자, 학생 등이 연대하여 발전시킨 것이 아오바원이라는 낮 활동공간이었다. 이후 아오바원은 중증장애인들의 낮 활동 거점에 머물지 않고 지역사회 참여 활동을 늘려나갔고, 이를 통해 중증장애인이 지역에서 활기차게 생활할 수 있는 환경 만들기를 시도하게 되었다.

3) 중증장애인의 자연스러운 삶

아오바원의 기본이념을 통해서 중증장애인이 지역에서 주체적으로 살아가는 삶을 강조한다. 또한 아오바원은 당사자와 전문가라는 양자관계가 아닌, 지역주민을 참여시키는 삼자관계 속에서의 상호주체화를 강조하고 있으며, 공생

---

5) 자신의 집에 살면서 낮에 이용하는 시설 유형으로 우리나라 주간보호시설과 유사하다고 할 수 있다.

의 원동력은 삼자의 상호 자력화에서 시작된다고 보고 있다.

아오바원의 활동은 크게 세 가지로 요약되는데, 개개인의 개성에 따라 실시되는 간단한 활동인 자기실현 프로그램, 가정 개호에 어려움이 있더라도 지역에서 계속 생활해 나가도록 지원하는 자립 프로그램, 지역사회의 일원으로 활동하는 사회 참여 프로그램 등이다.[6] 아오바원은 중증장애인이 지역에서 이용하고 활동할 수 있는 기관이며 지구 내 다양한 사람들과의 네트워크를 강조하고 있다. 특히 중증장애인도 지역 행사에 주민으로서 적극적으로 참여하였으며, 1982년부터는 공민관[7]을 거점으로 하여 다양한 주민과 함께 하는 활동으로 발전하였다. 재활용 모임이나 지역 농원을 가꾸는 모임, 지역의 이바쇼(편히 있을 수 있는 곳) 형태의 점포형 거점 등 다양한 형태로 전개되었다. 각각의 모임이나 거점 공간에서 장애인은 프로그램을 이용하는 역할에 제한되지 않는다. 모든 거점 활동은 지역에 필요한 활동이 되고, 이런 활동이 곧 지역에서의 삶의 내용이 되는 것이다.

4. 정신장애인 공동체 베델의 집[8]

1) 개요

정신장애인들이 공동체를 이루어 사는 일본 베델의 집은 환청이나 망상과 같은 정신과적 증상 그 자체를 문제라고 여기지 않고 자연스럽게 서로 표현하고 정신장애의 어려움을 함께 공유하면서 하나의 마을에 정부의 제도에 포함되어 있는 수개의 공동생활형 거주시설을 만들어서 함께 살고, 정부의 지원으로 운영되는 작업장에서 자유롭게 시간을 보내고, 함께 음식을 나누고 살고 있다. 거주시설과 작업장은 정부가 운영하는 장애인서비스를 통해서 제공되고 이들

---

6) 아오바원 활동에 대한 자세한 내용은 https://nishi−shakyo.jp/kourei_syougai/aoba/(2023년 6월 30일 인출)에서 참조할 수 있다.

7) 시정촌 주민을 위한 각종 사업을 실시하는 장소로서, 우리나라 시민회관, 구민회관 같은 곳이다.

8) 본 내용은 이용표의 논문(2018)에서 발췌, 재구성한 것이다.

시설들은 대안 동공체의 신념을 공유하면서 운영된다.

베델의 집은 1978년 7월에 7년간 조현병으로 입원했다 퇴원한 사사키 씨(현 베델의 집 이사장)의 퇴원 축하 모임을 계기로 결성된 회복자클럽 '도토리회' 활동이 계기가 되었다. 이 시기에 베델의 집의 상징적 지도자인 사회복지사 무카이야치 이쿠요시가 우라카와 적십자병원 정신과에 부임하여 도토리 활동을 지원하였다. 사사키 씨는 퇴원 후 지역의 비어 있는 교회로 들어가 생활하게 되었는데, 1984년 이 교회 공간을 '베델의 집'이라는 명명한 것이 그 명칭의 유래가 되었다. 이후 2002년에 설립한 사회복지법인의 명칭을 '베델의 집'이라고 명명함으로써 우라카와 지역에서 사회복지법인 베델의 집과 관련 시설 및 사업장을 '베델의 집'이라고 통칭하게 되었다.

우라카와는 홋카이도 남쪽 끝 에리모곶에 인접한 인구 13,000명의 연안 도시로, 종마 사업과 히다카 다시마로 잘 알려진 지역이다. 1970년대부터 인구 과소화가 진행되던 우라카와의 심각한 문제는 절망적인 입원 생활 후 퇴원한 정신장애인들이 복귀해야 할 지역사회가 위축되고 침체되어 지역 사람들조차 도시로 떠나버리는 분위기였다. 이러한 여건 속에서 베델의 집은 1983년 다시마 포장을 시작으로 1988년 다시마 산지 직송사업, 유한회사 설립, 베델의 집 관련 서적과 다큐멘터리 판매, 당사자의 전국 강연 등 다양한 분야로 활동 범위와 영역을 확장해나갔다. 특히 베델의 집이 상업적인 부분에 집중한 것은 이들이 복귀해야 할 지역사회를 활성화하고, 또한 상업을 통해 지역사회 지역주민과 교류함으로써 실제적인 일상과 부딪히며 삶의 회복을 도모하기 위해서였다.

이러한 과정에서 베델의 집은 독특한 철학과 이념을 구축하였다. 베델의 회사는 치열한 경쟁 논리에 지배되는 회사가 아니라 "이익을 나지 않는 것을 소중히" 여기고 "안심하고 땡땡이 칠 수 있는" "아래로 내려가는" 신념으로 만들어진 회사였다. 아울러 일상의 활동 자체가 이야기와 열린 인간관계의 장인 베델은 서로 그 안에서 "약함의 정보 공개"를 하고 "약함을 유대로"라는 이념과 관계의 결집체가 되고자 하였다. 그리고 정신보건 전문가들은 다른 한편에서 당사자 활동을 지원하는 이른바 베델의 '비원조의 원조' 체계를 구축해 갔다. '비원조의 원조'란 당사자 자조를 원조하는 실천으로 당사자를 어려움에서 보호하는 원조가 아니라 고생을 활용해가는 원조를 통해 스스로 고민하는 힘을 되찾아 가는 원조를 뜻한다.

1978 도토리클럽(당사자클럽) 창립
1980 낡은 교회에서 정신장애를 가진 회원이 살기 시작
1983 기요시 하야사카 등 몇사람이 다시마가공업을 시작
1984 회원의 그룹홈에 '베델의 집'이라는 명칭을 붙임
1988 주문생산에서 독립적인 다시마가공사업 출발
2007 NPO 자기지지센터(Self Support Center) 창립 및 동료지지사업 시작

2) 국가 대인사회서비스 체계의 활용

베델의 집이 일본의 공식적인 정신장애인 서비스체계로 진입하게 되는 과정은 1995년 정신보건복지법 제정 이후이다. 1959년 우라카와 적십자병원 정신과에 50병상이 처음 설치되었으며 1988년에는 130병상까지 증가하였다. 2001년 병상 축소 계획이 추진됨에 따라 정신과 병상은 120병상에서 60병상으로 감소하였다. 이 과정에서 베델의 집은 장기 입원환자들을 지역사회에 받아들이는 체계를 구축하기 위해 2002년 사회복지법인 설립을 추진하여 정신장애인 취업지원과 주거지원 사업을 본격적으로 실시하게 된다. 아울러 2014년에 와서는 입원환자의 감소로 인해 우라카와 적십자병원 정신병동이 폐쇄됨에 따라 입원환자들이 대규모로 지역사회로 나오게 되었다. 이에 대응하여 베델의 집은 2012년 장애인종합지원법에 따라 퇴원 환자를 비롯한 정신장애인들의 지역사회보호를 중심으로 하는 생활지원체계로의 전환을 모색하였다.

2017년 8월 현재 우라카와의 정신장애인 복지수첩 소지자는 146명이다. 그들 중 58명은 그룹홈에서 공동생활원조를 받으면 살고 있으며, 일상생활과 고용지원 등 낮시간 활동지원을 받고 있는 사람이 60명이고 가정생활 전반에서 지

원을 받는 거택개호를 받는 사람은 1명이다. 베델의 집에서 운영하는 그룹홈은 9개소이며 58명이 생활하고 있으며, 이들 외에 베델의 집 이용자 30명은 20명이 민간아파트, 10명이 가족과 동거하고 있다. 우라카와 지역 전체 정신장애인 복지수첩 소지자 146명 중 88명이 우라카와 베델의 집 이용자이다. 베델의 집은 시간제 직원을 포함한 60명의 직원과 전체 정신장애인 이용자 100여 명으로 구성되어 있으며, 물리적인 공간은 베델의 집, 공동생활가정 9개소, 공동주거 1개소, 작업장 5개소 등이다.

3) 당사자 중심 공동체 접근

베델의 집이 갖는 중요한 의미는 대안 공동체 요소를 사회복지서비스에 성공적으로 도입하여 정신장애인 간의 상호돌봄 체계를 구축하였다는 점이다. 즉 베델의 집은 고유의 철학과 이념을 토대로 '약함의 정보공개', '약함을 유대로', '이익이 나지 않는 것을 소중히', '안심하고 땡땡이 칠 수 있는 회사 만들기' 등과 같은 실천원칙을 구축하여 공동체적 결속, 타협과 관용에 의한 합의, 공동체적 부의 배분 등과 같은 공동체적 가치를 실현하였다. 베델의 집에서는 당사자 연구를 통해 자신의 병과 고통을 분석하여 자기 병명을 붙이면서 상호 이해와 지원 관계를 수립한다. 동료들 중 누군가 폭발적인 위기상태를 맞이하면 구조대 활동으로 모두 달려가 이야기를 들어준다. 작업장에서의 임금의 배분은 생산성이 아니라 당사자가 보고한 노동시간에 따라 공평하게 배분한다. 의사결정에 모두가 참여하여 긴 시간 사안에 대하여 이해할 때까지 설명하는 민주적 절차를 고수한다. 베델의 집이 가지는 이러한 공동체적 요소는 전통적 서비스에서 제공자를 중심으로 독립적이고 고립된 형태로 존재하던 이용자를 결속시키면서 전문가가 제공할 수 없는 당사자들 간의 상호 헌신 관계를 수립하고 있다.

이와 함께 정신장애인 당사자 재발견을 통하여 지원 전문가의 역할을 새롭게 제안하고 있다는 점이다. 그동안 정신건강 영역에서 정신장애인은 수동적 서비스대상자로 여겨지며 서비스제공자에의 순응을 요구받았다. 클라이언트 중심의 접근이라고 하는 경우에도 클라이언트의 욕구에 대하여 민감하게 반응하고 그 욕구에 맞는 서비스를 제공한다는 의미로 이해되었다. 그러나 이른바 베델의 집은 '비원조의 원조'라는 독특한 체계를 구축해왔다. '비원조의 원조'란 당사자 주체의 실천, 즉 자조를 지원하는 실천으로 당사자를 생활상의 어려움에서 보호하는 지원이 아니라 생활상의 어려움을 활용해가는 지원을 통해 인간적 행위의 풍요로움과 가능성을 경험하고 고민하는 힘을 되찾아 가는 지원을 뜻한다. 이렇게 스스로 그리고 동료들과 함께 고민하는 당사자주체의 실천은 '당사자 연구'라는 집단적 활동을 중심으로 베델의 집의 상징이 되었으며, 당사자 스스로가 자신을 돕는 방법을 연구하는 실천으로 이어지고 있다.

section 02 싱가포르

싱가포르에서[9] 대인사회서비스의 존재감과 비중은 낮은 편이며 관련된 몇개의 부처에서 소극적으로 다루고 있다. 돌봄에 대한 국가의 정책 기조는 철저히 동양적 사고에 기반하여 개인과 가족 책임을 강조하여 가족에 의한 비공식 돌봄이 중요한 비중을 차지하고 있다. 돌봄에 대한 책임은 지역사회, 가족, 개인에게 일차적으로 주어지고, 국가의 역할은 더 나은 교육과 건강을 위해 투자하고 이러한 환경 조성을 위한 최적의 시스템을 만드는 데 두고 있다.

싱가포르에서 대인사회서비스 보장방식은 크게 세 가지로 나누어진다. 첫째, 가정에 외국인 근로자인 FDW(Foreign Domestic Worker)를 고용하여 가정 내 돌봄을 담당하도록 하는 경우이다. 1978년에 도입된 FDW 제도는 여성의 경제 활동 참여가 꾸준히 증가함에 따라 가정에서의 육아나 노인 돌봄에 필요한 공백을 보충할 수 있는 수단으로 활용되고 있다. 둘째, 지역사회기반 돌봄서비스로 공동모금회(Community Chest)를 통해 모은 기부금을 민간복지조직(Voluntary Welfare Organization)에 지원하여 돌봄을 제공하도록 하는 경우이다. NCSS(National Council

---

9) 싱가포르 대인사회서비스 개요는 황인매와 김용득의 논문(2014)에서 발췌한 것이다.

of Social Service)는 대인사회서비스 프로그램을 잘 관리하고 전달하기 위해 민간복지조직과 긴밀한 관계를 유지하며 공동모금회에 모인 기금을 민간복지조직에 할당하고 관리하는 역할을 한다. 셋째, 보건의료 체계 기반 돌봄서비스로 보편적인 국가정책인 CPF(Central Provident Fund)[10]의 의료저축계좌(Medisave Account)와 국가보조금을 통해 돌봄서비스를 전달하는 경우이다. 국가보조금으로 전달되는 돌봄서비스는 각각 노동부, 사회가족부, 보건부 소관으로 운영되고 있으나 전체적인 비중은 낮은 편이다.

돌봄서비스 재정 원천이 개인의 저축계좌와 개인부담금, 공동모금회를 통한 기부금, 조세 등으로 다양한 원천으로 구성되지만, 재원과 관계없이 이의 효과적인 운영을 위한 정부의 개입은 강력한 편이다. 관청으로부터 인허가를 획득하면 서비스 제공이 바로 가능하나, 일정한 수준의 성과를 거두기 위해 실시하는 성과평가체계에 모든 서비스 제공조직이 참여해야 한다.

1. 다 함께 돌보는 Many Helping Hands

복지국가 대신 대안적 복지관점을 채택한 싱가포르의 'Many Helping Hands(MHH)'는 만성질환이나 사회적·심리적·경제적 어려움을 겪고 있는 저소득 가정에 대해 사회의 다양한 영역이 참여자가 되어 상호 연계된 사회서비스 제공을 목적으로 한다(김용득 외, 2013). '다양한 영역들이 사회서비스 산업의 파트너라는 개념'을 갖는 것이 싱가포르가 채택한 관점이다. 노인돌봄과 대인사회서비스의 제공은 국가에 직접 고용된 공무원들보다는 지역사회와 민간조직에 속한 열정과 애정을 가진 사람들에 의해 제공되는 것이 바람직하다는 신념에

---

10) 중앙적립기금 CPF는 연금성격의 사회보장제도로서 1955년 도입되었으며, 피고용자와 고용자 쌍방이 임금의 일정부분을 적립하는 일종의 강제저축으로 노동부 산하 CPF Board에서 관리하고 있다. CPF 가입자는 보통계좌(ordinary account), 의료계좌(medisave account), 특별계좌(special account), 퇴직계좌(retire account)로 구분된 4개의 계좌를 가지고 있다. 보통계좌는 주택, 교육 등에 사용할 수 있으며, 의료계좌는 의료비, 의료보험 등에 사용가능하다. 특별계좌는 퇴직 후 소득보장을 위해 적립되며, 퇴직계좌는 별도의 적립금은 없으며 55세 이후 특별계좌가 퇴직계좌로 전환되는 형태로 운영된다.

기초하고 있다. 가족과 지역사회가 적극적인 역할을 수행하고 정부는 이것이 유지되도록 지원하는 역할을 한다.

MHH에서 여러 주체의 협력관계가 강조된다. 정부는 자원과 재원을 조달하면서 민간복지조직을 관리하는 역할을 한다. 정부와 함께 NCSS는 민간복지조직이 적절한 역할을 할 수 있도록 지원하고, 여기서 일하는 인력에 대하여 훈련을 제공한다. NCSS의 모금을 담당하는 조직인 공동모금회는 자선기관들의 운영을 돕는다. 이 외에도 자원봉사를 통해서 지역사회를 돕는 조직(National Volunteer & Philanthropy Centre), 비영리 민간 기관의 역할을 조율하고 지원하는 조직(Centre for Non-Profit Leadership) 등을 통해서 민간복지기관을 지원하여 지역사회에서 좋은 서비스가 이루어지도록 돕는다(Sim, et al., 2015). 이와 함께 싱가포르 정부는 인력 운영에 필요한 재정을 지원하면서 인적자원개발을 위하여 교육, 훈련, 기술향상을 장려하고 있다. 구체적으로 보면 MHH 전략의 하나로 보조금의 지원 외에도 별도로 CCF(Charities Capability Fund)를 통해서 서비스 공급자들이 프로그램과 서비스 전달 능력을 스스로 개발하고 향상할 수 있도록 돕는다.11)

2. 노인들이 교류하는 Community Befriending Programme

2005년에 Charity로 등록된 NCSS의 회원기관인 Filos Community Services에서 운영하는 프로그램이다. 이 기관은 지역사회 참여 지원, 가족 및 아동 청소년 지원, 노인 지원 등의 서비스를 제공하고 있다. 노인 지원을 위하여 노인들의 지역사회 유대관계를 강화하고 필요한 경우에 적시에 보건복지 서비스를 받을 수 있도록 지원하는 Active Ageing Centre를 운영하고 있다. 여기서 운영하는 프로그램은 크게 세 가지로 구성된다.12)

---

11) CCF는 NCSS 회원조직인 민간복지조직을 대상으로 더 나은 전문성과 서비스 전달 능력 향상을 위해 교육, 훈련, 연구, 컨설팅, 단기 프로젝트, 정보통신기술 등을 지원한다. 2002년에 설립된 VCF(Voluntary welfare organisation Capability Fund)가 그 전신이며, 2022년 4월 1일부터 CCF로 명칭이 변경되었다.

Active Ageing Programmes

매일 운영되는 노인들의 취미와 재능을 활용한 운동, 인지 등의 활동을 할 수 있도록 지원하는 프로그램

Befriending Programmes

지역사회에서 고립되어 있거나 만성질환으로 거동이 어려운 노인들을 자원봉사 노인들이 전화나 직접 방문을 통해서 지지를 제공하는 프로그램

Care Support

의료나 복지서비스가 필요한 노인들에게 필요한 정보를 제공하거나 적절한 서비스로 의뢰하는 서비스

Community Befriending Programme(CBP)는 세 가지 목적을 가지고 있다 (NCSS, 2019). 첫째, 지역사회에서 고립된 노인들을 위하여 사회적 지지와 연결을 제공한다. 둘째, 고립된 노인들의 욕구가 관련 서비스 기관에 잘 전달될 수 있도록 하는 '눈과 귀'의 역할을 한다. 셋째, 노인들이 자원봉사자로 활동하면서 지역사회 기여의 기회를 가진다.

Community Befriending 활동을 처음 하는 노인들은 직원이나 경험이 많은 노인들과 함께 고립된 노인의 가정을 월 2~3회 방문한다. 고립된 노인과의 관계가 편해지면 2인 1조를 이루어 주기적으로 방문한다. 방문하는 노인들이 고립된 노인들을 더 잘 지원할 수 있도록 공식적인 훈련 프로그램이 시행된다. 이와 함께 주기적인 환류 모임을 통해서 더 좋은 친구가 되는 방안을 제안함으로써 주도적인 참여가 유지되도록 돕는다. 이 프로그램을 통해서 자원봉사에 참여하는 노인은 자신감과 함께 다른 사람과 소통하는 새로운 기술을 배우는 기회가 된다. 고립된 노인들은 다른 사람과 소통하면서 지역사회 활동에 참여할 수 있

---

12) https://www.filos.sg/services-eldercare(2023년 6월 30일 인출)에서 참조하였다.

게 된다.

3. 활력 있는 노후를 위한 ComSA
(The Community for Successful Ageing)[13]

ComSA는 인생 과정에서의 건강과 복지를 증진하고 적절한 노화를 가능하게 하는 것을 목적으로 종합적인 프로그램과 서비스의 통합 시스템을 구축하는 공동체 차원의 접근법이다. ComSA는 노인들의 욕구와 열망, 그리고 그들의 지속적인 건강관리와 개인적 성장에 지역사회 자원이 소중하다는 통찰에서 시작되었다. ComSA 프로젝트의 관점에서 보면 건강은 단지 생리학적 문제가 아니라 심리적, 정서적, 영적 안녕을 포함하며, 사람은 전 생애를 통해서 지속적인 잠재력에 대해 과거의 기여만큼 인정받을 필요가 있고, 사회적 연결을 토대로 활발하게 살아갈 수 있어야 한다. 노년층을 괴롭히는 고립(isolation), 외로움(loneliness), 지루함(boredom) 등 세 가지 전염병은 의료서비스가 효과를 발휘하기 어렵게 만든다.

ComSA가 성공적으로 수행되어 사람들이 나이 들어가면서 더 활력 있게 살아가는 환경을 만들기 위해서는 공공의 도시계획과 민간의 활동 등에서 시민 참여가 활발할 수 있도록 여러 서비스, 전문영역, 정책 결정 단위 등에서 참여가 이루어질 수 있도록 하는 포괄적인 지원시스템을 만들어야 한다. ComSA는 다학제 기술을 통해서 건강, 자력화, 사회 참여, 웰빙과 같은 상호 연결된 영역에서 건강하게 나이 들어갈 수 있도록 돕고, 노인들의 삶의 질 향상에 기여하고

---

13) 본 내용은 노인의 삶의 질 향상을 위하여 1993년에 설립된 비영리민간단체인 Tsao Foundation의 홈페이지 https://tsaofoundation.org(2023년 6월 30일 인출)에 제시된 내용을 중심으로 구성한 것이다. Tsao Foundation은 '장수는 기회이다(longevity is opportunity)'라는 슬로건을 표방하고 있는데, 1993년부터 HMCSA(The Hua Mei Centre for Successful Ageing)와 ComSA(The Community for Successful Ageing) 프로젝트를 운영하고 있다. HMSCA는 40세 이상의 사람들에게 맞춤형의 보건복지서비스를 제공하는 활동이며, ComSA는 노인들이 자산의 집에서 계속 살아갈 수 있도록 노인친화적인 지역 공동체를 만드는 활동이다.

있다. 이러한 역량은 케어매니지먼트와 사람 중심의 돌봄, 노인 자력화 및 훈련 프로그램, 여러 주체의 파트너십 구축 및 노인 및 자원봉사자와의 참여를 포함한 지역사회 조직들의 다양한 노력이 결합되면서 발전한다.

ComSA@Whampoa는 Tsao Foundation이 CFAA(City For All Age) Whampoa의 의뢰를 받아 지역사회 활동을 촉진하여 노인 친화적인 이웃을 만들려는 시도를 통해서 탄생했다. 이 프로젝트는 Whampoa의 풀뿌리 조직과 고령화 계획 사무소(Ageing Planning Office)에 의해 비용이 조달되었고, 보건부(Ministry of Health)는 ComSA에 필수적인 '지역사회 전반의 접근법'이 계속 실행될 수 있도록 일련의 필요한 개발과 파트너십 구축이 이루어질 수 있도록 지원하였다.

ComSA 프로젝트의 특징은 크게 두 가지이다(Harding and Jasmine, 2017). 첫째, 건강한 노인과 취약한 노인을 함께 포함하면서 건강한 노인들을 위해서는 건강을 유지할 수 있는 방법에 대한 예방적 측면을 지원하는 총체적 접근과 함께 취약한 사람들이 건강을 관리할 수 있도록 돕는 전문적 접근을 동시에 추진하였다. 둘째, 스스로 돌봄(self-care)을 강조하여 스스로 자신의 건강을 책임지는 모습을 통해서 노화의 긍정적인 이미지를 만드려고 노력하였다. 스스로 돌봄을 위한 방법을 배운 노인들은 다른 사람들과 스스로 돌봄에 필요한 지식을 나누는 지역사회 활동에 참여하였다. ComSA 프로젝트는 이 두 가지 접근을 통해서 지역사회에서 사람들간의 관계의 회복을 통해서 '고령 친화 지역사회(age-friendly community)'라는 새로운 개념을 만들어 가고 있다.

4. 함께 요리하는 GoodLife! Makan[14]

GoodLife! Makan은 싱가포르에서 처음으로 만들어진 지역사회 요리공간(communal kitchen)으로, Montfort Care라는 비영리단체가 운영하는 특별 프로그

---

14) 본 내용은 2016년에 Montfort Care라는 단체가 혼자 사는 노인들이 지역사회에서 함께 어울려 살아가도록 돕기 위한 목적으로 2016년에 시작된 프로젝트이다.

램이다. Montfort Care는 2000년에 설립되어 주민 자력화를 지원하고 지역사회의 강점을 강화하는 지역사회 기반 대인사회서비스를 제공하는 전문기관이다. GoodLife! Makan은 요리활동을 매개로 혼자 사는 노인들이 대화를 나누는 공간을 제공하고, 여기서 요리한 음식을 나누면서 함께 어울릴 수 있도록 돕는다. 160m³의 공간에 8개의 스토브와 무슬림을 위한 별도의 요리 구역이 설치되어 있다(Tin, 2017). 이 공간을 통해서 지역사회에서 혼자 사는 노인들이 자조집단을 만들어서 이 집단을 통해서 스스로 요리재료를 구매하고, 함께 요리하고, 청소하는 등의 활동을 한다. GoodLife! Makan은 사회활동의 기회가 제한된 노인들이 건강한 음식을 섭취할 수 있도록 하면서, 사람들과 함께 어울릴 수 있는 대인관계 역량 개발을 지원하고, 이를 통해 사회적 상호작용과 지역사회 개발을 만들어나간다.[15]

---

15) https://www.montfortcare.org.sg/goodlife-makan(2023년 6월 30일 인출)에서 더 자세한 내용을 볼 수 있다.

📖 참고문헌

김용득·김은정·조남경·이동석·황인매·오홍진·김경임. 2013. 사회서비스 재정지원 방식과 공급주체의 성격 및 품질관리 기제에 대한 국가간 비교 연구: 성인 재가돌봄 서비스를 중심으로. OECD대한민국정책센터·성공회대학교사회복지연구소.

나가타 유우. 2018. "일본의 포괄적 지원체계 현황과 과제." 국제사회보장리뷰 7: 49−60.

시미즈. 2017. 발달장애인 친화마을 만들기: 일본의 경험을 듣다. 인천광역시종합사회 복지관·인천대학교 사회과학연구원.

오세웅. 2020. "히키코모리 장기화·고령화로 '8050 문제' 대두." 복지저널, 148: 58−61

이용표. 2018. "일본 베델의 집은 정신장애인 대안 공동체인가? 사회복지 프로그램의 관점을 중심으로." 한국사회복지교육, 42: 57−84.

전지혜. 2018. "일본 니시노미야시의 지역기반 장애인복지 실천 사례연구: 장애인의 일상적 삶은 어떻게 가능한가?" 한국장애인복지학, 40: 209−236.

황인매·김용득. 2014. "성인돌봄서비스 품질관리제도의 다양한 모습: 스웨덴, 영국, 미국, 싱가포르, 일본, 한국의 비교를 중심으로." 한국사회복지행정학, 16(2): 93−125.

Harding, S. C. and Jasmine, L. Y. T. 2017. "Community for successful ageing(ComSA): community development in Whampoa." In *Mobilising diverse community assets to meet social needs*. edited by Lee, J., Matherw, M. and Tan, R. Institute of Policy Studies·National University of Singapore. 123−131.

NCSS. 2019. *Empowering seniors: resource kit*. Singapore: National Council of Social Service.

Sim, I., Ghoh, C., Loh, A. and Chiu, M. 2015. *The social service sector on Singapore: an exploratory study on the financial characteristics of Institutions of a public character in the social service sector*. National University of Singapore ·Chartered Institute of Management Accounts.

Tin, N. G. 2017. "History and context of community development." In *Mobilising diverse community assets to meet social needs*. edited by Lee, J., Matherw, M. and Tan, R. Institute of Policy Studies·National University of Singapore. 69−84.

PART
04

대인사회서비스
자산접근 국내사례

국내 대인사회서비스에서 자산접근에 해당하는 사례에 대해서는 정부, 민간 복지기관, 사회적경제 조직 등 세 영역으로 나누어 살펴보았다. 국내 사례의 발굴은 세 가지 방법을 사용하였다. 첫째, 자산접근과 관련된 주제를 다룬 국내 학술논문에서 제시된 사례들을 살펴보았다. 둘째, 정부에서 추진된 전달체계 개편과 최근의 주민자치형 공공서비스 관련 정부 사업안내서와 관련 부처에서 발간한 우수사례집을 활용하였다. 셋째, 민간 복지기관과 관련 단체를 통해서 적절한 사례를 추천받았다. 넷째, '민간복지 우수사례'를 인터넷 검색을 통해서 조사하였다.

제10장에서는 정부 영역 지역복지 접근의 핵심 내용인 읍면동 주민자치형 공공서비스의 추진체계를 제시하고, 시군구 단위에서 모범적으로 수행된 사례를 제시하였다. 과거 정부 일선 복지전달체계의 역할은 현금과 현물서비스의 자격을 심사하여, 자격을 충족하는 사람에게 서비스를 전달하는 역할이었다면, 최근에는 어려운 상황에 있는 사람들을 찾아가서 살피고, 이웃 주민들의 참여와 협력을 통하여 함께 문제를 해결해가는 공동체 접근이 강화되고 있다.

제11장에서는 민간 복지기관의 지역사회조직 활동을 중심으로 자산접근 관련 사례를 살펴보았다. 지역사회 일반 및 빈곤 대응 기관(사회복지관, 지역자활센터), 지역사회 장애인서비스 기관(장애인복지관, 자립생활센터), 지역사회 노인서비스 기관(노인복지관, 시니어클럽)을 중심으로 살펴보았다.

제12장에서는 사회적기업, 협동조합 등 사회적경제 조직의 자산접근 관련 사례를 살펴보았다. 국가가 제공하는 대인사회서비스의 제공기관으로 참여하는 사회적경제 조직의 활동은 제외하고 지역단위에서 자체적으로 사업을 개발하여 시행하는 내용을 중심으로 하였다. 지역 컨소시엄 기반 대인사회서비스와 주민참여형 돌봄 조합의 대인사회서비스로 구분하여 살펴보았다.

10 정부 영역의 지역복지 접근

    시군구와 읍면동을 통하여 전달되는 복지서비스의 발전은 취약한 사람에 대한 지원을 확대하는 과정이면서, 동시에 지역사회 공동체를 회복하는 기반을 강화하는 노력의 과정으로 평가할 수 있다. 사회복지전담공무원 제도 도입('87년), 보건·복지 사무소 시범사업('95년~'99년), 사회복지 사무소 시범사업('04년~'06년), 주민생활지원서비스 개편('07년), 희망복지지원단 설치('12년), 읍면동 복지 허브화('16년~'17년) 등을 거쳐서 현재는 주민자치형 공공서비스('17년)가 중심을 이루고 있다(행정안전부·보건복지부, 2022). 주민자치형 공공서비스는 그동안 추진되었던 시군구의 복지전달체계 확충에 이어서 주민과 밀착된 읍면동을 중심으로 주민참여와 민관협력을 통한 지역사회 주도적 문제해결을 강화하는 전략을 채택하고 있다.

    2017년부터 추진되고 있는 주민자치형 공공서비스를 통해 찾아가는 보건복지서비스를 확대하면서 주민참여형 서비스 제공기반을 마련하기 위해서 마을공동체 역량강화를 함께 추진하고 있다(행정안전부·보건복지부, 2021). 대부분 지역에서 지역사회보장협의체 민간위원, 사회복지관, 노인복지관, 장애인복지관, 노인맞춤돌봄기관 등이 동 사례회의나 동 통합돌봄회의에 참여하여 민관협력이 필요한 사례를 공유하고, 사각지대 해소를 위하여 협력하고 있다.

주민자치형 공공서비스는 읍면동 중심의 공공서비스를 민·관이 함께 계획, 생산, 전달하는 소지역 단위 혁신을 위해 찾아가는 보건복지서비스 확대 및 주민참여 활성화 등 풀뿌리 주민자치 기반을 조성하기 위한 목적으로 수행되고 있다(행정안전부·보건복지부, 2022). 도시지역은 소원했던 이웃 간의 공동체 복원, 농촌지역은 고령화, 인구 유출 등으로 와해 되어 가는 지역 공동체의 활력을 회복하기 위해 주민과 접촉하는 최일선 행정단위인 읍면동을 주민 생활 자치와 공동체 돌봄을 위한 거점으로 혁신하려는 과업을 추진하고 있다.

주민자치형 공공서비스 정책의 핵심 요소는 읍면동 찾아가는 보건복지서비스 강화, 지역사회보장협의체를 통한 자원개발, 주민력 강화 지원 등으로 세부 내용을 살펴보면 다음과 같다(행정안전부·보건복지부, 2022).

1. 읍면동 찾아가는 보건복지서비스 강화

일선 읍면동 단위에 찾아가는 보건복지서비스 구현을 위하여 사회복지사와 간호사 인력을 충원하고, 이들 전담 인력을 통하여 방문 기반 서비스 기반을 확충하고 있다. 복지수요와 지역 상황에 따라 기본형, 확장형, 농어촌특성화형 등으로 구분하고, 기본형과 확장형은 찾아가는 보건복지팀을 설치하여 운영하고, 농어촌특성화형은 찾아가는 보건복지팀을 설치하지 않고 전담인력만 배치하여 운영한다. 각 모형은 〈표 10-1〉과 같이 구분된다.

표 10-1 찾아가는 보건복지서비스 조직 모형

구분	모델	기능	조직	인력
동·읍	기본형	‣ 종합상담, 방문상담, 통합사례관리 등 찾아가는 보건복지서비스 ‣ '복지+건강' 기능강화	‣ 찾아가는 보건복지팀 설치	‣ 복지 3명 ‣ 간호 1명
	확장형	‣ 찾아가는 보건복지 대상·범위	‣ 찾아가는 보건복지팀	‣ 복지 7명

구분	모델	기능	조직	인력
		확대 ‣ 종합상담 심화 ‣ 민관연계 확대	설치	‣ 간호 1명
면	기본형	‣ 읍·동 기본형 모델과 동일	‣ 찾아가는 보건복지팀 설치	‣ 복지 3명 ‣ 간호 1명

	농어촌
	특성화형
		‣ 기본형 모델과 동일	‣ 찾아가는 보건복지팀
			  미설치(전담 인력만
			  배치)
				‣ 복지 2명
				‣ 간호 1명

출처: 행정안전부·보건복지부, 2022

　　기본형과 확장형은 각 읍면동에 (총무)행정팀, 복지행정팀과 별도로 찾아가는 보건복지서비스팀을 설치하다는 점에서 공통적이며, 배치 인력의 규모와 업무 수행 내용에서 다른데, 기본형과 확장형의 조직 구성은 다음 그림과 같다.

그림 10-1 찾아가는 보건복지서비스 기본형 조직 모형

출처: 행정안전부·보건복지부, 2022

그림 10-2 찾아가는 보건복지서비스 확장형 조직 모형

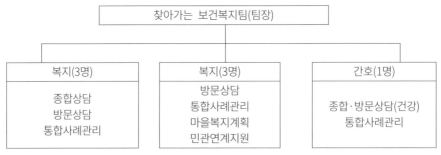

출처: 행정안전부·보건복지부, 2022

읍면동 찾아가는 보건복지팀의 역할은 수급자 외 생애전환기, 위기가구, 돌봄 필요대상 등으로 방문대상을 확대하고, 초기상담 및 계획수립 등으로 예방적 개입을 수행하는 것이다. 이를 위하여 사례관리 기관과의 연계를 위한 초기상담·사후관리를 강화하고, 공동방문 등 권역 내 사례관리 제공기관과의 협력체계 운영 등 읍면동 게이트웨이 역할을 강화하고 있다. 확장형을 중심으로 읍면동의 주요 세 가지 역할은 다음과 같다(행정안전부·보건복지부, 2022).

1) 종합상담

복지영역 외에 보건, 주거, 고용 등 유관 공공서비스로 범위를 확대하여 수급자 중심에서 일반 주민으로 대상을 확대하여 통합적인 종합상담을 수행한다. 종합상담을 통해 주거, 고용, 금융, 문화 등 관련 서비스를 안내하고 필요시 관련 부서와 외부 기관에 의뢰하여 서비스를 연계한다.

2) 복지+건강 기능 강화

신규로 배치된 읍면동 간호인력은 팀 내 복지인력과 협업하여 통합사례관리를 수행하고, 확인된 욕구를 바탕으로 건강서비스 연계를 확대한다.

3) 민관 연계

지역사회 내 마을복지계획 수립, 자원연계 등을 통해 민관 연계를 강화한다. 읍면동 지역사회보장협의체 등 지역 내 다양한 주민 조직과 협업하여 마을복지계획을 수립하고, 협업 기반조성을 위해 소통 및 교육 기회 등을 제공한다. 지식정보 공유를 위하여 주민 스스로 기획하는 회의·워크숍 형태 교육, 온·오프라인 교육 등이 이루어지도록 장소 마련 등 행정지원을 한다. 지역 네트워크 강화를 위하여 지역사회 내에서 주민들의 문제 확인, 해결 능력 제고를 위한 주민 중심의 인적 안전망, 물적 관계망의 형성을 지원한다. 인적 안전망 형성 지원을 위하여 주민, 기관, 협회 등 자발적으로 참여하는 주체들의 기능과 역할이 연계될 수 있도록 하며, 물적 관계망 지원을 위하여 현금, 현물, 서비스 등 물적 자원 연계를 지원한다. 또한 소통, 돌봄 등의 활동을 위해 주민들이 자발적으로 소규모 사업을 수행하는 공간을 확보하여 제공한다.

지역사회의 보호가 필요한 저소득층, 독거노인, 학대 피해 노인, 장애인 가구, 보호대상 아동, 자살위험군 대상자 등을 포함한 사회취약계층에 대하여 민관협력 토대의 지역 네트워크 시스템으로 읍면동 지역사회보장협의체를 비롯하여, 통·이장을 복지업무에 활용하는 복지통(이)장제, 주민의 자발적 참여를 통한 인적 안전망 '명예사회복지공무원' 등을 활용한다(보건복지부, 2023).

2. 지역사회보장협의체를 통한 자원 개발

1) 시군구 지역사회보장협의체(대표협의체, 실무협의체, 실무분과)

시군구 협의체는 시군구의 지역사회보장계획 수립·시행 및 평가를 포함하여 지역 내 사회보장추진에 관한 주요 사항에 대하여 심의와 자문을 한다. 실무협의체와 실무분과를 통해 지역 내 서비스 제공기관 간의 연계, 협력체계 구축과 기관 간 서비스 연계, 조정 방안을 심의하고 자문하는 컨트롤타워 역할을 수행한다. 시군구는 협의체의 연계 및 조정 의견을 검토하여 지역사회 내 서비스 제공기관의 협조를 통하여 협의체의 의견이 실행되도록 한다. 실무협의체 및 실무분과 등의 회의체는 공공, 민간기관, 주민들에 의해 제기된 지역사회보장 영역의 다양한 문제해결을 위한 자발적인 실행방안을 제안하면서, 읍면동 복지서비스에 필요한 자원연계와 시군구 통합사례회의가 요청한 자원을 발굴하여 연계가 이루어질 수 있도록 지원하는 역할을 한다.

2) 읍면동 지역사회보장협의체

읍면동 협의체는 사회보장사업의 도움이 필요한 대상자 발굴 활동에 참여하면서, 공적 급여로 해결할 수 없는 복지 욕구 대응을 위해 지역사회의 다양한 자원을 개발한다. 읍면동 지역사회보장협의체와 시군구 지역사회보장협의체는 수평적 네트워크이며, 민관협력을 통해 행정기관의 역할을 지원한다. 두 협의체

표 10-2 시군구·읍면동 지역사회보장협의체의 비교

구분	시군구 지역사회보장협의체	읍면동 지역사회보장협의체
구성 방법	시군구청장 위촉	읍면동장 추천, 시군구청장 위촉
규모	10명 이상 40명 이하	10명 이상
위원자격	• 사회보장에 관한 학식과 경험이 풍부한 사람 • 지역사회보장 기관, 법인, 단체, 시설의 대표자 • 비영리 민간단체에서 추천한 사람 • 읍면동지역사회보장협의체 위원장 • 사회보장에 관한 업무 담당공무원	• 읍장, 면장, 동장 • 지역의 사회보장 기관, 법인, 단체, 시설 또는 공익 단체의 실무자 • 사회보장업무 담당 공무원 • 비영리 단체에서 추천한 사람 • 통·이장, 주민자치위원, 자원봉사단체 구성원 • 그 밖에 사회보장증진에 열의가 있는 사람
역할	• 사업계획 심의 및 운영지원 • 읍면동 협의체 위원 역량강화를 위한 교육 및 워크숍 기획·운영 지원 • 읍면동 지역사회보장협의체 운영 상황 모니터링 및 컨설팅 지원	• 위기가구 및 복지대상자 발굴 지원 • 읍면동 특화사업 지원 • 시군구 차원에서 추진하는 공동사업 논의 • 마을복지계획 수립을 통한 지역 특화 사업 지원

출처: 행정안전부·보건복지부, 2022

를 비교해 보면 〈표 10-2〉와 같다.

2020년에 조사한 전국의 읍면동 협의체 참여자들의 구성을 보면 읍면동 공무원(11.7%), 사회보장기관종사자(10.1%), 교육복지관계자(2.3%), 의료인(1.5%), 통·이장(14.1%), 부녀회장(4.4%), 주민자치위원(8.9%), 자원봉사단체 회원(10.4%), 자영업자(13.1%), 종교인(1.6%), 우체국 관계자(0.3%), 일반 지역주민(21.7%) 등으로 나타났다(김회성 외, 2021).

3. 주민력 강화 지원

1) 추구하는 변화

주민력은 공공서비스의 기획, 생산, 전달과정 등에서 주민이 주체적으로 지역의 과제를 확인하고 해결하는 능력을 의미한다. 여기서 주민은 주거를 목적으로 지역사회 내에 거주하는 사람을 의미하며, 직장생활이나 교육 등의 목적으로

표 10-3 주민력 강화를 통해서 추구하는 변화

기존	추구하는 변화
• 행정기관 중심 민관협력	• 주민주도의 민관협력
• 단순한 서비스·자원의 모집	• 인적·물적 관계망 구축을 통한 주민참여 유도

출처: 행정안전부·보건복지부, 2022

지속적으로 지역의 인프라나 자원을 이용하거나 소통을 나누는 사람까지를 포함한다.

주민력 강화 지원의 추진 방향은 공공의 지원을 기반으로 주민이 주도하는 민관협력을 강화하고, 민간 영역의 주도로 주민이 중심이 되는 인적, 물적 관계망을 구축하여 함께 살아가는 공동체 형성을 도모한다. 민관협력 강화는 행정기관이 지원하는 사업의 기획과 실행과정에서 주민들이 행정영역과 수평적 관계로 역할 한다. 인적, 물적 관계망 구축은 의제화(문제발견)에서 실행(문제예방과 해결을 포함)까지 모든 과정에서 지역주민의 영향력 확장을 추구한다.

다양해지는 주민들의 욕구와 지역문제 해결 및 예방을 위해서는 공공의 개입만으로는 한계가 있고 지역에 거주하는 주민들의 자발적이고 주체적인 참여가 필요하다. 지속 가능한 복지체계가 가동될 수 있는 지역사회를 구축하기 위해서는 공공영역과 민간영역이 공동으로 역할을 하는 것이 중요하다.

2) 추진내용

주민력 강화 지원업무는 읍면동 찾아가는 보건복지팀이 주관하여 읍면동 지역사회보장협의체, 주민자치회 등과 협업하여 실행한다. 주민력 강화 지원 분야는 주민들의 참여를 촉진하기 위한 여건조성과 주민활동을 직접적으로 활성화하기 위한 지원으로 구분된다. 여건조성을 위하여 지역문제의 확인 및 해결과 관련된 정보, 사회적 가치 등을 공유하기 위한 교육 등 지식정보 공유체계를 마련하고, 소통과 돌봄 등에 관련하여 지역사회 주민들이 자발적으로 소규모 사업을 수행하는 공간을 제공하기도 한다. 주민활동 활성화를 위하여 지역문제의 확인 및 해결 방법을 모색하면서 민관이 함께 마을복지계획을 수립하여 실행한다. 이 과정에서 주민 중심의 지역 네트워크를 형성함으로써 지역사회 내에서 주민들의 문제 확인 및 해결 능력을 높인다.

마을복지계획은 이웃 돌봄, 주민복지학교 등 읍면동 단위에서 자체적으로 해결 가능한 소규모 의제에 대한 계획을 말한다. 읍면동 단위의 공동체 복지, 주민주도 보건복지 프로그램 개발, 주민참여와 협력 등을 확보하기 위해서는 다양한 주체들의 참여가 중요하다. 마을복지계획의 실행력을 높이기 위해 읍면동 주민자치회와 협업하여 주민자치회 주민총회 시 읍면동 마을복지계획을 상정하여 결정하는 것도 가능하다. 그리고 읍면동이 협의체 등과 협업하여 계획 실행 및 모니터링을 수행하는 것도 좋은 방안이다.

section 02 주민자치형 공공서비스 사례

1. 광주광역시 광산구[1]

광산구는 도농복합지역으로 21개 행정동으로 구성되어 있다. 주민 평균 나이가 젊고 유소년 비율이 높은 젊은 도시이지만, 일부 농촌지역은 고령화 정도가 심각하여 보건복지서비스 확대가 필요하다. 마을 공동체 회복과 지역 문제해결에 주민참여를 높이기 위하여 최일선 행정단위인 동 중심의 혁신을 수행하였다.

1) 수행 과정

2015년부터 구 단위에 주민자치형 공공서비스 TF를 구성하였고, 각 동에는 권역별 민관네트워크를 구축하도록 하였다. 구청의 복지정책과, 노인장애인아동과, 여성보육과, 희망복지과, 공동체복지과가 민간의 종합사회복지관, 노인복지관, 장애인복지관, 자활센터와 협업을 시작하였다. 여기에 지역사회보장협의체,

---

1) 본 사례 내용은 주민자치형 공공서비스추진단의 우수사례집(2019: 5-19)에서 일부 내용을 발췌하여 요약한 것이다.

그림 10-3 공공과 민간이 함께 만들어 가는 광산형 복지모델

출처: 주민자치형 공공서비스추진단. 2019.

투게더광산나눔문화재단, 공익활동지원센터, 광산구 자원봉사센터가 중간지원조직으로 행정기관과 주민 사이에서 연결하는 역할을 하였다.

구의 21개 동을 5권역으로 구분하고, 역사전통도시, 희망복지도시, 상생경제도시, 행복창조도시, 자연생태도시 등 별도 명칭을 부여하여 협력기관을 연결하고 권역별 특징에 맞는 민관 네트워크를 구성 하였다. 보건소, 고용복지플러스상담센터, 금융복지상담센터, 정신건강증진센터, 중독관리센터 등의 보건복지 관련 행정조직을 포함하여 경찰서, 학교, 복지관, 지역아동센터, 자활센터, 노인돌봄수행기관, 어린이집 등 다양한 조직이 네트워크에 참여하였다.

각 동에서는 마을리더 양성, 학습조직 운영, 공간혁신 등을 통해 주민력을 키우는 노력을 하였다. 마을리더 양성을 위해 공익활동지원센터에서 연 2회 마을등대지기 양성교육을 실시하였다. 학습조직 운영을 통하여 찾아가는 민간활동가 실천교육이 16회 열렸고, 지역사회 현장학습과 광산복지학당도 운영되었다. 공간혁신 과정으로 운남동에는 공유공간 '소담'이 송정 1동에는 주민카페 '마망'이 설치되었는데, 기획과 설계부터 주민들의 요구가 반영되었다.

광산구의 지역사회보장협의체는 대표협의체(35명), 실무협의체(36명), 실무분과(128명), 동지역사회보장협의체(831명)로 구성되어 있다. 지역사회보장협의체 자체사업을 위해 1억 6,100만원이 지원되었다. 동지역사회보장협의체에는 21개동에서 831명의 위원들이 활동하고 있는데, 마을 스스로 지역문제를 해결

하는데 주도적인 활동을 하고 있다. 각 동지역사회보장 협의체는 지역의 인적·물적 자원의 발굴과 체계적 관리를 지원한다. 사업을 위한 재원은 동별로 투게더광산나눔문화재단과 연계하여 매월 CMS 모금을 통하여 마련되었다. 지역사회문제 해결을 위한 일반적인 절차는 의제가 동지역사회보장협의체의 정기 회의에서 발굴되면, 마을계획으로 수립되고, 투게더나눔문화재단에서 계획 실행을 위하여 사업의 공모와 자원연계를 담당한다.

2) 성과

동지역사회보장협의체에서 진행한 마을 특화사업은 반찬나눔, 난방비 지원, 공부방 지원, 페스티벌 운영, 장학금 지원, 청소년 봉사단 운영 등 총 387건으로 3억 3,054만원이 소요되었으며, 2,676명의 나눔회원이 참여하였다.

1인 가구의 증가에 따라 고독사 위험군에 대한 실태파악과 함께 관리체계를 자체적으로 마련하기 위해 21개동 동지역사회보장협의체에서 안부살피기 공동사업을 실시했다. 지속적 돌봄이 필요한 계층을 대상으로 협의체 위원과 통장, 유관기관에서 참여를 희망하는 주민들이 방문 살핌과 안부 전화를 하였다.

복지관에서 독거장애인과 어르신들이 따뜻한 저녁을 드실 수 있도록 식사를 제공하고 복지관 내 경로식당을 중식 이후 마을 주민이 자유롭게 사용할 수 있도록 공유하였다. 또한 아파트 라인별로 이웃지기와 상상지기를 위촉해 이웃이 이웃을 돌보는 관계를 형성하고, 야간(5~9시)에 사회돌봄이 필요한 주민에게는 학습놀이지도, 건강지원, 요양보호 지원도 진행했다. 경력단절 여성과 베이비부머 은퇴 세대에게는 조리사, 돌봄활동가, 주택관리사 등의 일자리에 참여할 수 있도록 지원하였다.

2. 경상남도 창녕군[2]

창녕군은 2읍 12면으로 이루어진 전형적인 농촌지역이다. 노인 인구 비율이 높고, 이들의 생활고와 고독사가 중요한 사회문제가 되고 있다. 복지사각지대 해소와 다양한 복지욕구에 대응하기 위하여 읍면 기능강화, 연계협력 강화, 민관협력 활성화, 복지와 자치의 협업을 추진하였다.

그림 10-4 창녕군의 주민자치형 지역서비스 구성

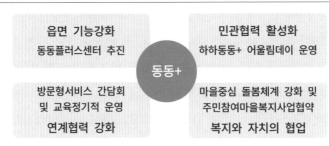

출처: 주민자치형 공공서비스추진단. 2019.

1) 읍면 기능강화: 찾아가는 보건복지 전담팀의 새 이름 '동동플러스센터'

14개 읍면에 복지전담팀 설치를 완료하고, 이를 기반으로 읍면의 복지기능을 강화한 '동동(洞同)플러스센터'를 추진하였다. 센터의 역할을 돕는 지역 안전망과 지원체계 확보를 위하여 '지역보호 어깨동무 사업'이라는 명칭으로 우체국, 미용사회, 한전산업개발 등 22개 기관, 단체와 업무협약을 체결하였다.

2) 연계협력 강화: 방문서비스 '복지주치의 연계사업'

보건소 건강증진 방문서비스와 찾아가는 보건복지 전담팀이 협력하여 찾아가는 통합서비스를 제공하였다. 사례관리가 필요한 가구 중 치매와 정신질환 등 보건과 복지가 연계된 지원이 필요한 가구를 찾아가 상담하였다. 복지와 보건을

---

[2] 본 사례 내용은 주민자치형 공공서비스추진단의 우수사례집(2019: 54-65)에서 일부 내용을 발췌하여 요약한 것이다.

담당하는 기관이 하나를 이루어 방문하는 복지주치의를 통해서 신속히 복지와 보건 문제를 해결하는 원스톱 서비스를 제공하였다.

3) 민관협력 활성화: 찾아가는 복지관 '하하동동+어울림데이'

하하동동+어울림데이는 주민력을 키우고 복지공동체를 회복하는 사업으로 복지관을 중심으로 지역사회보장협의체, 자원봉사센터 등 자원봉사기관, 기타 단체들이 참여하여 수행하는 다양한 사업이 읍과 면의 마을로 찾아가는 이동식 서비스이다. 서비스 내용은 이미용, 손피부마사지, 네일아트, 수지침, 폐현수막 활용체험, 복지상담, 건강관리 체험 등이다. 서비스를 제공하는 이들은 대부분 창녕군의 주민들로서, 이들은 주민자치센터에서 프로그램을 통하여 재능을 개발하여 찾아가는 이동복지관 서비스 제공자로 활동하였다. 이동식 복지관 사업으로 창녕군 주민들은 프로그램 단순 이용자에서 복지 서비스제공자로 역할이 바뀌는 경험을 하였다.

4) 복지와 자치의 협업: 주민자치와 복지행정의 상생

14개 읍과 면은 군민이 지역돌봄 체계에 대해 인식하고 안전망 확대에 참여하도록 독려하였다. 이 과정에서 안전망 확대에 적극 참여를 위하여 읍면주민센터, 읍면지역사회보장협의체, 읍면주민자치위원회가 함께하자는 협약을 읍면단위로 체결해 나갔다. 협약을 통해 복지사각지대 발굴을 지원하는 희망울타리네트워크를 운영하였는데, 그 성과로 인적 안전망이 2016년 2,608명에서 2018년 5,026명으로 증가하였다.

읍면지역사회보장협의체는 민간복지 리더가 중심이 되어 '주민자치형 공공서비스의 인식확산'이라는 주제로 교육을 받고, 지역복지 우수 지역을 방문하고 워크숍도 개최하였다. 희망울타리 복지리더 교육과 간담회, 통합사례관리 민관협력 회의체 교육도 계속되었다. 이 과정에서 지역사회보장협의체의 주도하에 14개 읍면은 지역 특성을 반영한 비전 설정과 연간계획을 수립하였다.

2018년 읍면주민자치위원회와 관련하여 53개 강좌가 열려 1,600명의 군민이 수강하였다. 이 외에도 자치기반을 구축하고, 주민 참여를 통한 자치 분권을 실현하는 목표로 다양한 교육 활동을 진행하였다. 2018년 3월에는 자치분권 아카데미를 열고 주민자치위원의 역량 강화를 위한 우수지역 방문도 하였다.

사각지대를 발견하고 자원을 발굴하여 '새로운 지역사회'를 만들어 가는 지역사회보장협의체 역할과 지역사회의 발전과 연결된 의사결정의 단위로서 '주민주도의 실질적 마을 협의체'인 주민자치위원회(주민자치회) 역할의 상호 시너지를 보여주는(김종건, 2017) 사례이다.

3. 부산광역시 사상구3)

사상구는 도심지 내 공업지역을 보유한 산업·물류·유통의 중심지로 광역교통의 거점 도시이기도 하다. 하지만 외형과 달리 대단위 영구임대아파트 지역이 있어 복지 자원의 불균형이 심각하고, 공단 주변 오래된 거주지는 주택노후화가 가속되고 있다. 사상시외버스터미널 주변으로는 모텔과 여관이 많아 1개 행정동으로는 전국 최대 숙박업소 밀집 지역이기도 하다. 이들 숙박업소에는 취약계층들이 임시로 머무는 경우가 많은데 장기투숙자만 700명이 넘어, 복지 사각지대에 해당한다. 부산시 자살률에서도 사상구는 가장 높은 비율(38.2%)을 차지하고 있고, 1인 가구의 증가로 지자체의 노력만으로는 다양한 문제를 해결하기 어려운 한계 상황에 있다. 이에 대응하기 위하여 사상구에서는 2017년 8월부터 '다복따복망(다함께 행복하고 따뜻한 복지망)'을 구성하여 운영하고 있다. 다복따복망은 이웃 돌봄의 사회적 가치를 집약한 주민주도·주민참여형 인적 안전망으로 복지사각지대 발굴과 고독사 예방, 민·관 협력 활성화를 수행하는 조직이다.

---

3) 본 사례 내용은 주민자치형 공공서비스추진단의 우수사례집(2019: 141–151)과 보건복지부의 우수사례집(2021: 112–133)에서 일부 내용을 발췌하여 요약한 것이다.

그림 10-5 사상구의 복지따복망의 구성체계

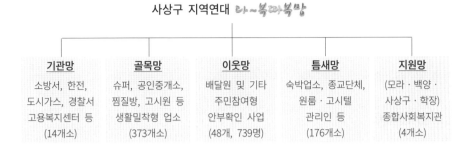

사상구 지역연대 다~복따복망

기관망	골목망	이웃망	틈새망	지원망
소방서, 한전, 도시가스, 경찰서 고용복지센터 등 (14개소)	슈퍼, 공인중개소, 찜질방, 고시원 등 생활밀착형 업소 (373개소)	배달원 및 기타 주민참여형 안부확인 사업 (48개, 739명)	숙박업소, 종교단체, 원룸·고시텔 관리인 등 (176개소)	(모라·백양·사상구·학장) 종합사회복지관 (4개소)

출처: 주민자치형 공공서비스추진단. 2019.

1) 기관망

다복따복망은 처음 협력체계를 구축할 때만 해도 세무서, 구치소 등과 같이 업무의 성격이 상이하여 특별한 역할을 기대할 수 없거나 고용복지센터와 같이 별도의 전산망을 보유하고 있어 참여에 부정적인 기관들이 많았다. 하지만 사각지대 발굴 전용 전화(313-9410, 구사일생)를 개설하여 신고창구를 일원화하고, 찾아가는 설명회(7회, 270명)를 개최함과 동시에, 맞춤형 홍보물(미니달력, 터치식 볼펜, 탁상용 메모지)을 배포하며 직원들의 협조를 유도해 나갔다. 이러한 노력의 결과 14개 공공기관의 적극적인 협조를 얻어냈다. 경찰서, 소방서, 도시가스, 한전 등 관내 14개 주요 공공기관이 협력하여 각 기관 업무수행 중 담당자가 인지한 취약계층을 발굴해 사각지대 발굴 전용 전화로 신고하여 연계하도록 하고 있다.

2) 골목망

사상구는 골목 업주가 인지한 위기가구에 대한 정보가 통·반장을 통해 전달되도록 고시원, 여관, 찜질방, 슈퍼 등 280개 생활밀착형 영세업소에 신고망을 구축하였다. 이는 골목의 영세 업주가 생활 속 관계망을 통해 취약계층의 위기 상황을 인지하고 제때 필요한 서비스를 받도록 하기 위해서였다. 도입 초기에는 영세업소 자체의 생활고로 관심이 없거나, 관공서에 대한 불신으로 신고를 꺼리는 업소들도 있었다. 동장과 복지전담팀은 신고 절차가 복잡하고 기준이 까다로워 지원이 어려울 것으로 생각하는 영세업소를 직접 찾아 나섰다. 골목골목을 방문해 설명한 후 승낙서를 받으며 적극적인 협조를 당부하자 영세업소의 대표들도 적극성을 보여주었다. 생활밀착형 영세업소 관계망에 가입되면 전화기에 구사일생(9410) 스티커를 부착하게 된다.

3) 이웃망

사상구에서는 이웃 참여 안부확인망을 운영해 왔으나, 동별 지역 여건 및 주민 조직화 역량에 따라 주민참여 편차가 크고, 배달원 활용형의 경우 간담회 등 안부 확인을 위한 사전 안내 장치가 없어 운영이 미흡하다는 지적이 제기되었다. 이에 동별 안부확인망의 정확한 실태를 조사하고, 주민참여 실태를 확인한 후 이웃망 운영방식을 보완하였다. 2개월의 개선 기간을 거친 후 주민복지역량 강화를 위한 사상다복동아카데미를 월 1회 운영하여 주민참여를 지원하였다.

4) 틈새망

괘법동은 1개 행정동으로는 숙박업소 전국 최다 밀집지역으로 40~50대 고독사가 자주 발생하는 지역이다. 숙박업소 230개소를 조사해, 110개소에 719명의 장기투숙자가 있다는 것을 확인하고 업주 네트워크를 구축하였다. 이후 숙박업주 간담회를 개최하고, 벽걸이형 긴급지원제도 안내문을 1,000매 부착하였다. 숙박업소 특성상 종사자 1인이 상시 근무하는 형태여서 설명회나 간담회에 참석하여 협력체를 구축하는 데 어려움이 많고 의견수렴도 쉽지 않았으나 동장이 동행하는 업소 방문을 통해 어려움을 해소해 나갔다. 환경위생과의 도움으로 숙박업연합회의 지원을 받아 숙박업소 밀집 지역에서 별도의 영세숙박업주 간담회도 개최하였다. 결과적으로 장기투숙자 현황조사와 업주 네트워크를 통해 복지통장－동복지전담팀－숙박업주의 협력망을 구축하게 되었다. 협력망은 장기투숙자의 근황을 수시로 확인하며 고독사와 자살을 예방할 수 있는 유용한 관계망이 되었다.

5) 지원망

사상구 지역을 모라지구, 백양지구, 사상지구, 학장지구 등 4개 권역으로 나누어 4개 종합사회복지관을 각 지구의 중심기관으로 지정하고, 정신건강복지센터, 중독관리통합지원센터, 건강가정·다문화가정지원센터, 청소년종합지원센터, 지역자활센터, 지역아동센터, 재가노인센터 등이 참여하는 네트워크를 구성하여 정기적 지구회의를 실시하고, 공동 사례관리를 추진하였다.

📖 참고문헌

김종건. 2017. "지역사회보장협의체 활성화의 쟁점과 과제." 사회복지정책과 실천, 3(2): 35−52.

김회성·김진희·오욱찬·채현탁·황정윤. 2021. 복지 부문 읍면동 동네 거버넌스 체계 분석과 정책 과제. 한국보건사회연구원.

보건복지부. 2021. 2020년도 지역복지사업 평가 우수사례집.

보건복지부. 2023. 2023년 희망복지지원단 업무 안내.

주민자치형 공공서비스추진단. 2019. 주민자치형 공공서비스 우수사례집. 행정안전부

행정안전부·보건복지부. 2021. 2021년 주민자치형 공공서비스 구축사업: 읍면동 찾아가는 보건복지서비스 매뉴얼.

행정안전부·보건복지부. 2022. 2022년 주민자치형 공공서비스 구축사업: 읍면동 찾아가는 보건복지서비스 매뉴얼.

11 민간 복지기관의 지역사회조직 활동

우리나라의 사회복지관, 장애인복지관, 노인복지관 등 3종 복지관은 강점과 자산 중심 접근을 실행하는 대표적인 기관이라 할 수 있다. 3종 복지관은 우리나라 핵심적인 사회복지기관으로 지역사회 중심 접근이 계속 강조되어 온 실천 현장이며, 정부의 재정지원방식도 이용자 지원이 아닌 공급기관 지원방식이 유지되고 있는 세계적으로 특별한 지역사회 복지기관 모형이다(김용득, 2019). 2023년 기준 종합사회복지관 477개소 중 지방자치단체가 직영하거나 시설관리공단에서 운영하는 경우가 31개소이고, 사회복지법인 등 민간법인이 위탁을 받아 운영하는 경우가 439개소, 협동조합 운영 7개소 등으로 민간법인 운영이 압도적이다.[1] 장애인복지관(2022년 기준 250개소)과 노인복지관(2022년 기준 325개소)도 마찬가지로 민간법인 주도로 운영된다.

지역자활센터, 장애인자립생활센터, 시니어클럽 등도 당사자 강점과 지역사회 자산을 활용하는 접근을 강조하는 대표적인 소규모 사회복지 기관이다. 지역자활센터는 기초수급자 및 차상위계층의 자활 촉진에 필요한 사업을 수행하는 핵심 인프라로서 시·군·구 단위에 1개소씩 설치를 목표로 하고 있고, 2021년 기준 250개 기관이 운영되고 있다(보건복지부, 2023a). 장애인자립생활센터는 자립생활 정보 제공, 권익옹호, 동료상담, 자립생활기술훈련, 개인별 자립지원,

---

[1] 한국사회복지관협회 홈페이지 https://kaswc.or.kr/(2023년 6월 30일 인출)에 제시된 내용이다.

거주시설 장애인 탈시설 지원 등을 통해 장애인 자립생활 역량 강화와 지역사회 사회 참여 활동을 지원하는데, 2021년 기준으로 전국에 251개소가 운영되고 있다(서해정 외, 2022). 시니어클럽은 노인의 생애 경험 및 지식을 활용할 수 있는 다양한 노인 적합형 사회활동을 개발하고 환경을 조성하여 지역사회에서 건강하고 생산적인 노인 사회활동을 만들어 가는 노인일자리 지원기관으로, 2023년 기준 전국에 198개소가 운영되고 있다.[2]

section 01 **사회복지관과 지역자활센터**

1. 서울시 '지역밀착형 복지관'

지역밀착형 복지관은 복지관의 3대 기능인 사례관리, 지역조직화, 서비스 제공 기능을 확장하여 지역사회로 나가서 주민과의 협력을 통해 복지 문제를 해결하려고 하는 지역복지 중심기관을 의미한다. 이 정의에는 네 가지 실천 방법이 담겨있다(노수현 외, 2022). 첫 번째는 확장으로, 기존 3대 기능을 넘어선 통합 실천을 지향한다. 두 번째는 나가는 것으로, 복지관의 공간을 벗어나서 지역사회로 나가는 활동을 지향한다. 세 번째는 협력으로, 주민과의 협력, 지역사회와의 다양한 협력을 지향한다. 네 번째는 해결로, 주민 당사자의 삶의 문제 해결뿐만 아니라 지역사회 내 다양한 의제를 해결하는 것을 지향한다.

서울시에서는 2015년부터 찾아가는 동주민센터 사업 등을 통해 공공복지 전달체계를 강화하고 2019년부터 돌봄SOS센터를 통해서 서비스 지원을 늘렸음에도 복지 사각지대 시민 자살, 고독사 등 사건들이 계속 발생하였다. 이는 공공복지 확충만으로는 한계가 있고, 지역으로 다가가 주민들을 만나고, 그들과 함께 주민을 돌보고 살피는 관계 중심 지원의 확대 필요성을 제기하였다. 동 또

---

2) 한국시니어클럽협회 홈페이지 http://www.silverpower.or.kr/(2023년 6월 30일 인출)에 제시된 내용이다.

는 소규모 지역단위에서 다양한 민관기관과 주민들이 협력하여 긴밀한 지역 돌봄 체계 구축이 필요한 것이다. 이런 문제의식에 기반하여 자체적으로 동 중심 사업을 선도적으로 시도했던 복지관들은 조직구조와 서비스 제공 방식을 획기적으로 변경하여 기존 3대 기능은 유지하되 좀 더 탄력적으로 지역 안으로 들어가는 '움직이는 복지관, 거점형 작은 복지관' 형태의 대안을 실험하였다(노수현 외, 2022).

서울 관악구에 위치한 중앙사회복지관은 2015년부터 동별 현장으로 찾아가는 복지사업을 운영하고 있는데, 복지관이 아닌 별도의 동별 거점 공간을 마련하여 동주민센터와 긴밀히 협력하면서 지역밀착형 사업을 하였다. 중앙사회복지관 외에도 여러 복지관이 다양한 형태로 유사한 사업을 진행해 왔는데, 이들 복지관 사업들의 공통점은 복지시설의 지역적 편중으로 인한 사각지대 발생을 예방하고 주민의 복지접근성과 주민 주도성을 강화하고자 한 점이다(노수현 외, 2022).

서울시에서는 공공복지 강화에도 불구하고 여전히 존재하는 사각지대의 어려움에 접근하기 위하여 선도적인 복지관의 경험을 살려 서울시 전역에 확대하는 방안을 추진하였다. 서울시는 동(지역) 중심 종합사회복지관 발전방안 추진계획 수립, 중앙사회복지관과 방화11종합사회복지관 등 동(지역) 중심 실천 선행복지관의 경험 공유, 동(지역) 중심 종합사회복지관 TF 운영 등을 토대로 2021년 5월 지역밀착형 복지관 시범운영 추진계획을 수립하였고, 7월부터 시범사업을 시작하였다. 2021년 11개 자치구에서 25개 사회복지관이 시범사업에 참여하였고, 2022년에는 21개 자치구에서 55개(계속 25개, 신규 참여 30개) 사회복지관이, 2023년에는 24개 자치구에서 72개(계속 55개, 신규 참여 17개) 복지관이 참여하였다.

서울시는 지역밀착형복지관으로 참여하는 복지관에 대하여 거점공간형, 복지사업형으로 구분하여 지원한다(서울복지재단 지역협력팀, 2023). 2023년 기준으로 지역밀착 거점공간형은 24개 복지관이 참여하고 있는데, 복지관당 15백만원을 지원한다. 이 유형은 지역 내 거점 공간을 만들어서 이를 활용하여 각종 서비스와 프로그램을 수행한다. 지역밀착 복지사업형은 48개 복지관이 참여하고 있는데, 복지관당 7백만원을 지원한다. 이 유형은 지역으로 나가서 민관협력체계에 기반한 동별 특성화 사업을 추진한다.

2. 번동3단지종합사회복지관의 '저장 각박 증상 주민 주거환경 개선'3)

서울시 강북구 소재 번동3단지종합사회복지관은 2018년 강북구 내 저장 강박 증상 주민을 위한 개인 맞춤형 서비스를 제공하고 관계기관 네트워크 체계를 통한 통합지원을 위해 '강북청정(청소＆정리정돈) 이웃지원센터'를 설립하였다.

물건에 집착하며 쓸모없는 물건을 버리지 못하여 집안 가득 축적하는 행위를 저장강박(compulsive hoarding) 또는 저장장애(hoarding)라 일컬으며 이러한 행위를 하는 사람을 호더(hoarder)라고 부른다. 저장 강박을 가진 사람 대부분은 물건을 버리는 데 제3자의 개입을 극히 꺼리기 때문에 혼자 있는 것을 선호한다. 또한 오랫동안 모아놓은 잡동사니와 쓰레기 등으로 인해 주거환경이 비위생적으로 변하면서 가족 구성원과의 불화가 많아져서 혼자 살게 된다. 이로 인해 쓰레기로 가득 찬 집에서 외부와 단절된 채 살아가며 고독사로 생을 마감하는 사례가 잇따라 발생하고 있어 우리 사회의 저장강박증은 대표적인 복지 사각지대에 속해 있다. 저장 강박은 심리적 고립이 물건에 대한 과도한 애착으로 표현된 것으로 볼 수 있다. 일상에서의 인간적인 유대감 결핍이 물건에 대한 집착으로 이어지고, 심하게는 저장강박증으로 이어진다는 것이다. 저장 강박이 있는 사람은 수집하는 쓰레기 등으로 공중위생을 저해하며 지역 주민과의 관계에서 단절과 갈등을 만들어 내고, 이로 인해 사회에서 고립되는 악순환이 반복된다.

센터에서는 당사자와의 관계를 소중히 하며 사소한 변화에도 민감하게 반응한다는 생각으로 미국 사회심리학자인 로버트 자이언스(Robert Zajonc)가 정립한 『단순 노출 효과(mere exposure effect)』4) 이론을 받아들여 저장 강박 가정에

---

3) 본 내용은 번동3단지종합사회복지관이 작성한 사례(2018)에서 발췌, 요약한 것이다.

4) 위키 백과사전에 의하면 단순 노출 효과는 사회심리학 용어로서 단순히 노출되는 횟수가

대한 개입을 진행하였다. 담당자가 정기적인 방문과 면담을 통해 마음의 벽을 허물고, 장차 본인의 일을 스스로 결정할 수 있도록 돕는 조력자의 역할을 충실히 수행하려고 하였다. 센터와 업무협약을 맺은 해든마음돌봄사회적협동조합 상담사에게 상담을 의뢰하고 복지공무원과 담당자는 정기적으로 방문하여 면담을 통해 당사자의 높은 무력감을 낮추고 삶의 의지를 높이는 데 주력하였다. 추운 겨울을 당사자가 잘 이겨낼 수 있도록 핫팩과 식료품을 지원하고 당사자가 건강 문제로 입원할 때 직접 입원 병원을 방문하여 퇴원을 돕고 의료비를 지원하기도 하면서 조금씩 신뢰 관계를 쌓아갔다.

변화를 보여준 사례를 보면 상담사와 담당자, 주민센터의 적극적인 개입으로 인해 당사자의 삶은 이전보다 안정되었고 조금은 미래를 생각할 수 있는 여유가 생겼음을 확인할 수 있었다. "이젠 깨끗한 집에서 편안히 보내고 싶어요. 선생님 저 좀 도와주실 수 있나요?"라는 당사자의 조심스러운 요청에 담당자와 관계기관이 즉각 반응해 환경개선이 진행되었고 이후 도배 장판이 신속히 진행되어 당사자에게 안정적인 주거환경이 제공되었다.

3. 거동 불편 노인을 위한 찾아가는 정서적 네트워크 구축 프로그램 '인(이웃 인隣)사이드 이웃'[5]

광주광역시 서구에 있는 쌍촌종합사회복지관은 2019년에 이웃 주민이 반찬을 만들어 거동 불편 노인 가정을 방문하여 안부를 전하면서 거동 불편 노인의 우울감과 소외감을 해소하는 프로그램을 수행하였다. 이웃 주민 역량 강화 교육, 이웃 주민과 거동 불편 노인이 함께하는 자조 모임과 나들이를 통하여 지역사회 관계망을 형성하여 복지 사각지대를 해소하고자 하였다. 거동 불편 어르신들은 많은 약을 복용하면서 혼자 식사를 '때우는' 경우가 많으며, 복지관에서

많아질수록 그 대상에 대해 호감이 증가하는 현상을 말한다. 그래서 친숙성의 원리라고도 한다.

5) 본 내용은 쌍촌종합사회복지관이 작성한 사례(2019)에서 발췌, 요약한 것이다.

제공하는 중식 도시락으로 하루의 식사를 의존하고 있다. 가정 내에서도 움직임이 적어 라디오를 듣거나 텔레비전을 보는 것이 전부이고 외부인의 방문이 없어 소외감과 우울감을 느끼고 있다. '맛있는 음식도 같이 먹어야 맛'이라는 말이 있듯이, 이웃 간의 정과 관심을 음식을 통해 나누고자 하였으며, 다음과 같은 활동을 수행하였다.

반찬 나누기

거동 불편 노인 2세대에 같은 동 거주 이웃 주민 2세대 연계, 이웃 주민에게 반찬을 만들 기본 음식 재료 제공, 이웃 주민 1세대는 반찬을 만들어 거동 불편 노인 2세대에게 제공, 각 이웃 주민은 월 4회, 거동 불편 노인은 월 8회 이웃과 만나며 일상생활 공유를 통한 거동 불편 노인의 우울감 및 소외감 해소

이웃 주민의 역량 강화

월 1회 사업참여 동기부여 및 역량 강화 교육, 웃음 건강 교실 연 5회, 원예 활동 연 5회를 통해 거동 불편 노인에게 긍정적인 영향을 줄 수 있도록 이웃 주민의 스트레스 해소 및 삶의 즐거움 증대

나들이

거동 불편 노인 세대와 지역주민 광주 근교로 나들이 연 2회 실시

자조 모임

연 4회 참여자들의 자조 모임을 통해 관계 형성, 이웃에 대한 정보 공유 및 소감 나누기

달력 만들기

반찬 나눔, 나들이 등 프로그램을 진행하면서 거동 불편 노인과 이웃 주민이 활동한 사진을 모아 달력 만들기 연 1회

초기에는 반찬을 직접 만들어서 주는 것은 감사한데 '손님'이라는 생각이 강해서 대접을 해줘야 할 거 같아서 불편하고 어색했다고 한다. 하지만 방문하는 이웃 주민이 "뭐 필요한 거 없으세요?", "뭐 하고 계셨어요?"라고 먼저 여쭤보며 간단한 정리 정돈, 반찬 옮겨 담기, 전화 대신 걸어주기 등 간단한 활동을 같이하면서 빠르게 친해지게 되었다. 나중에는 "다음에는 빈손으로 와도 돼"라고 말씀하시며 다음 방문을 기다리셨다. 반찬을 만들어주는 이웃 주민도 음식 재료를 받았으니까 의무적으로 반찬을 만드는 경우도 있었지만, 프로그램이 진행될수록 집에 감자가 있으면 국에 감자를 추가하기도 하고, 계란이 있으면 계란찜을 만들어서 전달해드리기도 하였다. "집에 있길래. 같이 나누면 좋잖아. 어차피 혼자 다 못 먹어"라고 말하며 자신의 작은 것을 이웃과 나누면서 큰 행복감을 느끼게 되었다. 이후에는 반찬을 전달하는 활동 날짜가 아님에도 단지 내 정자나 공원에서 만나서 이야기를 나누다가 함께 귀가하기도 하였다.

어려운 이웃이 있지만 어떻게 도와야 할지 방법을 모르거나 어색해서, "내가?" 하는 생각에 지켜만 보고 있는 경우가 많다. 본인이 할 수 있는 간단한 반찬 만들기 같은 재능봉사를 통해서 봉사가 어려운 것이 아니며, 이웃에 대한 관심은 말 한마디와 눈길 한번에서 시작된다는 것을 참여자들이 함께 느끼게 되었다. 참여자들에게 식재료를 제공함으로써 이 일이 시작되도록 하였으며, 시간이 지나면서 이웃이 어떤 반찬을 좋아하는지, 드시기 좋은지 파악하여 맞춤형으로 전달하는 노력으로 자연스럽게 이어질 수 있도록 식재료를 일률적으로 제공하는 것보다는 개별적으로 구매비용을 지급하는 것이 적절할 것이다.

4. 방화11종합사회복지관의 '1103동 조각보 문집 사업'

서울시 강서구에 있는 방화11종합사회복지관은 2021년 여름에 실습생과 함께 문집 사업을 진행하고, 이를 통해 단지 내 주민들의 이야기를 묶어 '3동 조각보'라는 제목의 책을 발간하였다. 이 사업은 방화11단지아파트 1103동에 사는 분들이 살아온 이야기를 엮어 한 권의 책으로 만든 것으로, 동네 주민들이 들려준 내용을 글로 엮어 작은 책으로 만들고 출판 전시회를 개최한 것이다.

2021년 여름 2주 동안 1103동 아파트를 돌며 이야기를 수집했다. 먼저 1103동의 통장을 통해 이야기를 들려줄 수 있는 사람을 소개받고, 소개받은 사람을 찾아가서 들려주고 싶은 이야기가 있는지 묻고, 들은 이야기를 녹음하여 풀고, 정리한 이야기를 당사자에게 가서 확인받고, 이 자리에서 들려주고 싶은 이야기가 있는 다른 사람을 소개받고, 소개받은 사람을 찾아가서 이야기를 듣는 과정을 이어가면서 진행했다(전채훈·정한별, 2021).

방화11종합사회복지관 관장은 "3동을 비롯한 11단지는 영구임대아파트로 오랫동안 살고 계신 분들이 많지만 이 동네를 자랑스럽다기보다 '떠나야 할 곳', '벗어나고 싶은 곳'으로 인식하는 분이 많다."며 "특히 동네 주민들을 만날 때마다 자신이 살아오면서 가장 힘들었던 이야기를 하며 스스로의 삶을 안타깝게 바라보는 모습을 목격하면서 자신을 자랑스러워하고, 이 동네에 긍지를 가져 최소한 우리 지역사회에서는 외로움으로 고통받는 분이 없기를 바라는 마음에서 이 사업을 추진했다."고 밝혔다.[6]

사회복지사와 실습생들은 책을 엮기 위해 참여자를 모집하고 총 16명의 주민들을 만나 살아온 이야기들을 귀담아 들었다. 주민들은 철없이 놀았던 어린 시절의 추억, 이웃과 함께 살아간 이야기, 생각만 해도 힘이 솟는 내 인생 이야기 등을 펼쳐놓았고, 그렇게 모인 평범하거나 비범한, 슬프거나 기쁜 이야기들이 찬란한 조각보와 같은 문집으로 탄생했다.[7] 이렇게 엮은 책으로 아파트 1층 쉼터와 곳곳에서 전시회를 열었다.

---

6) 웰페어이슈. 2021년 9월 5일. "방화11종복, 마을 주민 이야기·그림 담아 문집 발간 '큰 호응'"
   http://www.welfareissue.com/news/articleView.html?idxno=9628에서 2023년 6월 30일 인출
7) 강서양천신문. 2021년 9월 2일. "소소하지만 희망담은 우리 사는 이야기: 방화11종합사회복지관, '3동 조각보' 문집 발간"
   http://gynews.net/index.do?menu_id=00000021&menu_link=/front/news/icmsNews/view.do&articleId=ARTICLE_00006874에서 2023년 6월 30일 인출

5. 지역자활센터의 자활사례관리

고용노동부 취업성공패키지 확대의 영향으로 근로 능력이 낮은 자활사업 참여자들이 대거 보건복지부 지역자활센터로 진입하였고, 이에 기존의 일자리 중심의 성과로만 지역자활센터의 역할을 규정할 수 없다는 공감대가 형성되었다. 달라진 환경에서 지역자활센터는 기존의 취·창업을 위한 고용서비스에 초점을 맞추는 것이 아니라 참여자의 자립을 지원할 수 있는 포괄적이고 체계적인 맞춤형 지원에 관심을 두게 되었고, 이러한 맥락에서 참여자들을 위한 자활사례관리가 지역자활센터 자활사업의 주요한 기능으로 대두되었다(이은지·조준용, 2019).

자활사례관리는 참여자의 근로 기회 및 근로 가능성을 제고하는 데 필요한 복합적인 측면을 지원하는 실천으로, 특히 노동시장 참여에 방해가 되는 요인을 제거할 수 있도록 하는 서비스와 자활사업 고유의 경제적 성과인 취·창업을 동시에 지원한다는 점이 기존 사례관리와는 다른 특징이 있으며, 크게 두가 개입 관점을 가진다(이은지·조준용, 2019)는 면에서 자산접근과 부합한다. 첫째, 자력화(empowerment) 관점으로, 자활 참여자의 다양한 문제에 대해 강점 관점에서 문제 해결 계획을 수립하고, 참여자 자신의 역량과 자기 지향성을 확보할 수 있도록 사례관리를 진행한다. 둘째, 사회적 지지 관점으로, 자활 참여 당사자가 보유한 자원에 대한 사정과 지지망을 활용하면서 도움과 자원을 제공받을 수 있다는 가능성을 인식하도록 하여 스스로에 대한 정서적 통제력을 높인다.

자활사례관리 대상과 기능도 이와 같은 관점에서 정의된다(박지영 외, 2021). 자활사례관리 대상은 '빈곤으로 인한 복합적이고 만성적인 욕구를 가진 자로서 노동시장에서 활동 제약으로 인해 자활사업에 참여하면서 관계, 기능 등에서의 적응 문제를 겪는 자'로 정의할 수 있다. 자활사례관리의 기능은 '강점 및 자력화 관점에 기반하여 참여자의 욕구와 문제를 사정하고, 이를 토대로 자활계획에서부터 사후평가에 이르는 사례관리 전 과정에서 상담, 모니터링, 근로 기회 제공 등 자활에 요구되는 모든 서비스를 통합적으로 제공하는 것'으로 설정된다.

그림 11-1 자활사례관리 체계

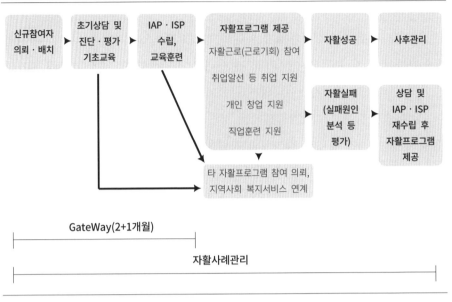

출처: 보건복지부, 2023a.

자활사례관리는 참여자의 구체적인 자활 경로를 세우고 이를 이행하기 위하여 기본 지식과 소양을 익히는 사전 단계인 Gateway를 포함하여 운영된다. Gateway 과정을 통해서 상담, 기초교육, 욕구 조사에 기반하여 개인별 자립경로(Individual Action Plan, IAP)와 개인별 자활지원계획(Individual Service Plan, ISP)을 수립한다. Gateway 참여자 대상은 자활사업 신규 참여자, 기존 자활사업 참여자 중 국민취업지원제도 등 타 자활프로그램에 참여 후 취업에 실패한 사람과 자활 경로 재설정이 필요한 사람으로 하고 있다. Gateway 과정은 2개월 이내를 원칙으로 하고, 1개월에 한하여 연장할 수 있다. Gateway 과정을 포함하는 자활사례관리의 구체적인 과정은 다음 그림과 같이 수행된다(보건복지부, 2023a).

section 02 장애인복지관과 자립생활센터

1. 장애인복지관 지역사회중심지원서비스

지역사회중심 지원서비스(community based support services, CBSS)는 경기도에 소재하고 있는 파주시장애인복지관 지원으로 2008년부터 운영되고 있는 '행복한 내일을 여는 사람들'의 사례를 모델화하면서 붙여진 명칭인데(김용득 외, 2012). 보건복지부의 장애인복지시설사업안내에서 장애인복지관의 7대 서비스 영역 중의 하나인 '지역사회중심지원서비스(CBSS)'로 자리 잡게 되었다(보건복지부, 2023b).

CBSS는 지역사회중심재활(community based rehabilitation, CBR), 자립생활(independent living, IL), 사회모델(social model)의 실천원칙을 결합하여 새롭게 만든 서비스 모형이다(김용득 외, 2016). 장애인복지관의 인적자원과 재원만으로는 충분한 서비스를 제공할 수 없는 현실, 장애인복지관 서비스가 필요한 모든 장애인이 장애인복지관을 방문할 수 없는 현실, 장애인을 돕고자 하는 마음이 있는 지역사회의 선의 등을 생각하면, 지역사회의 자원을 개발하고, 전문가가 부족할 때 지역의 준전문가를 양성하여 복지서비스에 투입하는 CBR 개념을 활용할 수 있다.

장애인복지 현장은 지역사회 중심, 지역주민 참여, 장애인 당사자 참여가 보장되는 프로그램을 강조한다. 공급자의 계획에 의해 획일적으로 지원하는 방식을 벗어나, 장애인들이 스스로 선택하고 결정하여 목표한 바를 지역사회 내에서 실현해 나가는 새로운 이념이 장애인복지 현장의 흐름을 주도하기 시작했다. 또한 기관을 중심으로 제공되던 서비스가 지역단위의 서비스 네트워크를 통해 제공되며, 지역사회를 중심으로 하는 지역주민 참여의 중요성이 커지고 있다.

CBR에서 강조하고 있는 지역사회 중심 자원개발, 전문가 의존 탈피 등의 요소를 우리나라 장애인복지관 상황에 맞게 개념 및 실천을 발전시키는 것이 필요하였다. 대안 모형으로서의 CBSS는 장애인과 지역사회의 자력화를 통하여 장애인의 자립생활을 이루기 위해 지역사회의 자원을 서비스 욕구와 연결하는 활동이다. CBSS 실천은 지역사회의 활동가가 전문가로서 활동하기보다는 장애인과 더불어 협력관계를 통해 진행된다. 또한 활동가가 선택하고 결정하기보다는 장애인 당사자의 선택과 자기결정이 강조된다. 장애인이 선택할 수 있도록 충분하고 적절한 정보 및 지원을 제공하고 이에 대해 장애인이 선택하면 그 선택이 실행될 수 있도록 장애인을 위하여 주장하는 옹호의 기능도 포함한다. 또한 장애 문제는 장애인이 가지고 있는 신체적 문제보다는 그러한 요소를 문제로 만드는 사회 환경에서 비롯되기 때문에 활동가 또는 지원 전문가는 사회 환경의 개선에도 관심을 가진다.

CBSS 실천을 위한 장애인복지관의 역할은 장애인과 지역사회의 역량강화를 통하여 장애인이 지역사회 내에서 성공적으로 자립할 수 있는 기반을 조성함으로써 장애의 완전한 사회 참여를 도모하는 것이다(김용득 외, 2012). 이를 위해 핵심 요소는 주민조직화와 장애인과 지원자의 매칭으로 구성된다.

첫째, CBSS에서 주민조직화는 장애인복지라고 하는 지역사회의 이슈를 지역사회의 활동을 통해서 해결하기 위하여 사람들을 조직하고 동원하는 지역사회조직사업을 말한다. 지역사회조직사업은 지역사회의 문제해결을 위하여 사람들을 조직하고 동원하는 과정이며 지역주민의 자치적인 능력 향상을 위하여 상설 자치 기구를 결성하는 과정에서 활용될 수 있는 방법이다.

둘째, 주민과 서비스 매칭은 지역사회에 존재하는 활용 가능한 자원을 동원하여 지원이 필요한 장애인과 연결하는 것이다. 지역사회 주도조직을 우선 조직하고, 이 조직이 참여인(지원이 필요한 장애인)과 협력인(장애인을 지원하는 시민)을 모집하여 연결한다. 하지만 실제에서는 지역사회 주도조직이 만들어지지 않았더라도 장애인복지관에서 참여 장애인 대한 개인별 지원계획을 수립해서 생애주기에 맞는 사회참여 방향을 설계하고, 이를 지원하는 데 어떤 협력인이 가장 적합한지 검토하여 장애인복지관이 참여인과 협력인을 연결해 주는 것도 가능하다. 활동하는 협력인이 두 사람 이상이 되면 협력인 모임을 구성하고, 이들을 중심으로 지역사회주도조직을 구성할 수도 있다.

CBSS 과정은 사업 준비, 지역사회 주도조직 조직화, 장애인과 지원자의 매칭, 과정을 촉진할 수 있도록 지원하기 위한 훈련 프로그램 실시, 평가 등으로 구성된다(김용득 외, 2012).

첫째, 사업 준비 단계에서는 복지관의 사업 방향을 CBSS 지향으로 전환하는 기본계획수립과 구조개편, 직원 훈련, 주민조직화를 위해 민관 네트워크 탐색 등이 이루어진다.

둘째, 지역사회 주도조직 조직화 단계에서는 기초조사, 초기 조직화, 조직의 육성 등의 작업이 이루어진다. 장애인복지관은 지역의 관계 공무원에게 사업을 알리고 적극적인 협조를 요청하면서, 동시에 주민대표, 지역 서비스 관련 기관장, 직능단체장, 종교인, 장애인(장애인 단체) 등을 중심으로 주도조직을 구성하고, 회의를 통하여 과업을 찾아간다. 지역사회 주도조직의 성격은 복지관에 부속된 기구가 아니라 지역사회 내의 자치 기구로서 기능하도록 하고, 장애인에 대한 지역사회 수준의 대책이 필요하다는 데 공감할 수 있도록 유도한다. 주도조직은 월 1회 이상의 회의를 개최하고, 초기에 자연스럽게 자립생활, 자기결정 등 장애인 지원의 기본 가치를 공유하는 시간을 가진다.

셋째, 장애인과 지원자의 매칭은 참여 장애인 모집, 개인별 지원계획 수립, 협력인 모집, 참여 장애인과 협력인 매칭 등의 과정을 거친다. 장애인과 협력인의 활동은 일정한 주기로 이루어지는 것이 아니라, 일상생활의 일부로서 필요에 맞게 자연스럽게 진행된다.

넷째, CBSS 실천모형이 효과적으로 수행되기 위해서는 관련 주체들의 참여를 촉진할 수 있도록 훈련 프로그램을 제공한다. 특히 지역사회 주도조직의 위원이나 협력인들이 장애인 자립보다 동정의 관점을 가지고 있는 경우에 인식개선 훈련이 중요하다. 또한 장애 당사자인 참여인의 자기결정과 지역사회 참여를 촉진하도록 지원하는 교육도 이루어진다.

다섯째, 사업에 대한 평가가 이루어진다. 통상 연 1회 정기적으로 이루어지지만, 필요한 경우 수시로 평가 회의를 통해 대안을 논의할 수 있다. 평가과정에서 지원받은 장애인들의 경험이 잘 반영될 수 있도록 하는 것이 중요하다.

2 장애인복지관 시민옹호

우리나라 장애인복지관에서 옹호실천이 강조되면서 권익옹호팀, 인권팀 등의 이름으로 권익옹호를 전담하는 조직을 설치하는 경우가 많아지고 있다(김용득 외, 2021). 이와 함께 최근 들어 일반 시민들이 발달장애인의 옹호인으로 참여하는 시민옹호 활동이 장애인복지관에서 활발하게 이루어지고 있다. 시민옹호는 옹호가 필요한 발달장애인의 발굴, 시민옹호인 후보자의 발굴, 교육을 통한 시민옹호인의 양성, 매칭을 통한 활동 등의 과정을 통해서 발달장애인들이 지역사회에서 다양한 경험을 함께 누리도록 하는 방법이다.

시민옹호의 개념은 울펜스버거(Wolf Wolfensberger)로부터 시작되었으며, 그 원리는 오브라이언과 공동으로 작업한 '시민옹호 프로그램 평가(Citizen Advocacy Program Evaluation)'라는 매뉴얼(O'Brien and Wolfensberger, 1979)에 소개되어있다. 시민옹호에 대한 개념은 이후 O'Brien(1987)의 저작인 '시민옹호의 교훈(Learning from Citizen Advocacy Program)'에 나온 개념이 대표적으로 사용되고 있다. 시민옹호는 발달장애인과 같이 독립적으로 자신의 주장을 효과적으로 전달하지 못하는 사람들을 돕기 위한 활동에서 비롯되었으며, 네덜란드, 미국, 스칸디나비아 국가들에서 발달하기 시작했다(Bateman, 1995). 우리나라에서는 2016년부터 과천시장애인복지관과 인천광역시장애인복지관이 아산사회복지재단의 지원을 받아 발달장애인 시민옹호 사업을 추진하였고, 이어서 2018년부터 서울복지재단과 경기복지재단이 시민옹호를 위한 특별기금을 조성하여 시민옹호사업을 지원하였다. 2019년에는 한국장애인복지관협회에서 생명보험사회공헌위원회와 교보생명의 지원으로 전국을 대상으로 장애인복지관을 선정하여 시민옹호사업을 진행하였다(서빛나 외, 2023).

시민옹호는 질병이나 장애로 인하여 사회적 배제나 불공정한 처우를 받는 사람과 일반시민이 협력관계를 발전시키면서 형성된다. 다른 사람을 위한 옹호인으로 활동할 수 있는 자발적인 역량을 가진 사람들이 모집되어 시민옹호인이 되고, 시민옹호인은 옹호 체계의 직원들에 의해 지원받는다. 이용자와의 관계가 발전해 감에 따라 시민옹호인은 옹호가 필요한 사람의 선택과 바람을 이해하고, 이를 대변하는 활동을 자신의 일처럼 수행한다. 옹호를 필요로 하는 사람은 자신의 선택이나 결정이 무시되는 위험에 처해 있어 도움이 필요한 사람이고, 시민옹호인은 옹호가 필요한 사람을 지원하고, 그를 위해 자발적으로 말할 수 있는 시민이다. 시민옹호는 시민옹호인과 이용자 간의 협력관계가 중요한 요소가 되며, 대개 시민옹호인과 이용자 사이의 일대일 관계로 진행된다.

시민옹호는 발달장애인의 권리가 주변 사람이나 보호자에 의해 침해되는 상황에 대한 문제 제기에서 시작되었으며, 발달장애인이 자신의 의견을 표현하는 것을 돕고, 결국 그들이 완전한 시민이 되도록 돕는 것이다. 시민옹호인은 발달장애인과 일상적인 활동을 함께 할 수 있는데, 개인적인 문제에 대처하는 것을 돕거나, 사례 회의에 동석하거나, 서비스 활동에서의 변화를 주장하는 등의 일을 할 수 있다.

시민옹호는 기존 서비스 체계와는 독립적이면서 무급으로 활동하는 시민이 사회적 배제의 위험에 처해 있는 사람과 관계를 발전시켜나가면서, 여러 가지 방법을 통해 그 사람의 이익을 이해하고, 반응하고, 대변하는 활동으로 다음과 같은 특징을 가진다(BILD, 2002).

- 시민옹호인은 보수를 받지 않는 자원활동가이다.
- 서비스 제공기관과는 무관하게 독립적으로 행해지는 서비스이다.
- 옹호 협력관계는 일대일 관계이며, 옹호인은 당사자 한 사람에게만 집중하고 책임을 다해야 한다. 그러나 동일한 옹호 문제의 경우에는 한 명의 시민옹호인이 다수의 당사자와 활동할 수도 있다.
- 옹호 관계는 믿음과 비밀보장에 근거한다.
- 시민옹호 활동을 위해서 당사자가 선택하고 결정해야 하는 일을 찾아서 알아내야 한다. 그러나 선택과 결정을 대신하거나 이에 영향을 미쳐서는 안 된다.
- 협력관계는 장기간에 걸치는 것이며 시간제한을 두어서는 안 된다. 옹호

인과 당사자가 원하는 한 오랫동안 지속될 수 있다. 투입되는 시간은 옹호 관계에 따라 다를 수 있다.

- 옹호 체계는 옹호인과 당사자를 연결하고, 둘의 관계를 지원한다.

시민옹호는 발달장애인의 사회적 역할을 강화하는데, 그 경로는 두 가지로 설명된다(Peter, 2017). 첫째, 시민옹호인의 역할과 관련된 본질적 경로이다. 시민옹호를 통해서 발달장애인과 시민옹호인 사이에 친구와 친구, 멘티와 멘토 등의 관계가 만들어지고, 이를 통해 발달장애인이 사회적 역할을 경험하게 된다. 둘째, 시민옹호인의 역할과 관련된 의도적 경로이다. 시민옹호인은 옹호 활동을 수행하면서 지역사회에 발달장애인을 소개하고, 지역 모임에 참여할 수 있도록 중재함으로써 발달장애인이 지역사회 구성원으로서 역할 할 수 있는 기회를 얻게 된다. 발달장애인의 사회적 역할을 강화하는 시민옹호 활동은 다음과 같은 과정을 통해서 수행된다(김용득 외, 2021).

1) 시민옹호인 모집 및 발굴

시민옹호인으로서 활동할 역량과 의지를 가진 시민을 모집 또는 발굴한다.

2) 시민옹호인 교육

시민옹호인으로서 활동할 의지가 있다고 하더라도 바로 발달장애인과 연결하면 온정주의적 사고에서 벗어나기가 쉽지 않아서, 시민옹호인에 대한 교육이 선행되어야 한다. 시민옹호인에 대한 교육은 인권교육을 기본으로 하면서 시민옹호인과 발달장애인이 협력관계를 이룰 수 있도록 훈련하여야 한다. 이와 더불어 시민옹호인의 역할, 한계점 등에 대해 구체적으로 교육한다. 특히 시민옹호는 장애인 당사자의 의사를 대신 결정하는 것이 아니라, 장애인이 의사결정의 주체가 될 수 있도록 지원하는 것임을 강조하는 것이 중요하다.

3) 시민옹호인과 파트너 연결

성별, 연령 등을 고려하여 가능하면 시민옹호가 필요한 발달장애인과 지리적으로 가까운 곳에 위치한 시민옹호인을 연결한다.

4) 시민옹호 활동 모니터링

시민옹호인으로부터 발달장애인과의 만남 등 활동에 대해 주기적으로 보고를 받는다. 서면보고를 실시할 경우 시민옹호인들이 많이 불편해 하고, 이에 따라 보고가 잘 이루어지지 않기 때문에 유선전화, 또는 문자 등으로 간단히 보고할 수 있는 체계를 마련할 필요가 있다.

5) 관계 종결 및 변경

시민옹호인이나 발달장애인 중 어느 한쪽이라도 불만을 표시할 경우 관계를 종결하는 것이 바람직하다. 이 경우 다른 시민옹호인과의 연결을 위해 노력하여야 한다. 또한 시민옹호인과 발달장애인 파트너가 각자의 사정으로 또는 옹호가 불필요해지면 관계를 종결한다.

3. 장애인복지관 스몰스파크

스몰스파크(small spark) 사업은 과천시장애인복지관이 아산사회복지재단의 지원을 받아 2016년에 시작하였으며, 2018년 서울복지재단이 서울지역의 장애인복지관과 자립생활센터 등을 대상으로 공모사업을 추진하면서 본격적으로 시작되었다. 서울복지재단에서는 스몰 스파크를 '장애인과 비장애인 주도의 소모임을 지원하여 지역 안에서 함께 어울리는 작은 기회를 제공하는 사업'으로 정의하였다. 본 지원사업은 서울복지재단이 서울시 소재 장애인복지관 등을 협력기관으로 선정하여 지원하고, 협력기관이 장애인과 비장애인이 지역에서 소모임 활동을 하는 데 소요되는 소액의 활동비를 지원하는 방식으로 운영되었다.

2018년부터 2021년 사이에 협력 기관을 통해 장애인과 비장애인 3,685명이 소모임 활동을 하였다(서울복지재단, 2021).

지역사회 기반의 작은 불씨(Community Based Small Sparks) 프로그램은 미국 시애틀(Seattle Department of Neighborhood)에서 실시한 소액 보조금을 지원하는 지역사회 개발 프로젝트에서 비롯되었으며, 이후 영국에서는 발달장애인 지원 단체인 In-Control에서 소액의 보조금을 통해 발달장애인의 지역사회 참여를 끌어올리려는 혁신적인 시도를 하였다(김용득 외, 2012). 지역사회 문제를 해결하고자 하는 집단적인 '작은 불씨'를 통해 지역사회의 문제를 해결함과 동시에 지역사회 자체가 자력화되기를 기대한다.

스몰스파크는 지역사회 약자나 소수의 사람이 세상을 바꿀 수 있다는 신념에 기초하고 있다. 이를 위한 활동의 예를 보면, 고등학교 학생들이 자원봉사 점수를 받기 위해 발달장애인과 친목 행사를 하고 싶고 그러기 위해 고깃집에서 행사를 하고 싶다는 제안서를 내게 되면, 타당성을 판단하여 음식값을 기금에서 지원하는 것이다. 또 지역의 주간보호센터를 이용하는 발달장애인들이 보조금을 받아 다른 사람들과 만나고 친해지기 위해 지역사회 사람들을 초대하여 바비큐 파티를 계획하는 경우 필요한 경비를 지원할 수도 있다. 또 발달장애인들의 은행 계좌 개설이 어렵다는 사실에 착안하여 '쉬운 은행 이용 절차'라는 쉬운 글 버전 팸플릿을 만들고자 할 경우에도 필요한 경비를 지원할 수 있다.

시애틀에서 수행했던 스몰스파크 사업을 보면 다음과 같은 경우에는 지원을 받을 수 없도록 하였다(김용득 외, 2012). 첫째, 개인 사업, 종교행사, 정부 업무, 정치활동, 대학 생활, 병원 치료 등에 관련된 사업은 지원을 받을 수 없다. 둘째, 기존의 공공 또는 민간의 프로그램과 중복되는 경우, 특정 프로그램을 지원하려는 경우, 다른 데서 받는 재정에다 추가하여 사용하려는 경우, 토지나 건물의 매입, 지역을 벗어나는 여행의 경비로 사용하려는 경우에도 지원금이 사용되어서는 안 된다.

서울복지재단이 서울 스몰스파크라는 이름으로 시행한 사업에서 제시한 소모임에 경비를 지원하는 절차는 다음과 같다(김동홍 외, 2020).

1) 신청과 사전상담

스몰스파크 활동은 최소 4명 이상의 지역주민이 함께 배움, 취미, 여가·문화, 장애인식 개선 활동 등 원하는 활동을 계획하여 활동비를 신청한다. 모임에는 장애인과 비장애인이 모두 포함되어야 하며 신청서를 작성할 때는 모든 참여자가 사전에 모여 의논해야 한다. 신청서를 작성할 때 어려움이 있거나 보완이 필요하다면, 지원 기관 담당자가 사전상담을 하여 목적에 부합한 활동이 이루어질 수 있도록 한다.

2) 소모임 선정

소모임 선정은 선정위원회에서 결정한다. 선정위원회는 지역주민(장애, 비장애), 장애인부모, 유관기관 직원 등으로 외부위원을 포함할 수 있으며, 외부위원을 위촉하는 경우 사전 오리엔테이션을 통해 서울스몰스파크 사업의 취지와 목적을 공유하고 심사를 요청한다.

3) 활동비 지원

활동비는 1개 모임에 최대 50만원까지 지원하고, 지원방식은 세 가지(지원기관 집행, 모임 통장 집행, 모임 후 정산)가 가능하다. 활동하는 모임 구성원들의 편의에 맞게 선택할 수 있게 하고, 모임에서 활동비를 지출하고 정산하는 역할을 맡은 참여자(모임 대표 또는 회계 등)를 대상으로 오리엔테이션 모임을 가질 수 있다.

4) 모니터링

스몰스파크 활동은 장애인과 비장애인 지역주민이 자발적으로 모임을 구성하여 활동하기 때문에 지원 담당자에 의한 모니터링이 필요한데, 감시나 통제보다는 활동이 긍정적인 방향으로 지속될 수 있도록 지지하는 데 그 목적이 있다. 모니터링의 내용은 다음과 같다.

갈등 조정

소모임 활동시 소통의 부재에 따른 애로사항과 갈등 상황에 대해 경청하고 이를 조정할 수 있도록 노력한다.

지속가능성 확인

모니터링 시 소모임 대표에게 1~2회 정도 연락하여 소모임의 지속가능성을 파악한다. 참여자 간의 역동, 참여 전후 인식의 변화, 모임의 확장 가능성 등을 확인한다. 대표뿐만 아니라 개별 구성원에게도 연락하면 소모임 대표를 통해 듣지 못했던 이야기를 들을 수도 있다.

활동 내용 및 예산 확인

소모임 활동 내용, 예산이 활동계획서와 맞게 이루어지고 있는지 확인한다. 소모임 계획서 상의 일정, 장소, 참여 인원의 변동은 가능하지만, 처음 계획한 목적과 다른 활동을 해야 하는 경우는 사전에 담당자와 상의하여 진행하도록 한다.

4. 장애인자립생활센터 동료상담

1) 개요[8]

장애인 자립생활 이념을 바탕으로 동료상담이 정립된 것은 1960년대 이후이다. 1962년 캘리포니아 버클리대학에 입학한 소아마비 중증장애인 Ed Roberts는 1960년대 중반 대학의 동료장애인들과 'Rolling Quads'라는 자조집단을 결성하였다. 이 조직은 장애학생 프로그램(Disabled Students Program: DSP)을 기획하고 실행함으로써 장애 학생들을 지원하였다. 이 프로그램은 1972년에 최

---

8) 류청한의 박사학위 논문(2018: 9-15)에서 발췌, 요약한 것이다.

초로 설립된 버클리 자립생활센터의 모태가 되었다. 이 과정을 통해 그들은 의사나 재활전문가들이 장애 상태에 대해서는 잘 알고 있지만, 장애인의 삶에 대해서는 이해하지 못한다는 것을 깨닫게 되었다. 장애인들은 자신의 삶에 대한 전문가는 그들 자신이라는 결론에 도달하였고, 스스로 자신들의 경험을 다른 동료 장애인들에게 전달하는 데에 최고의 자격을 갖췄다고 믿었다. 장애인 당사자들은 자신들을 '동료상담가(peer counselor)'라고 부르기 시작했고 이것이 구체화되어 자립생활센터 서비스에서 장애인 당사자에 의한 동료상담 서비스가 시작되었다.

한국에서 장애인 동료상담은 1998년 정립회관이 장애인 동료상담을 일본의 휴먼케어협회와 함께 집중강좌로 개최하면서 시작되었다. 그 후 장애인 동료상담은 2001년 '정립동료상담학교'와 전국순회 세미나를 통해 자립생활 이념을 구현하는 대표적 당사자활동으로 확산되었다. 우리나라 장애인 동료상담은 2011년 장애인복지법 시행규칙을 통해 법제화되었다. 그 내용은 '장애 동료상담 전문가를 자립생활센터의 주요 인력으로 규정하고 1인 이상의 장애 동료상담 전문인력을 갖추게 하는 것(장애인복지법 시행규칙 제39조의 2)'이다. 이를 통해서 동료상담 전문가가 자립생활 지원의 핵심 인력으로 인정되었다.

2) 수행 내용

장애인이 겪고 있는 문제의 절실함과 곤란을 가장 잘 이해할 수 있는 사람은 장애 당사자이므로, 문제를 공유하고 같은 처지에 있는 장애인으로부터 적절한 조언과 정보를 얻는 것이 중요하다. 자립생활 이념에 기초한 동료상담 프로그램은 자립생활센터의 기본적이고, 핵심적인 서비스이다. 동료상담의 핵심적 기능은 경험과 결과를 공유하는 것이다. 유사한 경험을 한 동료의 상담을 통해서 자립생활에 필요한 역량을 얻게 된다. 자신과 유사한 상황에 있는 장애인의 경험은 강력한 영향력을 갖게 된다. 동료상담은 법률적인 문제, 재정관리, 지역사회자원 활용, 곤란한 문제에 대한 대처 등에 대해 도움을 주거나 정보를 제공할 수 있다. 동료상담가는 장애인으로서 자신의 체험을 살려서 식사 준비, 집안 가구 배치, 여가 시간 사용 등 실제적인 일에 대하여 조언을 하고, 동료 장애인이 자립적인 생활을 할 수 있을 때까지 심리적, 정서적으로 지지하는 역할을 한다. 동료상담가는 코카운셀러(co-counselor)에서 유래한 것으로 당사들이 서로를 지지하는 원조의 유효성을 깊이 공유하는 것이 중요하다.9)

　동료상담가의 역할은 크게 네 가지로 제시될 수 있다(동료상담위원회, 2015). 첫째, 내담 장애인의 감정해방을 위한 감정이입(empathy), 즉 공감 형성이다. 동료상담은 내담 장애인의 이야기를 경청하고 무비판적으로 수용하여 '있는 그대로' 존중하면서 내담자의 감정해방을 위한 감정이입이라고 할 수 있다. 즉 내담자의 속마음을 정확하고 민감하게 알아차리고, 내담 장애인의 입장에서 감정을 느끼고, 똑같은 믿음으로 반응할 수 있어야 한다. 둘째, 사회 참여를 위한 내담 장애인의 역량을 강화하는 것이다. 동료상담가는 내담 장애인의 강점을 보고 접근하면서 내담 장애인의 자기결정을 중시하며, 존엄성과 존중을 지원할 수 있어야 한다. 즉 동료상담가는 '강점관점'을 기반으로 내담자를 자력화시켜야 한다. 셋째, 신뢰를 바탕으로 내담 장애인과 '관계를 쌓아가는 일'이다. 동료상담가와 내담자가 효과적인 서비스를 생산해 내기 위해서는 공동의 협력적 관계를 유지하여야 하며, 이러한 관계는 신뢰와 존경을 바탕으로 이루어져야 한다. 즉 상담 초기는 내담자의 마음의 문을 열도록 친절해야 하는 것처럼 신뢰관계 형성을 위해 노력을 해야 한다. 또한 대등한 관계를 유지하여 장기적인 지지자로 남는 역할까지 포괄하여야 한다. 넷째, 동료지지를 위한 다양한 기술을 갖추어야 한다. 동료상담가는 동료지지를 위한 다양한 기술이 필요하고, 이 기술을 활용할 수 있어야 한다. 배려하는 기술, 연계기술, 연대기술 등을 통해서 동료상담가와 내담자가 유대관계를 형성하고, 서로 대등해지는 기회를 만들어야 한다.

---

9) 양천장애인자립생활센터 홈페이지(http://ycil.myqr.co.kr/il/il_support.php 2023년 6월 30일 인출)에 게시된 내용을 요약한 것이다.

노인복지관과 시니어클럽

1. 영등포노인복지관 '늘봄 밥상'10)

서울 영등포노인복지관에서는 지역주민이 자발적으로 밥상을 준비하고, 지역사회에서 의미 있는 삶을 살아온 사람들을 초대하여 밥상을 상(償)으로 전하는 활동을 지원하고 있다.

밥상을 차려주는 지역주민은 2020년 6월에 친정어머니가 돌아가시고, '이렇게 사는 것이 잘사는 것인가?', '예쁜 그릇으로 누군가에게 따뜻한 밥 한 끼를 대접하면 어떨까?'라는 생각을 하게 되었다. 이런 생각으로 지역에 10평 내외의 작은 공간을 자비로 임대하여 폴란드에서 모아온 예쁜 그릇으로 '마음 더하기 주방'을 탄생시켰다. 그리고 주방을 만든 사람과 지역에 살면서 오랜 친분을 가져온 세 사람이 함께 합류하여 어르신, 한부모가정, 화상병원 환자와 보호자, 자원봉사자들을 위한 '늘봄 밥상'과 '마음 도시락'으로 나눔을 하고 있다. '늘봄 밥상'에서는 밥상을 받는 사람을 초대하여 함께 식사 하는 시간을 가지며, '마음 도시락'을 통해서는 지역에서 고립되어 살면서 주방을 방문하기 힘든 사람들에게 도시락을 배달한다. 재료는 100% 국산 재료와 국산 양념을 사용하고, 생선과 조개류는 이른 새벽 노량진 수산시장에서, 채소는 영등포 시장에서, 고기는 근처 정육점에서 구매한다. 참기름, 들기름, 들깻가루는 시골에 이모가 있는 사람이 가져오고, 이 외에도 고춧가루, 깐마늘은, 봄나물 등을 준비해 주는 많은 사람이 밥상 준비에 참여한다.

늘봄 밥상의 철학은 '늘 함께하는 좋은 친구로 노년의 삶을 살고 계신 당신, 의미 있는 활동을 하신 당신을 바라보며 노년을 꿈꾸는 우리가, 밥을 함께 나누고 감사를 전하며, 지역주민과 함께 차려드리는 인생 최고의 상(償)입니다.' 이다. 지역사회에서 밥상에 초대되는 사람들은 노인복지관에서 추천한다. 지역

---

10) 본 내용은 영등포노인종합복지관이 발행한 책자(2021)에서 발췌하여 재구성한 것이다.

사회에 기여하는 활동을 해 온 노인분들이 초대되는 경우가 많은데, 마음 더하기 주방에서 밥상을 준비한 사람들과 초대 손님이 살아온 이야기를 나눈다. 초대받은 손님들은 '이런 밥상은 처음이에요, 힘이 나요.'라고 말한다. '제 삶을 알아주고 힘을 준 가장 큰 상이라고 생각해요.'라고 말한다. 늘봄 밥상 초대 모임은 주 1회 정도 이루어지고, 초대받은 손님들은 자신들의 소중한 밥상 경험을 공유하는 소모임을 구성하여 밥상 초대 이후에도 함께 하면서 좋은 기억과 친분을 나눈다.

늘봄 밥상에 초대된 노인들의 살아온 이야기, 밥상에서 나눈 이야기는 열두 사람 정도 단위로 주인공들의 삶의 이야기로 구성되어 '늘봄 밥상'이라는 책자로 만들어진다. 주인공들은 이 책자에 소개된 자신의 이야기에서 자신의 존재를 확인하고, 살아온 지난 이야기에 뿌듯함을 느낄 수 있게 된다. 이런 '늘봄 밥상' 책자는 지금까지 2권이 만들어졌으며, 늘봄 밥상을 통해서 만들어진 24개의 소모임도 활발하게 운영되고 있다.

2. 농촌지역 공동체 기반 노인 포용 프로그램 '경북마을 애(愛) 드림'[11]

한국노인종합복지관협회 경북지회는 2019년에 경산시어르신복지센터, 금성노인복지관, 김천노인복지관, 봉화군노인복지관 등과 함께 경북 읍·면지역 5개 농촌마을에서 공동체 회복 활동에 참여 의사가 있는 주민과 함께 소외 노인 포용 프로그램을 수행하였다.

노인은 역할 상실, 건강 문제, 심리적 고립감, 활동 네트워크 부재 등으로 어려움을 겪고 있다. 특히나 농촌지역의 고령화 속도가 빠르며 독거노인의 비율이 증가함에 따라 소외된 노인은 다양한 어려움을 호소하고 있으며 이에 따른 경제적, 심리적, 사회적으로 요구되는 복지 수요는 증가하고 있다. 그뿐만 아니

---

11) 본 내용은 한국노인종합복지관협회 경북지회가 작성한 사례(2019)에서 발췌, 요약한 것이다.

라 노인들은 공공서비스 이용을 복잡하게 느끼고 있으며 접근성이 낮아 삶에 직접적으로 도움이 되도록 활용하는 데 어려움이 있다. 급속한 고령화와 보건복지 인프라가 취약한 농촌지역에서 경제적, 심리적, 사회적 서비스 지원의 사각지대에 놓여 있는 노인들을 위해서 지역사회 내에서 해결할 수 있는 자체적이고 주도적인 복지체계를 구축할 필요가 있다. 경산시어르신복지센터 등 4개 기관은 읍·면 주민센터를 통하여 지역의 욕구와 상황을 파악하고, 마을 지도자 오리엔테이션과 주민 전체 회의를 개최하였고, 지역주민이 함께 소외된 노인을 돕는 지역주민 사례관리 활동을 수행하고, 마을 주민 역량교육과 주민 참여 프로그램(원예, 공예, 체조, 노래 등)을 실시하였다.

각 노인복지관의 담당자들은 마을 답사와 마을 리더 및 주민들과의 면담을 통해 마을에 활기를 원했던 농촌지역에 높은 관심을 끌어낼 수 있었다. 현재 농촌사회에서도 개인주의가 더 대두되고 있으며, 여러 가지 네트워크 구축이 어려운 실정에서 심리·정서적 사각지대에 놓인 소외 노인의 고립 위험도가 높다는 사실에 모두가 공감하였다. 여러 가지 친밀감 형성 프로그램과 더불어 마을주민 교육 및 리더 교육을 통해 퍼실리테이션 기법을 활용하여 의견을 수렴하고 반영하여 단단한 공동체를 조직하였다. 리더들은 적극적인 참여를 통해 '소외 노인 돌봄'은 한두 사람의 노력이 아니라 모두가 함께 해결해 나아가야 할 과제임을 깨닫고 주민 리더가 주도하는 사례관리 회의를 통해 소외 노인을 위한 반찬 나누기, 전화 안부상담, 마을회관 프로그램 및 행사 참여 권장 등 다양한 방법으로 소외 노인 돌봄사업에 적극적으로 참여하였다.

농촌사회에서 마을회관의 존재는 함께 잠깐 쉬었다 가는 곳, 낮잠 자는 곳, 이야기를 나누는 곳에 불과하였다. 또한 남녀를 구분하거나 연령대로 나누어 공간을 사용하다 보니 이웃 간의 공통적인 교류 접점이 부족하였다. 그러나 지역주민 욕구조사를 통한 다양한 프로그램 운영으로 마을회관은 교류의 장이 되었고, 정기적인 모임을 통해 서로의 안부를 묻고 프로그램에 참여하면서 이제까지 쌓아왔던 이웃의 '정'과 새롭게 알게 된 주민들의 모습을 알게 되며 높은 친밀감을 형성하였다.

3. 구미 시니어클럽의 "시니어 사랑 고리"[12]

1) 개요

구미시의 사랑 고리(1시간 단위)는 구미요한선교센터가 2004년부터 시작하여 국내에서 가장 오랫동안 운영해 온 타임뱅크(Time Bank)이다. 복지수혜자를 복지서비스의 공급자로 전환하고 이를 통해서 마을공동체의 회복을 목적으로 시작되었다. 2015년 기준 구미 사랑 고리에서 교환 활동을 한 회원은 133명이며, 2015년 한 해 동안 총 2,266.5고리를 적립하였고 1,359고리가 사용되었다. 교환 활동 내용을 보면 음식 나눔, 밑반찬 배달, 재활용품 판매가게 봉사 등이었다.

사랑 고리는 지역의 문제를 지역 내에서 주민의 힘으로 해결할 수 있게 하는 도구이다. 누구든지 자신의 시간, 기술, 재능을 사용하여 타인을 도와줌으로써 벌 수 있는 지역화폐이다. 다른 사람이나 지역사회를 위해서 제공된 1시간의 봉사는 1고리로 사랑 고리 은행에 적립된다. 적립된 사랑 고리는 자신이 도움이 필요할 때 사용하거나, 도움이 필요한 이웃에게 사랑 고리를 기증하여 그 이웃이 도움을 받을 수 있도록 할 수 있다. 그러므로 사랑 고리는 당사자 간의 일회적 교환거래에 국한되지 않고 여러 사람을 거치면서 연속적 교환거래가 일어날 수 있다.

사랑 고리의 운영 목적은 지역사회 문제해결 및 지역공동체 형성을 위한 지역사회 인적자원의 발굴과 지역사회 주민을 조직하여 주민상호간의 지원 및 지지체계를 구성하고, 자율적이고 자발적인 자원봉사 활동 및 주민참여와 연대를 이루어 인적자원 부족과 시혜적 측면을 해소하고 참여적 복지체계를 이루기 위함이다. 사랑 고리가 추구하는 핵심 가치는 다음과 같다.

---

12) 본 내용은 구미시니어클럽 홈페이지(http://gumisenior.or.kr 2023년 6월 30일 인출) 자료와 김정훈·이다겸의 글(2018)에서 제시된 내용을 발췌, 요약한 것이다.

사람이 가장 중요한 자산

세상에 쓸모없는 사람은 없다. 모든 사람은 기여할 것이 있고, 자신의 재능을 사용해서 봉사하면 풍요로워진다.

노동에 대한 새로운 정의

어려운 이웃이나 지역사회를 위해서 제공된 소중한 봉사는 시장경제의 노동과 동일하게 그 가치가 인정되어야 한다.

호혜성 강조

갚으려는 마음은 누구에게나 있다. 모든 일 방향의 자선 행위를 양방향의 상호작용으로 대체시켜야 한다. '당신에게는 내가 필요해요.'가 '우리는 서로가 필요합니다.'로 변해야 한다.

사회적 자본 재발견

개인과 지역의 문제를 해결하기 위하여 서로 도움을 주고받는 신뢰적 관계 망은 지속적으로 유지되어야 하는 소중한 사회적 자본이다. 우리는 자기의 재능을 활용해 봉사할 책임을 가지고 태어났다.

존중과 책임

상호 존중한다는 것은 인간의 올바른 정체성의 회복을 의미한다. 인간존재의 존엄성은 서로 존중하고 존중받아야 한다. 또한 인간은 섬김 없이는 생존하지 못한다. 우리는 서로 경청하고 함께 섬기며 살아가는 생명체이다.

2) 수행 활동

구미시의 타임뱅크는 자체 프로그램인 '지역 사랑 고리'와 함께 정부사업 수행기관인 구미시니어클럽에서 수행하는 '시니어 사랑 고리'를 공동으로 운영한다. 지역 사랑 고리에는 노인 연대망을 구성하는 '함께 하는 집', 청소년 봉사단인 '청소년 사랑 고리', 소외계층에 밑반찬을 지원하는 '섬기는 사랑마을' 등 3개의 프로그램이 운영된다.

시니어 사랑 고리에는 고령층 간의 정서교류 및 소통을 위한 '노노케어 사랑방'이 있다. 시니어 사랑 고리는 노인일자리사업를 통해 제공하는 복지급여의 한계를 극복하고 복지수혜자를 서비스제공자로 전환하여 지역복지서비스 혜택을 확대시키고자 2012년부터 구미 시니어 클럽이 구미시의 타임뱅크와 공동으로 운영하기 시작하였다.

시니어클럽에서 운영하는 노인일자리사업 참여자들이 '노노케어'에 참여하면서, 노인일자리 근무시간 외에 시니어 사랑고리에 참여하도록 유도하고 노노케어를 통해 지원받는 독거노인도 사랑 고리 활동을 통해 상호봉사가 이루어질 수 있도록 한다. 이와 함께 사랑 고리의 사용처를 수선한 재활용품 구매(나눔나게), 지역농산물 및 제품 구매(이음장터), 미용실 서비스 구매(아리랑미용실)에도 사용할 수 있도록 확대하였다. 노노케어 사랑방 중 하나인 '은빛둥지'에서는 2014년 11월부터 2015년 6월 사이에 총 434.5시간(사랑방 내 독거노인이 205.6시간, 봉사자가 228.9시간)을 적립하였다. 여기서 주로 수행한 활동은 말벗, 상담, 동행 등이었다. 구미시니어클럽의 사랑 고리는 '결핍'에 중점을 둔 기존 복지제도에서 벗어나 복지서비스 수혜자들도 지역사회에 기여하는 자산으로 활용할 수 있음을 보여주는 사례이다.

📖 **참고문헌**

김동홍·김재인·박미경·이용욱. 2020. 장애인 시민공동체 활동지원사업 '스몰스파크' 운영 매뉴얼. 서울시복지재단.

김용득. 2019. "지역사회 기반 복지관의 공동체주의 지향성 강화 필요성과 과제: 공공성 담론의 확장과 사회서비스 운영 원리 변화를 중심으로." 한국사회복지행정학, 21(2): 203−232.

김용득·유석영·이동석. 2012. 장애인복지관의 지역사회중심 지원서비스 모형 개발. 경기복지재단.

김용득·이복실·이동석·박광옥. 2016. 장애인복지관 환경변화에 따른 서울시 장애인복지관의 역할 재정립: 발달장애인 서비스를 중심으로. 서울시장애인복지관협회·성공회대학교 사회복지연구소.

김용득·이동석·조문순. 2021. 시민옹호 성과평가와 확산 모형 개발. 한국장애인복지관협회.

김정훈·이다겸. 2018. 타임뱅크(Time Bank)를 활용한 복지서비스 혁신. 이슈&진단, 310: 1−25.

노수현·이주희·김정애·이수민·김영례·태다미·김상진·한화현·이상현·문혜임·강지선·유정애·유지민 2022. 지역밀착형복지관 실천 안내도: 지역으로, 출발합니다. 서울복지재단·서울특별시.

동료상담위원회, 2015. 동료상담 운영 매뉴얼. (사)한국장애인자립생활센터총연합회.

류청한. 2018. 장애인 동료상담 구성요소와 상호작용 연구: 개념도 연구와 상호작용 질적분석의 통합적 적용. 성공회대학교 일반대학원 박사학위논문.

박지영·박수지·이경화·현리사. 2021. 근로 미약자를 위한 자활사례관리 발전방안 연구. 상지대학교산학협력단·한국자활복지개발원.

번동3단지종합사회복지관. 2018. "강북구 내 저장 강박 증상 주민의 주거환경 문제해결을 위한 복지시스템 구축 '강북청정(청소&정리정돈)이웃지원센터.'" 사랑의 열매. 2018 사회복지공동모금회 배분 사례집: 변화를 위한 나눔. 44−47.

보건복지부. 2023a. 2023 자활사업안내.

보건복지부. 2023b. 장애인복지시설 사업안내.

서빛나·김용득·박광옥·이상춘. 2023. "시민옹호에 대한 발달장애인의 인식유형 연구." 한국장애인복지학, 59: 35－56.

서울복지재단. 2021. 장애인지역통합사업 '옹심이, 서울 스몰 스파크' 성과 공유회.

서울복지재단 지역협력팀. 2023. 2023 지역밀착형 사회복지관 현장지원단 회의자료.

서해정·김재익·배현·전근배·이미영·김문규. 2022. 거주시설 장애인의 자립생활 지원체계 강화 방안 연구: 장애인자립생활센터 중심으로. 한국장애인개발원.

영등포노인종합복지관. 2021. 우리 동네 주민이 차리는 늘봄 밥상.

이은지·조준용. 2019. "자활사례관리가 정서적 자활에 미치는 영향: 자활사례관리 수행에 대한 자활참여자의 인식을 중심으로." 디지털융복합연구, 17(2): 19－29.

전채훈, 정한별. 2021. 3동 조각보: 1103동 사람들의 이야기. 방화11종합사회복지관.

쌍촌종합사회복지관. 2019. "거동 불편 노인의 우울감 및 소외감 해소를 위하여 이웃이 찾아가는 정서적 네트워크 구축 프로그램 '인(이웃 인隣)사이드 이웃". 사랑의 열매. 2019 사랑의 열매 배분 사례집: 변화를 위한 나눔. 125－129.

한국노인종합복지관협회 경북지회. 2019. "농촌지역 부락주민의 역량강화와 유대감 증진을 통한 지역공동체 기반 소외(사각지대) 노인 포용(공동대응) 프로그램 '경북마을 애(愛) 드림". 사랑의 열매. 2019 사랑의 열매 배분 사례집: 변화를 위한 나눔. 111－118.

Bateman, N. 1995. *Advocacy skills: a handbook for human service professionals.* Hants: Ashgate.

BILD. 2002. *Positive approaches to promoting advocacy.* Kidderminster: British Institute of Learning Disabilities.

O'Brien, J. 1987. *Learning from Citizen Advocacy Program.* Atlanta, GA: Georgia Advocacy Office.

O'Brien, J. and Wolfensberger, W. 1979. *CAPE: Standards for Citizen Advocacy Program Evaluation.* Toronto: National Institute on Mental Retardation.

Peter, M. 2017. "The importance of the citizen advocacy scheme in facilitating valued roles for, & the valuation of, vulnerable People." *The SRV Journal, 11(2):* 6－15.

12 사회적경제 조직의 활동

협력과 연대를 바탕으로 하는 사회적경제 조직은 지역에서 필요로 하는 서비스를 발굴하고 제공하는 자발적 조직에서 발전하였다. 또한 지역문제를 해소하고 지역 공동체를 활성화하는 것을 주요한 가치로 삼는 등 그 성장과 지속의 동력에는 지역사회 요소가 중요하게 작용한다. 대인사회서비스 분야에서 사회적경제 조직은 고용 취약계층을 위한 일자리 창출, 서비스 사각지대 해소, 지역의 특수성을 반영한 서비스의 개발 등의 역할이 기대된다(이한나 외, 2020). 1970년대 이후 외환위기, 금융위기 등의 세계적 위기를 극복하는 과정에서 사회적경제 조직들은 국가와 시장을 통해 충족하지 못하는 서비스 제공에 중요한 역할을 하고 있다. 우리나라 사회적경제 조직의 대표적인 유형인 사회적기업, 협동조합, 마을기업의 정의를 살펴보면 다음과 같다.

표 12-1 주요 사회적경제 조직의 정의

조직유형	근거법	정의
사회적 기업	사회적 기업 육성법	제2조(정의) 1. "사회적기업"이란 취약계층에게 사회서비스 또는 일자리를 제공하거나 지역사회에 공헌함으로써 지역주민의 삶의 질을 높이는 등의 사회적 목적을 추구하면서 재화 및 서비스의 생산·판매 등 영업활동을 하는 기업으로서 제7조에 따라 인증받은 자를 말한다
협동 조합	협동조합 기본법	제2조(정의) 1. "협동조합"이란 재화 또는 용역의 구매·생산·판매·제공 등을 협동으로 영위함으로써 조합원의 권익을 향상하고 지역 사회에 공헌하고자 하는 사업조직을 말한다. 3. "사회적협동조합"이란 제1호의 협동조합 중 지역주민들의 권익·복

조직유형	근거법	정의
		리 증진과 관련된 사업을 수행하거나 취약계층에게 사회서비스 또는 일자리를 제공하는 등 영리를 목적으로 하지 아니하는 협동조합을 말한다.
마을 기업	마을기업 육성사업 시행지침	지역주민이 각종 지역자원을 활용한 수익사업을 통해 공동의 지역문제를 해결하고, 소득 및 일자리를 창출하여 지역공동체 이익을 효과적으로 실현하기 위해 설립·운영하는 마을 단위의 기업을 말한다.

출처: 이한나 외(2020)에서 제시된 내용을 재구성.

사회적경제 조직의 대인사회서비스 활동은 노인요양, 장애인활동지원 등 국가가 제공하는 서비스의 제공기관으로 참여하는 방식에서 지역사회에서 욕구를 발굴하고 서비스를 자체 개발하여 시행하는 방식에 이르기까지 다양하다. 본 장에서는 지역단위에서 자체 개발하여 시행하는 서비스 사례들을 중심으로 다룬다. 본 장에 포함된 내용들은 보건복지부가 시행하고 있는 사회서비스 분야 사회적경제 육성지원사업의 수행 결과를 다룬 사례집에서 발췌한 것이다.

section 01 지역 컨소시엄 기반 대인사회서비스

1. 1인 가구 사회적 관계 향상 지원: 산청군 이소파트너 사업[1]

1) 개요

본 사업은 경남 산청군에서 2019년부터 2021년까지 3년 동안 수행되었다. 대표기관은 산청지역자활센터이며, 구성기관은 이소클린, 자활사업단(약초사업단, 환경사업단, 체험사업단), ㈜농부애, 둥글레마을영농조합법인 등이다. 서비스 대상은 청·중장년층 1인 가구 및 노인 돌봄 사각지대 1인 가구 노년층이며, 서비스 내용은 자립생활지원 및 자존감 향상 서비스, 돌봄활동가 서비스, 방문형

---

1) 본 내용은 보건복지부와 사회적기업진흥원이 발간한 사례집(2021: 24-28)에서 발췌하여 일부 수정한 것이다.

케어서비스(청소·방역), 일자리 지원 서비스 등이다. '아기새가 성장해 둥지를 떠나가는 것'을 의미하는 "이소"는 지역사회에서 외로움 고립감 등으로 사회적 소외감의 우려가 있는 농촌 1인 가구에 대하여 사회적 관계망을 강화하고, 일할 수 있는 사람에게는 일자리를 제공하는 등 실업, 빈곤에서 벗어나 건강한 지역사회 구성원의 역할을 하도록 돕는다는 의미이다.

산청군은 1인 가구가 많고 또한 자활사업에 참여하고 있는 사람 중에서도 이혼, 실직 등으로 혼자 사는 중장년 남성이 다수인 상황이었다. 전국적으로 일용직 일자리가 없어지는 상황에서 1인 가구 남성들이 자활로 많이 유입되고 있었다. 혼자 살아야 하지만, 혼자 살아갈 줄 모르는 사람이 대부분이었고 요리, 빨래, 청소 등 일상생활의 어려움뿐 아니라 마을에서 지역에서 관계를 맺고 소통하는 것도 힘들어했다. 그래서 이들에게 자립생활 지원과 집단활동 등을 통해 밖으로 나와 사회적 관계를 형성하고 생활을 풍성하게 하는 활동 지원이 필요하다고 생각하게 되었다.

2) 활동

1인 가구에 대한 사회적 관계 향상 서비스를 시작하기 위해 산청군 주민복지과에서 먼저 적극적으로 나서주었다. 산청지역자활센터에서 대표기관 역할을 맡고 사업에 대한 방향과 추진계획을 세우기 위해 서비스를 제공할 지역 내 사회적경제 기업에 제안하여 컨소시엄을 구성하였고 서비스 관련 기관 전문가들로 자문위원회도 구성하게 되었다. 사업 1년 차에는 산청군 내 사회적경제 기업의 수가 적어 서비스를 제공 할 수 있는 곳을 찾는 데 어려움이 많았는데, 다행히 농부애(예비사회적기업), 둥글레마을영농조합법인(마을기업), 이소클린(자활기업), 자활사업단(약촌, 환경 체험 사업단) 등으로 서비스 제공기관을 구성할 수 있었다. 산청군 정신건강복지센터와 산청군 자원봉사센터가 각각 1인 가구의 우울 정도, 심리상태 등에 대한 진단과 상담, 돌봄활동가의 발굴을 위해 협력 기관으로 네트워크에 참여하였다.

1인 가구 중에서도 이웃이나 사회단체 등 사회적 관계망 단절 우려가 있는 가구, 이웃과 정서적 교류가 낮으며 우울과 소외의 우려가 있는 청·중장년층(저소득층 포함), 노인 돌봄 사각지대에 있는 노년층 등을 주 서비스 참여자로 정했다. 첫해인 2019년은 국가적으로 1인 가구에 관한 관심이 막 시작될 때였고 지역 내 1인 가구에 대한 자료가 없기도 해서 참여자 모집에 어려움이 있었다. 그래서 돌봄 활동가 8명을 먼저 선발하고, 이들이 주변 1인 가구 중 지원이 필요한 참여자를 발굴하였다.

컨소시엄 참여기관들과 이들을 위한 서비스의 구체적인 내용을 구성하고 제공 방법 등에 대해 협의하는 여러 차례 회의를 통해 서비스 계획을 수립하였다. 사회성 향상을 위한 활동으로 함께 모여 약초체험, 생활에 필요한 목공 활동, 지역에 있는 유적지 및 문화공간 탐방, 영화 보기 등을 하였다. 평소 대부분 시간을 혼자 보내고 사람들과 함께 하는 활동이 없던 사람들이 같이 배우고 만들면서 대화도 나누고 웃는 일이 많아졌다. 자원봉사 활동에 참여함으로써 평소 이웃에게 받은 사랑을 지역사회에 되돌려주는 경험을 통해 자존감이 향상될 수 있도록 하고, 또한 요리체험 프로그램으로 반찬과 요리를 만들어 독립적인 일상생활을 할 수 있는 기회를 마련하였다.

3) 평가

1인 가구의 사회성 향상을 위한 서비스 지속화를 위해 2021년 사회서비스 바우처 사업인 지역사회서비스투자사업에 진입하여 11월부터 서비스가 시작되었지만, 참여자 확보가 어려웠다. 다른 사람이 볼 때는 1인 가구로 서비스가 필요하다고 생각되지만, 당사자는 서비스가 필요한 상황이라고 생각하지 않는 경우가 많았다. 의료서비스처럼 바로 효과를 체감할 수 있는 손에 잡히는 서비스가 아니어서 10% 본인부담금이 또 하나의 장벽이 되었다. 하지만 사회적으로 고립되고 은둔 상태에 있는 1인 가구가 함께 하는 프로그램에 참여하기 위해 밖으로 나오는 그 자체가 의미 있는 일이다. 1인 가구에 대한 지속 가능한 서비스 지원을 위해 이용자 모집에 지역사회의 촘촘한 관계망 활용, 읍면동 행정복지센터와의 긴밀한 협력, 돌봄 활동가를 통해 행정의 손길이 미치지 못하는 곳에서 서비스가 필요한 사람을 발굴, 서비스 품질 향상을 위한 제공기관 및 돌봄 활동가의 역량개발 등의 노력이 있었다. 향후 단순 프로그램 제공이나 일회성 지원에 머물지 않고 이들의 지역사회에서의 관계망을 만들고 확장할 수 있도록 지역 내 다양한 자원연계와 지원방안에 대해서 계속 고민해 나갈 필요가 있다.

2. 취약주택 종합지원: 마포구 홈케어 주치의 사업[2]

1) 개요

본 사업은 서울 마포구에서 2020년에 시작하였다. 서비스는 장애, 고령, 저장 강박 가구 등 주거 취약계층을 대상으로 주거환경 개선 및 맞춤형 홈케어 서비스를 제공하는 것이다.

마포구는 30년 이상 노후화된 단독주택, 연립주택, 다세대주택 등의 비율이 서울시 평균보다 높게 나타나고 있으며, 주거환경 만족도 또한 낮게 나타나고 있다. 특히나 이러한 단독주택, 연립주택, 다세대주택은 노인이나 저소득 주민들이 다수 거주하고 있으므로 주택관리가 제대로 이루어지지 못하고 있다. 2019년 돌봄SOS센터 사업으로 주거 편의 서비스를 공급하던 기업 중 '함께주택 협동조합'이 여기에 문제의식을 느끼고 주거 관련 통합돌봄이 필요하다는 제안을 하였다. 마포구청과 마포구 사회적경제통합지원센터는 주민들의 주거 안정망을 확보하고 실질적인 만족도를 높이기 위한 취약계층 홈케어사업TF 추진단을 구성하였다.

2) 활동

대표기관인 마포구 사회적경제통합지원센터는 마포의 주거서비스 관련 사회적경제기업들 중심의 홈케어사업단을 구성하였다. 통합창구 역할을 맡은 함

---

2) 본 내용은 보건복지부와 사회적기업진흥원이 발간한 사례집(2021: 29－33)에서 발췌하여 일부 수정한 것이다.

께하는행복한돌봄, 맞춤형 집수리 사업을 진행하는 고령친화무장애주택협동조합과 함께주택 협동조합, 저장강박 의심 가구에 집중 서비스를 제공하는 마포장애인직업재활센터,[3] 청소 및 소독·방역을 해주는 청순이, 백의민족, 울림두레돌봄사회적협동조합 등이 홈케어사업단의 구성기관이 되었다. 사회적경제 기업들 간의, 지자체와 사회적경제 기업 간의, 사회적경제 기업과 서비스 참여자 간의 의사소통 및 조율은 대표기관인 사회적경제통합지원센터가 맡았다. 덕분에 홈케어사업단은 민관거버넌스 및 여러 기업들이 함께 통합서비스를 제공해야 하는 어려운 과업을 잘 운영하게 되었다.

사업단에서는 홈케어 통합서비스를 제공한다. 통합창구를 통해 접수가 이루어지면 주택 진단부터 주택 수리, 청소, 방역, 이불 세탁, 정리 정돈 등 필요한 서비스를 제공하고 이후 정기적 모니터링을 통해 깨끗한 주거환경을 유지할 수 있도록 돕는다. 주거환경과 관련된 모든 서비스가 가능한데, 이는 지역의 사회적기업, 자활기업, (사회적)협동조합, 복지기관 등이 모여서 지역 내 필요한 서비스를 공급하고자 공동사업단을 함께 운영하며, 대표기관과 통합창구기관이 함께 서비스 상황을 공유하고 조율함으로써 가능해졌다.

사회복지기관이나 동행정복지센터를 통해 서비스 참여자를 의뢰받으면 통합창구에서 접수하고 세부적인 진단을 위해 현장을 방문한다. 직접 방문, 현장 진단을 통해 정확한 서비스 계획을 수립함으로써 실행과정에서 오류를 줄일 수 있다. 주택 진단을 마치면 통합창구에서 서비스 제공 계획을 수립한다. 서비스 제공 계획에 따라 순차적으로 필요한 서비스가 제공된다. 개별 사업으로 바쁘게 움직이고 있는 기업들의 서비스 제공 날짜를 조율하는 일은 쉽지 않지만 서로 간의 배려로 원활하게 이루어졌다.

또한 서비스 종료 후에도 지속적인 모니터링을 통하여 서비스의 유지 관리, 자기돌봄 교육까지 진행하였다. 특히, 저장강박 의심 가구의 경우 폐기물처리, 청소, 소독, 방역 등을 완료하고 나서 원래 상태로 돌아가지 않도록 전문가

---

3) 마포구장애인자립생활센터에서 운영 중인 직업재활 직종인 건물관리, 소독, 방영 등과 관련된 하나의 사업으로 운영되었다.

와 연계하여 사후 관리를 한다. 가구별 정리 정돈 및 청소는 자기돌봄과도 직결되는 문제라 사후 모니터링 시 교육과 컨설팅을 통하여 자기돌봄을 위한 프로그램을 함께 진행한다.

3) 평가

앞으로 공동사업단을 넘어서 서비스 제공 사업자들 중심의 사회적협동조합을 준비하고 있다. 시범사업을 통하여 홈케어 통합서비스는 지역사회에서 꼭 필요한 서비스라고 확신하게 되었고 이러한 서비스를 지속적이고 안정적으로 제공하려면 사회적협동조합이라는 법인이 필요하다고 판단했다. 함께 모인 기업들이 각자 기업을 운영하면서 지역 내 주거 취약계층에게 통합적 서비스를 제공하는 일은 쉽지 않지만, 단일창구를 통한 통합서비스 제공으로 만족도 높은 주거 관리 서비스를 제공하는 것이 사회적으로 의미 있는 일이라는 데 공감하고 있다.

3. 경증치매 어르신 지원: 대덕구 웰라이프 돌봄서비스[4]

1) 개요

본 사업은 대전 대덕구에서 2020년에 시작하였다. 서비스 대상은 경증 치매노인이며, 서비스 내용은 방문 건강관리 서비스, 일상생활 지원 서비스, 건강 먹거리 지원서비스 등이다. 2018년 대덕구 주민을 대상으로 한 보건사업 욕구조사에서 가장 우선 해야할 보건사업 대상이 노인으로 나타났으며, 2020년 대덕구의 노인 인구 수가 15.8%에 육박하면서 고령사회로 진입한 상태였기에 대책이 필요했다. 지역사회 어르신들을 위해 구체적으로 할 수 있는 사업을 모색하여 경증치매 웰라이프 돌봄서비스 사업을 추진하게 되었다.

웰라이프 돌봄서비스 사업은 돌봄 사각지대에 있는 경증치매 어르신 지원

---

4) 본 내용은 보건복지부와 사회적기업진흥원이 발간한 사례집(2021: 34 – 38)에서 발췌하여 일부 수정한 것이다.

사업으로 대덕구 지역자활센터는 대표기관으로서 전체 사업의 수행을 지원하고, 민들레의료복지사회적협동조합, 대덕돌봄협동조합, (유)행복한밥상 등 사회적기업 3곳이 서비스를 실행하는 기관으로 참여하여 지역주민들에게 서비스를 제공한다. 특히 대덕 돌봄협동조합이나 (유)행복한밥상은 지역의 자활기업에서 성장한 사회적기업으로서 지역사회와 사회적기업이 연대하고 협력하는 데 강점이 있고, 의료조직인 민들레의료복지사회적협동조합과 중간 지원조직인 대덕구 지역자활센터가 함께하면서 건강, 일상생활, 먹거리를 통합적으로 지원하는 조직을 구성할 수 있었다.

2) 활동

웰라이프 돌봄서비스는 개인별 케어플랜을 수립한 뒤, 이용자의 욕구에 맞는 돌봄서비스를 지원한다. 먼저, 케어플랜 수립을 위해 대덕구 치매안심센터와 관내 병원, 행정복지센터로부터 서비스 참여자를 소개받은 후 담당 케어플랜 매니저가 개별 상담을 통해 그들의 욕구와 상황을 기반으로 개별 맞춤형 케어플랜을 만들게 된다. 이렇게 만들어진 케어플랜을 바탕으로 민들레의료복지사회적협동조합에서는 주 1~2회 방문 건강관리서비스를, 대덕돌봄협동조합은 주 1~2회 일상생활 지원서비스를, (유)행복한밥상에서는 주 1~2회 건강 먹거리 지원서비스를 제공한다.

방문 건강관리서비스는 1시간짜리 인지 치료 프로그램과 낙상 예방 교육프로그램을 진행하는데, 어르신 눈높이에 맞게 설계된 프로그램으로 참여자들이 놀이처럼 즐길 수 있는 태블릿을 활용한 교육프로그램이다. 대덕돌봄협동조합의 일상생활 지원서비스는 회당 2시간 정도인데, 참여자의 만족도가 높아 더 많은 서비스 시간을 요청하기도 했다. (유)행복한밥상의 건강 먹거리지원 서비스는 매주 화요일과 금요일에 반찬을 직접 배달하는 서비스로 전체 사업 중에서 가장 신청자가 많은 인기 서비스이다. 한 번에 2~3일 치의 반찬을 배달했기 때문에 주 2회로도 기본적인 식사를 지원할 수 있었다. 서비스 참여자들 대부분이 건강상 개별적인 식사 관리가 필요한 사람들이라 자녀들을 통해 맞춤형 식단에 대한 개별적인 요청이 많아 저염식, 당뇨식과 같은 새로운 상품 개발도 이루어졌다.

3) 평가

웰라이프 돌봄서비스는 주민들에게 일자리를 제공하기도 하고 적절한 수익을 창출할 수 있어 또 다른 형식의 주민참여와 지속 가능한 동네 돌봄 체계를 구축하는 데 도움이 되었다. 아울러, 예방적인 성격의 돌봄서비스가 제공되어 돌봄에 들어가는 사회적 비용도 감소시킬 수 있었고, 요양시설이 아닌 집에서 돌봄서비스를 받게 되면서 어르신들이 시설에 입소하는 시기를 지연시키는 효과도 있었다. 특히 돌봄 사각지대라고 볼 수 있는 경증치매 어르신들에게 서비스를 제공하면서 경증치매 어르신들의 가족들에게 시간적 부담을 덜어줄 수 있어 돌봄 가족의 삶의 질 향상에도 기여할 수 있었다. 이 밖에도 다양한 주체들의 협력을 통해 낙상사고 예방을 위한 주거환경 개선이나 위생 증진을 위한 방문 목욕, 방문 이·미용 등을 제공하면서 살던 곳에서 건강하고 오래 살 수 있는 환경을 만드는 데 기여하였고, 혼자서는 할 수 없던 일들이 여러 분야에서 활동하고 있는 사람들의 협력으로 가능해지는 것을 확인할 수 있었다.

사업 지속을 위하여 사회적경제조직의 사업 규모가 적절하게 커져야 한다. 그리고 서비스 수요자들을 챙기기 위한 치매안심센터나 행정복지센터 등과의 협력이 중요하다. 이를 통해 낯선 사람들보다 신뢰할 수 있는 같은 동네의 주민들에게 돌봄 일자리를 제공함으로써 신뢰를 바탕으로 하는 지역사회 돌봄 생태계 조성이 가능하다.

주민참여형 돌봄 조합의 대인사회서비스

1. 야간과 주말의 긴급 돌봄: 미추홀구 우리마을 아이돌봄5)

1) 개요

본 사업은 인천 미추홀구에서 2020년에 시작하였다. 대표기관은 미추홀구 사회적경제지원센터이며, 구성기관은 해아놀이터 사회적협동조합이다. 서비스 대상은 유아와 초등학생이며, 서비스 내용은 돌봄서비스(야간돌봄, 주말돌봄, 긴급돌봄), 주민 커뮤니티 지원, 현장 체험학습 등이다.

2019년 12월 말 기준 미추홀구의 0세에서 13세 미만 유아와 초등학생의 인구는 약 41,375명으로 미추홀구의 전체 인구 대비 약 10.12%였으며, 구도심 재개발로 2,200여 세대의 아파트를 신축하고 있어 어린 자녀가 있는 젊은 세대의 유입이 더욱 증가할 것으로 예상되었다. 하지만, 이러한 빠른 인구의 증가는 돌봄서비스 수요에 대한 공급이 적절하게 이루어지지 못하는 상황을 발생시켜 수요 파악을 위해 실시한 설문조사에서 대다수 학부모가 틈새 돌봄서비스를 원한다는 것을 확인하였다. 돌봄서비스 유형별로는 등·하원 돌봄과 야간돌봄에 대한 수요가 높게 나타났고 특히 학교 방과 후 오후 4시부터 학부모의 귀가 시간인 오후 8~9시까지의 돌봄 수요가 많았다. 또한 자영업으로 인해 주말에도 일하는 학부모들의 경우, 주말 돌봄에 대한 수요도 많았다.

용현2동은 미추홀구의 대표적인 구 도심지역이며, 아동 돌봄서비스를 제공하는 기관으로 용마루공동육아나눔터가 있지만 돌봄 수요가 있는 야간(18시 이후) 및 주말에 대한 서비스는 제공되고 있지 않았다. 이를 해결하기 위해 틈새돌봄(야간, 주말, 긴급)을 수행하는 기관이 없는 지역 실정을 반영하여 주민공동체 '하랑' 구성원들이 해아놀이터 사회적협동조합을 설립하고 야간돌봄, 주말 및 공휴일 돌봄, 긴급돌봄을 진행하였다

---

5) 본 내용은 보건복지부와 사회적기업진흥원이 발간한 사례집(2021: 72-76)에서 발췌하여 일부 수정한 것이다.

2) 활동

틈새 돌봄을 설계하면서, 늦게까지 있어야 하는 아이들에게 지루하지 않고, 오고 싶은 돌봄교실이 되어야 한다는 것을 중점으로 프로그램을 구성했다. 어른들이 생각하는 프로그램이 아닌 아이들의 생각을 듣고 얘기하면서 프로그램을 구성했다. 아이들과 함께 구성한 프로그램 중, 토탈공예는 아이들의 소근육 발달에도 좋으며 아이들이 함께 발표하는 시간을 가지면서 단순 만들기 시간이 아닌 자기 생각을 정리하는 기회가 되었으며, 마술 교실 프로그램은 아이들의 호기심을 자극하고, 배운 마술을 각자의 부모님께 시연해 봄으로써 자신감을 채우는 시간이 되기도 했다. 3D프린터 공예 시간은 여건상 출력까지 해보진 못했지만 아이들이 좋아할 장난감을 직접 만들고, 다양한 물건의 제작과정을 과학적으로 접근해보는 시간이 되었다.

그리고 분기별로 시행한 파자마 파티는 아이들의 추억에 잊지 못할 한 페이지를 만들었다. 집에서 자고, 쉬는 것이 더 편할 법도 한데 파자마 파티를 하자며 기다리는 아이들, 친구들과 함께 베개 싸움도 하고, 영화도 보면서 놀다가 자는 게 좋다는 아이들, 부모님들은 오랜만에 부부만의 시간을 갖게 되어 너무 좋으면서도 한편으로 미취학 아동의 부모님은 아이가 부모를 찾지 않았다는 사실에 서운해하기도 하였다.

3) 평가

돌봄교실은 점점 단순 돌봄이 아닌 가족의 부족함을 채우는 제2의 가정으로서 인식이 바뀌어 가고 있다. 주민공동체 활동의 협동조합 전환은 여러 가지 변화를 가져올 수 있다. 지역자원(공동육아 나눔터, 마을활동가, 지역의 교육공동체 등) 연계를 통한 사각지대 틈새 돌봄을 강화하고, 6개의 공동육아 나눔터를 활용하여 미운영 시간대(야간, 주말) 틈새 돌봄을 시작으로 마을 단위 활동을 지원함으로써 틈새 돌봄을 확산하였다. 또한 주민의 참여를 확대하고, 주민의 문제를 주민 주도적으로 해결함으로써 시민사회 역량강화 및 민관협력 모델도 만들어졌다. 앞으로 주민참여형 사업 확대를 통해 경력단절 여성, 일찍 은퇴한 신중년과 시니어를 위한 양질의 일자리도 만들어질 수 있을 것이다.

2. 지역 공동체 활용: 광산형 건강 밥상[6]

1) 개요

본 사업은 광주 광산구에서 2020년에 시작하였다. 서비스 참여자는 중장년 또는 노인 1인 가구, 만성·중증질환자, 지역주민, 기업, 단체 등이며, 서비스 내용은 일반인 및 건강 돌봄 참여자에게 맞춤형 반찬과 도시락을 제공하는 것이다.

광주시 광산구 우산권역은 대규모 영구 임대 단지 3,300세대가 밀집되어 있고, 중장년층, 노인층이 다른 지역에 비해 높은 편이다. 또한 1인 가구가 70%, 신체적·정신적 건강상 어려움을 호소하는 세대가 74.3%, 근로활동을 하지 못하는 사람이 72.8%로 복지서비스 공급 대비 주민 체감도가 낮아 효율적인 서비스 설계와 제공이 필요한 지역이다.

이러한 문제의식을 갖고 광산구가 2019년 6월 3,075세대에 대하여 전수조사한 결과 의료급여 및 주거급여는 적절하다고 하였지만, 생계급여는 부족하다(63%)고 응답하였다. 주민들은 가장 시급한 문제로 건강의 문제, 경제적 어려움(67% 주민이 월평균 75만원 이하 소득)이라고 답하였고, 가장 필요한 서비스로 현금 지원(43%), 반찬 지원(17%), 돌봄 및 가사지원 등이라고 하였다.

이에 지역사회의 문제와 지역주민의 필요와 욕구에 기반한 서비스인 반찬 욕구를 해결하되 1인 가구, 고령화, 만성질환의 문제를 종합적으로 해결하기 위해 지역주민이 문제해결의 주체로 참여하여 건강식 맞춤형 반찬 및 먹거리 사업과 건강 돌봄 사업을 통해 지역사회 문제를 해결하기 위한 활동을 시작하게 되었다.

---

6) 본 내용은 보건복지부와 사회적기업진흥원이 발간한 사례집(2021: 77-81)에서 발췌하여 일부 수정한 것이다.

2) 활동

광주의 사회적경제 중간 지원기관인 사회적협동조합 살림이 대표기관을 맡고 광산구 영구임대 늘행복프로젝트에 참여하고 있는 LH, 광주의료복지사회적협동조합, 농수산식품유통공사(aT), CSR임팩트, 지역 내 3개 종합사회복지관이 참여하였다.

복지관에서 지역주민에게 저녁 식사를 제공하는 '한솥밥'사업에 참여하고 있는 지역주민(조리사)과 건강 돌봄 요리 프로그램에 참여하는 주민 가운데 요리 경험과 관련업에 종사한 경험을 가진 주민을 우선 모집하였다. 그리고 일거리가 필요한 취약계층 여성을 주 구성원으로 하여 협동조합에 대한 교육과 함께 주 사업인 반찬가게 운영에 필요한 교육을 거쳤다. 그 후 광산구 우산권역에 거주하고 있는 지역주민 5명, 종합사회복지관 사회복지사 3명, 대표기관과 협력 기관 3명 등 11명이 함께 늘행복건강밥상사 회적협동조합을 설립하였다.

초기 사회적협동조합 설립과정에서 자활기업이자 사회적기업인 행복을 나누는 도시락, 사회적기업가 육성사업 창업팀인 (주)선한푸드앤컬처, (주)NID, ㈜따뜻한친구들, 청년푸드트럭협동조합, 지역자활센터 등 지역 내 사회적경제조직들과 협력관계를 맺은 후 사업을 실행하였다. 사회적기업성장지원센터 광주(공간 및 자원연계), 광산구자원봉사센터(도시락 배달을 담당해주는 주민 모집), 광산구공익활동지원센터(주민조직화 지원), 투게더광산나눔문화재단(기부금 연계), 우산동 주민자치회, 우산동 지역사회보장협의체 등의 도움도 받고 있다.

2020년 10월 사회적협동조합을 설립하고 LH로부터 무상으로 공간을 임대받아 2021년 1월 '늘만찬'이라는 반찬가게를 열었다. 개업과 함께 관공서, 복지관 등으로부터 도시락 단체 주문이 들어와 자연스럽게 도시락 서비스를 시작하게 되어 지금까지도 인근 기업과 단체에 매일 도시락을 납품하고 있다. 2021년 사회서비스 활동으로 반찬 돌봄이 필요한 고령자 주민 1인 독거 30세대에 24회에 걸쳐 무상 도시락을 제공하였고 1인 독거 남성을 대상으로 요리 교실도 20회 진행하였다. 그리고 만성질환자 등 건강 돌봄 참여자 맞춤형 반찬 및 도시락 제공 서비스도 시도하였다. 이 과정에서 영양사의 자문을 통해 영양분석표를 작성하고, 질환이 있는 참여자에 맞는 서비스를 제공하기 위해 전문역량을 키우려고 노력하였다.

3) 평가

반찬 및 도시락 판매를 계기로 지역주민이 스스로 건강관리의 필요성을 느끼고 의지를 가질 수 있도록 돕기 위해 도시락 및 반찬 제공 시 서비스 만족도 조사뿐 아니라 건강 조사도 병행하고 있다. 일상적으로 반찬을 판매하는 인근 주민들이 이용할 수 있는 반찬가게를 지향하고 있어서 명절 음식 판매, 계절 특별식 판매, 김치 판매 등 기획 행사도 꾸준히 시도하고 있다. 이를 통해 지역주민의 선호를 파악해가고 있으며 이런 시간이 차곡차곡 쌓인다면 이후에도 지역주민에게 신뢰받는 반찬가게가 될 수 있을 것이라 기대하고 있다.

사업 1년 차에는 조직화에 집중했고, 2년 차에는 조직 재구성 및 유대관계 강화, 생산역량 강화, 협동조합 방식의 조직 운영 훈련, 차별화 전략 찾기, 생산 프로세스 구축 실험 등 조직과 사업을 탄탄하게 하기 위한 다양한 사업들이 시도되었다. 주민참여형 돌봄 조합이 지속 가능한 조직으로 나아가기 위해 상품 생산역량과 전문성 향상, 생산시스템 구축, 지속적이고 안정적인 수익 창출 구조, 협동조합 운영 안정화, 고정 고객 확보 등의 과제를 해결해 나가고 있다.

📖 참고문헌

보건복지부·한국사회적기업진흥원. 2021. 2021년 사회서비스분야 사회적경제 육성지
　　원사업 사례집.

이한나·안수란·하태정·엄태영·이가람·최수현. 2020. 지역 사회서비스 보장 강화를
　　위한 사회적 경제 활용 전략 연구. 한국보건사회연구원.

● ● ●

ABCD(Asset Based Community Development) 접근에 기원을 두고 있는 자산접근은 대인사회서비스가 구성되고 전달되는 원리에 대한 도전을 제기하면서, 새로운 서비스 원칙과 방향을 제안한다. 자산접근은 전통적인 의존 모델과 이어서 등장한 자립 모델의 한계를 지적하면서 사람들과의 관계와 공동체 형성을 지향하는 방향으로 전환을 요구한다. 이 접근은 제도서비스뿐만 아니라 주민주도의 자생적 활동까지 포함하며, 지역의 다양한 주체들이 서비스를 함께 기획하고, 실행하는 공동생산을 지향한다.

해외와 국내 사례를 통해서 볼 때 자산접근으로의 변화가 보여주는 공통점은 세 가지로 요약된다. 첫째, 대인사회서비스 이용자를 수혜자 또는 단순한 이용자로 보는 관점에서 강점과 가능성을 지닌 시민으로 본다. 둘째, 보호, 구호, 신변자립 등의 전통 영역에 제한되었던 서비스 내용이 개별적인 강점과 선호가 반영된 사회참여에 관련된 다양한 영역으로 확장된다. 셋째, 지역사회를 대인사회서비스에 필요한 자원이 존재하는 장소로 보는 협소한 관점에서 나아가 문제해결에 기여하는 다양한 참여 주체들의 관계로 구성된 실체로 보는 관점을 취한다.

자산접근의 개념, 대인사회서비스에서의 자산접근 적용 필요성, 해외와 국내의 대인사회서비스 자산접근 적용 사례 등을 종합해 보면 대인사회서비스에서 자산접근은 사람의 개별화와 강점을 강조하는 사람 중심 지원과 지역사회의 참여와 협동을 강조하는 지역사회 중심 접근의 통합으로 설명된다. 제5부에서는 대인사회서비스 영역의 자산접근의 두 축을 구성하는 사람 중심 지원과 지역사회 자산맵핑을 설명하고, 양자를 통합하는 실천 모형을 제안하였다.

제13장에서는 자산접근 실천의 한 축을 이루는 사람 중심 지원의 가치, 핵심 기술, 실행 모델, 대화 기술, 성과와 기록 등의 수행 기술을 설명하고, 사람 중심으로 전달되는 서비스의 특성과 사람 중심으로 운영되는 기관의 특성은 무엇인지 살펴보았다.

제14장에서는 자산접근 실천의 다른 한 축을 구성하는 지역사회 자산맵핑과 관련하여 지역사회 자산의 개념, 자산의 분류 등의 개념적 이해와 함께 자산맵핑의 차원과 방법, 절차를 포함한 수행 기술을 제시하였다.

제15장에서는 자산접근을 대인사회서비스 영역에서 수행할 수 있는 모형과 수행과정을 제안하였다. 실천 모형의 내용에서는 사람 중심 지원과 지역사회 자산맵핑의 관점과 실천 과정을 통합하는 실천 방향, 수행 절차, 수행 방법을 소개하였다.

13 사람 중심 접근과 지원 기술

section 01 사람 중심 지원의 원칙

사람 중심 계획(Person Centered Planning, PCP) 또는 지원은 1980년대 중반 이후 자신의 의사를 주장하는 데 어려움이 있는 발달장애인 지원에서 강조되기 시작하였다. 이 접근은 발달장애인의 삶에서의 근본적인 변화를 창출하기 위하여 역량의 인정, 지역사회 참여, 긍정적 관계에 초점을 두고, 협력적이면서 목표 지향적으로 개별화된 프로그램을 개발하는 것이다(김은하·박승희, 2012). 사람 중심 계획에는 조금씩 다른 방법을 사용하는 다양한 모델이 있다. 개인 미래계획(Personal Future Planning), 총체적 생활계획(Whole Life Planning), 필수 생활양식계획(Essential Lifestyle Planning, ELP), 희망의 대안적 미래계획(Planning Alternative Tomorrow with Hope, PATH), 실행 계획 만들기(Mcgill Action Planning System, MAPS) 등이 대표적인 유형이다(김은하·박승희, 2012). 이들 실천 모델은 미국, 호주, 캐나다 등에서 활발히 상용되고 있으며, 국내에서도 소개되어 있다(김용득 외, 2021).

다양한 사람 중심 접근들은 다음과 같은 공통적인 특성을 갖는다(김은하·박승희, 2012). 첫째, 서비스를 이용하는 사람이 계획 과정의 중심에 위치한다. 둘째, 당사자와 가족을 포함한 모든 구성원은 계획 과정에 활발하게 참여한다. 셋째, 모든 구성원은 당사자가 가진 장애보다는 강점과 능력에 초점을 맞춤으로써 사람에 대해 긍정적이고 적극적인 견해를 갖도록 한다. 넷째, 사람의 강점, 흥미와 꿈에 대한 고려가 계획 과정에서 중심이 된다. 다섯째, 개발된 현재 계획과 목표들을 꿈을 이루고 미래를 위한 계획을 수립하는 디딤돌로 본다.

사람 중심 계획은 당사자와 가족, 당사자에게 의미 있는 주변인들, 그리고 관련 전문가들이 함께 모여 토의하여 개인의 삶 전체를 그려보고, 당사자가 희망하는 삶의 목표들을 성취하기 위해 해야 할 것들과 필요한 지원의 모든 것을 담아내는 지극히 개인적이면서 총체적인 계획이라고 할 수 있다(김은하·박승희, 2012). 이 접근에서는 당사자가 가족, 조력자, 친구 등을 포함하는 지역사회의 다양한 구성원들과 파트너십을 만들어 가는 과정이 중요하므로, 사람 중심 계획은 '지역사회 중심'에 부합한다. 즉, 삶의 전체 맥락에서 그 사람을 보면서 가장 적절한 활동과 지원은 지역사회에 기반을 둘 때 가능하다는 점을 인식하는 것이 중요하다. 사람 중심 접근이 가지는 이러한 특징은 중요한 장점으로 평가되지만, 반대로 이런 특징 때문에 이용자 개인당 지원 비용의 증가, 자기표현이 어려운 사람들을 배제할 수 있는 위험, 직원에 대한 과도한 노력 요구, 특정 이용자에게 집중되는 불공정의 위험 등이 지적되기도 한다(Summer Meranius, et al., 2020).

사람 중심 접근은 노인을 지원하는 분야에서는 사람 중심 돌봄(person-centered care, PCC)으로 표현된다. 치매노인이 급격히 증가하면서 이들에 대한 지원을 의료중심, 통제중심에서 벗어나 긍정적인 심리적, 사회적 환경에서의 지원으로 전환해야 하는 필요성이 제기되었다. 노인분야의 PCC는 칼 로저스의 클라이언트 중심 치료(client centered therapy)에서 그 기원을 찾을 수 있는데, 이 치료접근은 과거의 전통적 치료관계를 강조하는 의료적 접근에서 당사자를 한 사람으로 존중하고, 이들의 강점과 욕구를 중심에 놓은 접근으로의 변화를 강조한다. PCC 접근에서 치매증상은 단순히 뇌의 변화 결과가 아니라 신경병리학적 측면과 사람의 심리사회 환경 사이의 복잡한 상호작용의 결과로 본다. 이러한 개념에서 보면 치매를 경험하는 사람들이 겪는 어려움은 단지 질병 자체의 결과가 아니라 다른 사람들과의 부정적인 상호작용으로 야기된 한 사람의 인격에

표 13-1 사람 중심 접근을 위해 조직이 공유해야 하는 10대 원칙

성과 요소	내용
사람 중심 (person at the centre)	당사자들이 원하는 삶의 방식을 만들 수 있도록 사람이 모든 계획과 결정의 중심에 있어야 한다. 사람들은 자신의 의사와 능력에 적절한 참여 수준을 스스로 결정하며, 서비스 전 과정에서 당사자가 최대한 높은 수준의 통제력을 가질 수 있도록 지원된다.
포용성과 접근성 (inclusive and accessible)	사람들이 사회, 경제, 스포츠, 문화 등에 완전히 포용되는 기회를 가질 수 있는 접근성 높고, 잘 디자인된 지역사회에서 살아간다.
성과에 초점 (focus on outcomes)	모든 서비스는 사람들이 긍정적 성과를 이루도록 하는 데 초점을 맞추어 제공된다.
다른 사람들의 포함 (inclusion of others)	당사자의 원하는 바에 따라 가족, 친구, 중요한 사람들, 서비스 담당자 등이 서비스 과정에 적극적으로 참여하도록 함으로써 당사자의 지역사회 네트워크를 강화시킨다.
개별적 선호와 강점 (personal priorities and strength)	서비스는 당사자의 현재와 미래의 원하는 바에 맞추면서, 당사자의 능력, 흥미, 꿈 등에 집중한다.
신념의 공유 (shared commitment)	서비스에 관계된 사람들은 당사자가 원하는 삶을 이루기 위하여 당사자와 관계인들이 동의한 변화를 공유한다.
문화의 존중 (respect culture)	당사자의 문화와 신념과 함께 서비스에 관계된 사람들의 언어, 종교, 선호 등도 함께 존중된다.
지속적 과정 (continuous process)	서비스 제공이 한 번의 활동으로 끝나는 것이 아니라 당사자가 원하는 바가 계속 달라진다는 점을 고려하면서 지속적인 과정으로 수행된다.
정기적인 점검과 발전 (regular review and continuous improvement)	제공되는 서비스에 대하여 계획된 내용이 잘 수행되고 있는지, 계획의 수정이 필요한지 등에 대해서 주기적으로 점검하고, 성과에 대해서도 지표를 통해 확인한다.
한 사람, 하나의 계획 (one person, one plan)	한 사람의 서비스 계획은 당사자가 원하는 바를 중심으로 삶의 모든 영역에 걸쳐 있는 모든 공식, 비공식 서비스가 포괄되어 조정된다.

출처: Life Without Barriers. 2020

위협을 초래하는 일이다(Barbosa, et al., 2014).

사람 중심 접근은 정신질환을 가진 사람에 대한 치료와 지원에도 적용된다. 정신의학은 한동안 정신질환을 가진 사람을 일탈자로 낙인하고, 질환을 분류하는 데 초점을 둠으로써 이들의 주관적 경험을 제대로 다루지 못했다는 비판을 받았다. 사람 중심 접근에서는 질환에도 불구하고 사람들이 원하는 삶을 살아갈 수 있도록 지원하는 데 있어 당사자의 강점, 가치, 신념을 존중하면서, 사람들과의 연결을 촉진하는 데 초점을 둔다(Boardman and Dave, 2020). 지역사

회 정신건강 세팅에서 사람 중심 지원 방법의 하나로 사람 중심 치료 계획 (person-centered care planning, PCCP)이 있는데, 이는 회복(recovery) 원칙에 기초하여 강점기반 사정을 통하여 서비스 계획을 수립하고, 이 과정에서 당사자의 역할, 전문가의 지원, 자연 관계에 있는 사람들의 조력을 명확히 하여 당사자가 원하는 상황에 이르도록 돕는다(Choy-Brown, et al., 2020).

사람 중심 접근은 건강, 돌봄, 웰빙의 중심에 사람, 가족, 지역사회를 둔다. 이 접근을 통해서 서비스를 이용하는 사람들은 그들에게 중요한 것이 무엇인지 말할 수 있으며, 지원 인력은 사람들에게 중요한 것이 무엇인지 경청할 것을 강조한다(Health Education England, Skills for Health, and Skill for Care, 2017). 그리고 서비스를 이용하는 사람들과 직원이 상호 존중하는 지원이 이루어지는 시스템 속에서 일하는 것이 중요한데, 이를 위하여 사람 중심 지원을 지향하는 조직에서 공유되어야 하는 〈표 13-1〉에 제시된 바와 같은 원칙이 있다(Life Without Barriers, 2020).

발달장애인, 치매노인, 정신장애인 등에 대한 지원에서 사람 중심 접근은 당사자의 원하는 바를 알아내고, 이를 중심에 놓고 지원하는 구체적인 방법을 제공하고 있다는 점에서 유용성이 높지만 각기 다른 방법들이 각각으로 구체화되어있어 적합한 방법을 선택하여 실행하는 데 어려움이 있다. 그리고 여러 가지 방법들 가운데 어떤 것이 더 적합한지 등에 대한 일관성 있는 해답을 얻기도 어렵다. 따라서 사람 중심 실천을 위한 포괄적이면서 공통적인 구조와 내용이 제시되어야 한다.

section 02   사람 중심 지원의 가치, 핵심 기술, 단계별 대화 기술

대인사회서비스 전반에 걸쳐서 사람 중심 접근이 점점 더 강조되는 상황에서 사람 중심 지원이 무엇을 의미하는지, 그리고 어떤 방법을 사용할 수 있는지 제시하는 것이 중요하다. 사람 중심의 접근 방식은 사람들이 자신에게 중요한 것이 무엇인지에 대해 말할 수 있다고 느끼고, 지원 담당자가 사람들에게 중요한 것이 무엇인지를 듣고 이해할 수 있어야 한다. 지원 담당자들은 바쁘게 일하기 때문에, 사람 중심 지원이 되기 위해서는 이와 관련된 가치와 기술이 잘 공유되어 있어야 한다.

사람 중심 지원방안을 제시할 때 모든 상황이나 환경에서 사람 중심 접근법이 어떻게 구현되는지에 대한 구체적인 지식과 방법을 제공하는 것은 가능하지 않다. 치매노인, 발달장애인, 정신장애인 등을 위해 개발된 구체적인 기술들의 공통내용을 포괄적으로 추출하고, 이와 관계된 핵심 지식과 기술을 압축적으로 제공하는 것이 현실적인 방안이다. 이와 관련하여 영국에서는 보건의료와 돌봄 분야에 다양한 사람들을 지원하는 데 공통적으로 적용될 수 있는 사람 중심 접근의 가치(values), 이를 실행하는 데 필요한 의사소통과 관계 만들기 핵심 기술(core skill), 실천 과정에서 필요한 단계별 대화 기술(conversation skill)을 다음과 같이 제시하였다(Health Education England, Skills for Health, and Skill for Care, 2017).

1. 가치

가치는 원칙을 뒷받침하는 것으로 생각할 수 있다. 태도는 사람이 그의 가치를 적용하는 방법이며, 그의 말과 행동을 통해 표현된다. 서비스를 제공하는 개인과 팀의 확립된 가치와 태도는 사람 중심 접근의 기초이다. 이 가치는 사람들을 포함하여 지원 모임(circles of support)과 지역사회는 숙련된 경험과 강점이 있고, 또한 풍부한 자원을 보유하고 있으며, 적절한 지원을 위한 해결책을 마련할 수 있는 능력이 있다는 믿음에서 출발한다. 실천적인 수준에서는 이러한 강점기반 접근을 통해서 사람들이 할 수 있고, 자원을 보유하게 되고, 자력화 될 수 있도록 지원이 이루어지도록 하는 것이 중요하다. 서비스를 제공, 지도, 관리하는 모든 사람은 다음과 같은 가치를 공유하는 것이 필요하다.

- 사람들을 판단하지 않는 존중
- 당사자와 가족에게 중요한 것을 그들의 관점에서 이해하기
- 호소하고 있는 문제를 넘어서서 당사자의 삶과 지역사회의 맥락에서 개인을 바라보기
- 제기된 문제에 국한하지 않고 당사자가 의미 있는 삶을 살도록 지원하는 역할을 받아들이기
- 당사자와의 공통의 이해를 통해서 좋은 관계를 만들어나가기
- 당사자, 가족, 지역사회 등의 모든 사람과 상호 신뢰를 만들어나가기
- 당사자, 가족, 각 지원체계의 경험이 가지는 전문성을 존중하기
- 당사자, 지원팀, 지원조직과 함께하면서 잘 조정된 지원을 유지하기
- 당사자의 건강과 복지를 위해서 지역사회, 네트워크, 지역사회 개발의 중요함 알기
- 사람 중심 실행을 위해 공동생산의 중요성 이해하기
- 적절한 기회와 지원이 있으면, 당사자, 가족, 지원체계는 스스로 회복할 수 있음을 믿기
- 사람 중심 접근을 실천할 때는 성찰이 필요하고, 필요하면 일하는 방법을 바꾸어야 한다는 점을 인지하기

2. 핵심 기술

사람 중심 지원의 핵심은 사람과의 관계이다. 사람의 관계는 의미 있는 의사소통으로부터 만들어지고, 우리가 어떻게 말하고, 어떻게 듣느냐에 따라, 그리고 우리의 비언어적 의사소통에 따라 영향을 받는다. 이러한 기술은 직원 간의 모든 의사소통을 포함한다. 이러한 기술은 종사자의 지위(위치)에 따라 적절하게 교육될 것이며, 이를 통해서 각 사람이 수행하는 역할에 영향을 미치게 될 것이다.

- "안녕하세요, 내 이름은…"를 사용하여 자기소개하기
- 정말로 경청하기
- 열린 질문을 사용하여 상대방을 참여하도록 하기
- 열린 질문과 닫힌 질문의 사용 시기 알기
- 함께 이야기를 나누고 싶은 다른 사람이 더 있는지 확인하기
- 당사자의 언어를 사용하여 그 사람이 한 말을 숙고하기
- 누군가의 노력이나 성취를 인정하기
- 공감함으로써 내가 어떻게 느끼는지 상대방이 알게 하기
- 그들의 경험이 평범하고 다른 사람들도 보통 비슷하게 느낀다는 점을 알도록 돕기
- 대화 중에 상대방이 한 말을 요약하기
- 양 당사자의 상호 이해를 확인해 주면서, 필요하면 쉽게 설명해 주기
- 대화 진행 방향을 알 수 있도록 설명하기
- 사용 가능한 다른 관련 자원이나 정보를 안내하기
- 프라이버시 등과 관련하여 대화가 이루어지는 장소에 대해 민감하게 인지하기
- 이용자가 추가 정보를 원하는지, 그리고 그 정보를 어떻게 받고 싶은지 확인하기
- (언어적 표현 외에) 눈 맞춤, 몸짓, 표정, 목소리가 주는 의미를 알아차리기
- 말을 듣고 이해하려고 노력하면서 대화에 집중하기
- 일시 중지, 침묵, 적절한 끄덕임과 같은 부드러운 신호를 사용하여 편안함을 느끼게 하기

3. 단계별 대화 기술

사람 중심 지원이 이루어지는 과정에서 필요한 대화 기술은 지원 상황에 따라 세 단계 또는 수준으로 구분하여 제시할 수 있다. 1단계는 사람들이 함께

참여할 수 있도록 하는 대화(conversations to engage with people), 2단계는 사람들이 스스로 할 수 있도록 돕는 대화(conversations to enable and support people), 3단계는 복잡한 문제와 중대한 위험에 협동적으로 대응할 수 있도록 돕는 대화(conversation with people to collaboratively manage the highest complexity and significant risk) 등이다(Health Education England, Skills for Health, and Skill for Care, 2017).

1) 1단계: 사람들이 함께 참여할 수 있도록 하는 대화

1단계는 서비스 전달에 관여하는 모든 사람이 사람 중심 접근에 부합되기 위하여 표준적으로 가져야 하는 기초적인 인식, 기술, 지식 등을 포괄한다.

당사자와 가족과의 모든 대화와 상호작용은 뭔가를 할 수 있도록 격려하는 것이어야 한다. 그들을 참여시킬 수 있는 최적의 환경을 만들어야 하고, 그들의 자아 인식 향상과 실행 능력에 대한 자신의 믿음을 지원하고, 결정을 내릴 수 있도록 지원해야 한다. 사람들의 삶이 복잡하므로 짧은 접촉으로 사람들이 스스로 할 수 있다고 느끼도록 하는 것은 쉬운 일은 아니다. 반면에, 5분의 짧은 대화지만 누군가를 무기력하게 만들기는 아주 쉽다는 점을 인식하는 것은 중요하다. 사람 중심 접근의 기초는 모든 대화가 양방향이며 대화가 수행되는 방식이 모든 관련된 사람들에게 영향을 미칠 수 있다는 것을 인지하는 것이다.

서비스 종사자는 이런 인식 위에서 당사자와 가족이 스스로 다음과 같이 느끼도록 하는 대화가 이루어져야 한다.

- 공감받고 있음
- 내 삶과 지역사회, 그리고 내게 중요한 것에 관심이 있음
- 나를 많은 장점과 역량을 가진 것으로 보고 있음
- 당신(종사자)이 나와(이용자) 함께 하고 싶다고 설명하고 있음
- 나를 존중하고 내가 품위를 유지할 수 있도록 해줌
- 내 관점에서 내 이야기를 할 수 있게 해주고, 내 가족에게도 그렇게 할

수 있도록 해줌

- 나와 가족이 필요한 정보를 수집하고 질문할 기회를 가질 수 있도록 함
- 내가 가진 긍정적인 것들에 대해 격려하고, 인정하고, 존중해 줌
- 내가 느끼는 많은 부분이 다른 사람이 느끼는 것과 비슷하다는 점을 알 수 있도록 도와줌
- 내가 대화를 계속하기 위해 도움이 필요한 경우를 잘 인지함
- 결정을 내리는 데 도움을 주고 이러한 결정을 존중해 줌
- 내가 직면하기 어려울 수 있는 주제를 민감성 있게 제기해 줌
- 내가 이해할 수 있는 언어와 일하는 방식을 사용함

다음 내용은 낙상으로 병원에 입원했다가 막 집으로 퇴원한 사람을 지원하는 노인요양보호사(support worker)의 지원 상황에서의 1단계 대화 실천의 예이다.

나는 낙상 후에 병원에 입원했다가 퇴원한 남자를 병원에서 집으로 모시고 갔다. 그는 물리치료를 받았고 심리적으로 안정적이었지만 기분은 좋지 않은 것으로 보였다. 나는 그가 필요한 생활용품을 사고, 처방받은 약을 챙기도록 도와주었다. 그리고 지역 소모임을 연결해 주었다. 이런 일은 늘 하는 일이었다. 그런데 그는 내가 그를 위해서 해줄 일이 아무것도 없고, 나를 수고롭게 하고 싶지 않다고 말했다. 그래서 나는 물었다, "만약 당신이 지금 당장 하고 싶은 것이 있다면, 그것이 무엇이지요?" 그러자 그는 "내 아내의 무덤에 꽃을 가져가고 싶어요."라고 말했다. 그는 정돈되지 않은 무덤을 보고 낙담했다. 그래서 나는 꽃을 그에게 주면서 스스로 무덤에 놓도록 도와주었다. 이 일을 통해서 열린 마음으로 경청하는 것이 필요하다는 것을 알았고, 모든 사람이 지역 모임에 참여하고 싶어 하는 것은 아니라는 사실도 알았다.

2) 2단계: 사람들이 스스로 할 수 있도록 돕는 대화

여기서는 당사자, 가족, 지원 네트워크가 자신들의 지식, 자신감, 기술을 활용하여 복지와 건강을 스스로 관리할 수 있도록 지원하는 데 중점을 둔다. 이는 경험, 선호, 의사결정 공유를 통해서 가능하며, 깊은 대화와 함께 서비스 및 시스템이 사람을 지원하는 방식을 바꿈으로써 달성될 수 있다.

1단계의 일부 기술이 진일보된 2단계에서는 자기관리(self-management) 지원, 의사결정 공유, 건강 코칭(health coaching) 등과 같은 모델과 기술을 포함한다. 2단계 기술은 공동 의제 설정, 우선순위 및 원하는 성과에 대한 합의, 웰빙에 대한 자신의 지식과 기술에 대한 평가를 가능하게 한다. 이러한 요소와 함께 개인이 경험할 수 있는 진전과 좌절을 고려하여 적시에 적절한 지원을 받을 수 있는 출발점을 이해할 수 있는 것이 중요하다. 그런 다음 적절한 정보를 사용하고 의사결정에 관련된 사람의 선호를 인정하면서 사람들의 삶의 맥락에서 웰빙과 관련된 선택에 대해 협력적으로 의사결정 할 수 있게 된다.

사람들은 행동 계획(action planning), 목표 설정(goal setting)과 같은 증거 기반 모델을 사용하게 되면, 자신의 의도를 행동으로 전환하고 어디서 도움을 받을 수 있는지를 알아내는 데 유용하다. 2단계 대화는 지원이 마무리된 후의 후속 조치(follow-up), 재방문, 새롭게 제기된 문제에 대한 해결에도 확장되어 적용될 수 있다.

사람들이 자신의 웰빙과 관련된 일에 적극적인 참여자가 될 수 있도록 지원하는 2단계 기술의 활용과 함께, 공동생산 기술을 사용하여 서비스 개발과 질 개선에 대한 폭넓은 참여의 기반을 만들 수 있다. 이는 단순히 전통적인 만족도 설문지나 서비스 제공 데이터를 활용하는 수준을 넘어 서비스를 사용하는 사람, 친척, 보호자, 지역사회로부터 의미 있는 피드백을 찾는 것을 의미한다. 경험 기반 공동 설계(experience based co-design)와 감사의 마음이 포함된 질문(appreciative enquiry) 등을 포함하는 이런 접근은 증거 기반 모델과 함께 사용하면 유용하다.

당사자와 가족이 스스로 다음과 같이 느끼도록 하는 대화가 이루어져야
한다.

- 향후 함께 나눌 대화의 내용을 합의하고, 함께 협력할 수 있도록 나에게
  기회를 줌
- 내가 고민하는지, 자신감을 느끼고 있는지 등에 대해서 나와 함께 민감
  하게 일함
- 내 능력과 자신감을 바탕으로 나의 건강과 복지 문제를 공동으로 해결할
  수 있도록 지원
- 무엇이 나를 동기부여 하는지 내가 알 수 있도록 지원함
- 우리가 합의한 지원에 대해서 잘 기록하여 함께 검토할 수 있게 해줌
- 다양한 조직과 파트너십을 통해 나를 일관성 있게 돕기 위해 잘 조정하
  면서 일해 줌
- 내 의견과 내가 이해할 수 있는 정보를 통해서 내 삶에서 나를 위한 최
  선의 결정을 내릴 수 있도록 도와줌
- 나에게 의미 있는 다른 정보나 지원에 대해 알아낼 수 있도록 도와줌
- 지역사회에서 내가 지원받을 수 있는 것에 접근하도록 도와줌
- 목표 달성을 위한 긍정적인 대응을 할 수 있도록 지원하며, 나의 변화를
  다른 사람과 함께 검토할 수 있도록 도와줌
- 회복력을 잘 유지하면서 나빠질 때 대처할 수 있도록 도와줌
- 나와 가족에게 서비스 이용 경험에 대해 말할 기회를 제공함

다음 내용은 뇌종양으로 언어능력을 잃어가고 있는 여성을 지원하는 지역
사회에서 일하는 언어치료사의 2단계 대화 실천의 예이다.

　　나는 뇌종양을 앓고 있는 한 여성과 함께 일하고 있었다. 그녀는
점점 말하는 능력을 잃어가고 있었다. 나는 표준 의사소통 차트(standard

communication chart)를 사용할 수 있도록 그녀에게 설명하는 것보다 그녀의 암이 진행됨에 따라 그녀에게 중요한(important to her) 메시지에 대해서 그녀와 함께 용기 있는 대화(courageous conversation)를 나눴다. 그녀에게 중요한 메시지들은 고통 관리나 일상생활에 대한 것이 아니었다. 그녀는 그녀를 돌봐준 남편에게 감사하고 그녀가 그를 사랑한다고 말할 수 있기를 원했다. 우리는 그녀에게 의미 있으면서 그녀의 희망과 선호도에 근거를 둔 그녀에게 필요한 의사소통 차트를 함께 만들었다.

3) 3단계: 복잡한 문제와 중대한 위험에 협동적으로 대응할 수 있도록 돕는 대화

3단계에서는 신체적, 정신적 건강과 사회적 환경 사이에서 복잡한 상호작용을 하는 사람들과 일하는 상황에서 1단계와 2단계의 내용을 적용한다. 이 경우 의사결정이 개인에게 상당한 위험을 수반하고 직업적 선호와 개인적 선호 사이에 긴장이 발생하는 경우가 많다.

대인사회서비스 영역에서 복잡한 요구를 가진 사람들이 상당한 비중을 차지하고 있으며, 많은 지원 인력이 이런 상황에 있는 사람들을 돕고 있다. 1단계와 2단계를 기반으로 하는 3단계의 기술, 지식, 행동은 복잡성이 높으면서 가장 어려운 시기를 다룬다. 이러한 개입과 상호작용은 고도로 전문화된 실천가의 대화, 장기적인 지원 패키지를 찾기 위한 옹호 지원 등으로 구성된다. 이러한 복잡한 상황에서 사람 중심 접근이 사람들을 위해 원활하게 작동하려면, 서비스 제공과정에서 관련 조직들의 네트워크가 잘 연계되어야 한다.

당사자와 가족이 스스로 다음과 같이 느낄 수 있도록 하는 대화가 이루어져야 한다.

- 나와 관련된 현재와 미래의 매우 복잡한 의료 및 돌봄 욕구와 나의 선호 및 의사결정의 균형을 유지할 수 있도록 지원함

- 나와 가족이 내 삶의 맥락에서 위험을 이해할 수 있도록 돕고, 그 결과를 이해하고 관리할 수 있도록 지원함
- 지역사회에서 서비스, 정보, 자원을 찾고 접근할 수 있도록 나와 가족을 지원함
- 나의 욕구를 해결하고 선호를 실현하는데 필요한 기술을 활용할 수 있도록 지원함
- 내 삶의 사회, 환경, 복지 측면의 복잡성을 다룰 수 있도록 도와줌
- 나의 돌봄과 지원에 필요한 자금 조달의 복잡성을 이해하고 함께 논의하도록 도와줌
- 나의 선호와 서비스 계획에 따라 나와 함께 (또는 나를 대신하여) 다른 서비스와 협상 및 조정을 함
- 내 삶의 의미와 가능성을 긍정적으로 인정해 줌

다음 내용은 도심 외곽 지역에서 일하는 GP(General Practitioner)가 우울과 약물남용 상황에 있는 40대 여성을 돕는 3단계 대화 실천의 예이다.

(의사인) 나는 우울증, 불안장애, 약물남용을 앓고 있는 40대 초반의 여성을 돕고 있다. 그녀는 거리에서 구걸하고, 응급전화(A&E, 999)를 매일 걸고 있고, 그녀의 남편도 (파트너의 행동으로 인한 스트레스를 잊기 위하여) 마약에서 벗어나지 못하고 있다. 그녀의 행동을 비난하기보다는, (내가 정신건강 치료사와 어떻게 협력할지 생각하기 전에) 어느 정도의 신뢰를 쌓기 위하여 나는 매주 그녀를 만나고 있다. 그런 다음 정신건강 치료사를 통하여 그녀가 응급 서비스에 전화하기 전에 스스로 불안을 관리하는 데 어떤 도움을 받을 수 있는지 생각하도록 도울 계획이다. 또한 어떻게 하면 그녀의 자신감과 자존감을 높일 수 있는지, 그리고 그녀의 상황에 맞는 지역의 자조 그룹에 참여할 수 있을지 치료사가 그녀와 함께 탐색해보도록 할 예정이다.

사람 중심 지원 실행 모델과 서비스 특성

1. 실행 모델

사람 중심 지원은 사람들이 자신과 개인의 강점, 필요성 및 선호도에 따라 자신에 대한 지원이 계획되고 제공되도록 선택하고 통제할 수 있음을 의미한다. 이것은 사람들이 더 오랫동안 건강을 유지할 수 있도록 지원하고, 더 좋은 경험과 성과를 끌어내는 데 당사자, 가족, 지역사회의 역량과 잠재력을 최대한 활용하는 시스템을 통해서 수행된다. 대인사회서비스에서 사람 중심 지원의 포괄적 모델을 구성하는 다섯 가지 요소와 각 요소를 이루는 표준 실천 모델은 다음과 같다(Sanderson, et al., 2019).[1]

1) 함께하는 의사결정

- 지원에 관계된 모든 사람은 상담 전후에 사용할 수 있는 관련 정보 및 이용자의 의사결정 지원 도구를 사용할 수 있다.
- 지역 단위에서 함께하는 의사결정 분위기를 만들어 주는 '3가지 질문하기'[2]에 대한 인식확산 캠페인이 있다.
- 공유 의사결정에 관련된 인력은 공인된 교육을 받았으며 관련 지식을 유

---

1) 영국 자료인 원문에서는 다음 여섯 가지를 요소로 제시하였는데, 우리나라 맥락에 맞게 사회적 처방은 사회활동 참여로 표현을 바꾸었고, 마지막 요소인 개인예산에 관련된 내용은 제외하였다.
  ① Shared decision making
  ② Personalised care and support planning
  ③ Enabling choice, including legal rights to choice
  ④ Social prescribing and community−based support
  ⑤ Supported self−management
  ⑥ Personal health budgets and integrated personal budgets.
2) 영국의 의료세팅에서 환자가 의료진으로부터 받아야 하는 세 가지 정보가 있음을 사회적으로 알리는 캠페인(Ask 3 questions)으로 세 가지 정보에 관련된 질문은 다음과 같다.
  ① 나는 어떤 선택을 할 수 있습니까?
  ② 각 선택을 내가 했을 때 각각의 장단점은 무엇입니까?
  ③ 나에게 적절한 선택을 하기 위해서 어떻게 도움을 받을 수 있습니까?

지하기 위해 관련 학습 자료에 접근할 수 있다.

- 공유 의사결정을 포함한 사람 중심 지원의 대표적인 사례나 모범적인 지원자가 지역에서 알려져 있다.
- 팀 구성원들이 공유한 의사결정에 대해 평가하고 피드백을 제공하기 위한 동료 검토 절차가 있다.
- 공유 의사결정 평가 및 모니터링을 위한 검증된 도구[3]가 있으며, 공유 의사결정의 재정적 영향에 대해서도 고려된다.
- 의사결정을 공유하기 위한 운영진, 의료진, 지역사회 기관 등의 실질적인 주체가 존재한다.

2) 사람 중심 돌봄과 지원계획

- 기존의 모든 사정, 계획 수립, 의사결정을 맵핑하고, 경로와 과정을 검토한다.
- 이러한 기존 경로와 과정에 관계된 모든 지원 인력을 확인한다.
- 관련된 직원을 교육하고 이들에게 지속적인 지원을 제공하며, 실무 경험이 있는 사람들이 제공하는 훈련과 지원을 포함한다. 훈련과 지원은 대면, 온라인을 혼합하며, 동료 간 학습도 병행한다.
- 각 이용자는 지명된 돌봄 코디네이터가 있다.
- 각 이용자는 디지털 형식으로 만들어진 요약적인 돌봄과 지원계획이 있고, 이 계획은 당사자의 요청이 있으면 수정될 수 있다.

---

3) 영국의 의료세팅에서 'collaboRATE tool'이 사용되고 있는데, 다음 세 가지 질문에 대하여 10점 척도 또는 5점 척도를 통해서 환자의 평가를 받는다.
(http://www.glynelwyn.com/collaborate−measure.html에서 2023년 6월 30일 인출)
① 귀하의 건강 이슈를 귀하가 이해할 수 있도록 (병원에서) 얼마나 노력이 이루어졌습니까?
② 귀하의 건강 이슈가 귀하에게 가장 적합하게 결정되도록 (병원이) 경청하는 데 얼마나 노력이 이루어졌습니까?
③ 귀하가 그다음에 할 일을 귀하에게 적합하게 결정하도록 돕는 데 (병원에서) 얼마나 노력이 이루어졌습니까?

- 사람 중심 지원의 좋은 모범사례가 확립되어 있다.
- 일대일 슈퍼비전과 팀 미팅에서 사람 중심의 돌봄과 지원계획에 대해 계속 성찰한다.

3) 선택에 대한 지원(법적 권리로서의 선택 포함)

- 이용자 선택에 대한 법적 권리 정보에 접근할 수 있고 적극적으로 공지된다.
- 정부가 운영하는 웹 사이트에는 제공기관의 서비스에 대한 정확한 최신 정보가 포함되어 있다.
- 서비스 제공기관들이 함께 참여하여 의뢰, 활동, 선택이 논의되고, 취해진 조치가 점검된다.
- 선택이 이용자에게 어떻게 이익이 되는지 이해하고, 보장된 법적 권리 이상으로 이용자가 선택을 확장할 수 있도록 돕는 정기적인 검토가 이루어진다.
- 이용자가 선택할 수 있는 법적 권리가 있는 모든 서비스에 대해, 관련 기준을 충족하는 서비스를 이용자가 실제로 선택할 수 있다.
- 이용자가 선택이 필요한 서비스로 의뢰된 상황일 때, 첫 약속을 잡을 때 제공기관과 담당 팀을 선택할 수 있다.
- 계약된 (지역의) 모든 제공기관은 적합한 모든 의뢰를 수용한다.
- 이용자가 일정 기간 안에 서비스를 받지 못할 거라는 통보를 받은 경우, 이용자가 적절한 다른 제공기관과 약속할 수 있도록 도움을 받는다.

4) 사회활동 참여와 지역사회 기반 지원

- 사회활동 참여를 지원하는 지역의 협력 네트워크는 지방정부, 보건소, 서비스 기관, 단체 등의 협력을 통하여 운영된다.

- 사회활동 참여를 지원하는 의뢰 절차는 명확하고 쉽게 이루어지며, 당사자의 신청을 통해서도 지원을 받을 수 있다.
- 사회활동 참여를 지원하는 담당자는 자신의 역할을 잘 수행하는 데 필요한 공인된 교육을 받는다.
- 사회활동 참여를 지원하는 담당자는 이용자에게 시간 여유를 주면서 '당신에게 무엇이 중요한가?'라는 질문으로 시작한다. 이들은 당사자의 자산, 욕구, 선호도에 기초하여 간단한 계획 또는 요약적인 사람 중심 돌봄과 지원계획을 함께 작성한다.

5) 스스로 하는 자기관리에 대한 지원

- 사람들의 지식, 기술, 역량을 사전에 파악하고, 특히 인지능력이 낮은 사람들에게 주의를 기울인다.
- 자기 효능 척도와 같은 적절한 도구를 통해 장기적인 돌봄 상태에 있는 모든 사람의 지식, 기술, 역량을 측정한다.
- 직원은 e-러닝, 웨비나(webinar), 집단 훈련 등을 통해서 사람들의 지식, 기술, 역량을 측정하고 지원하는 데 필요한 교육을 받는다.
- 스스로 관리하는 데 필요한 개인의 지원 욕구는 공유 의사결정 또는 사람 중심의 돌봄과 지원계획을 통해 확인된다. 이러한 작업은 당사자의 활동 수준과 복잡성에 따라 능력을 갖춘 직원에 의해 수행된다.
- 개입이 사람들의 지식, 기술, 역량 수준에 미치는 영향은 6개월 단위로 측정된다.

2. 사람 중심 서비스의 특성

사람 중심의 지원이 서비스 일상에서 이루어지고 있는 경우, 서비스 내용과 서비스가 전달되는 분위기는 사람 중심의 특성을 잘 표현한다. 다음의 요소들은 이와 관련된 특성이다(United Response, 2020).

1) 적절한 구조화: 예측 가능성

서비스를 담당하는 부서에서는 이용자들에게 중요한 서비스 일상을 잘 알고 이를 존중하며, 지원받는 사람들의 삶이 예측될 수 있도록 일관된 서비스를 제공하기 위하여 서비스의 내용과 절차를 잘 구조화한다. 구조화가 적절하게 이루어진 서비스는 다음과 같은 특징을 가진다.

- 하루의 계획, 또는 변화는 문서로 기록된다.
- 직원은 언제 무엇을 해야 할지를 스스로 일관되게 설명한다.
- 직원은 일과 관련하여 지금 무엇을 하고 있는지, 어디로 향할 것인지, 언제 누구와 함께 할 것인지를 잘 안다.
- 지원계획의 변경은 이용 당사자로부터 시작하고, 직원들은 안정적으로 변화에 대응한다.
- 직원들은 지원계획에 대하여 주도성을 가지고 관련된 직원들과 일정을 협의하고, 이용자들과 접촉한다.
- 직원은 당사자의 일과를 존중하고 조정하는 방법을 잘 알고 있다.
- 이용 당사자들은 자신들이 이용하는 서비스의 활동과 내용에 대해서 잘 알고 있다.
- 일주일 및 하루의 일정이 잘 확립되어 있다.
- 일이 잘 수행되고 있는지, 계획의 수정이 필요한지를 검토하는 시스템이 있다.

2) 이용자와의 의사소통

서비스를 담당하는 부서에서는 이용자들의 의사소통 욕구와 그들의 의사소통 기술을 알고 있다. 직원은 이용자와 잘 소통할 수 있는 가장 효과적인 방법을 사용하고 있고, 이용자와 최선의 소통을 위하여 어떤 언어, 문장, 수단을 사용하는 것이 좋을지 알고 있다.

- 이용자들이 의사소통하고 반응하려고 한다는 점을 직원은 인지하고 있다.
- 직원과 이용자들은 다양한 방법으로 의사소통하고 있다.
- 직원들은 이용자들의 욕구에 잘 맞는 의사소통을 하고 있다.
- 직원은 혼란을 줄일 수 있는 명료한 메시지로 의사소통하고 있다.
- 직원은 이용자의 참여를 끌어내는 데 가장 적합한 방법을 사용하고 있다.
- 직원은 이용자들이 다른 사람들과 어떻게 의사소통하는지를 설명할 수 있다.
- 의사소통을 돕는 도구들이 잘 사용되고 있고, 사용된 흔적을 확인할 수 있다.
- 직원은 이용자들이 자신과 관련된 일을 어떻게 선택하는지를 설명할 수 있다.
- 직원은 언어적 의사소통 기술에 대한 과대평가(의존)의 위험에 대해서 알고 있으며, 필요한 경우 시각적 설명, 비언어적 소통 등을 시도하고 있다.

3) 당사자 참여에 대한 지원

이용자들은 기관의 여러 가지 활동과 상호작용에 참여하도록 지원을 받고 있다. 이용자들은 기관에서 어떤 일이 있는지, 어떻게 될 것인지를 안다. 서비스를 담당하는 부서 직원들은 이용자들이 참여할 수 있도록 시간과 공간을 할애한다.

- 직원은 이용자들이 최대한 참여할 수 있도록 하는 방법을 모색한다.
- 직원은 이용자들이 잘 지원을 받으면 참여할 수 있을 것으로 기대한다.
- 이용자들은 기관에 일정한 기여를 하면서 다양한 활동에 성공적으로 참

여한다.

- 직원들은 자신이 하는 일들을 어떻게 구체화하는지 설명할 수 있다.
- 같은 서비스라 하더라도, 사람이 달라지거나 그 사람의 상황이 달라지면 지원도 달라진다.
- 직원은 이용자 참여가 왜 중요한지를 설명할 수 있다.
- 직원은 자신들이 지원하는 사람과 지역사회 구성원들이 상호작용하는 기회를 얻도록 돕는다.
- 직원은 지역사회 세팅에서 이용자들이 어떻게 성공적으로 지역사회의 다양한 사람들과 성공적으로 상호작용하는 경험을 가질 수 있는지 설명할 수 있다.
- 제공된 지원은 지원을 받는 사람에게도 익숙하게 받아들여진다.
- 어떤 일은 사람들이 참여하게 되어 일정이 늦어지기도 한다.
- 직원은 가능한 많은 선택지를 제공하려고 노력한다.

4) 관계에 대한 지원

사람 중심 지원을 받는 사람은 이전보다 더 행복하고, 안전한 상태에 있으며, 다른 사람과의 공감을 경험한다. 그리고 다른 사람의 삶에 대한 자신들의 역할에 대해서도 긍정적으로 인식하며, 새로운 일에 참여하는 다양한 기회를 얻는다. 서비스를 담당하는 부서 직원들은 자신들의 일에 즐거움을 느낀다.

- 이용 당사자들은 보수를 받지 않으면서 자신을 돕는 사람과 관계를 맺고 있다.
- 직원은 이용자가 다른 사람과 어떻게 의사소통할 것인지에 대해서 관여한다.
- 직원은 일상적인 상황에서 이용자를 잘 지원하는 방법을 다른 사람들과 공유한다.

- 지역사회 활동에 함께 참여하는 이웃들은 이용자들의 이름을 알고, 직원과 서비스 이용자도 서로 이름을 안다.
- 직원은 지역사회의 다른 조직이나 소모임 등의 외부와의 활동과 상호작용의 기회를 넓히려고 한다.
- 서비스를 담당하는 부서 구성원들은 지역사회 조직들에 대해서도 알고 관심을 가진다. 누가 조직을 운영하는지, 조직은 무엇에 관심이 있는지 등에 대해서 안다.
- 이용자의 일상적인 활동과 의사소통 기술들이 가족이나 친구들과 함께 개발된다.
- 서비스를 담당하는 부서 구성원들은 그들이 알고 있는 것을 나누고, 이용자의 가족이나 친구뿐만 아니라 지역사회 사람들에 대해서도 알아간다.
- 직원은 이용자의 지역사회 활동을 촉진한다.
- 이용자들은 적극적인 역할을 수행한다. 예를 들어 종교, 취미 등의 활동을 위하여 지역사회 소모임 구성원으로 활동한다.
- 직원은 이용자들이 어떻게 다른 사람들과 성공적으로 상호작용할 수 있는지에 설명할 수 있다.
- 직원은 새로운 관계나 새로운 지역사회 단체와 관련된 기회를 잘 활용하도록 어떻게 이용자를 돕는지 설명할 수 있다.

5) 희망의 추구

지원을 받는 사람들은 의미 있는 'here and now' 목표와 함께 미래의 희망과 꿈을 가지고 있다. 또한 서비스를 담당하는 부서 직원들은 자신들이 지원하는 이용자가 자신들의 삶에서 의미 있는 변화를 만들어 내는 데 기여하겠다는 소망에 대해서 말할 수 있다.

- 직원은 이용자가 새로운 일을 시도할 수 있도록 새로운 기회와 지원을

계속해서 모색한다.

- 서비스를 담당하는 부서 직원은 새로운 아이디어에 흥미가 있다.

- 서비스를 담당하는 부서 구성원들은 이용자들이 삶에서 의미 있는 긍정적 변화를 만들어 내는 이용자들의 삶의 상황과 이를 이루기 위한 직원들의 역할에 관하여 잘 알고 있다.

- 서비스를 담당하는 부서는 자신들이 지원하는 사람들의 욕구와 소망에 대한 이해를 높이기 위하여 계속 고민하고 노력한다.

- 직원은 자신들이 바쁘게 하는 활동을 설명하는 데 그치는 것이 아니라, 자신들이 만들어 가고 있는 이용자가 원하는 발전과 소망을 설명할 수 있다.

- 서비스를 담당하는 부서는 이용자의 삶에서 다른 사람들과의 연결이 많아지도록 돕기 위하여 다른 조직이나 지역사회와 적극적으로 함께 일한다.

- 부서 구성원들은 이용자가 누구와 함께하기를 원하고, 누구로부터 배우기를 원하고, 자신들이 배운 것을 누구와 공유하고 싶은지에 대해서 설명할 수 있다.

- 부서 구성원 중에는 현재 지역사회의 환경, 좋은 경험을 가지고 도움을 줄 수 있는 지역사회 사람들 등에 대한 생생한 정보를 가지고 있는 사람이 있다.

- 부서 구성원들은 각자가 가진 경험, 배경, 기술, 열정 등을 인정하고 평가한다.

- 서비스를 담당하는 부서는 새로운 요청이나 새로운 관점이 제기될 때 기존 서비스의 전제나 가정들을 재검토할 준비가 되어있다.

사람 중심 조직의 특성과 서비스 성과

1. 조직 특성

사람 중심에 충실한 조직은 당사자의 주도성을 존중하면서, 이용 당사자와 지역 사람들의 연결을 촉진하도록 돕는다. 다음의 내용은 사람 중심으로 운영되는 조직의 특성을 제시한 것이다(Foundation for people with learning disabilities, 2012).

1) 조직 전반 특성

기관은 이용당사자가 지역사회에서 능동적인 시민으로 살아갈 수 있도록 어떻게 도울 것인가에 대한 명확한 비전과 가치를 가지고 있다. 기관에 관계된 모든 사람은 비전과 가치를 알고 있으며, 정기적인 만족도 조사를 통해서 이것이 실행되는지 확인한다.

- 관료주의적이고 계층적인 조직 구조에 치우쳐 있지 않다.
- 직원들의 강점과 창의력을 격려하며, 자신의 업무에서 이를 충분히 발휘할 수 있도록 하고 있다.
- 이용자들이 지역사회의 자연스러운 구성원이 되도록 적극적으로 지원하고 있으며, 지원의 필요가 낮아지면 지원을 줄인다.
- 이용자를 지원할 수 있는 다른 사람들과 연결될 수 있도록 자원봉사자를 활용한다.
- 이용자를 지원하는 직원들이 자주 바뀌지 않는다.

2) 가치와 문화

기관의 가치와 문화는 이용 당사자들이 동등한 시민이며, 시민 역할을 적극적으로 수행할 수 있도록 지원해야 한다는 인식에 기초하고 있다.

- 이용자는 관심과 존중을 받고 있으며, 이는 가족이나 주변인들에게도 잘 인지되어 있다.
- 가족, 친구, 지인들은 지역사회에서 이용자의 사회적 영향력을 증대시킬 수 있도록 하는 자원으로 존중된다.
- 직원이나 자원봉사자가 제공한 서비스 질에 대해 정기적으로 점검을 하고 있으며, 이는 기관의 공식적인 품질관리 절차에 정해져 있다.
- 기관의 지원을 통해서 이용자가 시민의 한 사람으로 역할 하도록 사회통합에 필요한 변화를 만들어 내고 있는지를 점검하고 있다.

3) 기관에서 제공하는 서비스

기관이 제공하는 서비스는 지역사회 통합을 높이고 분리와 고립을 감소시켜야 한다는 사실을 반영하고 있다. 서비스는 이용 당사자가 서비스 계약에 의한 관계가 아닌 지역사회 일반사람들과 자연스러운 관계를 맺도록 돕는다.

- 기관은 새로운 지역자원 개발과 관계망 형성, 이용자의 지속적인 사회참여를 위해 많은 예산과 시간을 쓰고 있다.
- 기관은 개별화된 지원을 제공하고, 집단 프로그램에서도 개별적 지원이 고려된다.
- 이용자들이 지역사회에 연결되고 관계가 강화될 수 있도록 다른 기관, 다른 자원(서비스)들과 협력하고 있다.
- 기관은 서비스 제공에 있어 건물 내에서 제공되는 서비스에 중점을 두지 않는다.
- 이용자들이 사람 중심 지원계획(person centered plan)에 따른 서비스를 이용할 수 있도록 다양하고 폭넓은 서비스들을 제공하려고 한다.

4) 이용자 개별 욕구 충족

기관의 도움을 받는 개인들은 그들이 어떻게 도움을 받을 것인지를 정하는 데 발언권(strong voice)을 가지고 있다. 가족들은 기관을 이용하는 가족 구성원이 가장 좋은 서비스를 받을 수 있도록 돕는 보호자 역할을 존중받는다.

- 자신에게 가장 중요한 것은 무엇인지, 지역사회와 연결과 관계를 어떻게 할 것인지를 고려하여 필요한 이용자를 대상으로 '개별화된 지원계획'을 세우고 있다.
- 지역사회에서 이용자를 지원하고 소통할 수 있는 최상의 방법은 무엇인지에 대한 개별화된 지원계획을 세우는 데 필요한 시간을 할애하고 있다.
- 집, 지역의 공간, 서비스 공간 등에서 누구의 지원을 받게 될 것인지 지원이 시작되기 전에 이용자가 미리 알 수 있다.
- 이용자들은 지역사회에서 삶의 모든 영역에 참여할 수 있도록 지원받고 있다.
- 이용자들은 다양한 만남을 가지며 이들 대부분은 보수가 개입되지 않는 자연스러운 관계이다.
- 연결은 이용자 개개인의 가치관, 흥미, 역량을 중심으로 개발되고 있다.
- 이용자들은 지역사회에 참여하는 데 필요한 기술을 배우고 있다
- 이용자들은 타인과 도움을 주고받는 호혜적인 활동에 참여할 수 있도록 지원받고 있다.

5) 직원

직원들은 도움을 받는 사람들과 관련하여 필요한 다양한 경험, 기술을 가지고 있다.

- 직원은 이용자의 표명된 욕구가 반영된 개별화된 지원계획에 따라 지원한다.
- 지역사회에서 이용자들이 지속가능한 관계를 개발하도록 지원하는 것이 직원의 주된 역할임을 이해하고 있다.
- 관리자는 이용자가 지역사회에서 관계 개발을 어떻게 할 수 있는지 직원을 지원하고 멘토 역할을 해야 함을 알고 있다.
- 직원은 그들이 지원하는 이용자와의 관계를 연대 관계로 인식하고 있다.
- 기관은 이용자와 지역사회를 창의적으로 연결하는 연결자(connectors)를 적극적으로 모집하고 훈련하며 촉진한다.
- 직원은 편견과 차별에 맞서기 위해 어떻게 적절한 행동을 취하는지 알고 있다.
- 지역사회 연계를 담당하는 직원은 자신의 개인적인 네트워크를 일의 시작점으로 활용하고 있다.
- 직무기술서(job description)는 지역사회 연계를 직원의 핵심 역할로 규정하고 있으며, 세부 내용에서는 훌륭한 연계자로서의 자질과 태도, 기술을 명시하고 있다.
- 직원은 그들이 지원하는 이용자들과 함께 하는 것을 즐기며, 이용자의 장애와 문제행동을 말하기보다 그들의 장점과 능력을 말한다.
- 직원은 이용자 개인에 대한 비밀보장, 의사소통, 선택, 의사결정 등의 의미와 중요성을 알고 있다.

6) 슈퍼비전과 멘토링

기관의 직원과 팀들이 자신들이 돕고 있는 이용자들의 능력과 강점을 잘 파악하면서 이용자들이 다른 사람과 긍정적인 관계를 만들어나가는 데 이런 능력과 강점을 잘 활용하도록 도울 수 있도록 관리자는 직원과 팀에 적절한 멘토링을 제공한다.

- 관리자는 직원의 강점, 관심사, 재능을 알고 있으며 직원이 업무에서 이를 활용할 수 있도록 격려한다.
- 관리자는 직원의 판단과 창의성을 신뢰할 수 있는 경우에는 직원이 소신 있게 일하도록 지원한다.
- 관리자는 이용자들의 긍정적 결과 달성에 초점을 두고 관계의 질을 보장하기 위해 직원과 이용자를 어떻게 매칭해야 하는지 알고 있다.
- 관리자는 직원과 이용자가 함께 협력하고 문제를 해결할 수 있도록 개방적인 방침을 가지고 있다.
- 관리자는 직원이 지역과 이용자를 연결하는 데 능력을 발휘하도록 돕는 자질과 기술이 있으며, 직원들에게 동기를 부여하고 소통하며 영감을 준다.
- 관리자는 지역사회와 자연스러운 연결 역할을 할 수 있는 직원과 더 능력을 키워야 하는 직원의 차이를 알고, 이들 차이에 따라 적합하게 관리한다.
- 관리자는 성과가 달성된 일과 그렇지 못한 일을 식별할 수 있으며, 각각에 맞게 필요한 조치를 한다.
- 관리자는 지원 제공자가 이용자를 실제로 좋아하고, 상호적인 관계를 맺고 있는지 확인할 수 있으며, 직원과 이용자를 매칭할 때 이런 좋은 관계가 일어날 수 있도록 격려한다.
- 관리자는 직원이 결정이나 실행 전에 사전승인을 받도록 요구하지는 않지만, 직원들이 자신들의 책임을 이행하려고 노력하도록 관리한다.

2. 서비스 성과와 기록

서비스가 사람 중심을 지향하면서 지역사회와 잘 연결되기 위해서는 서비스 조직의 관리자와 직원의 역할이 잘 조화되어야 한다(Life Without Barriers, 2020). 관리자는 사람 중심과 지역사회 중심의 비전과 전략을 만들고, 조직 구성

표 13-2 사람 중심 접근의 서비스 성과

성과 요소	내용
개별성(individuality)	모든 사람의 차이가 인지되고 존중받는다.
선택(choice)	적절한 정보를 받으면서 선택할 권리를 가지며, 이러한 선택에 수반되는 책임과 위험 요소들에 대하여 지원을 받는다.
사생활 보호(privacy)	당사자에 대한 정보와 활동은 비밀이 유지된다.
자립(independence)	사람들은 스스로 활동하도록 자력화되며 그들의 존엄은 존중받는다.
포용(inclusion)	사람들은 자신들이 선택하는 그리고 평등한 시민이 누리는 지역사회 활동에 참여할 수 있도록 지원받는다.

출처: Life Without Barriers. 2020

원들이 이 비전을 지향하도록 지원해야 한다. 그리고 구성원들이 직면하게 되는 장애 요소를 극복할 수 있도록 지속적인 지지를 제공하여야 한다. 그리고 직원은 전문적인 슈퍼비전과 조직 내 상호학습 과정을 통하여 사람 중심 지원에 필요한 지식과 기술을 익혀야 한다. 이러한 관리자와 직원의 역할을 통해서 조직은 이용자 가족, 다른 서비스 기관, 관계된 지역사회 사람들이 모두 적절한 파트너십 관계에서 당사자가 원하는 바가 잘 반영된 서비스가 지속될 수 있도록 해야 한다. 이를 통하여 나타나는 사람 중심 접근 서비스의 성과는 〈표 13-1〉과 같이 설명될 수 있다.

서비스 성과를 확인하고, 이 성과를 이용자와 잘 공유하기 위해서 서비스 담당자는 지원하는 사람을 위한 기록의 중요성을 숙지하여야 한다. 서비스 기록은 이용 당사자, 담당 실무자, 관리자 등 직접 관계된 사람뿐만 아니라 담당 공무원, 경찰관, 판사 등이 필요한 상황이 발생하면 읽을 수 있다는 점을 생각하고 작성되어야 한다. 이중 가장 중요한 독자는 서비스 이용 당사자이기 때문에 기록도 사람 중심으로 해야 한다. 한 직원이 수십 사례의 파일을 담당하여 시간에 쫓기면서 관리해야 하지만, 각 파일은 그 사람의 유일한 서비스 기록일 수 있으며, 그 사람이 이후에 다른 어떤 서비스를 받게 되느냐에 큰 영향을 미칠 수 있다. 기록이 중요한 이유는 다음과 같이 요약된다(SCIE, 2023).

- 좋은 지원이 유지될 수 있도록 해준다.

- 전문가의 의무이며, 법적으로 해야 하는 일이다.
- 일관성 있는 지원이 가능하게 해주며, 다른 기관과 소통에 도움이 된다.
- 당사자의 삶에서 무엇이 중요한지를 스스로 확인하는 데 도움이 된다.
- 이용 당사자, 관리자, 감독자 등이 책임성을 이행하는 데 핵심 자료가 된다.
- 재판, 불만 처리, 수사 등의 증거자료가 된다.

기록의 주인공인 당사자와 함께 하는 기록이 이루어지고 있는지를 점검하는 것이 필요하다. 이는 사정, 지원계획 수립, 점검 등의 서비스 전 과정에 적용된다. 기록을 당사자와 상시 공유하는 것은 상황에 대한 오해와 잘못된 해석이 발생하지 않도록 하는 데 도움이 될 뿐만 아니라 전문가가 이용자를 존중하고 민감성을 유지하는 데도 필요하다.

📖 참고문헌

김용득·황인매·성명진. 2021. 장애인복지관 자산접근 실천방법. 서울: EM.

김은하·박승희. 2012. "개인중심계획: 발달장애인의 개별화계획 개발을 위한 적용." 정서·행동장애연구, 28(3): 259-292.

Barbosa, A., Sousa, L., Nolan, M. and Figueiredo, D. 2014. "Effects of person-centered care approaches to dementia care on staff: A systematic review." *American Journal of Alzheimer's Disease & Other Dementia, 30(8)*: 713-722.

Boardman, J. and Dave, S. 2020. "Person-centred care and psychiatry: some key perspectives." *BJPSYCH INTERNATIONAL, 17(3)*: 65-68.

Choy-Brown, M., Stanhope, V., Williams, N. and Bond, L. 2020. "Delivering person-centered care in community mental health programs." *Research on Social Work Practice, 30(8)*: 907-917.

Foundation for people with learning disabilities. 2012. *Connecting people diagnostic toolkit*. London: Foundation for people with learning disabilities.

Health Education England, Skills for Health, and Skill for Care. 2017. *Person-centred Approaches: empowering people in their lives and communities to enable an upgrade in prevention, well-being, health, care and support*.

Life Without Barriers. 2020. *Person centred practice approach*. Newcastle: Life Without Barriers.

Sanderson, J., Kay, N. and Watts, R. 2019. *Universal personalised care: implementing the comprehensive model*. NHS England.

SCIE. 2023. "Social work recording."
https://www.scie.org.uk/social-work/recording (2023년 6월 30일 인출).

Summer Meranius, M., Holmström, IK., Håkansson, J., Breitholtz, A., Moniri, F., Skogevall, S., Skoglund, K. and Rasoal, D. 2020. "Paradoxes of person-centered care: a discussion paper." *Nursing Open, 7*: 1321-1329.

United Response. 2020. *Foundations of good support: observation and assessment tool.*

https://s33156.pcdn.co/wp—content/uploads/Observation_and_Assessment_Tool.pdf. (2023년 6월 30일 인출).

14 지역사회 중심과 자산맵핑

지역사회 자산맵핑(community asset mapping)은 Kretzmann과 Mcknight(1993)가 지역사회 역량 개발을 위하여 ABCD(Asset Based Community Development) 전략으로 개발된 방법의 하나이다. 자산맵핑은 지역사회에 존재하는 개인, 단체, 기관, 경제, 공간, 문화 등의 영역에서 자산을 확인하는 과정이다. 이 과정에서 지역사회의 경계를 정하고, 자산을 탐색하고, 자산을 발굴하여 지역사회 자산의 물리·개념적 지도를 구성하고, 이들 자산과의 연결과 관계를 표시하는 과정을 포함한다(Lightfoot, et al., 2014). 지역사회 개입을 위하여 지역사회 구성원과 조직은 이미 존재하는 자산을 강화하고, 필요한 새로운 자산을 개발하고, 지역사회 다양한 자산과의 연결을 강화하기 위하여 이 자산지도를 활용한다.

section 01 지역사회 중심

1. 지역사회의 함축성

지역사회는 서로의 행복을 위해서 상호 관심을 공유하는 사람들의 모임으로 정의할 수 있다. 따라서 지역사회는 사람들이 모여 사는 마을과 같은 지리적 개념에 국한되지 않으며, 농 공동체(deaf community), 온라인 커뮤니티(online community), 종교 공동체(religion community) 등 관심과 어려움을 함께하는 다양한 집단들을 포괄하여 지칭하는 용어이다(Holland and Scourfield, 2015). 또한 지역사회의 개념은 두 가지 측면의 병렬적인 실제를 포함한다(Symonds and Kelly, 1998). 첫째는 사람들이 일하고, 사는 '사회적 삶의 실제'이다. 이 의미에서 지역은 일탈적인 면과 순응적인 면을 식별할 수 있는 가치나 문화, 특정한 공간과 시간에 일상적인 삶을 지배하는 일련의 행동의 규칙을 공유하고 있다. 두 번째는 '꿈'으로 표현되는 지역사회 생활 세계이다. 꿈으로서의 지역사회는 실제 지역사회와는 다르다. 마음속에 존재하는 이 지역사회는 항상 따뜻하고, 지지적이고, 안전하다. 이런 의미의 지역사회는 문화, 개성, 역사, 언어를 공유하고 있는 공동체를 생각하게 하는 작은 지역사회이다.

자산기반 실천의 출발점이 되는 지역사회는 핵심을 이루는 경제(core economy), 사회적 자본(social capital), 상호성(mutuality)을 포함하는 '전체 시스템'으로 이해되어야 한다(Sutton, 2018). 핵심 경제는 화폐로 환산되기 어렵고, 국가가 제공할 수 없는 필수적인 일들로 사람들의 배려, 다양한 일자리, 문제 공유, 친절한 행동 등이 해당하며, 지역사회 유지의 핵심 요소이다. 사회적 자본은 네트워크의 유형과 강도, 그리고 네트워크 간에 가치가 어떻게 공유되는지를 표현하는 개념으로, 결속자본(bonding capital)과 연결자본(bridging capital)으로 구성된다. 결속자본은 유사한 정체성을 공유하는 네트워크 구성원 간의 신뢰와 협력을 통한 긴밀한 관계이다. 연결자본은 유사한 정체성 그룹에 속하지 않는 사람들 간의 상호존중과 협력으로, 이는 느슨한 연결이지만, 지역사회에서 자산을 공유하는 데 필수적이다. 상호성은 지역사회구성원의 자존감을 높이고, 목적의식을 부여하는 요소로서, 사람들이 어떤 행위를 통하여 서로에게 보상을 주고받거나 공동체 구성원으로 함께 무엇인가를 하게 하는 요소이다.

2. 대인사회서비스와 지역사회

대인사회서비스에서 지역사회를 중요하게 생각하는 이유는 사람들의 문제는 개인에 국한되지 않으며, 그 문제 해결도 개인적 차원의 접근만으로는 충분치 않다고 보기 때문이다. 대인사회서비스에서 지역사회 접근은 하향식 계획 모델(top down planning model)과 상향식 지역사회개발 모델(bottom up community development model)이 있다(Holland and Scourfield, 2015). 하향식 계획모델은 지역사회에서 다양한 서비스 제공기관들이 서로 분절되어 있어 이를 잘 조정하여 연계되도록 개입한다. 상향식 지역사회개발 모델은 지역사회의 개인, 기관, 단체 등 지역 내부에 가지고 있는 강점을 활용하여 지역사회의 변화를 도모하고, 이를 통해 개인과 지역사회 문제를 해결하는 접근이다. 자산맵핑은 두 모델이 강조하는 바를 포괄하지만 특히 후자의 관점을 강조한다.

후자의 관점과 관련하여 지역사회는 일관되게 대인사회서비스 실천의 중요한 화두였다. 국가 복지를 늘리는 것이 중요하므로 지역사회를 강조하는 것은 국가책임을 약화하는 위험이 있다는 일부 부정적인 견해도 있지만, 국가가 그 역할을 확장해야 할 영역과 지역사회가 주도적으로 역할을 해야 할 부분을 동시에 강화하는 것이 중요하다는 데 대체로 동의가 있다.

과거 대인사회서비스는 정부와 민간 자원을 소외된 사람에게 전달하는 역할이었고, 이때 자원은 현금 또는 현물이다. 하지만 대인사회서비스가 '사람 중심'을 추구하면 '자원'의 의미는 다르게 규정된다. 예를 들면 발달장애인에게 사람 중심 지원을 위한 자원은 발달장애인이 의미 있는 관계를 맺을 수 있는 다양한 사람들이 중심이 된다. 또한 혼자 사는 노인에게 사람 중심 지원을 위한 자원은 노인과 주기적 또는 간헐적으로 만나면서 소소한 도움이나 말벗이 되어줄 수 있는 다양한 사람들이 된다. 동네의 가끔 만나는 친구, 인근 가게의 직원, 지역 단체 사람들, 주민센터 공무원들 등이 모두 자원이 된다. 지역사회 복지기관은 이러한 자원을 필요한 사람에게 연결해 주는 역할을 하고, 이를 위해서 이런 지역사회 자원을 어떻게 개발하고 활용할 것인가에 대해서 고민해야 한다. 결국 '사람 중심의 개인별 지원 서비스'를 '지역사회 자원'과 하나로 묶어내는 것이 지역사회 복지기관의 근본적인 역할이다.

대인사회서비스 기관은 자신이 보유한 자원만으로 이용자의 지역사회 실제 삶에 도움을 제공하거나 당사자가 원하는 바에 근접하는 데 한계를 가진다. 그래서 지역사회 사람들의 선의를 통하여 발현되는 자원을 활용하게 된다. 그리고 이를 효과적으로 활용하기 위해서 대인사회서비스의 지역화가 강조되는데, 이는 지역사회 구성요소 간의 연결성을 높일 수 있는 환경을 만들고, 주체들의 참여를 높이는 프로그램을 실행하며, 궁극적으로는 지역 주민 스스로가 지역사회를 만들어 가는 가능성을 높이는 것이다. 대인사회서비스가 지역에서 만들어지고 소비되면서 진정한 의미에서 지역 주민들의 삶의 질을 높이기 위해서는 '느슨하지만 열려있는 지속적인 연계망'을 구축하는 것이 필요하다(한혜정, 2021). 이때 지역사회 사람들은 도움을 주고받음을 통해서 인정받음을 추구하는 존재, 도움 행위를 통해서 만족을 느끼는 존재, 도움을 주고받는 관계를 통해서 보람을 느끼는 존재로 인식된다. 서비스 기관은 이러한 지역사회의 선의를 조직하여 〈표 14-1〉과 같은 다양한 서비스 접근을 실천한다.

표 14-1 자산접근을 통한 실제 활동의 예시

구분	주도조직 만들기	이용 거점 개발하기	지원 써클(circle) 만들기	옹호 그룹 만들기	자조집단 만들기
목적 (내용)	취약한 사람을 돕는 목적의 주민 조직화	취약한 사람도 일반 지역사회 공간을 함께 이용할 수 있도록 유도	취약한 사람이 포함된 취미, 여가 집단 만들기	취약한 사람들의 목소리를 대변하는 사람들의 조직화	취약한 경험이나 상황을 공유하는 사람들의 모임 만들기
지원 기관의 역할	일반 시민이 조직화 될 수 있도록 이슈 제기와 지원	취약한 사람의 지역사회 접근을 개별적으로 지원하기	취약한 사람들을 기존 집단에 개별적으로 소개하기	약자를 대변하려는 사람들을 모집, 지원하기	유사한 경험을 가진 사람들을 연결, 지원하기

지역사회 자산맵핑은 지역사회 자산 사정(community asset assessment)이라고 하기도 하는데, 지역사회 자산 사정은 지역사회에 존재하는 역량과 강점을 찾아가는 과정으로 설명된다(Delgado and Humm-Delgado, 2013). 예를 들어, 고립되어 있거나 취약한 상황에 있는 노인을 돕기 위하여 특정 지역사회 내에서 이용 가능한 자원과 서비스를 식별하는 자산맵핑은 다음의 단계를 거치면서 수행될 수 있다.

먼저, 돕고자 하는 사람들을 특정하는 것이다. 이 단계는 도움이 필요한 노인들이 어떤 사람인지 정의하고 그들의 구체적인 욕구와 요청사항을 파악하는 것이다. 두 번째 단계는 도움에 필요한 정보를 제공하거나 도움을 연결해 줄 수 있는 사람을 찾는 것이다. 이용 가능한 자원과 서비스에 대한 정보를 제공할 수 있는 지역사회 조직, 정부 기관, 지역 기업과 같은 지역사회 기관에 소속한 주요 관계자를 찾는 것이다. 세 번째 단계는 자료 수집단계이다. 설문조사, 인터뷰, 포커스 그룹 등 다양한 방법으로 자료를 수집하여 지역사회에서 사용 가능한 자원과 서비스에 대한 정보를 수집한다. 네 번째 단계는 자료 맵핑과 분석이다. 수집된 자료를 지역사회에서 사용 가능한 자원 및 서비스를 보여줄 수 있도록 시각적으로 표현한다. 이것은 GIS(geographic information system) 소프트웨어, 맵핑 용 온라인 플랫폼, 종이 지도와 같은 다양한 수단을 사용할 수 있다. 작성된 맵핑을 통해서 자원이 특정 지역에 집중되어 있는지, 또는 특정 지역에는 자원이 빈약한지 등을 분석한다. 자료 분석을 통해서 확인된 서비스 격차를 해소하거나 자원에 대한 접근성 개선방안을 만들 수도 있다. 다섯 번째는 실행과 점검이다. 맵핑을 통해서 확인된 자원을 취약한 상황에 있는 노인과 연결하고 이를 통해서 노인의 욕구 해결에 효과적인지 점검한다.

1. 지역사회 자산의 개념과 관점

당사자의 욕구를 충족시키기 위해 개인과 지역사회 자산을 알아내고, 이를 연계시키는 과정을 포괄하여 자산맵핑이라고 할 수 있다(김용득 외, 2021). 대인사회서비스 지원자들은 당사자 개인의 기술, 의지, 희망 사항 등을 살피고 당사자가 무엇을 원하는지, 무엇을 달성하고자 하는 성과로 할 것인지를 고려하는 등 전체적으로 개인의 삶을 관찰할 필요가 있다. 지원자는 첫 만남에서 확인된 당사자의 강점과 자원을 지원계획을 구체화하는 단계에서 반영할 수 있다. 당사자의 강점과 역량을 중심에 놓고 지역사회 자산을 연결하고 더 나아가 지역사회 내 다양한 네트워크를 활용할 수 있다.

지역사회 자산의 확인은 곧 지역사회가 보유한 역량을 묘사하는 과정이 된다. 이 과정에서 지역사회 자산을 사람마다 다르게 정의하며, 그 유형의 구분도 다양하게 제시된다(Delgado and Humm-Delgado, 2013). 지역사회 자산맵핑을 위해서는 자산을 정의하고 구분하는 것이 필요하지만, 자산의 다양한 성격은 이를 어렵게 하는 요인이다. 모든 지역사회에는 사회문화적 상황과 관계없이 일정한 자산을 보유하고 있는데, 그 유형에 따라 거의 모든 지역사회가 보편적으로 보유하고 있는 핵심 유형(core type)도 있고, 어떤 지역사회에서만 보유하고 있는 특별한 자산도 있다. 또한 지역사회에 미치는 영향력이 미미한 자산이 있는가 하면, 영향력이 높은 자산도 있다. 이런 점들을 고려하여 학자들에 따라서 지역사회 자산을 조직, 사회적 네트워크, 개별적 지도력 등 세 가지 유형으로 구분하기도 하였고, 기본적 자산(foundation assets)과 조직된 자산(mobilizing assets)으로 양분하기도 하였다.

지역사회 자산의 기능은 지역사회에 정보, 구체적 서비스, 정서적 지지를 제공하는 것이다. 모든 유형의 자산은 지역사회 변화를 위하여 주민과 기관을 동원하기 위하여 활용된다는 공통점을 가지면서, 또한 지역사회에 사는 사람들의 행복을 증진하는 목적으로 조직된다는 점에서도 동일성을 가진다. Delgado와 Humm-Delgado(2013)는 대인사회서비스 영역의 특성을 고려하여 지역사회 자산에 대하여 일곱 가지 유형의 자본의 관점으로 설명하였다.

1) 사회 자본(social capital) 관점

사회적 자본은 사람들이 서로 알고 지내도록 이끌어주는 관계를 총칭하는 의미로 사회, 관계, 네트워크를 통해서 개인이나 집단이 보유한 잠재적 또는 실재적 자원으로 정의된다. 지역사회에서 사람들이 지역사회에서 다른 사람들과 함께 일하거나 계획하기 어려운 상황에 있으면, 그 지역사회는 발전하기 어려우므로 사회적 자본이 얼마나 적절하게 존재하느냐는 지역사회의 기능과 주민의 행복에 중대한 영향을 미친다.

지역사회에서 사회 자본이 적절하게 존재하여 경제적 자본 또는 문화적 자본과 결합하면 각 자원의 접근성 더 높아지고, 더 잘 활용될 수 있게 된다. 예를 들어 사회적 자본을 통한 사람들 사이의 네트워킹을 통해서 필요한 정보를 충분하게 공유하게 되고, 이를 통해서 지역에서 저렴하게 대출을 받거나 좋은 정서적 지지를 얻을 수 있게 된다. 사회적 자본이 작동하는 방식은 지역사회의 구조와 발전을 통해서이다. 지역사회에서 개인이나 집단이 사회적 자본을 가지려면 다른 사람과 일정한 관계를 맺고 있어야 하고, 사회적 관계의 원천은 관계를 맺고 있는 사람들이 된다.

사회적 자본을 측정하려면 네트워크가 만들어지고 유지되는 요인과 접촉 수준을 포함하는 내재되어 있는 자원, 네트워크의 연결 강도와 연결의 촘촘함을 포함하는 네트워크의 드러나 있는 위상을 함께 측정해야 한다. 두 가지 측정 기술이 있는데, 첫 번째는 개인의 네트워크를 순차적으로 조사하면서 개인단위로 맵핑하는 포화 조사(saturation survey) 기술이다. 이 기술은 매우 구체적으로 표현되기 때문에 규모가 작은 네트워크에만 적용될 수 있다. 이 기술의 강점은 네트워크의 드러난 위상을 잘 보여준다는 점이다. 반면에 약점은 조사 대상을 선정하는 틀이 마련되어 있지 않고, 조사 대상을 확장해 가는 과정에서 강한 연결의 영향을 받아서 조사 대상이 지역사회 사회적 자본의 실제를 표현하지 못하는 왜곡이 일어날 수 있다는 점이다. 두 번째는 제시된 자원에 대하여 참여자들이 가치를 평가하는 지위(수준) 표시(position generator) 기술이다. 이는 특정 자원에 대한 사람들의 연결성이나 친밀성 수준에 대한 응답을 통하여 만들어지는데, 많은 자원이 맵핑될 수 있다는 장점이 있지만, 관계의 구체성을 확인하기 어렵다는 단점이 있다.

2) 인적 자본 관점

지역사회 자산을 언급할 때 항상 포함되는 인적 자본은 교육 수준, 직업 경험, 보유 기술, 건강 등을 포함하는 것으로 경제이론에 근거하고 있는 개념이다. 이 관점에서는 지역 주민의 역량과 지식을 중심으로 표현한다. 이런 경향 때문에 인적 자본을 탐색할 때 학력이나 직업경력이 높지 않은 청년, 노인, 장애인 등이 포함되지 않을 수 있는 위험이 있다. 주민의 태도, 관심, 비공식 교육 경험 등은 인적 자본에서 소홀하게 다루어지는 경향 있다. 낙후된 도시지역에서 협소한 인적 자본의 관점으로 접근할 때 긍정적으로 기여할 수 있는 많은 사람을 배제하게 되는 위험이 있다. 또한 인적 자본 관점으로 접근할 때 성인 중심 관점에서 벗어나서 청소년, 청년 등을 포함하는 것이 중요하다. 예를 들어 정보기술 영역에서는 청소년이나 청년들은 성인들보다 더 잘 활동할 수 있다.

인적 자본은 지역사회의 다른 자산에 비교하여 이동성이 높다는 특징을 가진다. 이와 함께 문화, 제도, 유행 등이 달라지면 인적 자본을 구성하는 기술, 능력, 지식 등도 다르게 평가될 수 있다. 지역사회 자산에 대하여 인적 자본 관점으로 접근할 때, 일자리가 모자라서 일하지 못하고 있는 사람들을 잘 고려하는 것이 중요하다. 그리고 이 관점에서 지역사회 인적 자본을 조사할 때 지역에서 상대적으로 소외된 비공식 경제(informal economy)를 제외하는 문제도 발생할 수 있음에 유의할 필요가 있다. 이런 점을 잘 고려한 미국이나 캐나다의 사례를 보면 장애인의 자립과 창업을 위하여 서로 돕는 자조 학습조직을 만들기 위하여 지역에서 일하고 있는 장애인을 인적 자본으로 조사하는 자산맵핑을 성공적으로 수행하였다.

3) 경제 자본 관점

재정적 자본으로 칭하기도 하는 경제자본은 고정자산과 유동자산 두 가지 요소로 구성된다. 경제자본은 다른 자본에 비해서 대인사회서비스 영역에서는 상대적으로 낯설거나 어색하게 다루어지는 요소이다. 그러나 경제자산은 지역사회에서의 거래, 고용, 창업, 인적 자본 개발, 공간적 발전, 지역투자, 금전의 대출 등에 중대한 영향을 미치면서, 결과적으로 지역사회 주민들의 삶에 중요한 영향을 미치기 때문에 지역사회 사정에 필수적으로 포함되어야 한다. 특히 지역사회에서 사회적경제 방식으로 서비스를 운영할 경우에 경제자본을 중요하게 고려하는 것이 필수적이다.

지역사회 자산을 검토할 때 특별한 목적에 따라 소규모의 공식, 비공식 사업장들을 살펴보는 것이 중요한 때도 있다. 예를 들어 지역주민의 관심을 촉구하고, 인식을 개선하는 일이 필요한 경우 지역 신문사, 지역 케이블 방송사 등의 사업장을 맵핑하는 것이 필요하다. 그리고 지역에서 장기간 가게를 운영하는 소상공인들은 지역사회에 필요한 현금이나 현물 자원을 제공하거나 사람들에게 일자리를 제공하는 등 지역사회에 기여할 수 있으므로 이들에 대한 맵핑도 필요한 경우가 있다.

4) 물리적 자본 관점

물리적 자본은 도로, 건물, 시설 인프라, 자연 자원 등을 포함한다. 이는 매우 포괄적인 범주를 가진 자원의 유형으로 대인사회서비스 영역에서는 지역사회 자산으로 중요하게 고려하지 않는 경향이 있다. 그러나 황폐하고 버려졌던 지역이나 공간을 좋은 공간으로 바꾸면 이 공간은 지역사회 활동을 촉진할 수 있다는 점에서 물리적 자본도 중요한 자산으로 고려되어야 한다. 지역사회 정원(community garden) 만들기와 같은 공간 혁신을 통해서 지역사회 주민들의 활동 기회가 증가하고, 지역에 대한 주민들의 자부심이 높아지며, 외부에서 지역에 대하여 더 긍정적으로 평가하는 등의 변화를 가져올 수 있다. 물리적 자본에는 이 외에도 주민들을 위한 체육 시설, 장애인을 위한 유니버설 디자인 등 다양한 요소들이 포함된다.

5) 문화 자본 관점

문화 자본은 여러 세대를 걸쳐서 지역이 공유하는 배경, 지식, 성향, 기술 등을 포괄하는 개념이며, 사람들의 마음과 행동의 성향과 같은 내재적 모습으로 존재하는 요소와 그림, 책, 공문서 등과 같은 가시적으로 표현된 요소로 구성된다. 문화 자본은 별도의 지역자산으로 분류될 수 있지만, 사회 자본이나 경제 자본과 연결하여 다루어지는 경우가 많다. 문화 자산은 태도, 신념, 종교 등과 관련되어 있어서 사람들의 행동을 이해하는 데 중요하다.

6) 드러나지 않은 자본 관점

드러나지 않은 자본은 보이지 않는 자본이라고도 하는데, 지역사회나 조직에서의 의사소통 특성과 같이 잘 드러나지는 않지만, 사람들의 일상에 중요한 영향을 미치는 자본을 말한다. 드러나지 않은 자본은 두드러진 실체를 가지고 있지는 않지만, 지역사회 자산을 종합적, 현실적으로 포착하는 데 필요한 자산이다. 구체적으로 보면 내재화되어 있는 정치적 영향, 주민들의 인종이나 출신 지역 구성, 독특한 규범 등이 여기에 해당한다.

7) 정치 자본 관점

정치 자본은 여러 자본의 관점과 혼재된 경우가 많은데, 정치적 영향을 미칠 수 있는 능력으로 정의되며, 민주주의 절차에 관련된 지역사회의 역량과 수준으로 표현된다. 그러나 단순히 선거 참여와 같은 전형적인 수준만을 의미하는 것은 아니며, 지역에서 필요한 자원봉사 활동 참여, 지역사회 다양한 단위의 대표자 선출, 학교 등 지역사회 기관의 의사결정 참여, 단체나 클럽 활동 참여 등과 관련된 다양한 수준을 포함한다.

2. 자산 분류와 기본 맵의 설정

자산맵핑을 위해서는 지역사회 자산에는 어떤 것들이 있는지에 대한 지식을 가지고 있어야 한다. 지역사회 자산에는 어떤 것이 포함되고, 어떻게 분류되는지에 대한 합의된 기준은 없다. 포괄적 이해를 위해서 Delgado와 Humm-Delgado(2013)가 여러 학자들의 견해를 참고하여 제시한 다음의 다양한 분류를 참고할 수 있다.

- 여가시설, 건강 자원, 사회서비스 자원, 문화 자원, 대중교통, 소통 네트워크 등 여섯 유형
- 문화, 자연, 공간, 사람, 정치, 재정, 사회 등 일곱 유형
- 문화, 사람, 자연, 정치, 재정 등 다섯 유형
- 정치, 공간, 재정, 인간, 사회, 문화 등 여섯 유형

자산맵핑을 위한 기본 맵 또는 기본 목록을 정하는 일은 자산접근 실천의 준비에 해당한다. 기본 맵 설정에 관련된 국내외의 실천 관련 자료들은 공통적으로 Kretzmann과 McKnight가 1993년에 출간한 저서와 이들이 설립한 자산기반지역사회개발(ABCD) 연구소(Asset Based Community Development Institute)가 운영하는 웹사이트(Nurture Developement, https://www.nurturedevelopment.org)에서 제공하고 있는 자료에 기반하고 있다. Kretzmann과 McKnight(1993)는 기본 맵을 개인의 능력 자산(소득, 예술가, 청년, 노인, 낙인 받은 사람들 등), 시민의 모임 자산(교회, 클럽, 문화 집단 등), 지역 기관 자산(회사, 학교, 병원, 대학, 공원, 도서관 등) 등으로 하고, 각 범주별로 상세한 내용을 제시하였다. 이후 세계 각국에서 실천 경험이 더해지면서 공간 자산, 경제 자산, 문화 자산이 새로운 범주로 추가되어 개인 자산, 단체 자산, 기관 자산, 공간 자산, 경제 자산, 문화 자산 등의 여섯 범주의 자산을 기본 자산 맵으로 분류하는 추세이다(김용득 외, 2021; 배지영 외. 2021; Kretzmann and McKnight, 2005; Foot and Hopkins, 2010).

1) 주민의 개인 자산(assets of individuals)

청년, 노인, 예술가, 복지 수급자, 장애인, 학생, 부모, 기업가 등 지역주민 당사자들의 기술, 지식, 네트워크, 시간, 관심사, 열정 등이 포함된다. 이 유형에 속하는 자산을 구체적으로 알아보기 위해서 주민들에게 사는 지역이 어떤 면에서 좋은지, 그리고 더 좋은 지역사회를 만드는데 본인들이 어떤 기여를 할 수 있는지 질문한다.

2) 단체(모임) 자산(assets of associations)

지역의 공식 집단뿐만 아니라 동문회, 동호회, 상호돌봄 모임 등 다양한 비공식 집단과 느슨하게 연결된 네트워크 등이 모두 포함된다. 이 유형의 자산을 알아보기 위해서 지역신문, 지역사회 기관의 소식지 등을 조사하거나 지역 주민들에게 자신이 속한 모임을 질문하는 방법을 사용할 수 있다.

3) 지역 공식 기관(조직) 자산(assets of organizations)

정부 조직, 경찰, 소방서 등 정부가 직접 운영하는 조직뿐만 아니라 정부의 지원을 받거나 감독을 받는 사회복지기관, 병원, 대학, 도서관, 박물관 등도 포함된다. 그리고 이들 조직이 제공하는 서비스뿐만 아니라 기관에 속해 있는 직원, 아이디어, 기술, 공간, 재정 등 지역사회의 행복을 증진할 수 있는 모든 자산을 포괄한다.

4) 지역의 물리적 자산(physical assets of an area)

지역사회가 보유하고 있는 녹지, 공원, 미사용 토지, 공공시설, 건물, 활동 공간, 거리, 시장, 교통수단 등을 포함한다. 물리적 자산에 대한 맵핑을 통해서 주민들은 이들 자산의 가치를 잘 이해하고, 생산적으로 이들 자산을 활용할 수 있는 방법을 알게 된다.

5) 지역의 경제 자산(economic assets of and area)

지역의 기업, 상가, 지역 협회 등 지역을 위해 사용할 수 있는 경제적 재원을 말한다. 경제 활동은 지역사회를 발전시키는 데 핵심 요소이다. 지역 경제에서 활용되지 못하고 있는 기술과 재능은 무엇인지, 투자를 유치하고 일자리와 수입을 창출하는 데 지역의 주체들은 어떻게 기여할 수 있는지, 지역의 공공 지출을 통해서 외부 전문가보다는 지역 사람을 고용하는 데 사용할 수 있는지, 주민들은 지역 상점과 기업에서 더 많이 지출함으로써 지역 경제를 활성화할 수 있는지 등을 다룬다.

6) 지역 문화 자산

지역의 문화, 예술, 체육 등에 관련된 시설과 프로그램을 말한다. 지역에서 예술과 문화생활은 일상생활의 중요한 부분이 된다. 음악, 드라마, 예술 등의 영역에서 지역이 보유한 역량은 무엇이고, 주민들이 자신의 가치와 정체성을 표현할 기회는 어떤 것이 있는지를 다룬다.

3. 자산맵핑의 스케치

지역사회에서 기본 맵의 유형에 포함되는 자산을 중심으로 다양한 자산을 맵핑하는 활동은 일반적으로 공동체, 참여를 통한 소통, 지도, 만들기 등의 4가지 요소를 포함한다. 실제로 자산맵핑은 특정 목적을 공유하는 공동체 또는 지역사회가 주체가 되어, 참여하는 구성원 간의 활발한 소통의 과정을 거치면서, 각 참여자가 종이지도나 온라인 지도에 자신이 확인한 자산을 표시하고, 함께 모여서 이들 표시된 자산을 통합하는 활동을 통해서 전개된다. 〈그림 14-1〉은 이들 요소를 제시한 것이다.

그리고 맵에 표시되는 자산이 누가 보유한 것인지, 그리고 그 주체가 보유한 자산의 내용은 무엇인지가 함께 지도에 표시되는 것이 좋다. 〈그림 14-2〉는

그림 14-1 자산맵핑 활동의 구성요소

공동체 (Community)	참여를 통한 소통 (Participatory)	지도 (Map)	만들기 (~Ing)
• 당사자 주민 (목적에 따라 장애인, 노인 등 당사자 그룹) • 일반 지역주민 (당사자 옹호 그룹, 자원활동 그룹) • 서비스 기관 직원	• 사전 회의 • 정기 회의 • 수시 소통 • 평가 회의	• 종이지도 • PDF 파일 지도 • 온라인 지도	• 여러 사람의 맵핑 통합 • 파편적 정보 공동생산 • 지역 공동체 경험 반영 • 참여자 신뢰와 성취감 개발

출처: 김은경(2022)과 임완수(2021)을 참조하여 재구성

그림 14-2 자산맵핑 탐색 틀

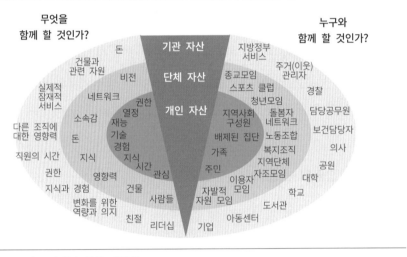

출처: Sutton(2018)에서 일부 재구성

누구의 자산, 어떤 내용의 자산인지를 동시에 탐색하는 목적으로 만들어진 것이다. 이 그림을 활용하는 자산맵핑의 출발점은 이 지역에 이미 어떤 서비스, 시설, 자원이 있고 이들이 지역 사람들에게 어떻게 도움이 되고 있는지를 살펴보는 것이다(Sutton, 2018).

지역사회와 함께 자산맵핑을 하는 일은 이미 존재하는 자산이 무엇이고, 이것이 어떻게 활용되고 있는지를 확인하는 것에서 시작된다. 자산의 기본 맵

유형 중에 대인 사회서비스 분야에서 많이 활용될 수 있는 개인 자산, 단체 자산, 기관 자산에 대하여 누구와 함께 할 것인가, 그리고 무엇을 함께할 것인가를 동시에 탐색하는 데 〈그림 14-2〉를 활용할 수 있다.

예를 들어 이 틀을 사용하여 거동이 불편한 혼자 사는 노인이 지역사회에서 일상생활을 유지하는 데 도움을 받을 수 있는 간단한 자산맵핑을 해볼 수 있다. 그림의 우측은 누구와 함께 할 것인가를 보여주고 있고, 좌측은 무엇을 함께할 것인가를 보여준다. 혼자 사는 노인이 일상생활을 영위할 수 있도록, 기관 자산에 해당하는 '지방정부 서비스'에 '돈'을 신청하는 방법, 단체 자산에 속하는 '종교 모임'이 보유한 '네트워크'에 도움을 요청하는 방법, 개인 자산에 속하는 유사하게 '배제된 집단'의 사람들에게 자신들의 '경험'을 나누어 주도록 요청하는 방법 등과 같이 다양한 대안을 탐색해 볼 수 있다.

4. 자산맵핑의 차원과 방법

1) 자산맵핑의 차원

대인사회서비스 기관에서 자산의 종합적 분류에 기초한 기본 맵에서 출발하여 구체적입 자산맵핑을 수행하는 차원은 크게 네 가지 차원으로 구분될 수 있다.

첫째, 대인사회서비스와 관련된 지역사회의 전체 자산을 맵핑하고 주기적으로 업데이트하는 차원이다. 이 차원은 지역사회의 동주민센턴, 보건소 등 정부 기관과 사회복지관, 노인복지관, 장애인복지관, 병원 등 민간기관이 협의체를 구성하고, 함께 활용할 수 있는 대인사회서비스 전반의 지역사회 자산 맵을 만드는 차원이다.

둘째, 특정 대인사회서비스 기관이 기관의 목적에 관련되는 지역사회 자산을 맵핑하고, 이를 기관 차원에서 공유하면서 주기적으로 업데이트하는 차원이다. 예를 들어 시각장애인복지관의 경우 시각장애인을 지원하는 데 관련될 수 있는 자산에 초점을 두고 자산 맵을 만들 수 있다. 사회복지관의 경우처럼 아동, 노인, 장애인 등 취약한 모든 사람을 지원하는 경우는 지역사회 전체를 맵핑하는 차원과 기관 중심으로 맵핑하는 차원이 유사할 수 있을 것이다.

셋째, 기관이 운영하는 특정 서비스나 프로그램에 초점을 맞추는 자산맵핑 차원이다. 예를 들어 노인복지관에서 다문화 배경의 노인을 소모임으로 조직하고, 이들이 지역사회의 다양한 활동에 참여하도록 지원하는 서비스를 운영하는 경우 이에 필요한 지역사회 자산을 맵핑할 수 있다.

넷째, 서비스 기관에서 특정한 이용자 한 사람이나 한 가정을 지원하는 목적으로 자산맵핑을 하는 차원이다. 동주민센터에서 위기 가정을 접하게 된 경우, 적절한 지원을 모색하기 위하여 신속한 자산맵핑을 해야 하는 경우가 있을 것이다. 민간 사회복지기관에서 만성적인 어려움에 있는 발달장애인, 정신장애인, 고립가구 등을 지원하기 위하여 당사자와 지역사회의 강점에 기반한 자산맵핑을 수행할 수 있다. 이 차원의 맵핑은 사실상 사람 중심 지원과 동일한 의미가 될 것이다.

네 차원의 자산맵핑은 각각 분리되어 활용되는 것이 아니라, 통합적으로 활용되는 것이 바람직할 것이다. 대인사회서비스 기관들이 협의체를 이루어 전체 지역사회 차원의 자산맵핑 정보가 존재한다면, 각 서비스 기관들은 여기에서 출발하여 쉽게 자신의 기관에 적합한 자산맵핑을 할 수 있을 것이다. 그리고 기관 차원에서 이루어진 자산 맵이 있는 경우 특정 서비스나 프로그램 수행을 위한 자산맵핑이나 특정 이용자를 위한 자산맵핑에서는 기관 차원의 맵을 활용하게 될 것이다.

2) 자산맵핑의 방법

자산에 대한 데이터와 정보를 수집하는 다양한 방법이 시도되었지만 가장 효과적인 방법이 어떤 것인지에 대한 확실한 증거는 발견되지 않았다(South et al., 2017). 간단한 방법의 하나는 공원과 같은 공간에 모여서 자산맵핑을 하는 것이다. 지역사회 조직 활동은 장소가 실내인 경우보다 야외일 때 더 높은 참석률을 보인다고 알려져 있다(Sutton, 2018). 또 다른 연구는 '자산'이라는 단어의 의미가 사람들에게 잘 전달되지 않아서, 이 용어 대신에 프로젝트 명칭을 '나는 나의 커뮤니티(I Am My Community)'라고 하기도 했다(South et al., 2017).

자산맵핑의 방법은 누가 주도하느냐에 따라 그리고 지도를 만드는 도구에 따라 구분할 수 있다(Burns, et al., 2012). 누가 주도하느냐에 따라 자산맵핑 방법은 크게 주민 주도 방법(community engaged mapping, CEM)과 기관 주도의 사회조사 방법(social investigation)으로 구분될 수 있다.

주민 주도 방법은 지역사회 주민 조직이 중심이 되어 지역사회 문제 해결 과업을 정하고, 이 과업을 스스로 해결하기 위하여 스스로 지역 자산을 맵핑하는 방법이다. 이 방법은 주민 조직에서 주민참여 프로그램으로 시행될 수 있는데, 지역 자산맵핑에 참여하는 10~12명의 주민이 4~5명 단위로 조를 이루어 하나의 탁자에 큰 지도를 펼쳐놓고 각자가 아는 지역사회 자산을 표시하는 경우이다. 이 방법은 대인사회서비스 기관에서 주민주도 조직을 지원하는 데 활용될 수 있다.

기관 주도의 사회조사 방법은 기관의 직원이 주민 면담(interviews), 설문조사(surveys), 지역사회 탐방(community walks) 등을 통해 자산지도를 만드는 방법이다. 사회조사 방법은 기관 주도의 맵핑에서 흔히 사용되지만, 지역사회 주도적 방법에서도 사용될 수 있다. 예를 들어 지역 주민이 조를 이루어 자산맵핑을 함께 하기 위한 사전 준비 단계로 맵핑에 참여하는 주민들이 개별적으로 주민 면담을 하고, 함께 모여서 면담에서 얻은 자산 정보를 지도에 표시할 수 있다.

그리고 지도를 만드는 도구에 따라 함께 모여서 종이지도를 활용하여 맵핑하는 방법, 구글(Google)에서 제공하는 지도 만들기 서비스인 My Maps를 사용하는 방법, 인터넷에서 지도만들기를 검색하여 지도만들기 서비스를 제공하는 플랫폼을 이용하는 방법, 지도만들기 앱을 다운로드 하여 사용하는 방법 등 다양하게 선택할 수 있다. 그리고 캘리포니아 지역에서 온라인 자산맵핑 전용으로 사용하고 있는 Catalyst California의 Healthy City 지도(https://www.healthycity.org)와 같이 자산맵핑을 위한 지도 만들기 전용 사이트를 만들어서 사용하는 방법도 가능하다.

3) 자산맵핑의 다양한 방법

자산맵핑의 차원(지역사회 전체를 맵핑/ 기관의 기능에 관련된 자산맵핑/ 특정 프로그램 운영 관련 맵핑/ 특정 이용자를 위한 맵핑), 자산맵핑의 주체(주민 주도/ 기관 주도), 맵핑활동을 위한 접촉방법(대면/ 온라인)을 교차하여 실제로 활용될 수 있는 다양한 자산맵핑을 〈표 14-2〉와 같이 구분할 수 있다.

표 14-2 자산맵핑의 다양한 방법: 차원과 방법의 교차

주체와 방법 \ 차원		지역 전체 차원	기관의 목적 차원	프로그램 차원	이용자 차원
주민 주도	대면	주민 주도, 대면, 지역 전체 대상	주민 주도, 대면, 기관의 목적 관련	주민 주도, 대면, 특정 프로그램 관련	주민 주도, 대면, 특정 이용자 관련
	온라인	주민주도, 온라인, 지역 전체 대상	주민 주도, 온라인, 기관의 목적 관련	주민 주도, 온라인, 특정 프로그램 관련	주민 주도, 온라인, 특정 이용자 관련
기관 주도	대면	기관 주도, 대면, 지역 전체 대상	기관 주도, 대면, 기관의 목적 관련	기관 주도, 대면, 특정 프로그램 관련	기관 주도, 대면, 특정 이용자 관련
	온라인	기관 주도, 온라인, 지역 전체 대상	기관 주도, 온라인, 기관의 목적 관련	기관 주도, 온라인, 특정 프로그램 관련	기관 주도, 온라인, 특정 이용자 관련

예를 들어 동주민센터 단위에서 동사회보장협의체나 주민자치회 주관으로 해당 동 지역의 자산맵핑을 하는 경우 주민주도의 지역사회 전체 차원의 맵핑에 해당하고, 필요에 따라 대면 또는 온라인 방법을 시행할 수 있다. 노인복지관에서 노인 지역사회 자원봉사 활동을 지원하는 목적의 자산맵핑은 기관주도의 자원봉사 프로그램에 관련된 자산맵핑으로 필요에 따라 대면 또는 온라인 방법을 시행할 수 있다. 특정 이용자의 지역사회 취미활동 참여를 목적으로 복지관 담당자의 지원을 받으면서 자산맵핑을 하는 경우 당사자와 가족 주도로 당사자가 관심이 있는 취미 영역 관련 지역자산을 맵핑할 수 있을 것이다.

5. 자산맵핑의 수행 절차

자산맵핑은 지역사회의 강점과 자원에 대한 정보를 제공하여 해결책을 찾

는 목적으로 수행된다. 지역사회의 강점과 자원을 목록화하고 지도에 표시하면 이 자산을 기반으로 지역사회의 욕구를 해결하고 원하는 목표를 달성하는 방법을 더 쉽게 생각할 수 있다. 자산맵핑은 특정 지역의 지도에 의미 있는 활동이나 문제 해결에 도움이 되는 사람, 물리적 공간, 조직, 기관을 표시하는 방법이다. 자산맵핑은 지역사회에 어떤 자산이 있는지를 잘 모르는 상태에서 시작되기 때문에, 다양한 지역사회 자산에 대한 정보를 수집하는 목적으로 자산맵핑 과정이 필요한데, 이 과정은 단순 정보수집 과정이라기보다는 맵핑에 참여하는 사람들이 누가 무엇을 할 수 있고, 이것이 가능하기 위해서는 어떤 지원이 필요한지를 알아가고 공유해 가는 과정이기도 하다(Sutton, 2018). 이런 관점에서, 자산맵핑이 자원을 파악해 가는 기술이나 수단으로 국한되는 것이 아니라, 사람 중심 지원을 포함하는 자산접근 실천의 총체로 보기도 한다.

자산맵핑은 관계된 당사자의 원하는 바를 분명히 하고, 이에 대해서 지역사회 사람들과 핵심 조직을 만나는 과정을 통해서 수행된다. 자산맵핑 과정에서 우선, 당사자의 삶을 중심으로 당사자가 현재 가지고 있는 자산을 확인하고 무엇을 더 채워야 하는지를 상세하게 이해함으로써 당사자가 원하는 목표를 달성하기 위한 전략을 만들 수 있다. 이와 함께 자산맵핑은 이웃을 알고 관계 구축에 능숙한 '연결자(connector)'라고 부르는 시민 그룹의 지식과 네트워크를 기반으로 한다. 지역사회의 다양성을 대표하는 연결자들을 모으는 데 시간이 걸릴 수도 있지만, 연결자들이 확보되면 이들이 지역에 사는 사람들과 만나 그들의 아이디어와 기여할 수 있는 일을 하게 된다(Sutton, 2018). 목표를 이루는 데 필요한 자산맵핑 과정을 통해 문제를 해결해 가면서, 동시에 지역 상황을 상세하게 이해함으로써 지역사회 공동체의 역량을 강화하는 방안을 마련할 수도 있게 된다.

자산맵핑의 수행 절차는 어느 차원에서 맵핑할 것인지, 누구의 주도로 할 것인지 등에 따라 달라질 수 있다. 지역사회 주민들이 소모임을 만들어서 스스로 지역사회의 문제를 해결하는 방법을 모색하는 과정으로서의 자산맵핑은 사전 기획, 자산맵핑 교육, 참여자 워크숍, 지도 만들기 및 발표, 데이터 분석 및 결과물 공유, 지역 개선을 위한 아이디어 창출, 실행 및 평가 등의 과정으로 수행된다(임완수, 2021). 반면에 대인사회서비스 기관에서는 해결하고자 하는 문제해결 과업이 존재하고, 문제해결을 위해 목표지향적이면서 전략적인 접근이 이루어진다. 이와 관련하여 수행될 수 있는 절차는 다음과 같이 7단계로 설명할 수 있다(김용득 외, 2021; Foot and Hopkins, 2010; Community Legacy Program of Our United Villages, 2012).

- 1단계: 자산맵핑을 통하여 해결하고자 하는 목표를 정하고, 이 목표에 부합하는 지역의 범위(경계)를 설정한다.
- 2단계: 해결하고자 하는 목표와 자산맵핑에 관심을 가지고 함께 수행할 파트너 기관이나 단체를 정한다.
- 3단계: 해결하고자 하는 목표에 주도적으로 참여할 수 있는 지역사회의 주요 모임을 찾고, 모임의 핵심 구성원을 만난다. 그리고 자산맵핑에 실제로 함께 참여할 수 있는 사람을 정한다.
- 4단계: 해결하고자 하는 목표와 참여하는 사람들을 고려하여 자산맵핑에서 포함하게 될 자산의 유형(개인, 단체, 기관, 공간, 경제, 문화 등)을 정한다.
- 5단계: 일대일 면담, 집단 면담, 전화, 행사, 온라인 설문조사, 길거리 홍보, 우편 설문조사 등 여러 가지 방법 가운데 자산 정보를 수집할 방법을 정한다. 사람, 단체, 기관의 자산과 재능에 대한 풍부한 정보를 수집하기 위해서는 일대일 대화나 가정방문을 통해서 사람의 마음을 움직일 수 있는 스토리텔링과 같은 기술을 적극적으로 활용하는 것이 중요하다.
- 6단계: 유형별로 수집된 자산 정보를 목록으로 만들고, 이를 지도상에 표시한다. 그리고 자산맵핑 내용을 파트너 기관이나 단체와 공유한다.
- 7단계: 맵핑 결과의 활용과 성과에 대하여 평가하고, 계속 업데이트한다.

자산맵핑을 수행할 때 맵핑(조사) 목적을 명확히 하는 것이 중요하다. 맵핑을 통해 무엇을 얻고자 하는지 질문으로 만들어 본 후, 맵핑이 이 문제를 해결하는데 실제로 기여할 수 있을지 검토해 보는 것이 필요하다(김용득 외, 2021). 또한, 맵핑의 목표를 달성하기 위해 어느 정도 깊이로 맵핑할 것인지도 고려해야 한다. 지역에서 맵핑 대상이 되는 개인, 단체, 기관에 대한 정보를 파악하는 목적으로 맵핑할 것인지, 아니면 개인, 단체, 기관의 구체적인 활동이나 경험에 대한 정보까지 포함하여 맵핑할 것인지를 정해야 한다. 전자의 경우 지역사회에 이미 존재하는 문서나 자료로 맵핑이 가능하겠지만 후자의 경우에는 심층적이고 체계적인 맵핑 과정이 있어야 한다. 맵핑이 완료되면 맵핑의 목표는 무엇이었는지, 그 목표가 달성되었는지, 달성되지 않았다면 이유는 무엇인지를 점검할 필요가 있다. 그리고 맵핑을 통하여 연결된 관계나 지원이 당사자의 원하는 바를 얼마나 충족하였는지 확인하는 것도 필요하다.

참고문헌

김용득·황인매·성명진. 2021. 장애인복지관 자산접근 실천방법. 서울: EM.

김은경. 2022. "관계를 살리는 지역사회 자원 맵핑(mapping)." 한국장애인복지관협회. 2022년도 전국장애인복지관 특별기획 교육: 사람중심·사회모델·지역사회접근 실천을 위한 지역사회중심지원서비스(CBSS) 교육 자료집. 15−40.

배지영·박광옥·이기연·김용득·백은령·이두진·하경희. 2021. 지역사회 통합돌봄 표준교재 개발 연구. 보건복지부·한국보건복지인재원.

임완수. 2021. 세상과 나를 바꾸는 지도: 커뮤니티 매핑. 서울: 빨간소금.

한혜정. 2021. "사회연결망분석(SNA)을 통한 마을교육공동체의 연결 관계와 구조적 특성 분석: 월산동 마을교육공동체 사례를 중심으로." 평생학습사회, 17(3): 125−156.

Burns, J. C., Paul, D. P. and Paz, S. R. 2012. *Participatory asset mapping*. CA: Healthy City.

Community Legacy Program of Our United Villages. 2012. *Community building tool packet: community asset mapping workbook*. Portland: Our United Villages.

Delgado, M. and Humm−Delgado, D. 2013. *Asset assessments and community social work practice*. NY: Oxford University Press.

Foot, J. and Hopkins, T. 2010. *A glass half−full: how an asset approach can improve community health and well−being*. Improvement and Development Agency(I&DeA).

Holland, S. and Scourfield, J. 2015. *Social Work: a very short introduction*. Oxford University Press.

Kretzmann, J. P. and McKnight, J. 1993. *Building communities from the inside out: a path toward finding and mobilizing a community's assets*. Chicago: ACTA Publications.

Kretzmann, J. P. and McKnight, J. 2005. *Discovering community power: a guide to mobilizing local assets and your organization's capacity*. Evanston: ABCD Institute.

Lightfoot, E., McCleary, J. S. and Lum, T. 2014. "Asst mapping as a research tool for community-based participatory research in social work." *Social Work Research, 38(1)*: 59-64.

South, J., Giuntoli, G. and Kinsella, K. 2017. "Getting past the dual logic: Findings from a pilot mapping exercise in Sheffield, UK." *Health and Social Care in the Community, 25(1)*: 105-113.

Sutton, J. 2018. *Asset based work with communities.* Dartington: Research in Practice for Adults.

Symonds, A. and Kelly, A. (ed). 1998. *The social construction of community care.* London: Macmillan.

15 자산접근 실천 모형

개인의 손상과 약점을 평가하고, 이를 기준으로 설계된 현재의 서비스는 이용자를 시민으로 보지 않고 문제를 가진 사람으로 보는 개별모델 또는 의료 모델에 기반하고 있다. 장애인을 비롯한 이용자들은 서비스가 사회모델에 기반하여 제공됨으로써, 당사자의 사회참여를 높이는 데 기여해야 한다고 요구한다 (Renshaw, 2008). 개별모델에서 손상이나 어려움을 가지고 있는 사람은 돌봄을 받아야 하는 수동적인 사람이 된다. 반면에 사회모델에서는 손상을 가진 사람은 사회구성원에게 통상적으로 주어지는 권리에 접근하는 데 방해를 받는 사람으로 인식되며, 서비스 기능은 이런 접근성이 확보되도록 하는 역할로 설정된다 (GB Disability Training & Consultancy. 2007).

대인사회서비스에 강조되고 있는 중요한 흐름은 사람 중심 지원이다. 사람 중심 지원은 당사자가 원하는 바를 중심에 놓고 지원한다는 점에서 자산접근 또는 강점관점과 통한다. 사람 중심 지원은 발달장애인 지원 방법에서 출발하여 이후 노인, 정신장애인 지원 등의 영역으로 확장되었고, 최근에는 대인사회서비스 전반의 핵심 가치이자 방법으로 자리 잡았다. 사람 중심 지원과 함께 강조되는 또 하나의 흐름이 지역사회 중심 지원이다. 사람 중심과 지역사회 중심은 상호 관련성이 높아지고 있는데, 그 이유는 당사자들이 원하는 보통의 삶(ordinary life)은 지역사회 안에서 지역사회와 함께 이루어진다는 점 때문이다(Foundation for people with learning disabilities. 2012). 따라서 지역사회 접근에서 지역사회의 의미는 지리적 의미에서의 물리적 지역성, 유대와 소속감을 공유하는 연대성, 당사자를 포함하여 관련된 사람들의 참여성을 모두 포괄한다.

사람 중심과 지역사회 중심은 사회모델과도 같은 지향이다. 손상으로 인한 어려움을 개인의 결함으로 보고 고치는 것이 아니라 사회의 불비를 해소하자는 사회모델이나, 당사자가 원하는 바를 중심에 놓고 이것이 실현되도록 돕는 데 집중하는 사람 중심의 접근이나, 지역사회에서 자연스러운 삶은 지역사회가 함께하는 데서 출발해야 한다는 지역사회 중심 접근은 모두 일관되게 ABCD(Asset Based Community Development)에 기원을 두고 있는 자산접근 실천과 부합한다.

section 01 ABCD 실천의 전통적인 모습

ABCD 접근은 지역 주민, 단체, 기관 등의 의제 설정과 문제 해결 능력에 집중하는 장소 기반의 풀뿌리 활동으로, 공동생산을 지향하는 공유된 의사결정을 기반으로 한다. 이 과정을 통해서 사람들은 기존의 활동 범위를 넘어서는 네트워크를 구축하고, 기존 지역사회 네트워크와의 연계를 촉진하며, 더 많은 역량을 구축하는 경험을 하게 된다(Sutton, 2018).

ABCD의 실제 수행과정은 사례마다 달라서 하나의 모습이나 모델을 제시하기는 어렵다. Ward(2018)는 선행 이론연구와 영국에서의 실제 수행 경험을 종합하여 ABCD 수행과정을 로직 모델(logic model) 기반으로 구성하여 다음과 같이 제시하였다.

- ABCD 개입이 시작되면서 연결자(connector)가 지명된다.
- 지역 주민과 대화를 통해서 지역 자산을 확인한다.
- 유사한 관심을 가진 사람들을 소개하여 주민 간의 관계를 만들어 낸다.
- 지역 자산을 활용하여 활동을 조직하고, 활동을 통해서 자산 발굴을 확장한다.

- 활동을 기반으로 자발적인 모임을 만든다.
- 기존 지역사회 모임이나 단체와 연합하여 변화를 위한 비전과 계획을 만든다. 이때 변화하고자 하는 내용에 따라 필요하면 관련 전문가를 초대한다.
- 계획에 따라 실행하고, 실행을 주기적으로 점검한다.

Klee 등(2014)은 노인들이 교류하고 참여할 수 있는 이웃(지역사회)을 만들기 위해 ABCD를 적용한 연구에서 구체적인 수행과정을 제시하였다. 먼저, ABCD의 실행을 위해 이웃으로 인식하는 경계를 정해야 하는데, 이것이 행정구역과 반드시 일치할 필요는 없다. 일반적으로 지역사회 활동 참여자들이 걸어서 오갈 수 있는 범위의 지역을 정하는 것이 좋으며, 한 이웃에 3,000에서 5,000명 사이의 인구이면 적당하다. 연결자(connector)는 이 지역에 사는 사람들과 만나서 무엇을 기여할 수 있는지, 무엇에 참여하고 싶은지, 그리고 지역사회를 더 살기 좋은 곳으로 만들기 위한 아이디어가 있는지 알아본다. 또한 사업체, 가게, 클럽, 단체, 교회 등을 운영하는 사람들을 만나서 대화를 나눈다. 시간이 지남에 따라 정보가 추가되고 연결이 이루어지면서 이웃의 자산 지도가 풍부해진다. 사람들이 모여서 활동하면서 한 사람 한 사람의 기여를 중요하게 여기면서 자산 지도를 사용한다. 이 과정을 요약하면 다음과 같다.

- 지역 주민들의 핵심 그룹 가운데 이 일에 우호적인 이웃을 파악하고, 이와 함께 이 일에 도움을 줄 수 있는 사람을 찾는다. 찾는 범위는 쉽게 이동이 가능할 수 있는 충분히 작은 지역이어야 한다.
- 네트워킹에 능하고 다른 사람과 쉽게 대화할 수 있는 커넥터를 찾는다.
- 사람들의 관심사, 꿈, 기술, 관심사 등을 파악한다.
- 클럽, 단체, 학교, 교회 등을 포함하는 지도를 작성한다. 이때 지도는 이웃에 무엇이 있는지 식별할 수 있게 큰 시가지 지도를 사용한다.
- 클럽, 단체, 교회의 지도자와 활동가들을 만나서 그들이 어떤 일을 하고

있는지, 어떤 변화를 희망하는지, 무엇을 제공할 수 있는지 알아본다.

- 이웃을 더 살기 좋은 곳으로 만들기 위해 사람들이 참여하고 싶은 몇 가지 프로젝트를 구상한다.
- 프로젝트 목표를 달성하기 위해 사람들, 클럽, 단체, 이웃 등에서 제공할 수 있는 자원을 확보한다.
- 수행과정에 얻은 성공 경험을 공유하고 이웃의 더 많은 사람이 참여하도록 격려한다.

section 02 대인사회서비스 자산접근 실천의 전제와 방향

1. 실천의 전제와 조건

자산접근(asset approach) 또는 강점접근(strength approach)은 당사자의 생각과 강점에 초점을 맞추는 공동생산을 통한 유연한 서비스를 강조한다는 면에서 사람 중심 접근을 취하며, 지역사회를 구성하는 사람, 단체, 기관의 재능과 자원을 발굴하여 동원한다는 점에서 지역사회 중심 접근에 기반한다. 자산접근은 개인이나 지역사회가 가진 장점과 자산을 활용하여 지역사회에서의 행복(wellbeing)을 만들어 내자는 것이다. 자산접근의 실천은 당사자가 가진 자산, 지역사회가 보유한 자산을 어떻게 포착하고, 이를 긍정적으로 연결할 것인가를 고민한다. 당사자의 자산은 자신과 지역사회에 어떻게 기여가 될 수 있을 것인가, 그리고 지역사회가 가진 자산은 어떻게 자연스럽게 당사자의 삶에 연결될 수 있을 것인가를 다룬다. 그래서 이 접근에서 서비스 이용자는 지역사회를 향하여 손 벌리는 사람, 지역사회는 동정을 베푸는 주체가 되는 것이 아니라 당사자와 지역사회가 자연스럽게 포용되면서 지역사회가 한 단계 성장하는 경험을 나누는 과정이 된다.

자산 중심의 접근은 욕구 중심의 접근과 대비된다. 욕구 중심의 접근은 문제를 중심에 놓고 이것이 더 나빠지지 않거나 더 심각한 부정적인 영향을 미치지 않도록 하는 것으로, 지금까지 대인사회서비스를 운영해 온 주류적 방식이다. 반면에 자산 중심 접근은 문제에도 불구하고, 다른 사람과 함께 스스로 대처해 가도록 어떻게 도울 것인가를 고민한다. 그러나 실행 차원에서 보면 아직 자산 중심의 접근은 어색하고 낯선 방식이다.

영국의 경우를 보면 돌봄을 중심으로 하는 대인사회서비스 확장기에는 자산접근이 그리 주목받지 못했는데, 재정삭감이 심각하게 진행되면서 자산접근을 강조하는 상황이다. 영국과 같이 재정축소 환경에서 자산접근을 강조하면 두 가지 문제가 발생한다(Garven, et al., 2016). 첫째, 자산접근이 가지는 본래의 취지가 서비스 축소에 가려지게 되어 대중의 지지를 받기 어렵게 된다. 둘째, 자산접근이 기존 서비스의 축소를 보완할 수 있을 만큼 짧은 기간에 성과를 보여주기가 어렵다는 점이다. 그래서 서비스 재정이 축소되는 상황에서 자산접근 시도는 부적절한 것으로 받아들여지게 된다. 이런 점에서 자산접근의 시도는 서비스 확장기에 장기적인 계획하에 시도되어야 한다.

정부 제공 대인사회서비스의 확대가 여전히 필요한 우리나라 상황에서 자산접근은 기존 서비스를 축소하거나 대체하는 방향이 아닌, 서비스의 실효성과 성과를 높이는 방향으로 설정되어야 한다. 지방정부가 이용자를 안내하고 지원으로 연계하는 기능은 더 강조될 필요가 있다. 찾아가는 보건복지서비스, 희망복지 지원단, 통합돌봄 등 지방정부의 이용자 안내와 서비스 연결에 관련된 제도들은 더 강화되어야 하고, 자산접근에 속하는 지역사회보장협의체, 주민자치회의 기능도 함께 성장하면서 통합적인 시너지가 발휘될 수 있어야 한다. 민간의 기능도 체계적으로 조직화 되어야 한다. 개인의 취약성 또는 개별적 욕구에 대응하는 다양한 서비스들은 지방정부로부터 자격을 승인받은 사람들이 이용할 수 있는 통합적인 체계로 단계적으로 재편성되어야 한다. 이를 통하여 주거시설 서비스, 낮 활동 서비스, 가정방문 서비스 등 개인의 취약성에 대하여 개인 단위로 제공되는 서비스는 지방정부의 서비스 안내 기능과 잘 연결되도록 하는 것이 필요하다. 그리고 이러한 서비스들이 지역사회와 분리되지 않고, 자연스럽게 통합될 수 있도록 해야 한다. 전통적으로 지역사회 기반 접근의 중추 역할을 해온 사회복지관, 장애인복지관, 노인복지관 등의 역할에서는 강점과 자산접근이 더 강조되어야 한다.

자산접근은 욕구와 결함에 관한 관심을 자원과 강점에 대한 초점으로 이동시키는 방법으로, 사람들이 자신이 원하는 성과를 달성하기 위하여 개인적 자원, 사회적 관계망, 지역사회 자원 등을 활용하도록 지원한다(Caiels, et al., 2021). 자산접근이 가능하기 위해서는 긴 시간에 걸쳐서 지역사회의 역량과 네트워크가 개발되어야 하는데, 이를 위하여 자산접근 실행이 가능해지도록 하는 조건을 확보하는 것이 중요하다. 이에 대하여 Garven 등(2016)은 자산접근이 발달할 수 있는 다섯 가지 조건을 제시하였다.

1) 수용적인 정책(receptive policy landscape)

서비스 정책이 현장의 상황을 수용할 수 있는 현장 민감성과 수용성을 갖추는 것이 중요하다. 지역이 스스로 관리하고 통제할 수 있는 자율적인 정책 환경을 만들어야 하며, 정책문화도 상의하달(top down)에서 하의상달(bottom up) 방식이 주류가 되어야 한다. 그리고 대인사회서비스 정책의 핵심을 지역사회와 사람들과의 관계에 두어야 한다.

2) 기관의 건강한 조직문화(healthy organisational culture)

자산접근을 실천하는 기관의 건강한 조직문화가 전제되어야 한다. 자산접근은 다양한 지역사회 구성원, 다른 서비스 조직, 지역사회 단체 등과 혁신적으로 일하면서 협력해야 하는데, 이것이 가능하기 위해서 자유롭고 창의적인 조직문화가 전체되어야 한다.

3) 협동적 지도력과 책임
(collective leadership and shared responsibilities)

자산접근이 가능하기 위해서는 조직의 관리자뿐만 아니라 다양한 차원의 현장에서 협동적인 활동을 촉진하는 지도력이 있어야 한다. 자산접근 지도자들은 사람들의 행동을 이해하고, 선명한 비전을 제시하여 사람들의 참여를 지원하면서 변화를 촉진할 수 있어야 한다. 이런 과정을 주도할 수 있는 인력이 양성되어야 하며, 자산접근의 가치와 기술을 공유하고 실행할 수 있는 협력적, 실천적 역량이 일선 실무자들에게 공유되어야 한다. 지역이나 기관 단위에서 워크숍이나 학습조직을 통해서 자산접근의 비전, 지식, 기술이 폭넓게 공유되어야 한다.

4) 관계(relationships)

상호작용, 대화, 연결 등은 자산접근의 핵심 요소이고, 이것은 좋은 관계를 통해서 가능하므로 사람들과 조직들 사이의 신뢰 관계가 만들어져야 한다. 긍정적이고 지지적인 관계는 희망과 자신감을 가질 수 있도록 해주며, 긍정적 경험으로 이끌게 된다. 관계의 개발은 즉각적인 이익을 받지 못하더라도 관계를 지속하는 동기가 제공되어야 하는데, 지역사회 서비스 기관이 여기에 기여하는 것이 중요하다. 이를 위해서는 기관의 성과체계가 이것이 가능하도록 달라져야 한다.

5) 기술과 자원(skills and resources)

실행할 수 있는 기술과 자원관리에 관련된 개발이 이루어져야 한다. 자산접근이 실행되기 위해서는 서비스를 전달하는 기술보다는 서비스를 연결, 촉진하는 것이 더 중요하며, 이를 위해서 적극적 경청, 협력과 네트워크가 강조되어야 한다. 기술의 개발은 서비스 기관의 직원뿐만 아니라 지역사회에서 참여하는 시민에 대한 기술개발을 지원하는 교육도 함께 이루어져야 한다. 이와 함께 서비스에 대한 재정 투입도 장기적인 관점을 가지고 관계와 참여를 촉진하는 방향으로 이루어져야 한다.

2. 실천 방향

자산 기반 접근은 지역사회에 존재하는 공공과 민간의 다양한 서비스와 자

표 15-1 대인사회서비스의 전통접근과 자산과 강점기반 접근의 비교

자원할당 방법 / 지원접근 방법	개인 귀속 할당 (손상 정도 기준 적격성 평가 기반)	혼합 방식 할당 (서비스 기관의 재량적 적격성 기준 적용)	지역 귀속 할당 (손상 기준 적격성 평가 없음)
전통적 접근 (개인 단위 접근)	I 유형 개인 단위 재정지원 돌봄서비스	II 유형 포괄적인 이용 자격을 정하거나, 이용자 정원이 있는 기관 단위 재정지원 돌봄서비스	III 유형 기관 단위 재정지원 서비스
자산과 강점접근 (지역 기반 공동체 접근)	IV 유형 공동체 접근이 결합한 개인 단위 재정지원 돌봄서비스	V 유형 공동체 접근이 결합한 포괄적인 이용 자격 적용 또는 이용자 정원이 있는 기관 단위 재정지원 돌봄서비스	VI 유형 공동체 접근이 결합한 지역 연계, 주민 연결 기반 기관 단위 재정지원 서비스

원을 연계(link)하고, 지역사회에 거주하는 사람과 사람을 연결(connect)함으로써 사람, 자원, 서비스가 상호의존(interdependence)하면서 교류하는 실천을 지향한다. 이 접근에서는 욕구 중심으로 할당, 전달되는 기존의 대인사회서비스를 자산과 강점 중심 접근을 통하여 서비스의 속성과 원리를 변화시키면서, 지역사회기반의 공동체를 지향하는 다양한 서비스를 강화한다. 이를 표로 제시하면 〈표 15-1〉과 같다.

자원의 할당 방법을 기준으로 대인사회서비스의 전통적 접근은 손상 정도를 기준으로 적격성을 평가하여 개인 단위로 할당하는 서비스(노인요양서비스, 장애인활동지원서비스, 보육서비스 등), 손상의 종류나 정도를 기준으로 적용하지만 서비스 기관 단위로 재정을 지원하여 서비스 기관이 일정 부분 재량적 판단을 통하여 할당하는 서비스(찾아가는보건복지서비스, 지역아동센터, 장애인주간보호서비스, 장애인단기보호서비스 등), 손상 기준은 약하게 적용되고 기관 단위로 재정을 지원하여 서비스 기관의 재량으로 할당하는 서비스(사회복지관, 노인복지관, 장애인복지관 등의 개별 지원 및 프로그램사업) 등으로 구분된다. 그리고 이들 개인 단위의 전통적 접근 서비스(I, II, III 유형)에서는 가족, 친척 등 자연 관계에 있는 사람

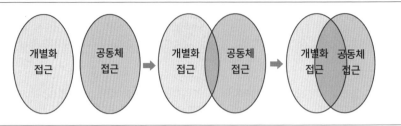

그림 15-1 대인사회서비스 접근의 변화: 개별화 접근과 공동체 접근의 결합

들을 대신하여 국가책임으로 취약한 사람들에게 서비스를 제공한다. 이들 서비스는 개인 단위로 소비하도록 하는 사례관리 또는 개별 프로그램을 통하여 지원된다.

반면에 자산과 강점기반 접근 또는 지역 기반 공동체 접근은 개인에게 할당되는 서비스를 제공하면서도, 서비스 제공의 결과가 자연스러운 지역사회의 관계를 강화하도록 하는 방향으로 지원한다. 예를 들어 I 유형에 속하는 전통적 접근의 보육서비스를 Ⅳ 유형에 가깝게 부모협동조합이 주체가 되어 제공하는 경우, Ⅱ 유형에 속하는 지역아동센터 운영을 Ⅴ 유형에 가깝게 지역사회의 다양한 시민들이 참여하여 운영하는 경우, Ⅲ 유형의 사회복지관 사례관리를 Ⅵ 유형에 가깝게 지역사회 이웃 주민들이 지원 써클을 이루도록 하는 경우 등이 가능하다.

과거의 전통적, 표준적 접근에서는 취약한 개인에 대한 지원과 지역사회공동체 접근을 별개의 활동으로 생각하였다. 반면에 자산과 강점접근에서는 개인에 대한 표준적 지원을 사람 중심의 지원으로 전환하면서, 개별화된 사람 중심 서비스와 지역 공동체 접근을 중첩 또는 일체화하는 방향을 지향한다. 과거의 전통적 방식에서 자산접근 방식으로의 이런 변화를 그림으로 표현하면 〈그림 15-1〉과 같다.

section 03 자산접근 실천: 사람 중심과 지역사회 기반의 결합

1. 사람 중심과 지역사회 중심의 결합 의미

사람 중심 지원은 당사자와 가족, 당사자에게 의미 있는 주변인들, 그리고 관련 전문가들이 함께 토의하여 개인의 삶 전체를 그려보고, 당사자가 희망하는 삶을 성취하는 데 필요한 지원의 모든 것을 담아내어, 이를 어떻게 긍정적으로 연결할 것인가를 다룬다. 사람 중심은 사람에 대한 지역사회의 협동적 관여를 필요로 하기 때문에 자연스럽게 지역사회 중심 지원을 강조하게 된다. 지역사회 중심이란 지역사회 안에서의 삶(in the community), 지역사회가 포용하는 삶(by the community)이라는 이중적 의미를 가진다. 이처럼 지역사회 중심 지원과 사람 중심 지원은 동전의 양면과 같은 관계이다(김용득 외, 2021).

사람 중심과 지역사회 중심을 결합한 자산접근법은 개인이 원하는 목표를 성취하도록 돕는 데 있어, 당사자를 포함한 가족과 지역사회를 돌봄과 복지의 중심에 두고 그 구성원들의 관계를 강화하고 사회적 자본을 만드는 것을 목표로 한다. 사람들은 자신의 문제를 스스로 해결할 능력이 있다고 보면서 서비스

그림 15-2 자산접근: 사람 중심과 지역사회 중심의 결합

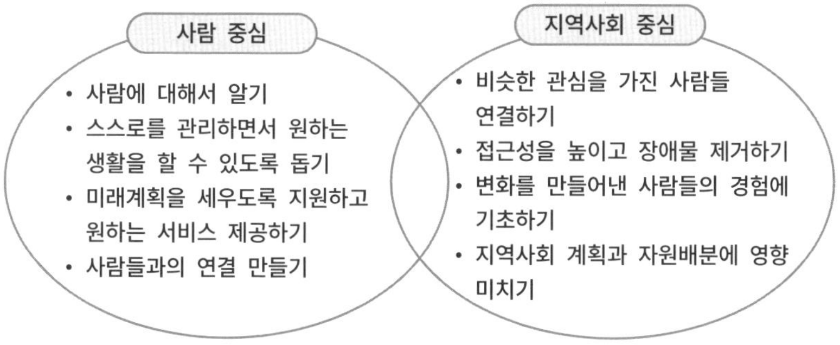
사람 중심
• 사람에 대해서 알기
• 스스로를 관리하면서 원하는 생활을 할 수 있도록 돕기
• 미래계획을 세우도록 지원하고 원하는 서비스 제공하기
• 사람들과의 연결 만들기
지역사회 중심
• 비슷한 관심을 가진 사람들 연결하기
• 접근성을 높이고 장애물 제거하기
• 변화를 만들어낸 사람들의 경험에 기초하기
• 지역사회 계획과 자원배분에 영향 미치기

자산접근은 당사자가 원하는 바에 부합하는 사람 중심의 계획과 이를 실현하는 데 필요한 지역사회 참여를 상호 연결하는 일이다.

출처: Foundation for people with learning disabilities. 2012.

에 관계된 사람들 사이의 관계와 협업을 강조한다.

사람 중심과 지역사회 중심을 결합하는 자산접근은 강점 접근으로 표현되기도 한다. '강점'이라는 용어는 개인이 삶의 도전에 대처할 수 있도록 해주고, 특히 그들의 요구를 충족시키고 원하는 결과를 달성할 수 있도록 도와주는 다양한 요소들을 의미하는데, 다음 요소들이 강점에 포함된다(SCIE, 2015).

- 당사자의 개인적인 자원, 능력, 기술, 지식, 잠재력 등.
- 당사자의 사회적 관계와 여기서 나올 수 있는 자원, 능력, 기술 등.
- '사회적 자본' 또는 '보편적 자원'으로도 알려진 지역사회 자원.

2. 사람 중심: 당사자의 강점과 자산의 발견

당사자의 강점과 자산을 중심으로 사람 중심 접근을 실천하기 위해서는 모든 결정의 중심에 사람을 세워야 한다. 사람 중심 대화를 통해 당사자의 강점, 선호, 욕구 등을 함께 찾아간다. 당사자가 자신의 의견을 표현할 수 있도록 지원하고, 지원 서비스와 관련이 있는 돌봄 제공자, 가족, 친구, 서비스 담당자 등 중에서 당사자가 원하는 사람을 포함해서 함께 논의를 통하여 가능한 지원을 탐색한다. 이때 당사자가 서비스와 관련하여 내용, 권리, 자격, 비용 등에 대한 구체적인 정보를 받고 있다고 느낄 수 있도록 공유하는 것이 중요하다. 이를 통해 자신의 삶에 대한 독립적인 결정을 내릴 수 있도록 지원하는 것이며, 이 과정을 통해서 당사자는 지원이 자신에게 적합한지 확인하고 적극적으로 도전할 수 있게 된다.

1) 강점접근의 적용

강점접근(strength based approach)은 결핍 기반 돌봄(deficit based care)과 대조를 이루는 접근이다. 결핍 기반의 모델에서는 '전문가(expert)'가 이용자의 문제, 욕구, 갈등 등을 알아내고, 이를 통해서 문제를 해결할 수 있는 제공 서비스를 구성하는 '사정(assessment)'을 수행한다. 이 과정에서는 국가가 정하고 있는 서비스 자격요건을 충족하는지 확인하는 것이 중요하기 때문에 '문제 중심의 이야기(problem talk)'에 집중하게 된다. 이와 반대로 강점과 자산접근은 서비스를 이용하는 당사자와 이들을 지원하는 사람들의 협력을 통해서 수행되며, 당사자와 주변인의 강점과 자산을 통해서 어떤 변화를 만들어 낼 것인지를 함께 논의하기 때문에, 당사자를 포함하여 가족, 관련 단체, 기관이 보유한 강점을 강조한다. 강점접근 실천 원칙은 다음과 같다(Blood and Guthrie, 2018).

(1) 협력과 자기결정

지원 전문가의 역할은 당사자의 욕구가 무엇인지 규정하는 것이 아니라, 모든 사람이 자신의 삶에 정통한 사람으로 인식하면서 당사자들과 협력하고 자기결정을 지원한다.

(2) 가장 중요한 것은 관계

사람들의 행복에 가족, 친구, 새로운 지인, 이웃, 돌봄 제공자, 미용사 등 다른 사람과의 관계의 질이 가장 중요하며, 이것이 사람들의 강점이 발현되는 원천이다.

(3) 모든 사람에게 존재하는 강점과 기여 능력

서비스를 받는 사람들의 문제와 상실에 집중하여 당사자가 다른 사람의 부담이 되는 부끄러운 존재로 스스로 생각하게 만드는 것이 아니라, 당사자가 어떤 영역에서는 도움이 불필요한지, 보유하고 있는 장점은 무엇인지, 다른 사람에게 무엇을 기여할 수 있는지 탐색한다.

(4) 사람에 대한 호기심의 유지

당사자가 가진 어려움이나 문제를 가지고 사람을 분류하는 것이 아니라, 모든 사람은 같지 않고, 각자의 개성을 가지고 있으며, 또한 사람들의 모든 행동은 어떤 의미나 기능이 있음을 전제한다.

(5) 희망을 놓지 않기

관계를 회복하거나, 새로운 기술을 배우거나, 부적절한 습관이나 행동을 바꾸는데 너무 늦어서 불가능한 경우는 없으며, 사람들은 변화를 이루어낼 수 있는 능력이 있음을 믿는다.

(6) 긍정적 위험 감수

모든 활동에는 일정한 위험이 따르는데, 이 위험을 없애는 데 초점을 두면 활동과 참여가 위축되는데, 활동과 참여를 위해 도전하면서 위험을 예방하는 방안을 모색한다.

(7) 회복력 높이기

상황에 대하여 땜질식으로 문제를 봉합하거나 장기적으로 의존상태가 되도록 하지 않고, 스스로 대응 역량을 높일 수 있는 방향으로 지원한다.

2) 실천 방법으로서의 대화

사람 중심 실천에서 핵심적으로 중요한 요소 중의 하나는 당사자를 존중하고, 당사자 중심으로 지원하는 사람 중심의 대화 기술이다(김용득 외, 2021). 질문은 구체적이고 개방적이어야 하는데, 취약한 상황에 있어서 관계망이 제한된 사람에게 구체적이면서 다양한 질문을 하기가 쉽지 않다. 이와 관련하여 사람 중심 지원을 위한 사정과 계획수립에서 3단계 대화법(The Three Conversations)을 활용할 수 있다(Partners 4 Change, 2023). 3단계 대화의 출발점은 당사자, 가족들과 협력을 통하여 더 좋은 삶을 살아갈 수 있도록 실제적인 도움을 제공하는 것이다. 당사자와 가족을 자신들의 삶을 가장 잘 아는 전문가로 존중하면서, 이들의 이야기를 경청하고, 주변 사람들과 지역사회 기관에 연결하는 것이다.

3단계 대화법은 당사자 강점과 지역사회 자산에 초점을 둔 욕구사정과 계

표 15-2 사정과 계획수립을 위한 3단계 대화

대화의 단계	대화에서 다루어지는 질문
1단계: 초기 접촉 대화	- 귀하의 자산과 강점, 귀하 가족의 자산을 고려해 볼 때, 귀하의 삶을 영위하는 데 도움이 될 만한 것들을 귀하와 어떻게 연결할 수 있을까요? - 귀하는 무엇을 하고 싶습니까?
2단계: 위기 상황에 있는 경우의 대화	- 당신을 안전하게 만들고 통제력을 되찾기 위해 무엇이 바뀌어야 할까요? - 그렇게 할 수 있도록 하려면 제가 어떻게 도와야 할까요?
3단계: 장기 지원이 필요한 경우의 대화	- 귀하가 원하는 삶을 살아가는 데 필요한 비용(정부 지원 포함)은 어떻게 확보할 수 있을까요? - 귀하에게 좋은 삶은 어떤 삶인가요? - 귀하가 원하는 삶을 사는데 귀하의 자원을 사용할 수 있도록 제가 어떻게 도울 수 있을까요?

출처: SCIE, 2023.

획수립을 위한 혁신적인 방법으로 제안된 것이다. 첫 번째 대화는 당사자의 욕구를 파악하고, 이를 관련된 사람, 가족, 지역사회가 보유한 자원과 연결하기 위한 대화이다. 두 번째 대화는 위험이나 위기의 정도에 대하여 당사자의 관점에서 알아보고, 이에 대응하는 방안을 함께 생각해 보는 대화이다. 세 번째 대화는 당사자에게 적합하고 당사자가 원하는 장기적 성과에 부합하게 사람과 지역사회 자산을 활용하는 계획을 수립하는 대화이다. 단계별 대화에서 당사자들과 개방적이고 즐거운 대화를 나누는 것이 중요하며, 당사자가 자신의 삶을 더 잘살 수 있도록 어떻게 협력할 수 있을까에 집중한다.

그간 대인사회서비스의 지원자들은 당사자들이 지역주민으로서 자력화되거나, 역량을 개발하도록 지원하기보다는 자격 심사나 사정(진단)에 집중하였다. 3단계 대화는 당사자 또는 가족에게 정말 중요한 것이 무엇인지, 그들에게 어떤 지원과 변화가 이루어져야 하는지, 그리고 그 과정에서 당사자와 가족이 얼마나 유능한지를 강조한다. 사람 중심 접근의 사정과 계획수립에서 표준화된 질문보다는 대화를 강조하는 것은 자연스럽고 개방적인 이야기 나눔을 통해서 당사자에게 중요한 것, 그들의 강점과 역량, 그들이 원하는 변화, 그들의 원하는 지원 방법 등을 더 잘 알 수 있다고 보기 때문이며, '대화식 사정(conversational assessment)'의 주요 원칙은 다음과 같다(Skills for Care, 2018).

- 대화식 사정은 당사자의 욕구에 제한하지 않고 삶 전반을 다룬다.
- 대화식 사정은 당사자들이 자신의 삶에 대한 전문가이며, 스스로에 도움이 되는 자원, 기술, 경험을 보유하고 있음을 인정한다.
- 대화식 사정은 신뢰, 솔직, 개방에 기초하여 수행된다.
- 대화식 사정은 양식에 따라 하는 것이 아니라, 개방적인 대화로 시작한다.
- 대화식 사정은 당사자와 편안하게 이야기를 주고받아야 하므로 충분한 시간이 필요하다.
- 대화식 사정은 기관이 제공하는 서비스와 관계된 영역에 국한되지 않고, 당사자의 전체 삶과 지역사회의 맥락에서 수행된다.

3. 지역사회 기반: 자산맵핑

지역사회는 여러 가지 표현으로 정의되는데, 그 핵심 구성요소는 공간, 사람, 공유된 가치, 상호작용 등이다. 사람들은 지역사회에 소속되어 살아가기 때문에 사람 중심의 접근은 지역사회의 맥락에서 실현된다. 사람 중심의 지원을 실행하기 위해서는 지역사회 기반 접근이 필수적이며, 최근에는 지역사회 접근에서도 약점이나 문제 중심의 접근보다는 지역사회가 가지는 강점, 역량, 회복력을 더 강조하는 경향이다(Netting, et al., 2017).

1) 지역사회 접근과 사정의 틀

지역사회 사정의 틀은 다음 표와 같이 4개의 과제와 10개의 활동을 요약될 수 있다. 이 과정은 경직된 일 방향의 과정이 아니라 새로운 정보가 확인되면 이전의 과제와 활동을 수정하는 쌍방향 과정으로 진행되어야 한다(Netting, et al., 2017).

(1) 과제 1: 지역사회를 안다.

지역사회 지원활동을 위해서는 지역사회의 총체성을 이해하는 것이 필요하다. 이를 위해서는 다음 세 가지 활동이 필요하다.

- 지역사회의 역사, 인구 특성 등을 공부한다.
- 주요하게 함께 일할 사람들(target population)을 찾고, 이들과 협력한다.
- 함께할 지역사회의 범위와 경계를 정한다.

(2) 과제 2: 지역사회 욕구와 쟁점에 대한 지역 자료와 정보를 확보한다.

해결해야 할 중대하고 긴급한 문제가 지역사회에 있는 경우 문제에 집중된 깊이 있는 개입이 이루어져야 하고, 이와 함께 강점 관점으로 접근하는 시각이 잘 반영되어야 하는데, 이와 관련된 활동은 두 가지이다.

- 관련된 주제와 관련된 지역사회 자료를 어디서 확보할 수 있는지 확인한다. 이와 함께 주제와 관련된 사람들의 욕구를 조사한다. 조사 방법은 주요 정보제공자 의견 청취, 지역사회 서비스 관련 통계 수집, 주제의 성격에 관련된 이론적 탐색, 유사한 주제를 다룬 선행 연구의 검토, 관련 사회지표의 확보, 주제에 관련된 욕구 집단에 대한 조사 등을 적절하게 혼합한다.
- 집중으로 다루게 될 욕구를 가진 집단을 지원하는 데 알아야 하는 구체적인 정보(집단의 다양성, 욕구의 차별성, 사회적 차별과의 관련성 등)를 수집한다.

(3) 과제 3: 지역사회의 사회적, 정치적 자산을 평가한다.

지역사회 변화에 고려되거나 함께 할 수 있는 자산을 평가하는 과제로, 다음 두 가지 활동으로 수행된다.

- 지역사회 강점과 회복력, 문화적 신념이나 가치, 인구집단 간의 가치관의 차이 등에 주목한다.
- 관심을 두는 주제에 관련하여 자원, 영향력을 제공할 수 있는 사람, 집단, 단체, 조직 등을 찾는다.

(4) 과제 4: 관련된 조직의 구조와 역량을 평가한다.

관심을 두는 주제에 대한 개입이나 지원을 구체화하기 위하여 관련된 조직의 구조와 각 조직이 보유한 역량 등을 평가한다. 여기에는 세 가지 활동이 포함된다.

- 서비스 전달에 관계된 공식(정부조직, 비영리 조직, 영리조직 등), 비공식(이웃, 지역 소모임 등)의 각 조직을 확인한다.
- 서비스 전달에 관련하여 어떤 주체가 영향력이 있는지, 서비스 제공 여부를 누가 통제하는지, 어떤 방법으로 서비스가 제공되는 등에 관한 패턴을 확인한다.
- 관련 공식, 비공식 서비스 기능을 필요에 맞게 다양하게 연결한다.

2) 자산맵핑의 성격과 원칙

문제 해결을 위해 지역사회에서 활용할 수 있는 자산을 개인, 기관, 물리적 자산으로 구분한다(배지영 외, 2022). 개인 자산은 지역사회 구성원들이 보유한 개인적 재능, 교육적 배경, 예술적 능력, 의료서비스와 관련된 능력, 노동시장에서 활용되는 광범위한 기술 등이 포함된다. 기관자산은 지역사회에 존재하는 지방자치단체, 학교, 경찰, 도서관, 박물관, 종교단체, 시민단체 등이 포함된다. 물리적 자산에는 공터, 주거지역, 공원, 도로, 공공건물 등 공간이나 사회간접자본, 자연 자원 등이 포함된다. 이들 자산을 활용하는 실천은 사람들이 함께 일하는 방식을 말하는 것으로 개인, 이웃, 단체, 조직 등을 포괄하여 다차원의 주체들과 다양한 방식으로 결합할 수 있다.

Kretzmann과 Mcknight(1993)는 장기간에 걸쳐서 회복력 있는 지역사회(resilient community)를 연구했다. 이들은 지역사회의 약점보다는 자산에 초점을 두는 실천 모델을 개발하면서 강점 접근에서 출발하였으며, 지역 네트워크 강화를 강조하면서 이를 위한 방법으로 자산맵핑을 제안하였다(Netting, et al., 2017). 자산접근은 강점 관점과 일관된 입장을 가지면서 지역사회개발을 특정 문제를 해결하는 과정이기보다는 자력화 과정(empowering process)으로 이해한다. 문제에 초점을 맞추면 지역사회 주민은 무기력하여 외부 전문가와 외부의 지원 자금이 필요하고, 지역사회 지도자는 자신의 지역사회를 저평가함으로써 의존의 악순환이 이어지게 된다. 반면에 자산접근은 지역 주민들이 스스로 욕구를 식별하고 우선순위를 정하는 데 참여하도록 한다. 자산맵핑은 지역사회 접근 방법을 결정하는 데 필요한 서비스, 프로그램, 자원, 사람의 역량, 지역사회의 가치 등을 확인하는 데 활용된다.

자산은 가시적인 것과 비가시적인 것을 포함하는데, 서비스와 프로그램은 가시적 자산이고, 사람들과의 관계나 상호작용은 비가시적인 자산이다(Netting, et al., 2017). Donaldson과 Daughtery(2011)는 사회복지사가 자산맵핑을 수행하는데 전제되어야 하는 중요한 원칙을 다음과 같이 제시하였다.

- 모든 지역사회와 그 주민들은 강점, 자산, 자원을 가지고 있으므로, 역량을 높이기 위한 지원활동에서는 지역사회에 존재하는 강점, 자산, 자원에 우선 집중해야 한다.
- 당사자들이 자신들의 삶에 영향을 미치는 의사결정에 관여할 수 있는 역량과 기술을 보유해야 공정하고 정의로운 사회가 가능해진다.
- 지역사회 변화를 이끌어 나갈 힘을 만드는 데는 사람들과의 관계가 중요

하다는 확고한 신념에 기반을 두어야 한다.

- 지역사회 변화를 도모할 때는 외부 기관이나 자원의 도움을 요청하기 전에 지역사회에 존재하는 강점, 자산, 자원에 우선 주목해야 한다.
- 지역사회 변화를 지원할 때는 지역사회 구성원의 의견과 우선순위를 반영하여야 한다.
- 사회복지사가 지역사회 구성원들과 협력할 때는 지역사회 문화를 존중해야 한다.
- 자산맵핑 과정에 참여하는 모든 사람은 협동심, 상호존중, 지지의 정신을 공유해야 한다.

section 04 자산접근 실천 모형과 수행 절차

1. 자산접근 실행 모형

자산접근실천은 이용자와 지역사회의 강점에 기반하는 접근이다. 욕구 중심의 기존 복지기관 접근 방법과 차이가 있다. 욕구 기반 서비스에서는 이용자의 욕구에 맞는 서비스 제공이 우선되어야 하지만, 자산접근실천은 이용자의 자기결정을 최우선에 두고 조직의 서비스 체계가 지역사회와 연계되어 운영되어야 한다.

개별화된 지원을 강조하는 사람 중심 접근과 지역사회 기반 실천을 위해서 개발된 자산맵핑을 결합하여 대인사회서비스에서의 자산접근 실천 모형을 제안할 수 있다. 대인사회서비스의 자산접근 실천 모형은 공공과 민간의 대인사회서비스 제공 틀을 약점과 욕구 기반에서 강점과 자산 기반으로 전환하는 것을 핵심으로 한다. 우리나라 민간 사회복지기관을 대표하는 사회복지관, 장애인복지관, 노인복지관 등과 대표적인 소규모 민간 사회복지기관인 지역자활센터, 장애인자립생활센터, 시니어클럽 등에도 적용될 수 있을 것이며, 정부 영역인 읍면

그림 15-3 자산접근 수행 절차

대화식 사정 → 지원방향 협의 → 자산맵핑을 통한 지원계획 구체화 → 실행 → 점검과 재검토 → 평가

당사자가 원하는 바를 이야기 나누고, 당사자와 지역사회의 강점 파악	당사자와 가족, 직접 돌봄자, 기타 이해관계자의 개방적 소통을 통한 포괄적 협의	사용할 수 있는 자원을 찾는 자산맵핑을 토대로 구체화된 사람 중심 지원계획 마련	사람 중심 계획의 실행과 지역사회 자산의 지속적 활용과 개발	당사자 중심으로 조정이 이루어지도록 정기적으로 모니터링하고 필요하면 수정	실천에 대한 정기적 성과평가

동 찾아가는 보건복지서비스와 통합사례관리에도 적용이 가능할 것이다.

실행 모형은 대인사회서비스의 이용자 특성, 제공기관 특성, 지역사회 특성 등에 따라 달라지기 때문에, 모든 영역에 공통적으로 적용될 수 있는 표준 실천 모형을 제시하기는 어렵다. 포괄적인 수준에서 다음과 같이 대화식 사정, 지원 방향 협의, 자산맵핑을 통한 지원계획 구체화, 실행, 점검과 재검토, 평가 등의 단계로 구성되는 모형을 생각해 볼 수 있다. 먼저 자산 중심의 대화식 사정을 시작하고, 이를 바탕으로 조직의 관련 실무자들이 지원 가능한 방향을 협의하고, 당사자와 지원 방향을 함께 검토하고 지원계획을 구체화하고, 실행 및 점검과 평가로 이어지는 다음과 같은 절차가 수립되어야 한다(김용득 외, 2021).

2. 자산접근 수행 절차와 방법

1) 대화식 사정

당사자의 신체적, 정서적, 사회적 요구를 고려하여 개인의 필요, 선호, 목표에 대하여 상세한 이야기를 나눈다. 이 사정을 통해서 당사자를 지원하기 위해 활용될 수 있는 지역사회의 자원과 강점을 파악한다.

자산접근의 첫 만남은 서비스에 대응하는 욕구가 아닌 이용자가 가지고 있는 본래의 원하는 바를 파악하고, 원하는 바를 이루는 데 도움이 되는 당사자, 가족, 친구, 지역사회 등을 포함하는 다양한 자산을 확인하는 것을 목적으로 한다. 자산접근실천에서 첫 만남은 서류작성이나 양식을 채우기 위함이 아닌 개인의 전체적인 삶을 이해하려는 노력이 필요하다. 따라서 정보를 수집하는 과정은 여러 차례의 방문과 대화, 관련 서류검토로 이루어진다.

당사자가 사람을 만나고, 관계를 맺고, 서비스를 이용하며 지역사회에 참여하는 시작점은 '첫 만남'을 통해 이루어지는데, 이 만남을 사정이라고 불러왔다. 사정이라는 말 대신 접수, 상담, 진단 등으로 기관마다 다양하게 표현하지만, 실제 내용은 사정에서 이루어지는 것과 유사하다. 사정에서는 일상생활, 정서, 건강, 다른 사람과의 관계 등에 관련하여 면접과 관찰을 통해 당사자의 신체적, 정신적 능력이 얼마나 손상되었는지, 그리고 그 결과로 삶에 얼마나 많은 어려움이 있는지를 다룬다. 게다가 제공할 서비스 자원이 부족하면 더 어려운 사람에게만 서비스를 제공하기 위해 더 심각한 어려움이 있는 사람을 찾아내야 하고, 결국 당사자가 취약한 사람임을 증명하게 만든다.

반면 첫 만남을 당사자에게 어떤 강점이 있는지를 알아보고, 활동과 참여를 탐색하는 과정으로 설정할 수도 있다. 당사자와 지원자가 공동생산 과정을 통해 무엇을 할 수 있는지를 탐색하는 것이다. 자산접근 사정은 사람들의 강점, 취미, 능력, 희망 등을 알아보고, 개인의 능력, 기술, 지식, 관계를 활용하여 미래를 계획하는 과정이다. 이 접근에서는 어떻게 하면 이웃 주민과 이웃 주민 사이의 자연스러운 관계가 형성될 수 있을 것인지, 그리고 이들을 서로 연결해 줄 수 있는 활동은 무엇인가를 찾는 과정이 사정의 과정이 되며, 주민을 면담하고 이들의 상황을 파악하는 이유는 연결 지점을 찾기 위한 것이 된다(민소영, 2022).

사정 방식은 적절하게 그리고 상황에 맞게 진행되어야 한다. 사정 초기부터 당사자의 어려움을 이해하고 들으며, 당사자와 가족이 어떤 지원이 필요한지 인식하기 어려울 수도 있다는 사실에 근거하여 표면적으로 드러나는 욕구뿐만 아니라 표현되지 않은 중요한 욕구를 지원하기 위해 지속해서 탐색해야 한다.

자산접근실천의 첫 만남은 일반적인 서비스 중심의 상담보다는 더 많은 시간이 소요될 수 있다. 서비스 중심의 상담은 이용자의 욕구를 파악한 후 신속하게 서비스로 연결하지만, 자산접근의 첫 만남은 서비스에 대응하는 욕구에 제한되는 것이 아니라, 당사자의 전체적인 욕구를 파악하고, 당사자를 포함하여 가족, 친구, 지역사회를 망라하여 관련된 자산을 확인하는 과정을 거친다. 따라서 충분한 시간을 가지고 첫 만남을 수행하는 것이 바람직하며, 첫 만남을 포함한 초기 상담은 필요한 경우에는 2회 이상에 걸쳐서 진행될 수 있어야 한다.

지원자가 당사자와 지역사회에 대한 정보에 밝고, 네트워크 경험이 풍부하면 더 좋은 만남을 가질 수 있다. 당사자는 자신의 욕구를 자연스럽게 표현하거나 자신의 자산 정보를 구체화하는 데 익숙하지 못할 경우가 많다. 이때 지원자가 당사자의 희망과 강점을 찾는 데 도움을 주고, 당사자에게 도움이 될 수 있는 지역사회의 정보를 알려줌으로써 신속하게 자산접근 지원을 실행할 수 있다. 첫 만남에서 당사자에 대한 정확한 사정이 이루어지지 않으면 지원과 연계가 제한되기 때문에 지원자가 충분히 준비되는 것이 중요하다.

대화식 사정이 잘 수행되려면 13장에서 다룬 사람 중심의 가치, 사람 중심 실천을 위한 핵심 기술이 사정 과정에서 잘 활용되어야 한다. 그리고 이용자의 상황에 따라 사람들이 함께 참여할 수 있도록 하는 대화, 사람들이 스스로 할 수 있도록 돕는 대화, 복잡한 문제와 중대한 위험에 협동적으로 대응할 수 있도록 돕는 대화 등 3단계 대화 기술이 유연하게 활용되어야 한다.

2) 지원 방향 협의

지원 서비스에서 상호 협의는 당사자의 목표와 욕구를 논의하고, 그들의 돌봄과 지원계획을 결정하기 위한 서비스 이용 당사자와 가족, 서비스 직접 제공자, 기타 관련 이해관계자 간의 회의 과정을 말한다. 개방적인 소통과 협력을 통한 협의 과정이 이루어지면, 당사자를 포함하여 관련된 모든 사람에게 최상의 결과가 도출될 수 있다.

지원 방향 협의는 대화식 사정을 통해서 수집된 정보를 토대로 당사자, 가

족, 주변인, 지원 담당자, 서비스 관계자 등이 함께 지원 방향을 탐색하는 과정
이다. 지원 방향 결정의 중대성과 범위에 따라 협의 과정은 당사자와 지원 담당
자 두 사람이 만나서 이루어지는 과정일 수도 있고, 많은 사람이 함께하는 과정
일 수도 있다. 또한 지원계획 협의는 당사자를 포함한 서비스 제공기관의 내부
모임이 될 수도 있고, 외부기관과 지역사회의 여러 사람이 함께 참여하는 큰 모
임으로 진행될 수도 있다.

지원 방향 협의 단계에서 몇 가지 점이 잘 고려되어야 한다. 첫째, 지원 방
향 협의는 당사자를 중심으로 참석자들의 의사결정 공유와 이에 대한 실행 책
임을 함께 하는 과정이어야 한다. 둘째, 당사자 스스로가 할 수 있는 것이 무엇
인지, 자신의 복지향상을 위해 자신의 삶에서 중요하게 달성하고자 하는 결과는
무엇인지가 논의의 중심을 이루는 사람 중심 접근이어야 한다. 셋째, 대화식 사
정을 통하여 수집한 당사자에 대한 정보가 잘 공유되도록 쉽게 정리되어 있어
야 한다. 넷째, 문서는 가족, 친구, 주변인의 관점이 잘 드러나도록 서술되어야
하며, 사람들의 강점과 네트워크도 충분히 기술되어야 한다. 다섯째, 지역사회
에서 어떤 자원이 활용될 수 있는지, 그리고 제약 사항은 어떤 것이 있는지 등
이 확인되어야 한다.

지원방향 협의가 잘 이루어지려면 13장에서 다룬 사람 중심 지원 실행 모
델을 구성하는 함께하는 의사결정, 사람 중심 돌봄과 지원계획, 선택에 대한 지
원, 사회활동 참여와 지역사회 기반 지원, 스스로 하는 자기관리에 대한 지원
등의 요소들이 잘 고려되는 것이 필요하다.

3) 자산맵핑을 통한 지원계획 구체화

개인의 필요, 선호, 목표를 고려하여 사람 중심의 계획을 개발하는데, 이
계획은 지원에 활용될 수 있는 지역사회 자산을 고려한다. 대화식 사정과 지원
방향 협의에서 확인된 당사자를 포함한 주변 사람들과 지역사회의 강점과 자원
을 어떻게 구체적으로 조직할지를 고민하는 것이 필요하다. 이 단계에서는 개인
의 삶의 질 향상을 위해 지역사회 자원에 대한 전문적 이해를 바탕으로 가능한

표 15-3 지원계획 구체화 양식

포괄적인 목표 (내가 미래에 이루고 싶은 목표)	구체적 목표 (포괄적인 목표를 이루기 위해 하는 구체적인 활동이나 목표)	실행 또는 지원계획 (누가 무엇을 언제 할 것인가에 대한 상세한 내용)

출처: The Individualized funding coalition for Ontario, 2006.

대안을 찾을 수 있는 지식과 기술이 필요하다.

지원 방향 협의 단계에서 당사자의 목표와 가족의 목표가 서로 다를 경우, 지원자는 다른 목표가 함께 또는 조화롭게 충족될 수 있도록 구체적인 지역사회 자산을 조사하여 공동의 목표를 달성할 수 있도록 대안을 모색해야 한다. 예를 들어 발달장애인 청소년 당사자의 꿈은 동물조련사이고 가족의 목표는 발달장애 청소년의 낮시간 자립적인 생활이라고 한다면, 동물조련사의 간접 경험을 할 수 있는 지역의 유기견센터에 자원봉사자로 연결함으로써, 당사자의 꿈과 가족의 원하는 바를 함께 충족하도록 지원할 수 있다.

그리고 기관에서 제공할 수 없는 서비스를 필요로 하는 경우는 지역사회에서 가능한 자산을 구체적으로 탐색해야 한다. 예를 들어 당사자가 음악을 배우고자 한다면, 음악 프로그램을 제공하는 다른 복지기관이나 지역에 음악학원을 연결해야 한다. 지원계획 구체화 과정에서는 기관의 담당자나 담당 팀의 힘만으로 충분한 대안을 마련하지 못할 수 있다. 어느 한 팀에서 대안을 마련하기 어려운 경우에는 기관내 다른 팀들과 대안에 대하여 상시적으로 협의하고, 다른 팀에서 접근할 수 있는 자원이 협조적으로 활용될 수 있어야 한다. 이와 같은 내용을 포함하는 지원계획은 〈표 15-3〉과 같은 형식으로 표현될 수 있을 것이다.

지원계획 구체화 과정에서 지원 담당자는 이용 당사자가 미처 인지하지 못했던 새로운 욕구, 강점, 기대, 네트워크를 발견할 수 있도록 도우려는 자세를 가지는 것도 중요하다. 당사자는 취약한 환경에서 지내는 동안 자신의 장점이나 자산에 대해서 인지하지 못하는 경우가 많다. 지원계획을 구체화하는 과정에서 대화식 사정에서 미처 파악하지 못했던 당사자와 주변의 자산을 확인하고, 이를 지원계획에 즉각적으로 포함되도록 하는 것이 필요하다.

지원계획을 구체화하는 과정은 곧 자산맵핑 과정으로 묘사될 수 있다. 필요한 경우에는 14장에서 제시된 바와 같이 당사자, 가족, 주변 관계자들이 함께 종이 지도나 온라인 지도를 이용하여 지역사회에서 활용할 수 있는 자산 지도를 만드는 활동을 할 수도 있다. 또한 이용자가 속한 지역사회나 기관이 이미 만들어 놓은 자산 지도를 활용하여 자산맵핑을 할 수도 있을 것이다.

4) 실행

실행은 당사자와 지원 네트워크가 공동 목표를 달성하기 위해 협력하는 과정이다. 지원계획에 따라 지원과 연결이 이루어지면서 당사자의 상황이 달라질 경우, 이를 반영하여 해당 사항에 관련된 대화식 사정에서 지원계획의 구체화에 이르는 과정이 추가로 수행될 수 있다. 실행과정에서 지원계획은 당사자를 지원하는 방향을 잃지 않기 위한 좌표와 같은 것으로, 새로운 욕구, 정보, 자원에 대한 고려가 필요하게 되면 이를 반영하여 지원계획에 추가하는 유연한 접근이 필요하다. 다음의 사례(어머니 링구아이(Linguai)가 말한 아이다(Aida)의 이야기)는 지원계획 실행의 실제를 잘 보여준다(The Individualized funding coalition for Ontario, 2006).

솔직히 말해서 저는 제 딸 아이다의 꿈을 이루도록 돕는 데 많은 시간을 들이지 않았습니다. 항상 바쁘게 살아왔고 꿈은 우리가 감당할 수 없는 사치라고 생각했습니다. 이 모든 것이 지원계획을 만드는 과정에서 달라졌습니다. 이것이 아이다와 우리 가족에게 얼마나 창의적이고 긍정적인 계획이었는지에 대해 말로는 다 표현하기 어렵습니다.

아이다는 자신의 의사를 말로 표현하기 어렵습니다. 하지만 그녀에게 뭔가 원하는 바대로 잘되지 않는 경우에는 그 불만을 분명하게 표시합니다. 고등학교가 영원히 지속되지 않을 것이라는 점은 우리 가족에게 분명한 사실이었습니다. 사실, 아이다는 1년 안에 고등학교를 마칠 것입니다. 우리는 고등학교가 끝나면 아이다가 무엇을 할 것인지 알아내는 것을 돕는 고민을 시작해야 할 때였습니다.

조력자의 제안에 따라, 아이다는 그녀의 오빠, 사촌에게 내년에 아이다가 무엇을 할 수 있을지 알아낼 수 있도록 도움을 청했습니다(사실 그 말은 어머니인 제가 대신하였습니다). 아이다와 저는 꿈을 공유하기 시작했습니다. 언젠가 아이다가 자신에게 맞는 방식으로, 그리고 그녀의 재능을 바탕으로 지역사회에 기여할 것이라는 꿈 말입니다.

우리는 그녀의 재능을 구체화하는 데 집중하였습니다. 비록 우리는 각자가 그녀를 끔찍이 사랑했지만, 우리는 아이다가 무엇에 열정을 느끼는지 알고 있지 못하다는 것을 발견했습니다. 조력자를 포함한 다른 사람들의 도움을 통해서, 우리는 모두 아이다가 바나나, 플라스틱, 자동차를 좋아하고, 그녀의 엄마를 사랑하고 있다는 점에 동의했습니다. 우리는 또한 아이다가 그녀의 삶에 사람들이 함께 하는 것을 정말 좋아한다는 것을 알았습니다. 그녀는 다른 사람들과 시간을 보낼 때 최고로 기분이 좋은 상태에 있었습니다. 그래서 몇 번의 회의를 통해 우리는 아이다가 자신의 재능을 잘 사용할 수 있는 가능한 모든 방법을 생각해 보았습니다. 우리는 우리의 아이디어가 아이다에게 잘 맞는지 알 수 있는 유일한 방법은 그녀가 그것들을 시험해 볼 기회를 가지는 것이기 때문에 다양한 아이디어들의 목록이 필요하다고 생각했습니다.

18개월이 지나고⋯

유급 및 무급으로 이루어진 지원을 통하여, 아이다는 지역사회에서 자신을 위한 삶을 구축했습니다. 플라스틱과 자동차 타기에 대한 열정과 더 많은 관계를 만들고 싶은 희망에 기초하여 아이다에게 새로운 것을 시도할 수 있는 경험을 제공하는 것은 아이다의 인생에서 좋은 변화를 이끌었습니다.

식사 배달 서비스(Meals on Wheels)

그녀는 현재 식사 배달 서비스의 자원봉사자입니다. 그녀를 도와주는 활동보조인은 아이다가 이 일을 할 수 있도록 운전을 해 줍니다. 그녀의 사촌의 도움으로, 아이다는 면허증이 없었던 나이든 활동보조인 여성에게 아이다와 함께 식사배달서비스의 봉사자가 되고 싶은지 물었습니다. 그래서 활동보조인은 면허증을 땄고, 두 사람은 함께 봉사하는 것을 즐깁니다.

학습 센터(Learning Centre)

유급지원자의 도움을 받으면서, 아이다는 학습 센터에서 식물에 (플라스틱 물뿌리개로!) 물을 줍니다. 그녀가 도라다(Dorada)를 만난 곳이 바로 여기입니다. 그녀도 학습 센터에서 자원봉사를 합니다. 도라다는 최근에 아이다의 생일 파티에 왔습니다. 그들은 여전히 서로 어떻게 잘 지내야 할지 알아가는 중이지만, 그들이 서로를 좋아한다는 것을 알 수 있습니다.

재활용(Recycling)

아이다는 동네에서는 재활용 수거를 하지 않지만, 시내 몇 개 상점에서 생긴 재활용품을 가져와서 자신의 동네에 수거하는 역할을 맡았습니다. 이것은 그녀가 환경을 돌보는 기회이기도 하지만 그녀의 이웃을 만나는 기회이기도 합니다. 아이다와 저는 이웃 방문객들이 물건을 가져와서 부탁할 때 미소를 짓습니다.

아이다뿐만 아니라 그녀의 가족인 우리에게 많은 일이 일어났습니다. 우리는 아이다가 행복하고 그녀의 열정과 재능을 다른 사람들을 돕는 데 사용할 수 있다는 것을 알게 되었습니다. 그녀는 더 많은 친구들이 있습니다. 그리고 그녀에게는 계획을 세우고 실행하는데 헌신적인 사람들이 있습니다. 아이다에게 이것은 좋은 삶입니다.

5) 점검과 재검토

당사자의 욕구가 자신들에게 의미 있는 방식으로 충족되고 있는지 확인하고, 적절한 지원 상황이 유지될 수 있도록 지원계획을 정기적으로 검토한다. 또한 이 검토 과정에서는 지역사회 자산의 지속적인 가용성과 적절성을 고려한다. 그리고 기존 서비스 체계에서 자산접근 체계로의 전환과정에서 나타날 수 있는 일선 실무자의 어려움이나 저항도 잘 다루어져야 한다.

자산접근이 성공적으로 이루어졌는지 주기적으로 확인하기 위하여 당사자의 만족, 그동안의 수행된 지원방식, 활용된 정보의 충분성과 적절성 등에 관한 다음과 같은 점들을 확인해야 한다.

- 지금까지 진행된 지원은 적절했는가?
- 당사자는 서비스에 만족하는가?
- 당사자는 다음 단계로 나가는 것에 동의하는가?
- 실행에서 중요한 부분들에 대하여 당사자와 관련된 사람들의 충분한 이해에 기반한 동의가 이루어졌는가?
- 실행과정에서 관련 기관이나 지역사회 자산 제공 주체의 충분한 공감과 적극적인 참여를 유지하였는가?

지원계획이 성공적으로 실행되어 새로운 지원계획을 수립해야 하는 경우, 특정한 상황이나 사건의 발생으로 지원계획을 변경해야 하는 경우, 당사자나 기관의 사정으로 지원이 종료되어야 하는 경우가 발생할 수 있으므로 위의 점검 정보를 바탕으로 주기적인 재검토가 필요하다.

6) 평가

자산접근에서도 재정을 지원한 단체나 정부로부터 성과 입증의 요청을 받는다. 자산접근의 성과는 지역사회 구성원간의 향상된 연결, 높아진 자신감, 좋

표 15-4 평가 관련 주체별 평가질문

관련 주체	평가 질문
지역주민	• 프로젝트가 나, 나의 친구, 가족 등에게 어떤 도움이 되었는가?
지역사회	• 프로젝트를 통해서 일하고 살아가는 장소로서의 우리 지역사회에 대한 인식이 어떻게 달라졌는가?
실무자	• 내가 수행한 일이 주민, 집단, 지역사회의 긍정적 발전에 어떻게 기여했는가?
관리자	• 지역사회 프로젝트에서 각기 다른 자산접근을 통해서 무엇을 배웠는가, 그리고 이 배움을 앞으로 어떻게 활용할 것인가?
재정지원 기관	• 자산접근에 대한 재정지원의 영향(impact)이 무엇이고, 우리의 지원 결정이 적절한 것이었음을 어떻게 확신할 수 있는가?
정책 담당자	• 정책 결정과 재정지원이 지역사회의 도전과 문제 해결에 어떻게 긍정적으로 작용했는가?

출처: Evaluation Support Scotland, 2017.

표 15-5 로직 모델 사용 예

상황 (Situation)	활동 (Activities)	성과(Outcomes)		
		단기	중기	장기
우리 지역사회는 돌봄 수요가 증가하고 재정은 한정된 상황에서 사람들이 더 좋은 관계를 유지하면서 주도적으로 살아갈 수 있기를 바란다.	지역주민과 의논 사람들의 아이디어를 지지하고 행사를 계획 자원봉사자 모집 주민들이 의사를 표현하도록 돕기	지역에 대한 높아진 이해 지역사회 활동 참여 기회 증가	신뢰와 지역사회 관계 강화 지역사회 활동에 대한 높은 참여도 역량과 자신감이 높아진 자원봉사자	지역사회가 더 잘 연결됨 지역사회가 더 많은 활동과 자원을 가지게 됨 주민들이 자신의 삶과 서비스에 대하여 더 잘 표현함

출처: Evaluation Support Scotland, 2017.

아진 관계 등으로 표현될 수 있겠으나, 이를 측정하여 성과를 입증하기는 쉽지 않다. 자산접근의 성과에 대하여 서비스의 이해관계자들은 〈표 15-4〉와 같은 질문을 제기하는데, 이에 대한 구체적인 성과평가가 이루어질 필요가 있다. 자산접근의 종합적인 성과를 측정하는데 〈표 15-5〉의 로직 모델과 같은 서비스의 전 과정을 보여주는 성과표현 방법을 활용할 수 있다.

자산접근 실천의 성과를 개인 단위로 구체적으로 보여주는 평가가 필요할

그림 15-4 자산접근 성과 측정 그림 양식

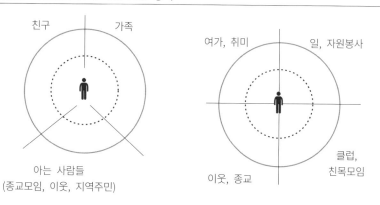

친구   가족

아는 사람들
(종교모임, 이웃, 지역주민)

여가, 취미   일, 자원봉사

클럽,
친목모임

이웃, 종교

출처: The Individualized funding coalition for Ontario(2006)에서 재구성

수 있다. 개인 당사자의 관점에서 자산접근을 통한 지원의 성과는 지역사회에서 다른 사람과의 관계가 얼마나 확장되었는가, 그리고 지역사회에서 하는 활동이 얼마나 풍부해졌는가로 나타날 수 있다. 〈그림 15-4〉와 같은 양식을 통해서 자산접근 지원 참여자의 관계와 활동을 6개월 또는 1년 단위로 기록한다면, 그 변화를 통해서 개인별 성과를 측정할 수 있을 것이다. 예를 들어, 〈그림 15-4〉에서 점선 안에 표시한 현재의 관계(현재 고민을 나누고 도움을 받을 수 있는 사람)와 활동(현재 지역에서 하는 일)이 시간이 지나면서 얼마나 달라졌는지를 점선과 실선 사이에 표시하여 확장된 관계와 활동의 정도를 성과로 표현할 수 있을 것이다.

김용득·황인매·성명진. 2021. 장애인복지관 자산접근 실천방법. 서울: EM.

민소영. 2022. "서울형 돌봄서비스 전달체계 연구 토론문." 제4기 서울복지거버넌스 지역복지분과 주최 '서울형 돌봄전달체계와 복지관의 역할 세미나' 자료집. 61-63.

배지영·박광옥·이기연·김용득·백은령·이두진·하경희. 2021. 지역사회 통합돌봄 표준교재 개발 연구. 보건복지부·한국보건복지인재원.

Blood, I. and Guthrie, L. 2018. *Supporting old people using attachment - informed and strengths - based approaches.* London: Jessica Kingsley.

Caiels, J., Milne, A. and Beadle—Brown. 2021. "Strength—based approaches in social work and social care: reviewing the evidence." *Journal of Long Term Care, 2021*: 401-422.

Donaldson, L. P. and Daughtery, L. 2011. "Introducing asset—based models of social justice into service learning: a social work approach." *Journal of Community Practice, 19(1)*: 80-99.

Evaluation Support Scotland. 2017. *How to evaluate asset—based approaches in an asset—based way: principles from Evaluation Support Scotland.*

Foundation for people with learning disabilities. 2012. *The accomplished community: building inclusive communities.* London: Foundation for people with learning disabilities.

Garven, F., Mclean, J. and Pattoni, L. 2016. *Asset—based approaches: their rise, role and reality.* Edinburgh: Dunedin academic Press.

GB Disability Training & Consultancy. 2007. *Applying social model of disability to health and social care services.*
https://disability—studies.leeds.ac.uk/wp—content/uploads/sites/40/library/gb—disability—equality—training—GBDTC—Applying—the—Social—Model—of—Disability.pdf (2023년 6월 30일 인출).

Klee, D., Mordey, M., Phuare, S. and Russell, C. 2014. "Asset—based community development: enriching the lives of older people." *Working With Older People*, *18(3)*: 111−119.

Kretzmann, J. P. and McKnight, J. 1993. *Building communities from the inside out: a path toward finding and mobilizing a community's assets.* Chicago: ACTA Publications

Netting, F. E., Kettner, P. M., McMurtry, S. L. and Thomas, M. L. 2017. *Social work macro practice.* London: Pearson.

Partners 4 Change. 2023. "The key to the door of a new way of working." http://partners4change.co.uk/the−three−conversations. (2023년 6월 30일 인출).

Renshaw, C. 2008. "Do self−assessment and self−directed support undermine traditional social work with disabled people?" *Disability & Society, 23(3)*: 283−286.

SCIE, 2015. *Strengths−based approaches for assessment and eligibility under the Care Act 2014.* London: Social Care Institute for Excellence.

SCIE. 2023. "Assessment and care planning: 3 conversations." https://www.scie.org. uk/future−of−care/asset−based−places/case−studies/three−conversations. (2023년 6월 30일 인출).

Skills for Care. 2018. *Using conversations to assess and plan people's care and support.* London: Skills for Care.

Sutton, J. 2018. *Asset based work with communities.* Dartington: Research in Practice for Adults.

The Individualized funding coalition for Ontario. 2006. *A guide on person−directed planning: creating a good life in community.*

Ward, S. 2018. *How can Asset−Based Community Development (ABCD) contribute to community health and wellbeing?* PhD thesis: University of Glasgow.

🗂 찾아보기

김용득

- 서울대학교 대학원 사회복지학과에서 박사학위를 받았고, 성공회대학교 교수로 25년째 근무하고 있다.
- 한국장애인복지학회 회장, 한국사회서비스학회 회장을 역임하였으며, 현재는 한국디지털사회복지학회 공동회장으로 활동하고 있다.
- 현재 보건복지부 규제심사위원, 중앙사회서비스원 이사, 푸르메재단 이사, 서울 사회복지공동모금회 배분분과위원장 등으로 활동하고 있다.
- 장애인복지, 사회서비스 분야를 중심으로 연구해 왔으며, 최근 수행한 연구 주제는 코로나 19 시기 사회복지 현장 디지털 활용 경험, 지역사회 통합돌봄, 지역사회 기반 복지관의 공동체 접근 등이다.

자산접근과 대인사회서비스

초판발행	2023년 11월 10일
지은이	김용득
펴낸이	노 현
편 집	전채린
기획/마케팅	허승훈
표지디자인	Benstory
제 작	고철민·조영환
펴낸곳	㈜ 피와이메이트
	서울특별시 금천구 가산디지털2로 53 한라시그마밸리 210호(가산동)
	등록 2014. 2. 12. 제2018-000080호
전 화	02)733-6771
f a x	02)736-4818
e-mail	pys@pybook.co.kr
homepage	www.pybook.co.kr
ISBN	979-11-6519-468-0 93330

copyright©김용득, 2023, Printed in Korea

정 가 24,000원

박영스토리는 박영사와 함께하는 브랜드입니다.